THE OMNIVORE'S DILEMMA

雜食者的兩難

A Natural History of Four Meals

速食、有機和野生食物的自然史

作者　麥可·波倫
譯者　鄧子衿

目錄 CONTENTS

INTRODUCTION

引　言　全國性飲食失調

我們正餐該吃什麼？

這本書很厚，但想回答的問題很簡單：「正餐該吃什麼？」在回答這個問題的同時，我也想探討，這個簡單的問題現在為何會變得那麼複雜。在目前美國的飲食文化中，以往的庶民智慧已逐漸消失，轉而浮現的是困惑與焦慮。「吃什麼」這樣的基本問題，居然也需仰賴許多專家來協助。我們需借助專業記者的調查，為我們說明食物是從哪兒來，還需要營養師幫我們決定晚餐的菜單。情況怎麼會變成這樣？

在二〇〇二年秋天，這種情況已經荒謬到了我無法漠視的地步。人類古老而珍貴的一種主食，竟突然從美國餐桌上消失——我指的是麵包。美國人幾乎在一夕之間改變了飲食方式。一九七七年，卡特當政的時代，國會公布新的「飲食目標」，警告愛吃牛肉的美國人遠離紅肉，之後美國就進入「畏懼脂肪」的時代，我們迄今也一直謹遵這些方針。而現在，全民畏懼的對象改為碳水化合物，此症狀如同痙攣發作，席捲全國。

為何會有如此巨變？似乎是緣自一股媒體風暴，由各種飲食書籍、科學研究，以及一篇適時發表的雜誌文章共同掀起。許多新飲食書籍深受阿特金斯（Robert C. Atkins）這位聲名狼藉的醫師影響，帶給美國大眾一個天大的好消息：只要遠離麵包與麵食，不管吃再多肉都能減輕體重。許多新流行病學研究也一致支持這種高蛋白、低碳水化合物的飲食方式，並認為自七〇年代以來美國人奉為圭臬的飲食方針是錯誤的。他們認為，「脂肪使人肥胖」這種官方說法並不正確，會讓人發胖的，反而是大家為了維持苗條身材而攝取的碳水化合物。二〇〇二年夏天，《紐約時報雜誌》針對這些研究，刊出封面故事〈如果不是脂肪讓你胖？〉，更讓飲食內容的方向起了一百八十度的轉變。受到這股新營養智慧的影響，幾個月內，超級市場架上的商品重新陳列，餐廳的菜單也改了。牛排的罪名被洗清，而麵包與麵食這兩種無可非議的優良食物則名聲掃地；數十家烘焙坊與製麵廠接連倒閉，受到糟蹋的好食物更是不可勝數。

飲食習慣出現如此激烈的改變，正是「全國性飲食失調」的病徵。一個文化若有扎實的飲食傳統，不但不會出現這種現象，也不需勞駕國會來說明國家的「飲食方針」；甚至不需要每隔幾年就發動政治戰爭，只為了制定出「營養金字塔」這種官方的詳細飲食設計。具有穩固飲食文化的人民，也不會每到一月就掏出大把鈔票來購買寫滿謊言或常識的飲食書；他們對食物的好惡不會如鐘擺般擺盪，也不會因為每隔幾年新發現一種營養素，就把某項食物捧成仙丹或是打成妖魔。這樣的社會，不會把蛋白質棒和食品補充劑與正餐弄混，也不會無法區分早餐穀片和藥物；更不會每五餐就有一餐是在車上解決，或是以速食來餵飽全國三分之一的孩子。在這種社會中，人們也不會這麼胖。

擁有扎實飲食文化的社會，倘若發現義大利或法國等其他國家，是以飲食樂趣與傳統這樣古老奇異而非科學的準則來決定正餐內容，也不會覺得驚訝。這些民族吃下的食物這麼「不健康」，但你瞧瞧，他們竟比美國人更健康且更愉快！面對此情此景，美國人覺得意外，說這叫「法國矛盾」（French paradox）：這些人怎能吃下鵝肝、高脂乳酪等顯然有毒的食物，卻比美國人更苗條、更健康？然而，我卻覺得把這稱為「美國矛盾」似乎還比較合理：這群著迷於飲食健康概念的人，卻非常不健康。

在某種程度上，「正餐要吃什麼」這個問題，一直困擾著雜食動物。畢竟自然界的東西你幾乎都可以吃，因此決定要吃什麼，當然會引起焦慮，特別是有些食物很可能致病甚至致命。這是「雜食者的兩難」，盧梭與法國作家畢雅・薩伐杭（Brillat-Savarin）老早就指出這一點，而賓州大學心理學家保羅・羅辛（Paul Rozin）則在三十多年前提出此一名詞。我借用這個詞為本書標題，因為雜食者的兩難正可鮮明描繪出我們目前在食物上的困境。

一九七六年，羅辛在〈鼠類、人類與其他動物對於食物的選擇〉一文中，以只吃特定食物的動物對比出雜食者的生存狀況。對於後者，正餐問題再簡單不過：無尾熊不擔心該吃什麼，如果一個東西看起來、聞起來、吃起來像尤加利葉，那就是牠的正餐。無尾熊的飲食喜好已經烙印在基因裡，但是人類和齧齒類這樣的雜食動物，面對的是自然界中那麼多或許可以吃的東西，所以得耗費許多腦容量與時間去釐清哪些食物是安全的。我們靠著與生俱來的認知能力與記憶力，讓自己避開有毒食物（這是上星期害我生病的蘑菇嗎？）而朝向營養植物（紅色的漿果比較甜美多汁）。我們的味蕾也協助我們追尋甜味（這代表了自然界中碳水化合物的能量）、避開苦味（那是植物中有毒生物鹼的味道）。出自本能的嘔吐反應讓我們遠離腐肉之類可能致病的東西。許多人類學家堅信，人類會演化出如此大而精密的腦，就是為了解決雜食者的兩難。

什麼都能吃是項天大的恩惠，但挑戰也不少。好處是人類可以成功在地球所有陸地環境中生存，而且吃的種類多，得到的樂趣也多。然而過多選擇也會造成壓力，甚至導致我們對食物產生善惡二元的觀念，亦即好食物和壞食物。

區分食物非常重要，一隻老鼠多少得靠自己區別哪些食物是營養的、哪些是有毒的，然後牢記下來。然而身為雜食者的人類，除了有敏銳的感官與過人的記憶，還可仰賴文化所帶來的龐大優勢，其中累積了無數前人的食物經驗與智慧。光是看到「毒鵝膏」（death cap）這樣明白的三個字，不需要任何經驗也知道這種蘑菇吃不得；而第一個大膽吃下龍蝦的人，想必就嘗到了絕佳美味。人類在博大精深的文化中，整合編彙了飲食之道的智慧，包括飲食的禁忌、儀式、烹調方式、規則。有了這些飲食傳統，身為雜食者的人類便無需餐餐面對吃與不吃的兩難。

目前全美所面臨的飲食失調，可以視為雜食者的兩難從遙遠的古代重返現代來教訓人類。超市中琳琅滿目的食品，把我們丟回當年撲朔迷離的食物場景。我們再度擔心那些看似可口的食物可能會致命（速度可能比不上毒鵝膏，但是效果相同）。在美國，如此豐富多樣的食物讓問題變得更複雜。同時，人類歷史所發展出足以解決雜食者兩難的工具，目前已經不靈光，甚至完全失效。美國是新興國家，擁有各地移民，而每支移民都有自己的飲食文化，造成美國從來就沒有單一、強健又穩固的飲食文化來指引我們。

由於缺乏堅實的飲食文化，我們非常容易受到食品科學家與商人的誘騙。對這些人而言，雜食者的兩難反而是個機會。食品工業為了自身利益，先以各種方式加深消費者對於吃的焦慮，然後再塞給我們新產品來化解這項焦慮。我們在超級市場中左右為難，這並非偶然，雜食者的兩難得以重返現代，正是根植於現代食品工業。而我發現，這一切還可追溯到愛荷華州等地的廣大玉米田。

於是我們發現自己在超市與餐桌前面臨雜食者的兩難，有些兩難非常古老，有些卻是前所未見。要吃有機蘋果還是一般蘋果？如果要吃有機蘋果，那要吃本地產還是進口貨？要吃野生魚還是養殖魚？要吃含有反式脂肪的奶油、一般奶油，或者「不是奶油」的奶油？應該吃肉還是吃素？如果吃素，要吃純素還是奶蛋素。當採獵時代的人在樹林裡採到一朵新奇菇蕈時，他是靠自己的感官記憶來判斷可不可以吃，同樣地，我們也在超級市場中拿起一包食物，但卻對自己的感官失去信心，反而仔細閱讀標籤，與許多費解的詞彙搏鬥：「有益心臟」、「不含反式脂肪」、「無籠飼養」、「牧地飼育」。而「天然烤肉風味」、「第三丁基氫醌」（TBHQ）和「三仙膠」又是什麼？這些林林總總究竟是從哪裡冒出來的？

我決定寫這本書，認為這是回答「到底要吃什麼？」的最佳方式。我將追本溯源，沿著供養人類的食物鏈，一路從土地追至餐桌，直到我們實際吃下的指撮之食。我想要從最根本來了解食物的取得與食用，也就是自然界中不同物種間「吃與被吃」的關係。英國作家英吉（William Ralph Inge）曾說：「整個自然界就是『吃』在主動語態與被動語態間的動詞變化。」在本書中，我嘗試以博物學家的方式來研究正餐問題，同時採用生態學與人類學的寬廣視野，與微觀的私人經驗。

我的基本假設是，人類和地球上其他生物一樣，都是食物鏈中的一環，人類在食物鏈（或食物網）中的地位，或多或少決定了人類是什麼樣的生物。人類雜食的特性，塑造出我們的心靈與身體本質（人類的牙齒和下顎能夠處理各種食物，既能撕裂肉類也可磨碎種子，這就是雜食造成的身體特性）。我們與生俱來的觀察力與記憶力，以及對於大自然的好奇心與實驗精神，也大多拜雜食這種特性之賜。許多適應環境的能力，包括狩獵與烹煮食物，也是為了破除其他生物的防禦措施而演化出來，好讓我們能食用這些物種。有些哲學家甚至認為，正是人類不知饜足的胃口造就了人類的野蠻與文明，因為會想把所有東西（包括其他人類）都拿來吃的生物，會特別需要倫理、規則和儀式。我們吃下的東西，以及吃東西的方式，都會決定我們成為怎樣的人。

人類和自然界其他動物最顯著的差異，就是我們有辦法大幅改變自己所仰賴的食物鏈。這些革命性的技術包括用火烹調、用工具狩獵、栽培作物，以及保存食物。烹調技術使許多動植物更容易消化，也摧毀許多物種為抵抗掠食者而發展出的防禦措施，讓人類的食物範圍擴展到新的領域。農耕擴充了人類喜好的食物產量，而這產量則促成人口成長。到了近代，工業技術讓人類創造出新的食物鏈，這些製品大者如人工肥料，小者如可微波加熱的杯湯（尺寸剛好能置入車中的杯架）。這種巨變對於人類與自然界健康所造成的影響，仍有待釐清。

本書將說明目前維繫人類生存的三條主要食物鏈：工業化食物鏈、有機食物鏈，以及採獵食物鏈。三條食物鏈各有千秋，但系統作用多少相同：經由我們所吃的食物，將人類與土地的生產力以及太陽的能量連結起來。這種連結可能不顯著，但即便是Twinkie[①]都可以發揮這種功用，建立與自然界的聯繫。本書所說明的也就是生態學所指出的：萬物皆相連，即便Twinkie也不例外。

生態學也告訴我們，地球上所有生物都可視為競爭物種，為太陽能而戰。綠色植物會吸收太陽能，然後儲存在複雜的含碳分子中，而所謂的食物鏈，就是讓這些能量傳遞到缺乏這種吸收能力的物種身上。本書的主題之一，在於說明二次大戰之後的工業化食物鏈，如何一舉改變基本遊戲規則。以往食物鏈都是從太陽取得能量，但是工業化農業的能量來源則大多轉為化石燃料（雖然化石燃料的能量最初也是來自太陽，不過這些燃料的存量有限、不可替代，這兩點與陽光不同）。這樣的新進展使得食物所含的總能量大幅增加，對人類算是好事（讓人口數不斷增加），但也有缺點。我們發現，豐富的食物並不意味著雜食者的兩難就此解決，反而加深這種困境，並且帶給我們各種新的問題和憂慮。

本書分成三大部，每一部都從一種主要的人類食物鏈展開，從源頭一路追蹤到尾端，從植物藉由光合作用取得陽光能量，一路探索到餐桌上的晚餐。我將依時序往回推，從工業化食物鏈開始，因為這是與我們關係最深、最需要關注，同時也是延伸最長又最廣的食物鏈。大規模栽培單一作物是工業化食物鏈的特徵，因此這個部分我將聚焦於一種植物：玉蜀黍（*Zea mays*）。這種高大的熱帶禾本科植物也稱為玉米，是工業化食物鏈的基礎物種，也因此成為現代飲食的基礎食材。在這一部，我將跟著一桶玉米，從玉米在愛荷華州的產地出發，展開綿長而奇異的旅程，最

①編注　一種口感類似海綿蛋糕、內有鮮奶油夾心的甜點，吃起來就像台灣市面上看到的蛋黃派。由於Twinkie這種工業化製品的保存期限比一般蛋糕還長，在美國有「萬年蛋糕」之稱。

後抵達終點：加州馬林郡高速公路上一輛車子的速食餐點。

第二部所談的是「田園食物鏈」，內容有別於工業化食物鏈。在這一部，我將探究工業化食物之外的選擇，以及近年來興起的農耕方式。它被冠上幾種不同的形容詞：有機、本地耕種、自然耕種與超越有機等。這類食物鏈在前工業時代可能就已存在，卻在後工業時代以令人驚訝的方式捲土重來。起初我的構想是，選擇其中一條食物鏈，從維吉尼亞州一座十分新穎的農場開始（我在幾年前的某個夏天研究過該農場），而終點則是以當地草原畜養的動物所製作出的一餐。但是我很快就發現，現在這種另類農耕的故事既複雜又充滿分支，單靠一座農場或一頓餐食的菜色無法說明清楚。同時我也得將這種食物鏈冠上「工業有機」這個矛盾修飾的名詞。因此在本書的田園篇，我將端出兩份大相逕庭的「有機」餐食：其中一份的材料來自我家附近的「完整食物[2]超級市場」，超市中的食物最遠來自阿根廷。另一份的食材可追溯自維吉尼亞州「波里菲斯農場」混合栽植的各種草類。

我將在最後一部談到「個人」的食物鏈。我會從加州北方的森林開始探索這種新石器時代的食物鏈，終點是由我親自準備的一頓餐食，其中的食材絕大部分是我親自狩獵、採集與種植得來。二十一世紀人類所吃的食物，雖然有些也是經由狩獵與採集所得（特別是魚類和野生菇蕈），不過我對這條食物鏈的興趣，與其說是實用性，不如說是哲學性。我希望可以從人類往昔的進食方式，為今日的進食方式帶來一些啟發。為了準備這一餐，我得學習一些陌生的事，包括狩獵野生動物，以及採集野菇和城市中生長的果實。身為雜食性的人類如我，在整個過程中被迫面對某些最原始的問題與兩難：如何從道德與心理的層面理解宰殺、處理並吃下一頭野生動物等行為的意涵？在森林中採集時，如何區分眼前的食物是可口的或致命的？廚房中的神奇技藝，如何將生冷的自然素材轉變成人類文化的莫大享樂？

這趟冒險的終點，是我認定的「完美的一餐」。不是由於美味（雖然就我的淺見，這一餐真的很棒），而是因為準備時付出了大量心神與勞力，並且是與採集的同夥一起分享。對過著現代生活的我而言，這是難能可貴的機會，我得以完全了解自己所吃下的每樣東西，生平首次親自承擔一頓餐食的因果。

雖然這三段旅程（加上四頓餐食）的內容是如此不同，但是一些相同的主題卻不時浮現。其中一個是，在邏輯上，自然界與人類工業之間有著根本的緊張關係，至少目前的狀況是如此。人類在飲食上有非凡的創造力，但是人類的科技在許多方面都與自然的運作之道背向而馳，例如我們為了追求最高產量而大規模栽種單一作物、飼育單一動物。這種狀況絕不可能在自然界發生，大自然會以各種方式維持多樣性。我們總想在食物鏈的生產端與食用端過度簡化大自然的複雜性，結果是人類生產食物的系統釀成了許多健康與環境問題。在任何食物鏈的兩端你都可以找到一種生物系統，若不是一片土地，便是一具人體，而兩者的健康息息相關。人類目前面臨的許多健康與營養問題，都可以追溯到農場的運作方式，但這些運作方式背後的政府政策卻鮮為人知。

我並不是說人類的食物鏈在最近才與大自然的運作邏輯起衝突，在農耕發展初期，以及更久遠的狩獵時期，人類就已對大自然造成莫大傷害。如果古早時代的人沒有把賴以維生的動物獵殺殆盡，人類可能也不需要發展農業。人類在取得食物的過程中做出蠢事，也不是什麼新聞了，不過我們今日在工業化食物鏈中所幹下的蠢事，等級要高出許多。用化石燃料取代太陽能、在促狹空間中囚養數百萬隻食用動物、餵以牠們在自然演化中不可能觸及的飼料，就連我們所吃的食物，其新巧程度也超出我們自身所能理解。凡此種種，都讓人類與自然界的健康陷入空前危機。

②編注 Whole Foods，指未經過加工或是低加工的食物，通常也不含添加物。

另一個主題（其實是假設）是，我們進食的方式代表了人類與自然界最深刻的關係。人類藉由進食，日復一日將自然轉換成文化，將世界轉換成我們的身體與心靈。人類的所有作為中，改變自然界最多的是農耕活動，不但重塑了地貌，也改變了生物相。動物、植物和真菌界中的數十種物種，已因人類的進食活動與我們建立起密切關係，並一同演化，直至與彼此命運相繫的地步。其中許多物種都經過特意的演化，以取悅人類的感官。這樣精巧的馴化讓這些物種和人類一起成功繁衍，遠超乎獨力能達到的地步。不過，人類與其他可食用野生物種（從採集自森林的菇蕈到讓麵包蓬鬆的酵母菌）之間的關係也未曾失色，而且還更為神祕。飲食讓我們與其他動物形成了共同體，但也讓人類與其他動物有所區別。飲食造就了人類。

工業化飲食最棘手與悲哀之處，在於徹底掩埋了人類與各物種的關係與聯繫。在人類把「原雞」（*Gallus gallus*）變成麥克雞塊的過程中，世界亦進入了一趟遺忘的旅程；在這趟旅程中，我們付出昂貴的代價，換來雞隻的痛苦以及人類的歡愉。但是這個「遺忘」正是工業化食物鏈的目的（或許一開始我們並不知道）。主因非常晦澀難解，但如果我們能夠看到工業化農業高牆背後的真相，理當就會改變自己的飲食方式。

一如美國作家溫德爾・貝利（Wendell Berry）的名言：「飲食就是農業活動。」然而飲食也是生態活動和政治活動，只不過許多事情都掩蓋了這個簡單事實。人類吃什麼、怎麼吃，強烈決定了人類利用這個世界的方式，以及改變世界的幅度。吃東西時更清楚了解進食的全部風險，似乎是一種負擔，但實際上這件事所帶來的滿足感，也是生命中其他事物所難以比擬的。相較之下，人們在工業化飲食中對於食物一無所知，得到的樂趣也彈指即逝。許多身處工業化食物鏈尾端的人們，對於現況十分滿足且毫無想法，那麼這本書可能不適合他們，因為書中的內容會讓他們胃口盡失。不過到頭來，這還是一本關於飲食樂趣的書，越了解飲食，從中得到的樂趣才會越多。

I

工業化的玉米

INDUSTRIAL CORN

Chapter 1
THE PLANT: Corn's Conquest

第一章
植物　玉米的領地

一、超級市場中的自然學家

在氣味純淨的空調空間裡，嗡嗡作響的螢光燈大放光明，美國的超級市場怎麼看都和大自然搭不上邊。然而，這個地方充滿了各種動物、植物，怎麼會和大自然無關呢？

我不是單指農產品區或肉品區。因為就生態學而言，人們理應不需特別標示便能輕易認出那兩大群落的物種。那兒是茄子、洋蔥、馬鈴薯和韭蔥，這兒有蘋果、香蕉與橘子，而且每隔幾分鐘就有晨露般的水珠灑在這些蔬果上。在超級市場中，只有這個角落擺放的產物會讓你讚歎著：「啊，大自然真是物產豐富！」這也說明了為何這個蔬果成列的田園（有時還有鮮花），通常都位在顧客進門之處。

再繼續前進，你會進入肉品區。肉販在鏡面般的牆前埋頭處理各種肉類，此處的物種稍難辨識，但還是看得出有雞、火雞、羊、牛和豬。各物種即使是在肉品區，也會漸漸失去生物特徵，牛和豬都進一步細分為去骨且無血水的整齊肉塊。最近幾年，超級市場這種修飾食材的手法已經滲入農產品區。你會發現，以往沾著泥土的馬鈴薯，現在變成了潔白的小方塊，紅蘿蔔則由機器削成整齊的長圓錐形。不過一般而言，站在這些植物與動物前方，就算你不是自然學家（更不必是食品科學家），也能知道自己丟了什麼東西到推車裡。

繼續向前探索。接下來的各個區域裡，生物的物種就越來越模糊了：成排的早餐穀片和調味品，冷藏櫃裡堆滿了「家庭代餐」和袋裝的潔淨豌豆。緊接而來的，是整排的飲料和成堆的零食，然後是無法分類的Pop-Tarts[①]和Lunchables[②]，還有顯然就是人工合成的奶精，以及讓林奈分類法則無力招架的Twinkie。這些玩意兒到底是植物還是動物？雖然東西不一定都要這樣分類，而且這種不會腐壞的Twinkie想必也是來自……嗯，某種我無法確切知道的東西，不過，至少一定是某種生物、某種「物種」吧。好歹我們目前還未著手從石油合成出食物（至少不是直接合成）。

如果你打算以自然學家的眼光來看超級市場，第一印象可能是其中的生物多樣性高得驚人，在這樣小小一塊面積上有那麼多不同種類的植物、動物和真菌！有哪片森林或草原比得上？農產品區至少有一百個物種，肉品區則更多，而且這種多樣性仍在持續增加中。童年時，我從未在超市的農產品區見過球芽甘藍及其他幾種菇蕈，更別提奇異果、百香果、榴槤和芒果。不過這幾年，熱帶地區的各種水果紛紛進駐超級市場，讓農產品區變得生氣勃勃。接著來說說動物，如果你選對日子，除了牛肉，你還會發現鴕鳥、鵪鶉，甚至北美野牛。而在水產區，映入眼簾的不只有鮭魚和蝦，還有鯰魚和吳郭魚。自然學家認為，生物多樣性是土地健康的指標。現代超級市場致力於提供多樣的產品與選擇，似乎也反映出生態系的活力，甚至還發揚光大。

除了鹽和一些人工合成的食品添加物，超級市場中每樣能吃的東西都會連上一條食物鏈，而食物鏈的起點是生長在地球某片土地（或海埔地）上的某種特定植物。這條食物鏈有時並不長，且很好追蹤，例如農產品區裡的品項，包裝袋上就會寫著馬鈴薯產自愛達荷州、洋蔥來自德州。但到了肉品區，這條食物鏈就會變得比較長，也較難摸清。肋眼牛排上的標示並不會指出這頭牛是生於南達科他州、長於堪薩斯州飼育場，吃的穀物來自愛荷華州。而到了加工食品區，你得當個堅毅的生態偵探，才能理清Twinkie之類的非乳製鮮奶油產品背後那複雜且日漸隱晦的線索，然

①編注　一種具有穀物粗糙口感的雙層軟餅，夾心為各式甜餡。
②編注　方形的塑膠盒包裝，內含餅乾、乳酪、火腿、雞塊、果汁等食物，通常是給學生帶去學校當午餐，食用時可自行搭配組合。

後連結到天涯海角的某種植物。

如果讓一個生態偵探盡情在美國的超級市場中探索，他能夠一一找出購物車中每樣物品的源頭，一路追索到最原初的土地嗎？這個念頭在我心中盤旋多年，後來我了解到，在回答「我該吃什麼？」這個問題之前，應該先提出兩個更直接的問題：「我吃了什麼？」以及「這些東西來自何方？」不久之前，人類並不需要記者來提供這些問題的答案，如今卻屢見不鮮。這些工業化食物的來源是如此複雜、隱晦，非得有專家之助才能查明。於是，我找到一個探究這類食物的絕佳起點。

目前大部分的美國人都是靠著工業化食物鏈餵飽自己，而這個食物鏈的典型終點就在超級市場和速食店。當我開始追索工業化食物鏈時，以為這項調查會帶我前往各種地方。確實，我在旅途中踏過許多州、行經萬里路，然而最終追溯到的起點，卻往往是一樣的：「玉米帶」[3]上的某塊農地。美國的超市所提供的廣大多樣性與多種選擇有如一幢富麗堂皇的高大建築，其基石卻異常狹隘，僅由少數幾類植物構築而成，其中最主要的只有一種：玉蜀黍，大多數美國人都稱之為玉米。

人類用玉米把閹牛養大，再切成牛排。人類也用玉米餵食雞、豬、羊、火雞、鯰魚和吳郭魚，甚至包括原本只吃肉的鮭魚，因為人類已經用遺傳方法培育出嚥得下玉米的養殖鮭魚。就連蛋也來自玉米。至於牛奶、乳酪和優格，以往都來自嚼食青草的乳牛，現在這些乳製品基本上都來自荷斯坦（Holstein）種的乳牛，牠們的工作就是住在牛舍中，繫著擠奶器，吃玉米。

如果往加工食品區望去，你會發現玉米以更複雜的形式出現。就拿雞塊來說，那也是由玉米組成。提供雞肉的雞隻本身是吃玉米長大的，至於其他成分也離不開玉米：增加黏稠度的修飾玉米澱粉、雞塊外層麵糊中的玉米粉，以及炸雞塊用的玉米油。其他比較不明顯的成分，例如發粉、卵磷脂、單／雙／三酸甘油酯、黃澄澄的色澤，甚至賦予雞塊「清新」風味的檸檬酸，原料都可能是玉米。

來杯飲料搭配雞塊吧？如果飲料也購自超市，那你就是以玉米來搭配玉米。一九八〇年代起，幾乎所有碳酸飲料與大部分果汁飲料，都會添加「高果糖玉米糖漿」來增添甜味，在這類飲料中的比例僅次於水。不喝飲料，來罐啤酒，你還是在喝玉米，因為酒精由葡萄糖發酵而成，而葡萄糖則是玉米精製而成。假使你能讀懂加工食品成分標籤上的所有化學物質名稱，並且知道這些化學物質的來源，你也會找到玉米。不論是修飾澱粉還是天然澱粉、葡萄糖漿或麥芽糊精、結晶果糖或抗壞血酸（維生素C）、卵磷脂或是右旋糖（葡萄糖）、乳酸或是離胺酸、麥芽糖或高果糖玉米糖漿、麩胺酸鈉（味精）或多元醇、焦糖染色劑或三仙膠，都是由玉米做成。

奶精和起司醬中有玉米，冷凍優格和微波餐中有玉米，水果罐頭和番茄醬及糖果中有玉米，濃湯和點心和速成蛋糕粉中有玉米，糖霜和肉汁和冷凍鬆餅中有玉米，糖漿和辣醬中有玉米，美乃茲與芥末醬中有玉米，熱狗和香腸中有玉米，人造奶油和起酥油中有玉米，沙拉醬與調味品中有玉米，甚至連維生素中都有玉米（是的，Twinkie中也有玉米）。美國的超級市場平均販售四萬五千項商品，其中四分之一以上含有玉米，甚至連非食用的商品也難以倖免。從牙膏、化妝品到紙尿布、垃圾袋、清潔劑、原子炭、火柴、電池等，都含有玉米。就連擺在櫃檯邊吸引你目光的雜誌封面，也含有玉米。農產品區即使不販賣玉米，玉米還是在那裡：讓小黃瓜光亮的植物蠟中有玉米、讓農產品保有良好賣相的殺蟲劑中有玉米，連運送蔬果的紙箱表面也有玉米。事實上，

③編注 Corn Belt，指美國中西部以玉米生產為大宗的幾個州，包括愛荷華、伊利諾、印第安那、密西根等州，以及內布拉斯加州東部、堪薩斯州東部、明尼蘇達州南部，以及部分的密蘇里州。

超級市場的建材就含有玉米，包括牆板與石膏灰、地板油布和玻璃纖維再加上黏著劑。超級市場本身就是個頗具規模的玉米展示場。

那人類呢？

二、會走路的玉米

住在墨西哥的馬雅人後代有時仍自稱為「玉米族」。事實上，這個詞的用意不是隱喻，而是點出他們對這種神奇禾草不變的依賴——近九千年來，玉米一直是他們的主食。墨西哥人的日常飲食中有四成熱量攝取自玉米，大部分是玉米薄餅。所以當墨西哥人說「我是玉蜀黍」或「我是會走路的玉米」時，只是在陳述一項事實：墨西哥人的身體就像是玉米的另一種生命形式。

像我這樣的美國人，雖然仰賴的是截然不同的食物鏈，但這條鏈子也根植於玉米田。然而美國人不會把自己視為玉米人，這若非我們缺乏想像力，便是資本主義的勝利，或者兩者都有一些。要從罐裝可樂或大麥克漢堡中嗅出玉米的蛛絲馬跡，的確需要一點想像力。但食品工業也成功取信於我們，讓我們以為超級市場中的四萬五千種商品或庫存單位（且每年持續增加一萬七千種）的確代表巨大的多樣性，成功掩飾了他們不過是萃取同種植物的分子，再精巧地加以重組。

人們常說：「吃什麼像什麼。」如果這句話是真的，那麼我們身上都可看到玉米的影子（而且是加工玉米），這個說法可是經過科學實驗證明。科學家只消用一撮頭髮或指甲，便能從木乃伊身上研究出古代食品組成，同樣方法也適用於你我。人類細胞組織中碳同位素的比例具有識別作用。植物最初從大氣中吸收碳，經由食物鏈傳到各種生物體內。追蹤這個錯綜複雜的過程自有其價值，因為這可以進一步解釋為何玉米會是當代美國人的主食，而且占據的土地面積多過人類與其他馴化物種。

人體中除了水，還有其他許多重要分子，其結構都含有碳元素，地球上所有生物都是如此。地球上的生命形式可說是以碳為基礎（曾有科學家說，碳是提供生命物質結構的主要元素，因此讓生命具有「量」，而生物體中含量比較少的氮則讓生命具有「質」，這點容後再提）。我們身體中的碳原本是以二氧化碳的形式飄浮在大氣中。經由光合作用，大氣中的碳元素轉換成碳水化合物、胺基酸、蛋白質與脂肪這些支撐生命的分子。植物的綠色細胞以陽光為能源，將取自空氣中的碳和從土裡吸收的水，合成簡單的有機化合物，成為每一條食物鏈的基礎。「植物從稀薄的空氣中創造生命」，不僅僅只是種修辭。

不過玉米進行這個過程的方式和大部分植物有些許差異。這個差異讓玉米的光合作用更有效率，也使收集到的碳原子具備某種特徵。就算玉米後來轉換成開特力飲料、巧克力派或是漢堡，這個特徵依然存在，攝取了這些東西的人體亦然。大部分植物行光合作用時，會產生含有三個碳原子的分子，但是玉米（以及其他一小部分物種）產生的是含有四個碳原子的分子。我們直到一九七〇年代才發現這種現象，而這類得天獨厚的植物在植物學上就暱稱為「四碳植物」。

四碳代表更高的經濟效益，讓植物具備更多生存優勢，特別是在缺水和高溫的環境中。為了吸收空氣中的碳原子，植物必須張開氣孔，這種得經由顯微鏡才看得到的小孔位於葉片表面，能讓氣體進出植物。每當氣孔張開讓二氧化碳進入時，珍貴的水分子也會同時散逸。這就像是每當你張口吃飯，就會流失一些血液。所以最理想的狀況是，盡量少張口，而每張一次口就盡量吃多點食物。四碳植物的做法正是如此。玉米每次行光合作用都會吸收額外的碳原子，因此不但能夠限制水分散逸，又能把這些碳原子接到有用的分子上（科學行話叫「固定」）。換句話說，玉米固定碳的效率比其他植物更高。

地球上萬物的故事，從最基本的角度來看，就是物種間收集與儲存能量的競賽。植物間彼此競逐陽光，動物之間則爭奪其他植物或動物身上所含有的能量。這些能量儲存在含碳分子中，單位以「卡」計算。我們攝取的熱量，不論來自一小粒玉米或是一片牛排，都含有植物收集到的能量。四碳植物獨特的光合作用方式可以說明玉米為何能在這場競爭中勝出。在陽光、水和基本元素等條件都相同的情況下，很少有植物能比玉米製造出更多有機物質和熱量（玉米植株的能量有九十七％來自大氣，三％來自大地）。

即便如此，這項伎倆仍不足以讓科學家辨識出你骨頭裡的某個碳原子是來自某片玉米葉中曾經發生的某次光合作用，而非萵苣或小麥等其他植物。科學家之所以能分辨，是因為碳原子不止一種。一般碳原子有六個質子與六個中子，但有些碳原子的中子數量比較多，重量也比較重一些，例如同位素碳十三就有六個質子和七個中子。不知何故，四碳植物在捕捉碳原子以合成四碳的分子時，比較容易抓到碳十三，而一般的三碳植物則比較容易獵取到碳十二。由於對碳的渴求，四碳植物沒有閒功夫去區別這些同位素，因此最後植物體裡面就有較多的碳十三。如果人體裡碳十三對碳十二的比值越高，就表示這個人飲食中玉米所占的比例越多，不論吃的是玉米本身或是食用玉米的動物（就目前所知，碳十三的攝取多寡對人體幾乎不構成影響）。

我們可以想像，選擇以玉米為主食的人，身體中碳十三占的比例會較高，其中最容易聯想到的應屬墨西哥人。美國人比較常吃小麥，平均每人每年要吃下五十二公斤的麵粉，至於玉米粉只有五公斤。當初來美洲殖民的歐洲人自認為「小麥人」，以有別於當地原住民的「玉米人」。在西方，小麥被認為是最精緻、最文明的穀物。如果要美國人選擇，大部分的人可能仍自認為「小麥人」（那些以吃玉米為傲的中西部人可能例外，不過他們根本不了解事情的真相）。不過在現代，以主食植物來區分人種，已經有點過時。或許我們可自稱為「牛肉人」，但如今「雞肉人」應該比較接近事實，儘管這不太好聽④。然而碳十三不會說謊，研究人員比較過北美洲人與墨西哥人頭髮與身體組織中的碳同位素，發現北美洲人的確是「玉米人」。美國柏克萊大學的生物學家陶德．道森（Todd Dawson）從事這方面的研究，他告訴我：「當你看到同位素的比例，就會覺得我們北美洲人像是長腳的玉米片。」相較於美國人，墨西哥人飲食中的碳來源更多樣，他們吃的動物都是草飼的（墨西哥至今仍認為拿玉米來餵食牲畜是暴殄天物），大部分的蛋白質都來自豆類，飲料也依然以蔗糖來增加甜味。

這就是美國人：會走路的加工玉米。

三、玉蜀黍的興起

玉蜀黍原產於中美洲，直到一四九二年才為歐洲人所發現。玉蜀黍如何占據北美洲的大片土地，與其上眾多子民的身軀，這個過程是植物世界中的成功典範。我特別點出「植物」世界，因為我們不確定玉米的成功對世界上其他生物而言是否也算好事，而且我們也應該把功勞歸給應得者。在玉米異軍崛起乃至主宰世界的故事中，人類雖居功厥偉，但玉米才是主角。如果人類自認

④譯注　Chicken（雞）在英語中有膽小之意。

曾經發號施令或為了自身利益而行動，那可就錯了。事實上，我們有很好的理由認為是玉米成功馴化了人類。

在某個程度上，對於所有與人類一起參與農業此一共同演化巨型談判的動物與植物而言，上述的說法也真實無誤。我們堅稱人類「發明」了農業，彷彿這和複式記帳法或電燈泡一樣，都出自人類的主意。但以下說法其實更貼切：對於參與其中的植物和動物而言，農業是種傑出的演化策略，讓人類在不知不覺中增進參與者的利益。這些物種演化出人類剛好需要的性狀，好吸引這種哺乳動物的注意，如此不但能將自己的基因散播到世界各地，更讓世界上適合植物的棲息地都變成一塊塊巨大農田。沒有其他物種能如食用性禾草一般，得到人類那樣多的幫助，而在這些禾草中，玉蜀黍受到的農業之助最多。玉蜀黍是當前最重要的穀類作物。

從後見之明來看，玉米的成功似乎早已注定。不過，一四九三年五月，哥倫布在西班牙女王伊莎貝拉的宮廷中首次描述他在新大陸遇到的奇特植物時，可沒有人能預見今日的情況。他提及一種高大的禾草，長著手臂般粗大的穗，上面的穀粒「天生就排列得非常整齊，大小如同菜園中的豆子，還未成熟時是白色的。」這種植物當時的確造成驚奇，而以這種植物為主食的民族，也很快就遭受攻擊，然後完全滅絕。

照理說，玉蜀黍應該和美國野牛等北美洲原生物種一樣，不但受到鄙視，也成為殲滅的目標，因為它屬於「印第安人的象徵」，這是當時西方聯軍指揮官菲利普．謝爾登（Philip Sheridan）的用詞。他還建議要根絕這個物種，這樣「你的草原就會布滿長著斑點的牛隻和歡樂的牛仔」。大體而言，謝爾登的計畫是占領整個大陸：白種人帶著「跟自身有關」的物種，一起到新大陸。這些物種包括牛隻、蘋果、豬隻和小麥，當然還有附著其上的雜草和微生物。然後盡可能讓這些物種取代與印第安人相伴的原生植物與動物。就是這群生物大軍擊敗了印第安人，功勞比來福槍還大。

不過玉米擁有植物學上的一些特殊優勢，因此即使和玉米共同演化的美洲原住民都逐漸滅絕，玉米仍得以大肆繁衍。事實上，如果沒有玉蜀黍，這些美洲的殖民者可能無法生存下來，更別說在此繁衍後嗣，最後甚至殲滅了曾讓玉米生長繁茂的民族。至少在植物世界中，是機會主義戰勝感恩之心。不過，一旦時機來臨，戰敗者的植物甚至還能征服它的征服者。

一六二一年春天，印第安人史廣多（Squanto）教導移民美洲的英國清教徒如何種植玉米，這些殖民者馬上就了解這種植物的價值，在這塊土地上，沒有任何植物能像這種「印第安穀粒」長得那麼多、那麼快。（corn這個英文字最初是用來指稱所有穀粒或粒狀物，例如鹽粒。因此鹽醃牛肉的英文是corned beef。玉蜀黍很快就獨占了corn這個字。現在，至少在美國，corn就是指玉米。）雖然當地所產玉米製成的麵包並不可口，但玉米對於北美洲氣候與風土的適應能力遠超過歐洲穀物。在清教徒抵達美洲的數百年前，玉蜀黍就已經從墨西哥中部的原生地向北擴散，直抵新英格蘭地區，早在公元一〇〇〇年就有印第安人在當地種植玉米。玉蜀黍與生俱來的遺傳多樣性讓它能夠快速適應新環境，足以一路遷徙北上，在北美洲各種氣候環境中生存。不論是寒冷或炎熱、乾燥或潮濕、貧瘠或肥沃、日照長或是短，玉米在美國原住民盟友的協助之下，演化出生存與繁衍所需的各樣特徵。

小麥缺乏這樣的在地經歷，需要苦苦掙扎才能適應新大陸的嚴苛氣候，而且產量少得可憐，因此種植小麥這種舊世界主食的墾地常宣告消失。一顆玉米種下去，可以產出一百五十顆肥碩的玉米粒，有時甚至高達三百顆。換作小麥，就算是最好的情況，一顆小麥也頂多產出五十顆小麥（當時土地多、人工少，因此農業的產量都是以單顆種子的收成比例來計算）。

玉米藉著多樣適應能力征服了小麥人，對那些遠離文明的拓荒者而言更是珍貴。這種植物讓拓荒者有方便食用的蔬菜、可儲放的穀物，同時還提供纖維素與牲畜飼料，以及燃料及酒精飲料。玉蜀黍只需栽種數月，就能扒開綠色外殼，得到新鮮玉米。若是讓玉米留在稈上等到秋天自然乾燥，就可永久儲存，並在需要時磨成粉。玉米經壓碎與發酵，能夠釀成啤酒，或蒸餾成威士忌，這是當時拓荒者唯一的酒精來源。（當時威士忌和豬肉都被視為「濃縮玉米」，後者濃縮了玉米的蛋白質，前者濃縮了玉米的熱量，而兩者的體積都比玉米小，價格也更高。）此外，這種高大禾草的每一部分都派得上用場：玉米外殼可以編成地毯和繩索，玉米葉和玉米稈可以儲備為牲畜的飼料，玉米穗軸可以當成燃料取暖，還可充當廁紙（所以美國的俚語才會把肛門稱為「玉米洞」corn hole）。

墨西哥歷史學家阿圖羅．沃曼（Arturo Warman）如是說：「玉米讓一波波開拓者成功在新土地上生存下來。一旦這些移民者完全掌握了玉米的奧祕與潛力，便不再需要美國原住民。」史廣多傳授給白種人的，正是白種人奪取印第安人土地所需的武器。十九世紀英國作家威廉．柯貝特（William Cobbett）宣稱，如果沒有印第安玉米的「豐收」，殖民者可能永遠無法建立「一個偉大的國家」。他寫道：「玉蜀黍是上帝賜與人類最大的恩惠。」

玉米在維生上價值非凡，也有助於累積財富。種植者可以把多出來的玉米拿到市場上賣。乾燥的玉米運輸方便，又幾乎不會壞，因此是完美的商品。玉米同時兼具食品與商品的特性，許多農民因此專門種植玉米，使這種維生的莊稼一躍而為市場經濟作物。這個雙重特性也讓玉米與奴隸交易有著難以切割的關係。玉米是用來購買這些非洲奴隸的交易物，也是這些奴隸在前往美國途中的食物。玉米是一種原始資本主義的植物。

四、與人類聯姻

不過當美洲的新舊住民皆多方仰賴玉米時，這種植物也加重了對美洲人的依賴。如果玉米無法取得這些入侵者的喜好，就可能面臨滅絕的危機，因為如果沒有人類每年播種，玉米可能在幾年之內就會從地球上消失。玉米的穗軸與外殼讓人類便於食用，但是這樣新奇的構造也使得玉米需要動物運用靈活拇指剝下外殼、分開種子，然後才能播種。

我們可以把整根玉米拿來種，看看會怎樣。假設每顆玉米都能發芽，那麼這些芽有可能突破緊緊包裹的外殼，但是會因為太過擁擠，而在第二組葉子冒出來之前就先行死亡。事實上，有些馴化的農作物無需人類協助便能自行繁衍，然而當玉米演化出這種包裹著外殼的玉米包時，就意味著把繁衍的工作完全托付人類。有幾個人類社會已經發展出玉米崇拜，但也許是玉米該崇拜我們：人類是玉米生存不可或缺的因素。到目前為止，玉米完全仰賴人類來進行演化的魯莽行為，已經獲得豐富回報。

由於玉米和人類的關係如此深刻，而且又和其他野生物種大不相同，因此很容易被視為人造物。事實上，野生玉米在今日已經不存在。大芻草（*teosinte*）這種看起來像雜草的禾草，目前認為是玉米的祖先；在納瓦特爾族（Nahuatl）的語言中，teosinte的意思是「玉米的母親」。大芻草的穗沒有外殼，花軸的頂端只有一些裸露的種子，和其他禾草沒兩樣，怎樣看都不像玉蜀黍。目前植物學家的普遍看法是，數千年前，大芻草發生一連串意外突變，而成為了玉米。根據遺傳學家的計算，僅僅發生在四條染色體上的突變，就足以造就出區隔玉蜀黍和大芻草的特徵。套用植物學家休．伊爾提斯（Hugh Iltis）的說法，這些突變加起來的結果，就是「巨大的生殖轉變」，使得這種植物的雌性器官從植株頂端轉移到莖節上，同時也膨脹成巨大的玉米包。至於雄性器官則保持不變，仍然是長在植株頂端的穗花。

這樣奇特的重組對禾草意義重大。比起長在頂端，玉米包長在莖節上更能夠吸收養分，因而突然間就有能力產生數百個巨大種子。這些種子由堅固的外殼包裹，植物因而失去自行繁殖的能力，這是大芻草繁殖變化造成的災難。這種怪異又無法適應環境的突變來得太快，理當走入演化的死巷。不過，當時中美洲某處有個正在覓食的人類看到這種奇怪的植物，便剝開玉米包的外殼，再剝下種子。當時如果沒有人類，這場意外災難就不可能成為價值無法估計的演化利益。如果你在中美洲的高地仔細尋找，依然可以發現野生的大芻草；而在任何有人類的地方，都可以發現大芻草突變的後代：玉蜀黍。

五、玉米的性生活

玉蜀黍是自花授粉，由風力傳粉，但這些植物學名詞並沒有傳達出玉米美麗而驚奇的性生活。穗花位於植株頂端，垂掛著數以百計的花藥，這是玉米的雄性生殖器。在夏季，花藥會於數日內釋放出大量黃色粉末狀花粉，平均每株植物可以釋放出一千四百萬到一千八百萬個花粉，相當於一個玉米粒就有兩萬個花粉（對於散布基因這件事，雄性的基本守則是「有備無患」與「多多益善」）。而在穗花下方約一公尺左右則是雌性生殖器：緊密排列著數百朵小花的細長穗軸。穗軸外面包著鞘，從莖桿與葉子之間的節長出，位置就在穗花與土地中間。玉米的雄花長得像一般的花，而雌花長得像陰莖。不過玉米性生活的怪異之處還不止如此。

每個穗軸上有四百到八百朵小花，每一朵都有可能長成一個玉米粒，但先決條件是花粉能夠成功抵達子房。由於花粉距離穗軸有段距離，而且穗軸外緊緊包裹著外殼，使得這項工作更形複雜。為了解決這個問題，穗軸上的每朵小花都會伸出一條細長有黏性的絲狀物（植物學上稱為「花柱」），從外殼的上方穿出，好截取花粉。在花穗開始大量釋放黃色花粉的那一天，花柱也會從外殼下方冒出頭來。

接下來發生的事情非常奇怪。花粉從空中飄落，降落到花柱潮濕的頂端後，花粉中的細胞核會一分為二，成為一對帶有相同基因的細胞核，但這兩個細胞核對於玉米粒的產生，卻扮演著完全不同的角色。其中一個細胞核負責在細長的花柱中打通一條用顯微鏡才看得到的細小管道，另一個細胞核則沿著這條通道滑下，穿過外殼，進入久候多時的花朵中。這段路程大約十五至二十公分長，需要幾個小時才能走完。這個細胞核進入花朵以後，馬上就和卵結合，成為胚珠，胚珠最後會長成玉米粒。隨後第一個細胞核也會進入已受精的花朵中，準備形成胚乳，那是玉米粒中膨大而富含澱粉的部分。每個玉米粒都是這種複雜三角關係的產物。在穗軸頂端常可見到發育不全的玉米粒，那是沒有接到花粉的花所形成的。在受精後的一天之內，多餘的花柱就會枯萎，最後變成紅棕色；五十多天後，玉米粒就成熟了⑤。

玉米的生殖機制（特別是花粉得先行經一段空中快遞才能完成這段任務），對於玉蜀黍和人類的結盟是否能夠長遠，至關重要。對人類而言，要媒合同一株玉蜀黍中的花粉和雌花，是再簡單不過；至於讓不同玉蜀黍植株雜交，以刻意增進某些特殊性狀，也不過小事一樁。早在科學家

⑤關於這段玉黍蜀的性生活，主要參照*The Story of Corn* (Betty Fussell, 1992)，以及*Corn Plants* (Frederick Sargent, 1901)。

了解雜交的道理之前，美洲原住民就發現可以把某株玉蜀黍穗花的花粉，放到另一株的雌花花柱上，進而培育出兼具兩株植物特徵的後代。美洲印第安人可謂世界上第一批植物育種家，他們為了不同的環境與用途，培育出數千種玉蜀黍品種。

從另一個角度看，玉米是第一個邀請人類緊密參與其性生活的植物。玉蜀黍這個物種要能存活，取決於能否滿足人類持續改變的需求，而目前也證實了這是個卓越的演化策略。在人類馴化的物種中，有許多物種能忍受人類一段時間的忽視，但對玉米而言，它得盡快討好人類才能迅速繁衍。通常一個物種要經過曠日廢時的試誤和天擇，才能出現足以讓人類青睞的特徵。雜交的出現意味著，人類與植物之間的溝通過程（或是回饋作用）變得更快也更有效率。如果讓人類安排玉米之間的婚配，只需一代，玉米便能精準發掘出繁衍所需的特質。

玉米大大滿足了人類的需求，因此贏得人類最多關注，也獲得最廣大的棲息地。這種植物非比尋常的生殖方式，完全禁得起人類的干預，更讓玉米足以適應美洲原住民南轅北轍的生活環境（墨西哥南部與新英格蘭地區的環境大相逕庭）。殖民者、開墾者和奴隸等來來去去，玉米則維繫了不同人種共通的基本需求。而這一切，都要從人類與大芻草這個怪胎相遇的那一刻說起。

從那時起，玉米成功適應了許多人類環境，其中最了不起的演化成就，無疑是適應了我們的工業化消費資本主義，即一個遍布超級市場與速食連鎖店的社會。為了在工業化食物鏈上立足並擴展版圖，玉米又習得了幾項不可思議的新技巧，不只適應了人類，還能投合人類發明的機器：玉米長得筆直、莖變得更硬，而且長得一般高，和士兵一樣整齊劃一。它們肩並肩站在土地上，產量以倍數攀升，一公頃地可以種上七萬四千株。玉米同時也發展出吸收化石燃料（當然是以化學肥料的形式）的能力，並且忍受許多化學合成物。不過，在玉米精通這些技能並在資本主義的戰場上大放異彩之前，它首先得把自己變身為植物世界中前所未見的型態：智慧財產。

先前提過，玉米具有開放授粉的生殖方式，人類因此能對玉米的遺傳特質大動手腳，但卻無法「獨占」這些遺傳特質，對即將成為資本主義商品的植物來說，這是個大問題。假如兩種玉米雜交後，長出具備某種特徵的新種玉米，那麼我就能販售具有這種特徵的玉米種子。然而這筆買賣卻只能做一次，因為這種特殊種子會長成玉米，然後產出更多特殊種子，如此生生不息，永遠都不用再花錢，所以這筆生意一下子就沒了。如果一個產品售出之後，可以永遠自行再製，那就很難掌控生產方式。這是生物規則和商業規則難以緊密配合之處。

不過，有困難不代表不可能。早在二十世紀初期，美國的玉米育種者就想出嚴格控制玉米生殖的辦法，避免種子被複製。首先，這些育種者發現，如果讓來自兩個不同「自交系」（inbred line，數代間皆以自體授粉所產生的純種品系）的品種雜交，產生出來的後代會有一些非比尋常的特質。首先，這樣的第一代種子（育種術語叫做F1）都具有相同的遺傳基因（這點特質，尤其符合機械化生產所需）。第二，這種種子具有混種優勢（heterosis），產量會比親代還要高。不過最重要的是，育種者發現F1種子雜交後產下的第二代（F2），和F1幾乎沒有相同之處；特別是到第三代時，產量更是一落千丈。所以後來生產的種子幾乎沒有用處。

對於培育者而言，混種玉米等於提供了一項史無前例的特質：生物學上的專利。現在農夫每年春天都必須購買新種子，而無法從自己的作物生產，因此不得不依賴商業機構。這門生意得以成立，是由於人類首度確信能靠著育種上的投資來賺錢，因此投注大量心力在玉米上，進行研發、行銷與廣告。而玉米也有所回報，產量年復一年地提高。從資本主義的面向來看，F1混種的出現意味著科技可以改造自然，而玉蜀黍從此進入工業時代，拽著美國的食物鏈一同前行。

Chapter 2
THE FARM

第二章
農場

一、一個農夫養一百二十九人

在五月的第一週，我坐上萬國農機公司（International Harvester）在一九七五年出廠的曳引機，拉著八條蜘蛛腳般細長的播種器，在隆隆機器聲的伴隨下，穿過愛荷華州的一塊玉米田。這個景況，就好像在水波輕柔的巧克力色海洋上開船。不過這個工作的困難之處，在於你和身旁的農人為了擋住柴油引擎的怒吼聲而在耳朵塞了衛生紙，卻還得聽他在你耳邊大聲指導該如何操作機器，好讓它保持直線前進。開船時，你仰賴的是指南針來指引方向，或是朝路標或岸邊航行；但在曳引機上，你則是沿著土壤挖出的溝槽前進。這溝槽是先前走過時挖出的，挖開土壤的圓盤則位於播種機後方鋼製手臂的末端。如果偏離了這條線，種出的玉米就會歪歪斜斜，而和另一排玉米擠在一起或是分隔太開。不論如何，這都會飽受鄰居嘲笑，並且在產量上落敗。而每單位面積的產量，就是這個玉米國度裡的最高標準。

這部機器是喬治．奈勒（George Naylor）於一九七〇年代中期全新購入的，當時他才二十七歲，剛回到愛荷華州格林郡（Greene County）的老家，耕作家族所擁有的一百三十公頃農地（他後來又買了六十公頃）。奈勒身材高大、圓臉，蓄著雜亂的灰色鬍鬚。在電話中，他以沙啞的聲音，清晰明白地說出他的看法（「那根本就是狗屁不通的胡扯！只有《紐約時報》才會笨到相信農業部仍然在為美國農民說話！」），因此我預期見到的是個火爆頑固的傢伙。在一個天空灰沉欲雨的日子，我在玉米田中央見到了他——從曳引機駕駛座爬下的，是個害羞的傢伙，頭頂著農夫常戴的棒球帽，黃駝色襯衫，以及鐵路工人常穿的藍色條紋吊帶褲，這是男性最不具威脅性的裝扮。他給我的第一印象，就像是走路搖搖晃晃的「溫柔班恩」[①]，而不是火爆的草莽英雄。不過後來我發現，奈勒兩者都是。只要提到「嘉吉」（Cargill）[2]或布茲（Earl Butz）[3]，就能啟動他的開關，立即從溫和轉換成火爆。

愛荷華州的這塊地，有著全世界最肥沃的土壤，那裡有一層厚約六十公分的鬆軟沖積土壤。一萬年前，威斯康辛冰河消退，留下了最底層的沉積物，之後在這裡長出了大藍莖草、狐尾草、針茅草與柳枝稷等；這些禾草每十年會留下三到五公分厚的土壤。直到十九世紀中葉以前，這些土地都屬於這些高大的禾草，之後開墾者的犁才首次翻開這些草地。一八八〇年代，奈勒的祖父舉家從英國德比郡遷到愛荷華州，他原本是個煤礦工人，希望能因此改善下半輩子的生活。一塊塊土壤被他的犁挖起又翻落，彷彿駛向新世界的航程在船尾留下的餘波。面對此景，老奈勒想必是信心滿滿：這樣的黑金，挖也挖不完、望也望不到盡頭啊！不過，現在已經看不到這樣的景象了。由於草地已經遭受破壞，土壤受到風吹雨蝕，現在六十公分厚的表土，當初應該有一百二十公分厚。

老奈勒在一九一九年買下這座農場，而奈勒農場亦隨著二十世紀美國農業的發展，亦步亦趨地前進；那是個成就，也是場災難。一開始，農人在農場上飼育著十多種動植物，以此養活一家人。當時應該就種了很多玉米，不過也有其他水果和蔬菜，同時也種了燕麥、乾草和苜蓿來餵養豬、牛、雞和馬；那時，馬就是他們的曳引機。在老奈勒抵達愛荷華州徹丹鎮（Churdan）時，四分之一的美國人務農維生。老奈勒的土地與勞力，在供家人吃飽之餘，還可以養活十二名美國

①譯注　Gentle Ben，兒童小說中的大黑熊。
②編注　成立於十九世紀末的農業公司，目前為美國收益最高的跨國農業集團。
③編注　一九七〇年代美國的農業部長，將糧食視為談判武器，並鼓勵大規模栽植玉米等農作物。其農業政策造成許多小農沒落，而大型農業集團興起。

人。將近百年後，美國的務農人口只剩下不到兩百萬人，而所生產的食物卻足以餵飽所有美國人。這意味著老奈勒的孫子生產力驚人，他只種植玉米和大豆這兩種愛荷華州的典型作物，便足以餵飽一百二十九名美國人。如果以每人的產能來計算，奈勒這樣的人可說是人類自古至今效能最高的生產者。

但是奈勒卻處於破產邊緣，而且鄰居比他還慘（或許是因為他還在開那部一九七五年產的曳引機）。雖然他的農場產量可以餵飽一百二十九個人，卻無法讓自己一家四口溫飽。奈勒農場得靠佩琪・奈勒（Peggy Naylor）在傑佛遜市社會服務處工作的薪水，加上聯邦政府每年的補助，才維持得下去。現在情況大不如老奈勒的時代，奈勒農場已無法真正養活自家人了。奈勒生產出的農產品，基本上不能直接吃，得經過加工或是餵養牲畜後，才能供應給人類，這可說是「四處皆水、無滴可飲」。愛荷華州八成的食物仰賴輸入，奈勒農場也不例外，這座農場除了園子裡養了雞和種了些果樹之外，基本上是一片食物沙漠。

靠著奈勒農產品維生的一百二十九個人，全部都是陌生人，位在食物鏈遙遠的另一端。這條食物鏈既複雜又晦澀，以至於生產者與消費者都不覺得有必要彼此認識。隨便找個人問問他吃的牛排和汽水從哪裡來的，得到的回答會是「超級市場」。問奈勒他種的玉米要賣給誰，他會說：「軍事工業複合體」[4]。兩者都有幾分正確。

我自行任命為這一百二十九人的代表，造訪奈勒農場，想要知道在食物鏈另一端供養我們的是怎樣的人、生產出怎樣的食物。我無法知道奈勒種出的玉米，是會拿去餵牛成為我餐桌上的牛排，還是會成為我兒子飲料中的甜味劑，或是麥克雞塊中十多種由玉米製出的成分。不過每一公斤玉米都會有錯綜複雜的命運，因為裡面有三千六百顆玉米粒，經由數不清的岔路，散播到全美的食品供應系統中，因此奈勒種植出來的玉米粒中，應該至少可以有一顆進入我口裡；就如同那個經典的數學題：「我們的呼吸中，可能都包含了凱薩死前的最後一口氣。」如果那些玉米沒進到我口裡，那也會進到你口裡。美國人所吃的食物，大多是來自愛荷華州以及其他類似地方的玉米田。

二、建立玉米城市

我抵達奈勒農場的那天，是該週唯一沒下雨的一天，所以我整天大都和奈勒待在曳引機裡練習操作，同時把剩下六十五公頃玉米種完。一、兩週之後，他要開始種大豆。這兩種作物在這些土地上年復一年地輪種，並從一九七〇年代起成了「玉米帶」的輪耕傳統。（當時大豆躍居支持工業食物系統的第二種重要作物：它能餵養牲畜，而現今加工食品中則有三分之二含有大豆）。我幾乎整個下午都坐在奈勒用皺皺的種子袋鋪成的坐墊上，沒多久他決定讓我駕駛看看。

我開著車，往前開又開回來，每趟約八百公尺長。這種耕作方式不太像是在種植物，也不像是在開車，而像在繡一件沒完沒了的披風，或是用同樣的句子填滿一頁書。單調的工作伴隨著柴油引擎運轉的隆隆聲，沒一會兒就讓人昏昏欲睡。每次開過這片幾近平坦的農地，就代表種好了四十公畝的玉米：一對不銹鋼盤會犁出八道土溝，同時在每條溝中塞入三萬個玉米種子，之後另

④編注 military-industrial complex，指國家立法者、軍隊和私有企業，藉由政策和金錢的緊密往來所構成的利益共生關係。該詞彙主要指美國政界、業界和軍事單位之間的共生狀態，最早由艾森豪總統提出。

一個滾輪會鋪平土溝，把種子覆蓋起來。

我們種下去的種子稱為「先鋒高產量34H31」，型錄上描述這個品種乃「適應力強的混種改良品，品質穩定，產量高」。這種樸實無華的描述，在種子型錄中反而能引起注意，因為這或許意味著34H31並沒有孟山都[5]以基改工程所研發出的「保豐」（YieldGard）抗蟲基因。然而，含有這種基因的基改玉米34B98就位於型錄的同一頁，而先鋒種子公司[6]正大力推廣這種保證「產量驚人」的種子。雖然有這樣的保證，但是奈勒與鄰居不同，他就是不種植基因改造作物。他打從心底不相信這種科技（「他們攪亂了三十億年來的演化」），也不認為每袋種子多二十五美元的「技術成本」是值得的。奈勒說：「當然，產量可能會提高，但是這些額外收成的玉米，最後只能補貼買更貴種子的錢。我不知自己為何要幫孟山都洗錢。」一如奈勒所見，基改作物跟過去的故事沒兩樣：農人為了提高產量而採用最新發明，卻發現農人大部分的生產物，都進了發明這些技術的公司的口袋。

即使沒有植入能抵抗昆蟲的基因，奈勒種植的標準F1種子也是神奇的科技產物。這些種子在愛荷華州的土地上，每公頃能產生一萬五千多公升的玉米粒，總重量超過十一公噸。那天我和奈勒種的地，就能產出八十二萬公斤玉米。當天下午我心想，雖然在十月收成之前，一定還有好幾天的工要做，但這樣坐著工作一整天，能有這般成果還算不賴。

這座農場的故事還有另一種呈現方式，那就是隨著玉米產量穩定增加的曲線。奈勒並不知道他的祖父每公頃地可以種出多少玉米，不過在一九二〇年，美國每公頃地可以種出約一千兩百三十公斤玉米，這與歷史上美國原住民的產量相當。當時各個植株之間隔得很開，玉米田則規劃成棋盤狀，這樣農夫在端點上只要轉個彎就可以繼續耕種。到了一九三〇年代末期，混種改良種子進入市場，當時是奈勒的父親在種地。奈勒以壓過曳引機的聲音咆哮著：「你一定聽過這些故事。他們告訴我父親種一、兩畝新的改良種試試，結果，老天爺，當舊品種的玉米倒下，改良種還站得直挺挺的。我老爸的玉米產量倍增，到了一九五〇年代，每公頃地可以有四、五千公斤的收穫量。」而奈勒目前的產量又是他父親當年的兩倍，若是收成好的年頭，每公頃地還可種出一萬兩千多公斤。人類馴養的物種中，產量也像這樣倍增的，只有荷斯坦乳牛了。

「高產量」是很抽象的概念，而且我也想知道，對植物來說，高產量是指「每株玉蜀黍結出更多玉米穗」，還是「每根玉米穗上有更多玉米粒」？奈勒說，都不是。現代混種改良玉米的高產量，主要是因為這些植株可以密集栽種。奈勒父親的時代，一公頃地能種將近兩萬株，但現在可以種將近七萬五千株。開放授粉的舊品種玉米（未混種改良過的）若是種得這樣密集，玉蜀黍為了要競爭陽光，莖會變得細長，風一吹就倒。混種改良的莖較粗，根系也更穩固，能種得更密、挺得更直，並且禁得起由機器採收。基本上，現代混種改良玉米能夠忍受玉米的「都市化生活」，和眾多同類一起生長，而不會被擁擠的生長環境壓垮。

你可能會認為，個體間的競爭會威脅到擁擠都會區的安寧。不過現代的玉米田可是整齊劃一的植株群，因為每株玉米都是F1改良種，遺傳特徵完全相同。沒有哪棵植株會比其他同伴更具競爭優勢，對於陽光、水和土中養分等重要資源都公平地共享。沒有「超群」的玉米能霸占陽光和肥料。在F1混種改良植物的田地裡，實現了真正的社會主義烏托邦。

當你把廣闊的玉米田視為城市，愛荷華州看起來就有些不一樣了。這片土地以自己的方式造

⑤編注 Monsanto，跨國農業生技公司，創立於一九〇一年，製造的產品由最初的人工甜味劑，逐漸擴大為化肥，甚至曾在越戰中製造惡名昭彰的橙劑。目前以研發並販賣基因改良種子為大宗，幾乎壟斷全球許多地區的糧食生產。

⑥編注 Pioneer Hi-Bred，美國最大的混種改良種子製造商。

城，居住密度就如曼哈頓那麼密集，而目的也完全相同：發揮每塊土地的最高價值。這裡幾乎沒有柏油路，但也算不上田野景觀。就任何合理的定義來看，愛荷華都是個鄉下州，但其實她發展得比誰都都市化。這個州只有二％的土地還維持著原貌（高大禾草的草原），剩下的每寸土地都經過人為徹底改造。而在這片人造地景中，唯一消失的，就是人類。

三、消失的物種

問題出現了。像愛荷華州這樣玉米大量繁衍的地方，不僅會排擠到其他植物與動物，甚至連人類也無法倖免。老奈勒抵達美國時，是格林郡人口最多的時期，有一萬六千四百六十七人，但近來的人口普查結果只剩一萬零三百六十六人。美國農業帶人口減少，原因很多，至於玉米大軍的攻城掠地究竟是福是禍，就看你用什麼角度來看了。

在奈勒祖父耕作的年代，典型的愛荷華農場中有著各式各樣植物和動物，就數量而言，玉米不過屈居第四，馬才是第一，因為每個農場都需要動物來進行耕作（一九二〇年，全美只有兩百二十五部曳引機），之後是牛、雞，接下來才是玉米。玉米後面依序是豬、蘋果、乾草、燕麥、馬鈴薯和櫻桃。此外，許多農場也種植了小麥、李子、葡萄和西洋梨。這種多樣性讓農場可以自給自足，不僅農人吃得飽，還能餵養牲畜，並施肥給土壤，同時也禁得起任何一種農作物的市場價格崩落。此外，這種多樣性也意味著當時愛荷華州的農村景觀和現在截然不同。

奈勒回憶道：「當時全都是籬笆和草地，家家戶戶都有養家畜，而且農場全年都是綠油油一片，而不會像現在常是光禿禿的。」現在，從十月收成之後，到五月玉米冒出芽來這段期間，格林郡是一片黑。黑色的碎石鋪面，對野生生物的友善程度只比瀝青好一點。即使在五月，放眼所及的綠色景觀，也只有圍繞著屋子的草皮、區隔不同農場的狹長綠地，以及路邊的水溝。在一九五〇到六〇年代之間，動物開始從這塊土地上消失，而籬笆也隨之撤離。有些動物移進屋內，例如近來的愛荷華州肉豬，牠們現在終其一生都得住鋁棚罩著的糞坑上方。至於春天的格林郡景色也變得十分單調，在大片犁過的田間點綴著農莊，這些白色木造屋及綠色草地，彷彿是在黑色海域中逐漸稀疏的孤島。奈勒說，沒有籬笆和灌木樹籬的阻擋，現在吹襲在愛荷華田野上的風比以前更猛了。

玉米不該為這個景觀負全責，禍首是曳引機。是曳引機讓馬匹變得毫無用武之地，而馬一旦消失，作為飼料的燕麥田和草地也一併消失。不過，讓農夫口袋賺飽現金的作物是玉米，所以自二十世紀中期起，玉米的產量便一飛沖天，而農人自然也就願意把更多土地讓給這種神奇的作物。當然，其他美國農人也都這麼想（在政府政策的鼓勵之下），於是玉米價格無可避免地跟著下跌。或許有人會認為，玉米價格跌落之後，農人就會少種一點，但是農業的經濟學與心理學卻讓事實朝反方向發展。

一九五〇到六〇年代起，廉價玉米如潮水般湧現，這使得在飼育場用玉米養牛比在草地上放牧利潤更高，而大型養雞場也比在自家後院養雞更好賺。愛荷華州的畜牧農夫敵不過靠便宜玉米養雞養牛的工廠（這些玉米還是那些農夫種出來的呢），所以雞和牛從農場上消失了，而放牧所需的草地與乾草地也跟著不見，取而代之的是收成量超越其他作物的物種：玉米。而當玉米價格滑落，農夫就得種更多玉米才能保持收支平衡。到了一九八〇年代，愛荷華州原本具有多樣生物景觀的農家已經成為歷史，玉米獨霸稱王。

（在同一片土地上年復一年地種植玉米，果真帶來了病蟲害，因此從一九七〇年代開始，愛荷華的農夫便輪種玉米、大豆與豆科植物。然而，由於近來大豆的價格滑落且病害增加，有些農人便冒險回頭，只種玉米。）

在人類與其植物盟友（農業政策與大豆）的幫助之下，玉米已將動物及其飼料作物從這片土地排擠出去，同時逐步把領土擴張到動物活動的牧場、草地與田野。現在，玉米還要驅逐人類。和過往作物多樣的農場相比，這種極度簡化的玉米與大豆農場，所需的人力少很多，尤其現在還有十六行播種機以及化學除草劑的鼎力相助。在這種單一作物的情況下，一個人可以獨力耕作的面積更大，而且無需照料牲畜，週末便能休息，冬天甚至還可以到佛羅里達州度假。

奈勒告訴我：「種植玉米，不過是開著曳引機然後做做噴灑工作。」但栽種兩百公頃的工業化玉米要用在開車和噴灑的時日，一年加起來也不過幾個星期而已。所以農場越來越大，但是人口卻越來越少，因為玉米的價格持續下滑，已經養不起那麼多人，只好把土地割讓給這種怪物般的禾草。

徹丹鎮現在幾乎就像座鬼城，主街上的商店很多都關門大吉了，理髮店、食品商店和當地的電影院，近幾年也陸續停業，剩下一家小餐館和貨品稀少的小商店還在苦撐。大部分的人都開車到十六公里外的傑佛遜市購買日常用品，然後在連鎖加油站Kum & Go買牛奶和雞蛋。這裡的中學由於學生太少，連棒球隊和樂團都組不起來，還得聯合四校才組得起一支足球隊：傑佛遜－史卡頓－巴頓－徹丹公羊隊。目前徹丹鎮上唯一持續營運的事業，幾乎就只剩下那座遠遠聳立在鎮上一角的大穀倉。穀倉還裝著一架升降機，像是一棟沒有窗戶的摩天大樓。這座穀倉之所以還能屹立不搖，是因為玉米持續不斷運送進來，而且年年增加，不管這裡還有沒有人居住。

四、太陽也走了

我有點過度簡化這個故事；玉米快速崛起，並不是如我敘述得那般「靠自己」，這看起來太過完美合理了。就如同許多美國人「自立自強」的成功故事，如果你看得越仔細，就越能發現背後有美國政府的影子：政府運用專利、獨占和優惠稅率，在關鍵時刻推了主角一把。在玉米的故事中，我所描述的植物英雄雖然勇敢又胸懷大志，但事實上在經濟以及生物學的幾個關鍵之處，都受到了大力幫助。由於這個原因，我在愛荷華州遇到的農民，對於玉米可謂毫不敬重，他們會以厭惡的口吻告訴你，這種植物已經成了「社福女王」。

當代玉米歷史中最重要的轉折點（也是美國食品工業化的轉捩點），可以確切回溯到一九四七年的某一天。那天，阿拉巴馬州麻索蕭爾斯（Muscle Shoals）的軍火工廠，開始轉而製造化學肥料。二次大戰結束後，美國政府發現自己囤積了過量的硝酸銨。硝酸銨是炸藥的主要原料，但也剛好是絕佳的植物氮源，因此他們認真考慮要將這些過剩的化合物噴灑到森林中，以幫助林業。但美國農業部的農業專家有更好的主意：把這些硝酸銨灑到田裡當肥料。化肥工業以及由戰時毒氣工廠轉型而來的農藥工業，其實是美國傾國家之力，將戰爭機器在和平時期另作他用的結果。一如印度農業激進主義者凡達娜．西瓦（Vandana Shiva）在演講中所說：「我們仍吃著二次大戰的廚餘。」

混種改良玉米成為這個轉變之下最大的受惠者，這種玉米是最貪婪的植物，消耗的肥料比其他作物要多。混種改良植株所具備的基因，讓它們能在擁擠的玉米城市中生存，不過即使是愛荷華州最肥沃的田地，也無法在數萬株飢餓玉米的吞食之下依然保持肥沃。為了避免農地罹患「玉米病」，奈勒父親那一輩的農人開始謹慎地輪種玉米與豆類（以增加土壤中的氮），而且五年內不會在同一塊地重複種植玉米，並把牲畜的糞便撒到玉米田中以回收養分。在化學肥料出現之前，土壤中的氮含量嚴格限制了單位土地上玉米的生長量。因此雖然混種改良玉米在一九三〇年代就問世了，但它們要到一九五〇年代化學肥料問世之後，產量才暴增。

人工合成氮肥的發明改變了一切，受影響的不只有玉蜀黍和農村，食物系統以及地球上生物的生活方式也受到波及。所有生物都需要氮，好用來組成胺基酸、蛋白質和核酸；至於指揮生命並且讓生命續存的遺傳訊息，也是以氮書寫而成（所以科學家說氮提供了生命的「質」，而碳提供了生命的「量」）。但在地球上，可利用的氮數量卻很有限。雖然大氣中八十％是氮，但這些氮原子兩兩緊密鍵結在一起，不會發生反應，所以沒有用處。十九世紀的化學家尤斯圖斯·馮李比希（Justus von Liebig）曾說，大氣中的氮「對其他物質都毫無反應」。這些緊密結合的氮原子得先分開，各自與氫原子結合之後，對動物和植物才有價值可言。從大氣中取出氮原子再結合成對生物有用的分子，科學家稱這個過程為「固氮作用」。過去，地球上生物可用的氮只能由土壤中與豆科植物（如豌豆、苜蓿與洋槐）共生的細菌來固定，偶爾也會藉由閃電來進行固氮：閃電將空氣中氮分子的鍵結打開，而下一場小小的肥料雨。至於人為的固氮方法，則要到一九〇九年由德國猶太裔化學家弗里茨·哈柏（Fritz Haber）才發展而出。

地質學家瓦茨拉夫·史密爾（Vaclav Smil）寫過一本關於哈柏的精采著作《滋養大地》（*Enriching the Earth*），他指出：「如果沒有氮，作物和人體就無法生長。」在哈柏的發明之前，地球所能承載的生命總數（作物數量及其連帶的人類數量）受限於細菌與閃電所能固定的氮量。一九〇〇年，歐洲的科學家便了解到，除非找到法子來增加自然界所固定的氮，否則人口成長很快就會陷入停滯。數十年後，中國科學家也出現同樣想法，中國因此被迫對西方開放。一九七二年美國總統尼克森訪中之後，中國政府首要的訂單就是十三座巨大的肥料工廠。如果沒有這些肥料工廠，中國可能已經陷入饑荒。

所以史密爾才會說，「哈柏-包希」（包希讓哈柏的方法能夠商業化生產）的固氮法是二十世紀最重要的發明，而這種說法可是一點也不誇張。他預估，如果哈柏沒有發明這個方法，地球上有五分之二的人無法存活。史密爾指出，這個世界倘若沒有電腦或電力還容易想像，但如果沒有化肥，地球上就有數十億人口根本不會誕生。不過這個數字也意味著，當哈柏賜予我們固氮的力量時，人類就像是和大自然進行魔鬼般的交易了。

哈柏是誰？我沒聽過，甚至也不知道他曾因「提升農業與人類福祉」而在一九二〇年獲頒諾貝爾獎。不過他的沒沒無名並不是因為他的重大貢獻，而是他一生中扭曲而醜陋的事跡，而這也讓我們再度想起現代戰爭與工業化農業之間的可疑連結。一次大戰期間，哈柏為德軍效力，他的化學發明讓德國對勝利一直懷抱著希望。當時英國切斷了德國從智利礦區的硝酸來源（此乃製作炸藥的主要成分），是哈柏的技術讓德國能自行合成硝酸以持續製造炸藥。後來，當德軍與法軍陷入壕溝戰中僵持不下，哈柏又將自己的聰明才智用來發展毒氣，首先是氨氣，然後是氯氣（他隨後還發明了希特勒在集中營使用的毒氣齊克隆B[7]）。史密爾寫道，一九一五年四月二十二日，哈柏「在前線指揮了軍事史上第一次的毒氣攻擊」，他的捷報傳回柏林，但是幾天之後這項勝利就蒙上陰影：他同為化學家的妻子因厭惡丈夫把所長貢獻在戰爭上，便以丈夫的軍用手槍自盡。此後，雖然哈柏改信了基督教，但依然因其猶太背景而在一九三〇年代被迫離開納粹德國，

⑦編注　Zyklon B，一種氰化物，最初發明於一次大戰期間，由德國製造用來除蝨。二次大戰期間，德國起初也用來消滅斑疹傷寒的病媒，但後來開始在奧茲維辛等集中營用來屠殺猶太人，齊克隆B因此也成了大屠殺的象徵物。

並於一九三四年窮困潦倒地死於瑞士巴賽爾的旅館房間。或許因為科學史都由勝利者所寫，因此二十世紀的歷史都未提及哈柏的故事，甚至哈柏在德國卡斯魯大學（University of Karlsruhe）做出偉大發現的地點，連一塊紀念牌匾也沒有。

哈柏的故事具體呈現了科學上的矛盾：人類對於自然的操控有如雙面刃，不僅是同一人，甚至是同一項發明，都可以同時帶來好處和壞處。哈柏的發明為生命帶來了極重要的養分來源，但也為世界帶來了極可怕的新武器。正如他的傳記作者所寫：「不論好壞，都來自同一個人的同項科學發明。」不管是將他視為農業的貢獻者或是化學武器製造者，這種二分法是極不恰當的，何況哈柏的貢獻的確是利弊互見。

土壤要肥沃，原本是完全仰賴太陽的能量，但是當人類得到固氮的力量之後，能量來源就改由化石燃料提供了。哈柏－包希法需要在高溫高壓的環境下，再經由催化劑的幫助，才能結合氮氣與氫氣。高溫高壓都得耗去龐大電力，至於氫則來自石油、煤或目前最普遍的天然氣，而這些都是化石燃料。沒錯，這些化石燃料也是數十億年前由太陽的能量所產生，但化石燃料無法再生，受陽光滋養的豆科植物肥料卻可以再生。（豆科植物中的氮其實是由寄居在豆科植物根部的細菌所固定，這些細菌提供植物所需的氮，而植物則以一些醣類作為回報。）

一九五〇年代的某一天，奈勒的父親首次噴灑了硝酸銨肥料，他的農場生態自此開始了一場寧靜革命。在當地由陽光驅動的肥料循環模式（以豆類餵養玉米，玉米餵養牲畜，牲畜的糞便再回報玉米）就此打破。由於不需要豆類和動物糞便的滋養，奈勒現在每年都可以種玉米，而且想種多少就種多少。他可以購買一袋袋肥料，而這些肥料的半成品（化石燃料），早在十億年前就分布在世界各地了。

從舊世界的生物限制中解放出來之後，農場現在可以套用工業化生產模式，將原料轉換成產品：化肥是原料，產品就是玉米。有了合成肥料，農場就不再需要養育各種生物以保持土地肥沃，農夫自此可以大量栽培單一作物，把工廠經濟的規模與機械化生產的效率引入大自然。就如同有人曾說的，倘若農業代表人類首次從自然的狀態中墮落，那麼發明合成肥料就是第二次的急速墮落了。人為固氮作用讓食物鏈脫離了生物學邏輯，轉而擁抱工業邏輯。人類本來只靠著太陽的能量維生，現在開始啜飲石油了。

玉米漂亮地適應了新的工業化體制，消耗了龐大的化石燃料能源，然後轉變成更加龐大的食物能源。目前全球一半的合成氮肥都用在玉米上，而且比起其他植物，混種改良玉米更能利用合成氮肥。就生物學的觀點來看，所謂栽種玉米一直都是把陽光的能量轉化成食物，但目前這個程序已經有很大部分是將化石燃料轉化成食物。這樣的轉變同時也說明了大地顏色的轉變，格林郡每年有一半的時間不再翠綠，因為購買合成肥料的農夫，無需一直種植作物以全年捕捉陽光，他們已經接上了新的能量來源。當你可以用天然氣來製作肥料，然後以化石燃料來製作農藥、驅動曳引機，甚至收割、烘乾和運送玉米，你會發現，每生產二十五公斤的工業化玉米，就得消耗約一到一．三公升的石油，也就是說每公頃地要消耗約四百七十公升的石油（有些估計值甚至更高）。換句話說，生產一單位熱量的食物，需消耗高於一單位熱量的化石燃料。但在化學肥料出現之前，奈勒農場挹注一單位的能量，就能得到兩單位能量的食物。就工業效率的觀點而言，人類不能直接喝石油，真是可惜啊。

然而就生態上而言，這種製造食物的方式簡直浪費，不過「生態」已不再是運作的準則了。只要化石燃料夠用又夠便宜，這種生產玉米的方式就有利可圖。從陽光滋養玉米的老方法，就生物學來說，可能是一頓免費的午餐，但是這頓午餐上得太慢、分量又不足。在工廠中，時間就是金錢，產量就是一切。

和生物系統相較，工廠的問題在於會製造污染。混種改良玉米雖然貪吃，但農人所施予的肥料量仍遠超過玉米的胃納。農夫所買的肥料大部分都浪費掉了，原因可能是在錯誤的時間施肥，也可能是被雨水帶走，也可能是農夫覺得多施點肥比較保險。奈勒有點不好意思地解釋：「他們說每公頃地只需一百一十公斤，但我也不知為什麼，會施放到兩百公斤。我不希望因為施肥不足而出問題，這就像是給產量買個保險吧。」

奈勒的玉米所沒有吸收的那九十公斤合成氮肥到哪裡去了？有些蒸發進入大氣，讓雨變酸，同時加速全球暖化（硝酸銨會轉變成影響重大的溫室氣體氧化亞氮）。有些則滲入地下水層；我在奈勒的廚房從水龍頭裝水喝的時候，佩琪還得確認我裝的水是從逆滲透濾水系統流出來的。至於其他過剩的氮，就等春雨來臨雨水流過奈勒的田地時，順便帶入排水溝渠，最後流入拉孔河（Raccoon River）。拉孔河會匯入迪摩因河（Des Moines River），再提供給迪摩因市民作為飲用水。在春天，氮肥逕流最嚴重的時候，迪摩因市還會發出「藍色嬰兒警報」，警告父母自來水是不安全的，不要讓孩童飲用。硝酸鹽在水中會轉變成亞硝酸鹽，亞硝酸鹽會和血紅素結合，削弱血液將氧送入大腦的能力。我方才說我們不會直接啜飲化石燃料，我想我錯了，有時候我們真的喝了。

哈柏的發明至今尚不滿一世紀，卻已改變了地球的生態。目前全世界可用的氮元素，有一半是人造的（除非你從小就是吃有機食物長大，否則你體內大約有一公斤的氮元素都是由哈柏-包希法固定下來的）。史密爾說：「我們已經擾亂了全球的氮循環，嚴重的程度遠勝其他元素，甚至包括碳元素。」人類擾亂碳循環已造成全球暖化，而擾亂氮循環的後果更難預測，但嚴重程度可能不亞於前者。潮水般湧來的合成氮肥不但滋養了農田，也滋養了森林和海洋。有些物種因此受惠（玉米和藻類是兩個最大受益者），但受害的物種則不計其數。奈勒在愛荷華州玉米田所施加的氮肥，最後會沿著密西西比河流入墨西哥灣，而對該處的海洋生態系造成致命的傷害。含氮的潮水刺激藻類瘋狂生長，這些藻類隔絕了氧氣而讓魚類窒息，製造出缺氧的「死亡區」。這片死亡區的面積有紐澤西州這麼大，而且還在持續擴大。我們在全世界施肥，改變了這個星球上物種的組成，同時縮減了生物多樣性。

五、廉價玉米災難

那天我和奈勒種完玉米之後，下雨了，所以剩下的時間我們幾乎都坐在廚房裡喝咖啡，聊著農人最愛談論的話題：糟糕的收購價格、愚昧的農業政策，以及如何在失常的農業經濟中維持收支平衡。奈勒回到農場生活的時期，正好是美國農業史上所謂的「往日美好時光」。當時玉米價格長期居於史上高點，似乎真能以此維生。但是等到奈勒準備把首次收成的玉米送進倉庫時，卻因為大豐收導致價格大幅滑落，從每公斤十二美分降成八美分。所以他撤回玉米，儲存起來，打算等價格回升後再出售。然而價格卻持續滑落，而且從冬天一路滑落到隔年春天，如果把通貨膨脹算進來，玉米價格可說是自此一路下滑。到現在，一公斤玉米大約只能賣四美分，比栽種成本還低——這對玉米農之外的其他人倒是好消息。我想從奈勒這裡知道的是，如果目前美國種了那麼多玉米，多到連市場價格都不能反應成本，腦筋正常的農夫怎麼還會繼續種玉米？

後來我得到的答案頗為複雜，而這與反常的農業經濟有關。這種經濟違反了供需平衡的古典法則，也稍微牽涉到農民的心理狀態，而牽連最深的則是農業政策。在奈勒買下第一部曳引機之時，美國的農業政策正進行一項重大變革。政府的農業計畫本應控制產量以維持價格穩定（以及農民的生計），結果竟悄悄地把目標調整成增加產量以壓低價格。換句話說，在尼克森主政時期，政府不但沒有支持農民，反而開始犧牲農民以維持玉米的供應量。此時，玉米不僅在生物上得到合成氮肥的恩惠，在經濟上又受到補助，在土地與食物體系上可謂大獲全勝。

奈勒對於農業政策的看法，來自父親曾告訴他的一個故事。事情發生在一九三三年冬天，那是農業大蕭條時期的谷底。奈勒說：「當時父親拖著玉米到城裡去，發現玉米價格在前一天已跌到每公斤〇．四美分，而穀倉也不再收購玉米了。」最後，玉米的價格跌到零。「每當他數算著在一九二〇年代與三〇年代，有多少鄰居失去了農場，眼中總是泛著淚。」美國在大蕭條時代制訂的農業政策，並非如大家所想地去鼓勵農民為這個飢餓的國家生產更多糧食，反而是得把農民從食物生產過剩的災難中解救出來。因為食物供應量遠超過美國人所需。

自從人類開始耕種，豐年造成的挑戰和荒年一樣嚴峻。如果食物過剩，作物的價格就會下跌，使農夫破產，但在荒年來臨時，又需要農夫來耕種。就食物而言，大自然可是嘲弄了古典經濟學中的供需法則：天氣好壞會影響收成，但不論供應量有多少，人體所能消耗的食物都是固定的，而人性和氣候都屬於自然的一部分。所以在舊約《聖經》中，當時的社會就設計了許多策略來打平農業生產的上下波動。《聖經》建議的農業政策是儲藏穀物。這不但能確保在乾旱或傳染病摧毀莊稼時，依然有食物可以吃，豐收時農人把穀物儲存起來也能避免損失。

羅斯福「新政」（New Deal）中的農業計畫差不多就是這個意思。對於玉米這類能夠儲藏的作物，政府依照耕作成本訂定收購價格。如果市場上的價格低於政府的收購價格，農民可以自行選擇，看是要把玉米投入價格疲軟的市場（這樣會讓價格更疲軟），或是以玉米作為抵押品向政府貸款，然後等到價格回升時再出售，出售所得則足以清償貸款；倘若玉米價格持續低迷，農民也可以選擇用玉米償抵貸款。這種作法有個古雅的名稱：「常平倉」（Ever-Normal Granary）。新政其他內容，還有由土壤保育署所推動，鼓勵農民停止在脆弱的土地上耕種，以避免生產過剩和土壤流失。

在一九七〇年代奈勒回歸農村前不久，這個系統多少還在運作著，並在二十世紀玉米產量大增時，也有效地讓玉米價格免於崩潰。由於這些「農產品抵押貸款」，過剩的玉米不會流入市場，而且最後貸款大多會償清，所以政府幾乎沒有損失。如果玉米價格上揚（例如氣候不佳而歉收），政府就出售常平倉儲存的玉米，換得的錢不但能繼續用於農業計畫，還可讓震盪的價格趨於平穩。

我說這個系統在一九七〇年代「多少」還運作著，是因為從一九五〇年代，廢止新政農業計畫的運動就開始生根了，而且，每當有新的農業法案出現，就是從原來的支持系統中去除一根支柱。幾乎打從一開始，這種維持價格與限制產量的政策就樹立了許多強敵：自由放任經濟的倡導者（他們看不出政府為何要特別照顧農業），食品加工業者和穀物出口商（生產過量和廉價作物對他們有利），還有政商團體的領袖，他們有各式各樣的理由，認為美國的農人過多，這樣有損美國（或至少這些領袖）的利益。

長久以來，美國農民在政治上就一直給華爾街和華盛頓帶來麻煩。套句歷史學家華爾特・卡普（Walter Karp）的話：「至少從南北戰爭以來，美國公民中最不守規矩、最獨行獨斷，又最擁護共和政體的，就是那些小農。」從一八九〇年代農民發起的農村本位運動，他們就與勞工運動具有共通的動機，一起監視企業的力量。現在，農產品產量增加，這讓農民的宿敵有了絕佳的反擊機會。由於現在只需一小撮農民就足以餵飽全美國，是該讓農業「合理化」、回歸市場價格機制，並要農民讓出土地的時候了。華爾街和華盛頓企圖改變農業政策，結果導致「廉價玉米災難」（這是奈勒的說法，他是典型的舊式農村本位主義者），殃及全國，影響了我們周遭的事物，也包括我們自己的身體。

六、普渡大學的智者

「腦殘」布茲（Earl "Rusty" Butz）是尼克森主政時代的農業部次長。他對於奈勒口中的「廉價玉米災難」居功厥偉，無人能敵。這位態度狂妄、口無遮攔的農業經濟學家來自普渡大學，且常被冠上「個性鮮明」四個字。布茲直言不諱的態度和粗俗的幽默感，讓許多人相信他一定是農民的朋友。不過當他現身在勞斯頓－普瑞納公司⑧的董事會時，或許更能點出他對於農民的同情。一九七六年選舉期間，他因種族歧視的笑話而下台，儘管這是農業圈外大家對他的主要印象，不過布茲的確大幅改造了美國農業，使得食物鏈扎根於廉價的玉米上。

布茲接掌農業部時，正逢美國史上最後一波糧食價格狂飆，高到足以引發政治危機，而他對後世的遺澤，就是確保這種情況不會再發生了。一九七二年秋天，連年歉收的蘇聯向美國購買了三千萬公噸的穀物。布茲安排這項交易，以期糧食價格一飛沖天，好讓想把票投給喬治．麥高文（George McGovern）的固執農民轉投給共和黨。這個計畫的效果奇佳，突如其來的訂單加上該年農業帶天候不佳，穀物價格於是創下歷史新高。就這樣，奈勒回到了家族農場。

一九七二年的穀物交易，使得農民在那年秋天的收入暴增，也讓尼克森在競選連任中穩住了農民的票。然而到了隔年，穀物價格飆漲的後果卻貫穿整條食物鏈表現出來，從產地一路直抵超市。一九七三年，日常生活用品的通膨率寫下新高，家庭主婦聚集在超市門前抗議，農夫因買不起飼料而殺死小雞，至於牛肉價格則失控到連中產階級也吃不起。有些食物開始缺貨，某些超市甚至開始賣起馬肉。該年夏天，《美國新聞與世界報導》的頭條標題是「土地廣大，糧食不足」。尼克森為了應付這些群起而攻的消費者，派出布茲來平息眾怒。這位來自普渡大學的智者於是重新設計了美國的食物系統，讓農夫的產量大幅增加以壓低食物價格。這一直都是農業綜合企業的夢想（低廉的原物料），也是執政當局的夢想（減少固執的農民），現在則成了政府的官方政策了。

布茲的方針很好懂：他鼓勵耕種，希望農民「在籬笆之間種滿作物」，並建議他們「擴大規模，不然就改行」。他認為農場規模越大產能就越高，所以推動農場合併（他另一句信條是「不適應就出局」），並要農民把自己視為「農業綜合企業家」。布茲另外也默默開始廢除農業新政中維持農產品價格的制度。當時食物價格很高，因此這項工作推行起來也容易得多。他廢除了「常平倉」，並且以一九七三年農業法案取代了農業新政，先前以借貸、政府收購穀物以及休耕來維持農產品價格的作法，現在則是直接把錢付給農民。

從貸款改為直接付款看似無足輕重，畢竟不論哪一種，即使玉米價格不振，政府都擔保農民能拿到固定價格。然而支持者心裡其實很清楚，這項改變事關重大，政府直接把玉米價差付給農人，就意味著移除了穀物價格的底線。在舊的貸款方案中，政府與常平倉會在價格跌落時，是力

⑧ 編注　Ralston Purina，普瑞納成立於十九世紀末，以生產農場動物飼料為主，二十世紀初與勞斯頓合併後，擴大到製作人類的早餐穀片和寵物食品及用品。二十一世紀初與雀巢公司合併。

求避免玉米繼續流入市場；但新的補助方案則鼓勵農夫不管玉米價格如何都拿去出售，因為政府會補貼差額。這個方法的確也補貼了一些差額，只是每次農業法案都把目標價格適時調降，理由是為了讓美國的穀物在世界市場更具競爭力[9]。政府現在做的，不是維持玉米價格，而是補貼玉米的價差。如此一來，美國農民就卯起來種玉米了。

七、奈勒曲線

即使到現在，許多美國農民仍不了解真正打擊他們的是什麼。在競爭與自由貿易的旗號之下，許多農民認為廉價玉米是他們的救星，有些農民組織甚至完全相信廉價玉米會有好處。不過從一九七〇年代初玉米價格的高峰期過後，隨著玉米價格下跌，農場收入也持續減少，數百萬農民於是身陷債務，每週都有數千個農民破產。而且，即使玉米價格已大幅滑落，玉米出口占總收成的比率依然停滯在二十％。愛荷華大學估計，在愛荷華生產一公斤玉米的成本大約是十美分，但愛荷華的穀倉收購價卻是五．八美分（二〇〇五年十月價格），所以基本上，愛荷華的農民每賣出一公斤玉米，就虧損四．二美分。但每年的玉米產量依舊持續增加。

這怎麼可能呢？

奈勒研究過這個問題，而且已經得到讓人信服的答案。他經常受邀到農業危機的會議中演說，也常出席農業政策的聽證會作證。在這些場合中，他通常會拿出自繪的一幅圖表「奈勒曲線」來解釋這個神祕現象。記得「拉弗曲線」[10]嗎？奈勒曲線與拉弗曲線有點相似，只不過奈勒曲線是真的。基本上，這個曲線主旨是說明，為何農產品價格滑落，會導致農人做出增加產量這種違反理性的經濟學行為。

「在農產品價格滑落時，農人若想維持生活水準、支付帳單、償還債務，唯一的選擇就是增加產量。」每個農家每年都需要一定的現金流量才維持得住，而如果玉米的價格滑落，唯一能打平開銷的作法就只有增加產量。奈勒說，農民情急之下大量增產，結果導致土壤退化，耕地周邊的土地都拿來耕種，並且使用更多氮肥，總之想盡辦法從土壤搾出更多玉米來。可是當農民生產越多玉米，玉米價格就越往下掉，於是情況重演，陷入產量過剩的惡性循環。即使如此，農民依然以每單位面積的產量來衡量成功與否，但這樣的標準卻加速他們破產。

「在農業中，自由市場的運作從來沒有成功，將來也不會成功。家庭農場的經濟運作模式，和一般企業大不相同。當產品價格滑落，公司可以裁員、凍結生產線或減少產量，最後市場會找到新的供需平衡點。但是食物的需求量沒有辦法如此彈性，人們不會因為食物比較便宜就吃得多，而開除農人也無助於降低食物的供應量。你可以開除我，但無法開除我的土地，因為其他需要更大現金流量或是自認比我行的農人，會進駐這塊土地然後開始耕種。所以就算我不耕種了，我的土地依然會持續生產玉米。」

但為何是玉米，而不是其他作物？奈勒說：「我們是工業化食物鏈的最底層，從土地生產能量和蛋白質，而且大多是拿來餵動物。製造能量最有效率的方式是種玉米，而製造蛋白質最有效

⑨ 自一九八〇年代起，嘉吉和阿徹丹尼爾斯米德蘭（Archer Daniels Midland, ADM）等大型穀物公司，便開始把黑手伸入農業法案。想當然耳，這些新法照顧的是這些公司的利益，而不是農民的權益。

⑩ 編注 Laffer curve，由美國經濟學家亞瑟．拉弗（Arthur Laffer）所創，描繪的是政府稅收與課稅稅率之間的關係。當稅率在某個限度以下，提高稅率能增加政府稅收，但超過這個限度，提高稅率反而會讓稅收減少。

率的方式是種大豆。」轉作其他作物？奈勒粗聲粗氣地反駁：「那要種什麼呢？青花菜？萵苣？我們長期投資的作物是玉米和大豆，鎮上唯一的買家是倉庫，他們只買玉米和大豆。市場告訴我要種玉米和大豆，完畢。」就連政府也一樣，政府也是以玉米的收成量來計算各類補助金額。

所以廉價玉米的災難持續蔓延，農民越來越窮（不管是美國農民，或是購買美國玉米的他國農民），土地越來越貧瘠，水源飽受污染，還讓國庫失血不止。國庫每年花費五十億美元補貼廉價玉米，雖然這些支票都開給了農民（而且占了農場淨收入的一半），不過國庫真正補貼的是那些廉價玉米的買家。奈勒說：「農業總是由政府統籌管理，但問題是，要為誰的利益而管理？現在是為了嘉吉和可口可樂，而不是為了農民。」

我和奈勒談論農業政策的時間遠超出我預期，然後當天下午，電話響了，他鄰居比利的玉米播種機突然停擺，要找人幫忙。在驅車前往比利農場的路上，奈勒告訴我一些比利的事情：「所有的新玩意他都有：十二行的播種機、抗除草劑種子，以及強鹿牌收割機。」奈勒眼睛轉了一下，又說：「他已經負債累累了。」奈勒相信自己只要有計畫地清理債務、好好保養他的老爺收割機和曳引機，然後避開擴張的陷阱，就能夠靠著農場維生。

比利大約五十多歲，有些直頭直腦，理著灰色平頭，帶棒球帽，念及他整個早上都耗在處理曳引機損壞的線路，目前看起來心情還算不錯。當他和奈勒在處理曳引機時，我環顧倉庫，擺滿了最新的農業機具，於是問他對於抗蟲玉米[11]的看法。比利認為這是最棒的種子，並誇耀道：「用這種種子，我每公頃可以收成一萬六千公斤，你呢，奈勒？」

奈勒承認自己每公頃只能收成約一萬兩千三百五十公斤，但是他很客氣，沒把所知的事實說出來：他幾乎可以確定，只要每塊地少種一點玉米，就能壓低栽種成本而賺到較多錢。不過在愛荷華州，那些產量最高的農民才有資格自吹自擂，雖然這反而會讓他們破產。

在路的另一旁，我注意到一部曳引機的鮮黃色拖車車頭伸出車棚外。我問比利這部車的用途，他說，他得接一些長途托運的工作，才能維持農場開銷。他咯咯笑道：「我得開著這部大機器，才養得起農場上這些玩意兒。」

奈勒朝我看一眼，彷彿在說：「很可悲，不是嗎？」但想到這個農人為了維持這座農場做了多少付出，我更感到心酸。我想起盧梭的句子：「人類已經成了他工具的工具。」我很想知道，在那些奔馳於八十號州際公路的漫漫長夜，比利是否會想到自己為何會落到這種地步？是否想過自己是為誰辛苦為誰忙？銀行？強鹿公司？孟山都？先鋒種子？嘉吉？每公頃能產出一萬六千公斤的玉米，的確值得驕傲，但這給比利帶來的好處，卻遠不及給那些公司帶來的利益。

當然，接下來我們就要談到玉米本身。如果玉米自己能夠發表意見，一定會對自己所處的荒謬情境感到驚異，也會對這份天賜好運大為驚歎。因為玉米已經被排除在自然和經濟規律之外，而這兩種規律具有嚴苛的機制，能控制如玉米這般狂暴而不受控制的增殖。在自然界中，一個物種如果不斷擴張，等到所有食物消耗殆盡，整個族群就會崩潰。而在市場上，產品如果供給過剩，價格就會壓低，直到過剩的物資消耗完畢，或是生產該產品不再有意義為止。在玉米這個例子中，人類想盡辦法讓它掙脫這兩種限制，就算是破產也要種玉米，而且竭盡所能地去消耗它。

⑪Bt corn，經基因改造的玉米，能夠自己產生殺蟲劑。

Chapter 3
THE ELEVATOR

第三章
大穀倉

在一個春日午後，我前往愛荷華州法南村（Farnhamville）的大穀倉，每年十月奈勒就是把玉米運來這裡。那日天空略微陰沉，飄著毛毛細雨。在愛荷華州這塊區域，大穀倉是方圓數里內唯一的高聳建築群，外型彷若緊密排列的混凝土辦公大樓，只差沒有窗戶。不過這天的天空是鉛灰色，那巨大的圓筒狀建築幾乎隱沒在對比微弱的背景中。我開車越過鐵軌，路經一塊綠底白字「愛荷華農民合作社」的路標之後，出現在我眼前的，是一座馬戲團帳篷般大小的鮮黃色金字塔。這座由無數玉米堆成的金字塔就在大穀倉旁，正淋著雨。

過去一年，中西部這個區域的玉米大豐收，去年十月的產量已經超過大穀倉的容量，只得把數千萬公斤的玉米留在倉外。如今已過七個月，依然剩下許多。我看到一個像是扶手梯的機械把數公噸玉米送入火車車廂。繞著金字塔開一圈，處處可見金黃色玉米粒：有些被輪胎和靴子壓入泥地、有些漂浮在積雨的水窪上，還有些在鐵軌上被壓成餅。這些玉米大多會送到飼育場或加工食品廠，所以沒有人會關心清潔問題。但是看到這麼多食物散落在潮濕的地面上，總覺得非常不對勁。

當天下午，我在阿姆斯市（Ames）和墨西哥裔美國科學家瑞卡多．薩爾瓦多（Ricardo Salvador）見面，他是愛荷華州立大學的教授。他對我說，去年十月他在愛荷華的道路上看到玉米粒四處散落時，也有類似的感覺。農民用大型卡車把玉米載到城裡，在高速公路上轉彎的時候，車尾就甩出一陣黃色玉米雨。他說：「老實說，我很反感，即使是現在的墨西哥，也沒人會把玉米丟到地上，這幾乎是種褻瀆。」他寄了十六世紀薩哈岡修士[1]的一段話給我，這位作家紀錄了阿茲提克人（Aztec）對玉米的崇敬：

若他們見到乾玉米散落在地，會立即拾起，並說：「維持生命的食物遭難，躺著啜泣。若我們未能拾起，食物會向神明控訴：『神啊！我散落在地時，奴僕未將我拾起，懲罰他吧。』否則，我們或將挨餓。」

這位農學家的反應和我相似，原因之一是我們沒有分清楚「糧食玉米」和「原物料玉米」，這兩種玉米的差異雖然微小，卻非常重要。那座大穀倉旁的金字塔，堆滿了奈勒種植的「二號飼料玉米」，是國際公認的原物料作物，能在任何地方生長（沒有特殊產地），也是全世界都認可的資本形式，可以拿來交易、炒作與收付。雖然二號飼料玉米看起來和你我所吃的玉米沒兩樣，而且的確如薩哈岡所說，是源自阿茲提克人崇敬的生命之源，不過這種玉米比較像工業原料，是一種抽象概念，而非食物。這種玉米的玉米粒硬得咬不動，泡入水中數小時後，你會發覺它嘗起來並不像玉米，而是稍帶玉米風味的澱粉。

事實上這堆玉米混有不同種類，奈勒的「先鋒高產量34H31」和鄰居比利的基因改造玉米「33P67」混在一起。生長時噴灑草淨脫的玉米和噴灑莫多草（metolachlor）的玉米也混在一起。二號玉米是最普遍的通稱，這個名字代表這種玉米的含水量不超過十四％、受到蟲咬的比率低於五％，此外便毫無特色可言，產量是唯一重點。這種玉米不會讓人感受到崇敬或其他情緒，除了那位有點困窘的農學家外，在愛荷華州沒有人會有這種感覺。

原物料玉米是一八五〇年代在芝加哥發明的，這是一種經濟的抽象概念，也是生物學上的事

①編注 Bernardino de Sahagún，十六世紀方濟會傳教士，在現今的墨西哥地區進行傳教活動，並記錄阿茲提克人的文化與歷史，被譽為最早的人類學家。

②這段關於農業原物料的發展史，我參考的是克羅農（William Cronon）在一九九一年的著作：《自然的大都會：芝加哥與大西部》（*Nature's Metropolis: Chicago and the Great West*）

實[2]。在此之前，玉米都用粗麻布成包販賣，通常麻布包上都有農莊的名稱。所以無論你是從曼哈頓的磨坊（將玉米碾碎好做成其他食物），或是從布魯克林的酪農（用玉米來餵牛），都可以回溯到愛荷華州的某座農莊。這其實是有差別的。過去，農夫需要考慮到購買農產品的人，需要擔心這些玉米能否在腐壞、被劫或價格崩落之前順利在正確的時間抵達正確的地點。由於客戶在付錢之前會檢查樣品，因此農夫還得擔心玉米的品質。一八五〇年代之前，只要買家尚未收取貨物，玉米都算是農夫的所有物，從農莊運送到餐桌或飼料槽之間的所有風險，也都由農夫承擔。雖然有利有弊，但是包裝玉米的麻袋能將美國任何一個角落的玉米買家，和在地球某片土地上耕種的某位農夫連接起來。

隨著鐵路的鋪設與大穀倉的發明（基本上就是一座直立式大倉庫，玉米從輸送帶送入，閘口一開就能流出），麻布袋反而成了大問題。現在，用輸送帶將玉米送入火車車廂和大穀倉也顯得很合理。與其一袋袋分開包裝以人工搬運，不如把玉米當成流動的液體，再以機器推送，會更有效率。這些玉米匯流成一條巨大的金黃色河流，從各個農莊流到芝加哥的市場，再從那兒流到世界各地的買家手上。這些買家在接受這種新穎、不特殊也無法追蹤的玉米之前，得獲得一些保證去擔保玉米品質。

到了一八五六年，事情有了突破。芝加哥交易委員會制訂新的分級系統，從此之後，所有二號玉米的品質保證都將一致。因此，只要這些玉米符合委員會的標準，沒有人會在意這些玉米是從哪裡來，又是誰種的。由於這些標準很低（只是為蟲咬、髒污、雜質和濕度設定一個可接受的標準），因此種植者和育種者可以轉而把精力花費在提高產量。在農產品原物料系統出現之前，農夫會引以為傲的是農作物的品質：巨大的穗包、飽滿的玉米粒、筆直的栽種線、各種顏色的玉米粒，甚至玉米株的高度都能讓人自豪。現在這些差異都不重要了，只有「每公頃平均產量」能讓農夫拿來誇耀。芝加哥交易委員會的決定改變了玉米演化的方向，不過當時沒有人能夠預見這點。從那時起，對於該物種「品質」的追求，就只朝著「產量」前進；也就是說，高產量就是好品質。

「原物料穀物」此一概念的發明，切斷了食物原料製造者與終端消費者之間的所有聯繫。原物料作物就像是面篩子，篩除了來自特定農莊、特定農夫的產品所擁有的特質與生產過程。法南村的大穀倉在農忙期，每週七天、每天二十四小時運轉不停，而奈勒也是在此時把他的貨物載來。他的玉米在過磅與分級後，帳款便會依照當日公布的收購價格記入他的帳戶，而奈勒對他今年度所生產作物的責任，也就是他與這批作物的全部關係，就到此結束。

幾小時之內，奈勒和他鄰居的玉米便匯合成流，稍後，這條支流會經過格林郡，在愛荷華州與其他支流會合，一同往東或往南流入美國食物系統巨大的咽喉中（現在有些玉米流得更遠，可以往南進入墨西哥）。我看著成堆的玉米流進嘉吉公司藍黃雙色標誌的火車車廂，這個車廂會接上一輛長達一．六公里、載送著一萬一千公噸玉米的火車。我開始能體會奈勒所說，他是為「軍事工業複合體」栽種玉米的意思了。

美國的玉米帶有數千座大穀倉，秋天存放的玉米加起來比山還高。我在法南村看到的那座玉米金字塔，不過是滄海一粟。這座玉米山是美國農夫驚人效率下的產物。這些農夫憑藉著科技、機具、化學物品、雜交遺傳技術和絕對的技術，在愛荷華州每公頃土地可以種出十二公噸玉米。只要你在收成季節來逛逛，就可以親眼目睹這一切。但你比較看不到的是，這些玉米也是政府政策的產物。對於堆高玉米山和壓低玉米價格這兩件事情，美國政府的政策居功厥偉。

奈勒在秋天把玉米賣掉，不過開支票給他的不止是愛荷華農會，美國農業部也會給他另一張支票：不論市價如何，每公斤玉米支付一．一二美分。玉米價格一旦跌破某個門檻，補貼會更多。舉例來說，在二〇〇五年十月，玉米每公斤的價格是五．八美分，由於該年格林郡官方的目標價格（稱為「借貸利率」）是七．四八美分，因此政府每公斤要付給農民一．六八美分，作為「價差補貼」；也就是說，農民每公斤玉米可獲得二．八美分的補貼。聯邦政府支付的這些金額，占了愛荷華州玉米農平均收入的一半，也代表了美國每年一百九十億美元的稅收，約有四分之一付給了玉米農。

這個系統的用意是要提高產量、壓低價格，而且目的是讓價格越來越低（而以往的作法是提供貸款以維持價格）。付給農民「價差補貼」，等於鼓勵農民盡其所能提高產量，且不論價格高低，都把這些玉米投入市場，如此一來，價格自然越來越低。而價格一旦下降，奈勒這樣的農夫只好種更多玉米來維持收入。因此，這樣的玉米山在一九七〇年為一億公噸，現在已堆高至兩億五千萬公噸。由於玉米產量遠大於需求量，面對這樣的廉價玉米山，工業化食品體系的首要任務，就是找人類和動物來吃掉玉米、讓車子燃燒玉米能源、發明新產品來消耗玉米，或是把玉米外銷到其他國家。

另一種看待這座兩億五千萬公噸原物料玉米山的方式，則是自然學家的眼光。工業化農業把新生的巨大生物質量投入環境，造成極度失衡，產生了另一種真空。生態學指出，在大自然任何一個角落如果出現了過量的有機物質，就會有大大小小的生物前來消耗這些有機物，這個過程有時也會產生全新食物鏈。生產過剩的玉米也招來許多生物，其中有真實存在的，也有些是隱喻的，包括農業綜合企業、外國市場，還有全新產業（例如乙醇汽油產業），另外也包括食品科學家、牲畜和人類，以及一般微生物（例如O157:H7型大腸桿菌）。

消耗這些過剩生物質量的過程，足以說明許多看似不相關的現象，背後是如何相互連結。從飼育場與食品工業化的興起，到美國普遍存在的肥胖與食物中毒現象，再到連最早馴化玉米的國家都因大量買進北方廉價玉米而使國內玉米價格下滑、農夫失業。人類企圖消耗過剩的玉米，卻由於玉米多變而矛盾的特性，使得自己同時陷入肥胖與飢餓的境地。

當初我來到愛荷華州，是想追蹤奈勒的玉米在抵達我們的餐桌與身體之前，走過的那條曲折迂迴的道路。可是我早該想到，追蹤一公斤玉米原物料的去向，就像追蹤一桶倒入河中的水，都是緣木求魚。此外，這條美國原物料玉米的金黃色河流雖然遼闊，卻只由幾家公司經手，追蹤起來便更加困難。雖然這些公司不會公開說明，不過根據估計，光是嘉吉和ＡＤＭ的購買量，就占了全美生產量的三分之一。

現在這兩家公司主導玉米流向中的每道步驟，他們提供農藥與肥料給農民、控管著美國大多數的大穀倉（奈勒持有的農民合作社穀倉除外）、為出口玉米提供仲介與運輸、插手濕式與乾式的輾磨作業、用玉米餵養牲畜再把牲畜宰掉、製造酒精、製造高果玉米糖漿以及無數從二號玉米分解而來的衍生物。喔，對了，他們還協助政府訂定許多遊戲規則，以規範整個過程。嘉吉和ＡＤＭ戮力於制定美國農業政策，影響力遠勝過那些領取補助支票的農民，但受到政治責難的卻是後者。廉價玉米在「農業」補助政策下滾滾流動，這兩間公司則是最大贏家。嘉吉現在是全世界最大的私人企業。

嘉吉和ＡＤＭ共同設立了一道無形的窄小閘門，玉米大河每年都從那道閘門流過。這道閘門我們看不到，這些公司並不直接販售商品給消費者，就算和記者合作也不會增加獲利，而他們也很少這樣做。我原本是想隨著玉米河流一路探訪他們的大穀倉、管路、儲藏桶、貨輪、貨車、飼育場、碾磨廠還有實驗室，好從這條複雜且越發隱晦的道路抵達我們的身體。但這兩家公司謝絕我的探訪，理由是「為了食品安全」。

即使如此，我還是有可能追蹤奈勒某公斤玉米的去向，只要把他的玉米當成原物料看待即可。也就是說，不把玉米看作可以握在手裡的實體，而是一般可交易的原物料，和嘉吉（或其他公司）火車車廂中其他二號玉米並無二致。由於奈勒今年種的玉米已經和其他玉米混在一起，因此他所生產的任何一顆玉米粒，其目的地或多或少都能反映所有玉米的歸宿：出口、餵養牲畜，或是高果糖玉米糖漿等。

所以這三千六百顆玉米粒最後流向何方？這些玉米在碾磨、分解、處理與出口之後，通過牛、雞和豬的消化道，這些動物後來會做成什麼樣的餐點？這三千六百顆玉米會造成怎樣的「浩劫」？我使用這個極不相稱的詞其實很大膽，畢竟玉米是種健康而道地的美式食物。

大部分玉米（五顆中有三顆）的終點，都是美國的飼育場，這種農場如果沒了玉米，就無法存在。成千上萬頭曾經飼養在不同家庭農場與牧場的牲畜，現在都聚集在飼育場，使盡全力吃進成堆的過剩玉米，然後轉化成肉。把牛納入這條產業鏈特別費力，因為牛並不是天生就吃玉米。但是自然憎惡任何過剩，因此牛必須吃玉米。

來看看美國飼育出的玉米牛吧。

Chapter 4
THE FEEDLOT：Making Meat

第四章
飼育場 製造肉類

一、牛的都會生活

你絕對不會錯認玉米在美國中西部造成的景觀。那是美國第二大草原，有密西西比河流過，在夏日就像一塊不可思議的巨大長毛地毯。玉米這種植物占據了美洲大陸上五萬公頃的土地，相當於兩個紐約州，即使在外太空也不會看走眼。不過你得看得再仔細，才能發現原物料玉米在堪薩斯花園市（Garden City）這類偏僻的地方造成了怎樣的景觀。花園市位於堪薩斯州西部高原，一九五〇年代早期，美國的第一座飼育場就在該地落成。

你行駛在芬尼郡（Finney County）筆直的馬路上，兩旁是一月的暗褐色草原，突然間，草原變成一塊塊長形的黑色土地。你不由得放慢速度，飼育場的柵欄已近在眼前，就像城市的網格般整齊。雖然景色是在突然間轉變，但事實上，早在一公里之前，空氣中的氣味就已預告飼育場近了（如果普魯斯特聞到這個味道，回想起的絕對是公車站的男廁所，而不是鄉間的牛隻）。飼養了三萬七千頭牲畜的波克飼育場（Poky Feeders）逐漸向你逼近，劃分區域的畜欄斜斜相連到天邊，每個區域中都飼養了一百多頭牛。牠們呆呆站著，或是躺在灰色泥巴中。接著你突然驚覺，那不是泥巴。眾多畜欄排列成網狀，其間的泥路圍繞著由排泄物形成的巨大廢水塘，而所有道路都通往隆隆作響的明顯地標：發出規律軋軋聲的飼料磨坊。那是一座高聳的銀色建築，晨曦中有如工業化教堂，聳立在擁擠的肉類都會中。這座磨坊每天運作十二個小時、一週七天，在噪音的伴隨下，把美國的玉米河轉換成牛隻的飼料。

我在一月上旬來到波克飼育場，當時還抱著「拜訪此處某隻動物」這種不見得能實現的想法。當我小心翼翼開著租來的車，穿過這片由牛隻組成的黑色海洋時，我開始懷疑這個念頭是否太不實際。去年秋天，距離此處八百公里的南達科他州溪谷鎮（Vale）布萊爾牧場（Blair Ranch）裡，我見到一頭臉上有三塊白斑的黑色小牛。我希望能在這裡找到牠——事實上這頭牛是我的，我在布萊爾牧場花了五百九十八美元買下那頭八個月大的小牛，然後每天付給波克飼育場一．六美元，作為這頭牛的住宿、伙食（能吃多少就給多少）和醫療費用。

我對於這頭小牛的興趣不全然出於謀利或食用。不！我主要的興趣是在教育上。我想要知道工業化食物鏈是如何將一公斤玉米轉變成牛排。牛是食草動物，要如何徵召這種不相干的生物去消化美國的過剩玉米？目前美國每一公斤原物料玉米中，大部分（約六十％，也就是兩千一百六十顆玉米粒）是拿來餵養牲畜，其中有許多是餵給美國的一億頭肉牛。在過去，這些母牛、公牛和小牛大半輩子的時間，都是在戶外的草原上低頭吃草。

打從二次大戰以來，美國食用牲畜的生活形態就發生了重大轉變。當時住在美國的人類開始離開城市、搬往郊區，而人類食用的動物則往反方向移動，離開了愛荷華這類廣大的農場，住進稠密的動物新都市。這些地方和以往農場及牧場的差異極大，大到需要新的名稱：集中型動物飼育場（Concentrated Animal Feeding Operation，簡稱CAFO）。這種人類與動物共處的新景觀，是由美國政府的政策一手打造出來。如果沒有密集的州際高速公路網路、美國軍人權利法案①和聯邦的補助貸款，戰後郊區住宅不可能蓋得起來；而如果沒有聯邦補助生產的廉價玉米，美國動物的都市化生活也不可能實現。

這是玉米第二度受惠於牲畜養殖都市化。牲畜離開農場後，空出來的土地就用來種玉米，這

①編注　The GI Bill of Right，由美國國會於一九四四年頒布，旨在為曾參與二次世界大戰的退伍軍人提供醫療、住房、教育訓練等方面的優惠政策。

些玉米迅速占領了動物的領域：牧地、草原甚至穀倉。牲畜會離開農場，是因為農場無法與集中型動物飼育場競爭。飼育場花錢買玉米養牛，比農場種玉米養牛還要便宜。原因很簡單，原物料玉米的價格總是遠低於栽種成本。而當飼育場擴張，吸收了逐漸增加的囤積玉米時，玉米又再次受惠。像牛這類的動物通常不吃玉米，但是現在玉米出現在牠們的飲食中，就連培育出的養殖鮭魚都可以吃玉米了。這些過剩的生物質量總得找到出路。

集中型動物飼育場把動物集中起來用便宜玉米餵養的經濟邏輯非常難以辯駁，因為這讓原本只有特殊場合才能出現的肉類，變得非常便宜而且豐富，現在許多美國人三餐都有肉吃。但在廉價肉類背後的生物邏輯則往往不受關注。集中型動物飼育場在短短的歷史中製造的環境與健康問題已不成比例，包括水污染、空氣污染、有毒廢棄物、新型的致命病菌。

像奈勒家這類舊式混合農莊，飼養動物背後的生物意義非常簡單。農作物的殘餘可以用來養牲畜，而牲畜的排泄物可以用來做為農作物的肥料。事實上，只要動物在農莊中生活，「廢棄物」的概念就幾乎不存在，你擁有的是一個完整的生態循環。在舊時，你可以稱之為解決方案。引申貝利的意見，動物飼育場最讓人驚訝的事，就是把這樣優雅的解決方案分割成兩個新問題：農場的肥料從哪裡來？（現在必須用化學肥料補救）以及飼育場的污染問題如何解決？（目前幾乎沒有補救措施）

所有集中型動物飼育場在生物學上都很荒謬，而牛隻飼育場這種荒謬的飼養則讓難題雪上加霜。在飼育場，歷經天擇而精巧地適應草地生活的動物，被迫適應人類餵食的玉米，付出的代價是犧牲動物的健康、土地的健康，最後是食用者的健康，只因玉米提供了廉價的熱量，而且有大量玉米囤積著需要消耗。所以我決定經由一頭小牛來追蹤工業化玉米的去向，而不去看其他本來就吃穀物的動物（例如雞、豬）。小牛在飼育場中吃著玉米，度過短暫而痛苦的一生，代表著工業思考克服演化邏輯所獲得的最終勝利。

二、南達科他州溪谷鎮的田園牧場

占地兩千兩百公頃的布萊爾牧場，位於南達科他史特吉斯市（Sturgis）外數公里處，剛好座落在熊峰（Bear Butte）山腳下，低矮牧草隨風擺動。熊峰在平原上拔地而起，就像是座十層樓高的重量級地標，令人驚歎。俾斯麥－戴伍德古道（Bismarck-Deadwood trail）就穿過這片土地，通往山峰北方。你在這條古道上，依然可以發現十九世紀驛馬車在草地上留下的車轍和牛群趕集走過的痕跡。我在十一月造訪該地，草地豐美如濃密的地毯，在習習和風吹拂下閃動著金黃色澤，如星星散落的黑點是安格斯牛，母牛與小牛正在吃草。

艾德．布萊爾與李奇．布萊爾（Ed and Rich Blair）的經營方式名為「母牛－小牛」式，這是製作漢堡肉的第一步，也是肉類生產工業化之後改變最少的一步。豬肉與雞肉工業已經把動物的生活史濃縮到可在一個屋頂下完成，不過肉牛的出生地，主要還是西部成千上萬的獨立牧場。肉品處理公司有四大巨頭，分別是泰森集團（Tyson）的愛荷華肉品處理公司（IBP）、嘉吉集團的伊克賽爾公司（Excel）、史維福特公司（Swift & Company），以及國家肉品公司（National）。美國出生的肉牛中，每五頭有四頭是由這四家公司宰殺與行銷。肉品的生產流程像是漏斗，始於大平原，最後集中到這些公司。這些公司認為，要生產一頭能夠送入飼育場的小牛，花費的土地（以及成本）太多：每頭牛至少需要四公頃地，因此寧可把放牧小牛的工作（與風險）留給牧場。

五三四號小牛出生後，前半年是和母親九五三四號母牛生活在這片蒼翠的草地上。九五三四這個號碼代表牠是在一九九五年出生的第三十四頭母牛。由於牠所生的小公牛沒有一頭能在牧場上留到足以遇見弟弟，因此這些兄弟的號碼都是五三四。小牛的父親是登錄為「蓋爾普立西遜一六八〇號」（Gar Precision 1680）的安格斯公牛，他的特出之處在於後代有特別大的肋眼牛排部位，油花分布也漂亮。蓋爾普立西遜和九五三四號母牛唯一的接觸，是一份以十五美元郵購而來的精液。

二〇〇一年三月十三日，五三四號小牛出生於某座路邊產棚，這頭三十六公斤重的小牛一能站立吸奶，就和母親一起走上草原。幾週後，除了母乳之外，小牛也開始吃草，主要是當地產的草，如西部冰草（western wheatgrass）、小鬚芒草（little bluestem）、野牛草（buffalo grass）和針草（needlegrass）。

除了在四月的某個週六所遭受的烙印及去勢之痛，我們可以想像五三四號小牛在回顧這前六個月時，將會認為這是一段美好時光。推測牛的感覺可能有點蠢，但至少我們可以說牛吃草完全符合牠演化出的特性。可是很奇怪，在十月之後，我的小牛就再也沒機會吃草了。

牛與草之間的共同演化關係，是大自然中罕受讚歎的奇蹟，而這種關係也是了解現代肉品的關鍵。這些草已經演化成能夠耐受反芻動物的嚼食，而牛隻也會吃掉樹木和灌木的幼苗，好讓樹木無法生根茁壯而霸占陽光，如此草便能持續生長並拓展棲地。此外，動物也能散播種子、用腳蹄把種子壓入土中，而排泄物也可以當肥料。草對這些服務的回報，是提供豐富的獨家午餐。人類只有一個胃，沒有能力消化草，但是牛（以及羊、水牛等反芻動物）演化出特殊的能力，能把草轉化成高品質的蛋白質。反芻動物的這種能力，來自牠們所擁有的瘤胃，自然界中演化得最好的消化器官。瘤胃的大小和健身球差不多，這個器官就像七十五公升容量的發酵槽，裡面住著許多能夠分解草的細菌。在最終將產出漢堡的這條食物鏈上，這些細菌在看不到的遙遠起點上生活，並且和它們所供養的牛隻一起演化。

這真是一個考量周全的系統，對於青草、細菌、動物和食用動物的人類，都是如此。牲畜過度啃食青草，的確會對草地生態造成傷害，所以這些年來，牧場經營者開始在不同草地上輪流放牧牲畜，生活模式類似野生水牛。事實上，在肉牛取代水牛之前，水牛在這一片草原上已代代相傳數千年之久。事實上，越來越多生態學家現在相信，只要牛隻能夠經常移動，牧場的草會長得更健康。今日，與牛隻工業相關的環境傷害中，最嚴重的事件大都發生在飼育場中。

事實上，以牧草孕育肉品，完全符合生態意義。這是由太陽能驅動的食物鏈，能持續將陽光轉變成蛋白質。整齊種植的農作物也可以完成這件事，不過在這裡就沒辦法了，南達科他西部的土地上丘陵起伏、乾燥貧瘠，如果沒有大量引水灌溉、大量施肥（接著造成大量土壤流失），將無法種植農作物。李奇指出：「我的牛群可以將這些低品質草料，轉變成相當受到喜愛的產品。」然後他指著牧場四周高原上起伏的地形，說：「如果沒有這些反芻動物，這裡可能會變成美國的大沙漠。」

那麼，為什麼五三四號小公牛在十月之後，就再也嘗不到草原上的青草了？一言以蔽之，「速度」；或是用工業界比較喜歡的字眼：「效率」。比起用牧草餵養，牛隻用更高熱量的飼料來飼養，可以更快達到宰殺的體重。這半個世紀以來，工業就致力於縮短肉牛的生命週期。李奇解釋：「在我祖父的時代，牛要四、五歲大才能宰殺。到了一九五〇年代我父親放牧的時候，兩、三歲就宰殺了。現在我管理牧場，就只剩下十四到十六個月。」的確是「速食」。讓牛隻在十四個月內從三十六公斤長大到將近五百公斤的，是大量的玉米、蛋白質與脂肪補充品，還有許多新式藥物。

反芻動物吃草所代表的自然演化邏輯，以及驅策動物度過短暫餘生，變成批發盒裝牛肉的工業邏輯，在小牛斷奶的那一刻正式發生衝突。這個工業邏輯極具理性、無懈可擊，畢竟它成功讓數百萬人每天都能吃到這種以往代表奢華的食材。而當你深入了解這個邏輯之後，可能會開始思考這個理性的邏輯是否並不全然是瘋狂的。

十月，在我遇到五三四號小牛的前兩週，牠斷奶離開了母親。不管對牧場中的動物或是人類，斷奶可能都是最令人傷心的時刻。與小牛分離的母牛，會終日鬱鬱寡歡、低聲吼叫，而且小牛會因為環境與食物改變所造成的壓力而變得虛弱。讓小牛斷奶有兩個原因：小牛離開後，母牛才容易懷下一胎（九五三四號母牛已在六月再度受精）。另外，小牛這時大約已有兩百三十到兩百七十公斤，可以到飼育場中生活了。

小牛現在聚集到「預飼」的欄圈中，生活了幾個月之後，就會由卡車載運到波克飼育場。預飼欄圈就像是進入飼育場之前的預備學校，動物在這裡首次被圈養起來，教導要從飼料槽中取食，而且要漸漸習慣吃下嶄新而不自然的食物。在這裡，牠的瘤胃第一次接觸到玉米。

我第一次見到五三四號小牛，就是在預飼欄中。到溪谷鎮之前，我告訴布萊爾兄弟，我想追蹤他們小牛的生活史，哥哥艾迪半開玩笑地說，如果真的想要體會經營牧場所受到的挑戰，乾脆就買一頭小牛吧。我馬上就接受了這個好主意。

布萊爾兄弟告訴我挑選小牛的祕訣：背部要寬闊挺直、肩膀要厚實；基本上，就是要挑一副能夠支撐許多肉的結實骨架。我同時也在這片黑色的安格斯牛海中尋找容易記憶的面孔，往後在飼育場的牛群中才能認出來。我在一個養著九十多頭小牛的牛圈中尋覓時，五三四號小牛漫步到圍欄邊，我們的眼神對上了。牠的骨架寬闊結實，而且臉上有三個白色斑點，很容易就可以認出。嗯，就是這小子了。

三、工業：堪薩斯的花園市

在一月的第一週，我和五三四號小牛分別搭乘不同交通工具，同時離開牧場前往飼育場，感覺像是離開鄉下前往大城市。不過，飼育場就像是座尚未現代化的城市，擁擠、污穢、充滿惡臭，水溝未加蓋，路也沒有鋪上柏油。空氣中飄著明顯可見的灰塵，讓人窒息。

世界各地牲畜的都市化生活，發展的歷史還相當短，所以像波克飼育場這樣的牛隻匯聚之處，會讓人想到數百年前還沒有現代化公共衛生系統的人類城鎮。例如十四世紀的倫敦，整個大都會的消化運作我們還歷歷在目：食品原料進來、排泄物如河水般流出。緊密的住宅區中有著擁擠的居民，他們來自各地，群居在缺乏衛生條件的環境中，動輒生病。當代動物城市能夠免於中世紀人類城市的瘟疫肆虐之苦，只有一個歷史性的特別原因：現代的抗生素。

我那天在波克飼育場的街道上散散步、看看牛群，尋找我的小牛，以及參觀高聳的飼料磨坊之類的地標，這算是我當天相對愉悅的時刻。大自然是由各種生物與土地的互動構成，而天地萬物最終都將倚賴土地維生，但在城市中，我們很容易失去大自然的蹤影。在牧場中，這種潛藏的生態關係變得無比清晰，當地的食物鏈建立在牧草以及能消化牧草的反芻動物上，而牧草的能量來自太陽。但是在這裡呢？

如同磨坊長長的影子所指出，飼育場仰賴的是美國堆積如山的過剩玉米，或者說，是玉米加上各種藥物——若無這些藥物，牛隻無法耐受玉米。從奈勒的農場出發，我了解到這裡源源不絕的玉米在生長時還有賴另一組生態關係的作用，而這組生態關係則有賴截然不同的能量來源：化石燃料。若說現代的集中型動物飼育場都市是以原物料玉米蓋成的，那麼這座都市就是漂浮在看不見的石油之海上。我在波克飼育場待了一天，就是想回答這個問題：為何如此特殊的狀態會變成看似合理的現象？

我自然而然地從隆隆作響的玉米磨坊開始這趟旅程，三萬七千頭動物的一天三餐，都是由磨坊中的電腦所設計與調配。每天有四百五十公噸的飼料進出磨坊，每小時都有貨櫃車前往卸貨區，一次送出五十公噸玉米，而這只是中西部玉米大河所分出來的一條涓涓細流。貨櫃車司機打開貨櫃車門，一道金黃色玉米流出，順著坡道進入磨坊。在磨坊的另一邊，附液態槽的卡車把數千公升的液化脂肪與蛋白質補充品打入筒狀槽。磨坊側邊的棚子下放著一桶桶液態維生素和合成雌激素，一旁的棧板則堆著每包約二十二公斤裝的抗生素，種類有孟寧素（Rumensin）和泰黴素（Tylosin）。這些東西加上乾燥的苜蓿和青貯飼料[2]（以作為粗飼料[3]），全拌在一起，經由管路送到一輛輛傾卸卡車上。這些傾卸卡車會把這些飼料送出去，一天三次，好讓波克飼育場中總長十三公里的飼料槽不虞匱乏。

磨坊中規律的吵雜聲來自兩個巨大的鋼製滾桶輥，這兩個鋼輥每天十二小時以相背的方向把蒸過的玉米粒碾成溫暖而帶香氣的玉米片（壓成片狀的玉米比較容易讓牛消化）。這是我唯一能夠取樣的飼料成分，味道還不錯，不如家樂氏玉米片那般脆，但的確有玉米的香味。飼料中的其他成分，像是液化脂肪（今天的原料是從附近屠宰場運來的牛脂肪）和蛋白質補充物（褐色的黏稠物，含有糖漿和尿素），我就跳過了。尿素是從天然氣提煉出的含氮化合物，類似奈勒撒在田裡的肥料。

新到飼育場的動物在吃這些高濃縮食物之前，還可以吃上幾天新鮮的長梗乾草（這些動物在長途旅程中都沒有進食，體重掉了四十五公斤，所以要讓牠們的瘤胃重新運作，得格外小心）。在接下來的幾週，牠們的飼料量會逐漸增加，最後每天會吃下十五公斤左右的混合飼料，其中有四分之三是玉米。幾乎每座美國飼育場都以玉米為飼料，主要原因當然是價格，而這也是美國農業部的政策。數十年來，農業部一直想方設法要消化過剩的玉米，方法就是將這些玉米送入動物的消化道，將玉米轉換成蛋白質。

我們可能認為餵食玉米是一種舊式美德。對美國中西部兒童而言或許如此，但在牛的大半輩子中餵食大量玉米，既非舊式，也不是美德。如果用玉米這樣飽含熱量的食物餵牛，主要優點是牛會長得很肥，肉中會布滿漂亮的油花，美國人喜歡這樣的味道與口感。不過相較於其他牧草餵養出的動物，這種用玉米餵出來的肉類顯然對身體不太健康，因為飽和脂肪酸比較多、ω-3脂肪酸比較少。越來越多研究指出，吃牛肉所引起的健康問題，事實上是來自吃「玉米餵養的牛肉」（在現代，靠野生肉類為生的採獵者，罹患心臟病的機率要比美國人低）。反芻動物對玉米適應不良，而人類也一樣，可能難以適應由玉米餵養出的反芻動物。

不過，美國農業部所設計的牛肉分級系統，是用來獎勵「油花」的（這個詞比「肌肉間的脂

② 編注　青貯飼料是含水性較高的植物性飼料，經密封、發酵等程序製成，耐久存，營養價值也較高，主要用於餵養反芻動物。

③ 編注　粗飼料是一種富涵纖維質的飼料，一般而言，其含水量與營養價值均較一般飼料低。

肪」來得動人），因此用玉米餵牛變成理所當然。事實上，玉米在美國牛肉的生產系統中早已根深柢固，因此每當我對此提出疑問時，不論是牧場經營者、飼育場工作人員，還是動物科學家，都用彷彿看到外星人的眼神看著我（或說看到阿根廷人，該國傑出的牛排只以牧草餵養）。

玉米背後的經濟邏輯幾乎無懈可擊，在飼育場中也不例外。熱量就是熱量，而玉米是市場上最便宜、最方便的熱量來源。當然，以相同的工業邏輯，我們也可以說蛋白質就是蛋白質，把牛隻身上的剩餘部位處理過後拿回去餵牛，似乎也很合理的，直到科學家發現這麼做會散播「牛海綿狀腦病」（bovine spongiform encephalopathy, BSE），也就是廣為人知的狂牛病。剩餘的牛肉和牛骨粉是最便宜、最方便滿足牛隻蛋白質需求的來源（即便這些動物在演化上是草食動物也無所謂），因此直到美國食品及藥物管理局在一九九七年下令禁止之前，這些東西每天都理所當然地出現在波克以及其他飼育場的飼料清單上。

我們現在了解，如果化約到分子層次，蛋白質就是蛋白質，但是在生態或物種層次上，事情可就不同了。就如同食人族所發現的，吃同種生物的肉體，感染疾病的風險會提高。在新幾內亞，有些部族在祭典中會吃死去族人的腦部，這些部族中就流行著一種與狂牛病極為相似的病症：庫魯症（Kuru）。有些演化生物學家相信，演化會淘汰人吃人這件事情，就是為了避免這樣的感染。動物厭惡自己的糞便與同類的屍體，可能代表相同策略。經由天擇，動物發展出一組衛生規則，作用與禁忌十分相似。可是在飼育場中，人類傲慢地嘲弄這些演化規則，強迫動物違背這種深刻而根深柢固的厭惡感，這是非常糟糕的事情。我們拿抗生素去取代動物的本能。

由於對狂牛症的疑慮，餵牛吃牛這種工業邏輯不再是個好點子。但我很驚訝地發現，這個點子並未完全被拋棄。食品及藥物管理局禁止把反芻動物的蛋白質餵給反芻動物，但血液和脂肪卻不在此限，所以我的小牛所吃到的脂肪，可能就來自牠六月即將前往的屠宰場。（面對我的驚訝反應，飼育場的經理聳聳肩說：「脂肪就是脂肪。」）不過波奇飼育場並不這麼做，因為在食品及藥物管理局的規定中，把非反芻動物的蛋白質餵給反芻動物是合法的。羽毛粉和雞隻廢棄物（亦即雞舍中的木屑、雞糞和廢棄的雞飼料）可以餵給牛吃，同樣也可以餵給雞、魚和豬；至於以往牛吃的牛肉和牛骨粉，現在也餵給了雞、豬和魚。有些公共衛生專家擔心，有傳染性的普恩蛋白（prion）會經由曾食用牛組織的動物，再回到吃這些動物蛋白質的牛隻身上。

在狂牛病爆發之前，即便是在牛肉工業界，都很少有人知道工業化農業中有這種為了肉牛（最後也是為了吃牛肉的人）而設計的奇怪、半封閉式食物鏈，遑論社會大眾。我向李奇·布萊爾說，當我得知牛也吃牛時非常驚訝，他說：「說實在的，當初我知道時也嚇了一跳。」

比起目前其他餵給牛吃的東西，玉米算是相當有益健康，不過這終究違反牛隻演化出來的消化系統。在波克飼育場的那天，我和場裡的獸醫梅爾·梅欽（Mel Metzin）談了幾個小時，對於現代牛隻的腸胃情形也有了超越一般消費者的認識。在波克飼育場中，大家都認識梅欽醫師，他手下有八名牛仔，每天的工作就是在布滿塵土的道路上奔馳，找出生病的牛隻，然後帶回飼育場中的三所「醫院」治療。飼育場動物的病，大多直接或間接和飲食有關。梅欽醫師解釋：「牛本來就該吃草，而我們卻要牠們吃穀物。」

「不過，牠們並非不能適應。」他繼續說：「我們正在培育能夠適應飼育場的牛隻。」布萊爾牧場這類地方正在進行育種工作，挑選出能夠吃下大量玉米並有效將之轉換成蛋白質卻又不會重病的牛隻（五三四號小牛的父親蓋爾普立西遜一六八〇號基因的珍貴之處就在此）。換句話說，牛正在演化，以幫助消耗來自美國玉米田中的大量生物質量。不過牠們現在還沒演化成功，根據曾與我討論過的幾位動物學家，飼育場中的許多牛隻（事實上是全部），或多或少都帶病。

吃玉米的反芻動物，最嚴重的毛病可能是脹氣。在瘤胃中的發酵作用，滔滔不絕地產生氣體，這些氣體通常可以在反芻過程中打嗝排出，不過如果飲食中澱粉太多、粗飼料太少，動物就不會反芻，而瘤胃中一層泡沫狀的黏液就會包住這些氣體，使得瘤胃如氣球般膨脹，最後擠壓到肺臟，如果不馬上消除瘤胃中的壓力（通常是強制插管到牛的食道），動物就會窒息。

以大量玉米為主的食物會讓牛產生酸中毒。人類的胃有很高的酸性，但是一般的瘤胃是接近中性的，而玉米會產生酸性，使得牛得到類似胃灼熱的症狀，某些牛隻甚至因此死亡，不過通常就是讓牛隻感到難受。酸中毒的牛隻吃不下飼料，會急促喘氣，分泌大量唾液，用蹄扒地與抓搔腹部，並且吃起泥土。這會導致腹瀉、胃潰瘍、脹氣、瘤胃炎、肝病、免疫系統衰弱，並使牛隻容易得到各種在飼育場中流行的疾病：肺炎、球蟲病（coccidiosis）、腸原性毒血症（enterotoxemia）和飼育場麻痺症（feedlot polio）。現代的牛隻就跟現代人一樣，很容易得到一連串新的文明病。嗯，這表示我們願意把現代飼育場視為文明的一部分。

牛隻在飼育場的日子很少超過一百五十天，這可能是牠們身體系統能夠忍受的極限。梅欽醫師說：「我不知道這些飼料要持續餵多久，牠們才會開始出現大問題。」另一位獸醫告訴我說，這種飼料最後會「把牠們的肝脹破」，導致牛隻死亡。因為長期下來，酸會腐蝕瘤胃胃壁，細菌便得以進入牛的血液，最後進入肝臟，在肝中形成膿瘡，破壞肝的功能運作。在屠宰牛隻的過程中，會發現飼育場的肉牛有十五到三十%的肝臟長著膿瘡。梅欽醫師說，在某些欄圈中，這個數值甚至高達七十%。

讓飼育場動物保持健康（或是一定程度健康）的是抗生素。孟寧素能夠減緩胃中的酸性，避免脹氣與酸中毒。泰黴素則是一種紅黴素，能降低肝臟受到感染的機率。目前在美國賣出的抗生素大多是給動物吃的，而這也導致一個漸漸為大眾所知（農業界除外）的現象：演化出能抵抗抗生素的超級細菌。在農業使用抗生素的相關辯論中，通常會先把用途分成醫療及非醫療。公衛團體並不反對用抗生素治療生病的動物，他們只是不願意見到飼育場為了動物生長而把抗生素用在健康的動物上，這會讓抗生素失效。但是飼育場使用抗生素的方式卻讓這道界線變得模糊。在這裡，抗生素當然是用來治療生病的動物，不過，若不是我們餵牠們吃穀物，牠們也不會生病。

我問梅欽醫生，如果像許多公共衛生專家所提倡的，禁止餵食牛隻孟寧素和泰黴素，會發生什麼情況。他說：「牛隻的死亡率會大幅提高（目前的死亡率是三％，符合業界的平均水準），就算活著，狀況也很糟，而且我們也無法讓牠們大量進食。」整個系統一定會產生變化，而且減緩下來。

「如果牠們有很多青草和空間，那該死的，我就沒有工作了。」

我的小牛將在第六十三號牛圈中度過牠生命中的最後五個月。以評量房地產的標準來看，這個小小的牛圈不算太差。距離飼料磨坊夠遠，因此相當安靜，而且還有水景可看，我原本以為那可能是池塘或蓄水池，後來才發現上面有棕色的浮渣。以集中型動物飼育場的地理學說法，那稱為蓄糞池。我問飼育場的管理人，為什麼不將這些液化的糞便灑到鄰近的農場，得到的解釋是：「農夫不要啊！」這些糞便中氮和磷的含量太高，如果拿去施肥，反而會殺死作物。他沒說的是，這些飼育場的廢棄物，也含有重金屬和賀爾蒙殘留物，這些不易分解的化合物最後會進入水道匯入下游，而科學家也發現，在下游河流中的魚類和兩生類，性徵已出現異常現象。波克飼育場這樣的集中型動物飼育場，把原本在適當比例下可成為珍貴肥料的牛糞，轉變成有毒的廢棄物。

五三四號小牛居住的牛圈大得驚人，大概有曲棍球場大小，沿著道路那面是一道水泥築成的飼料槽，後面是清水槽。我爬過欄杆，加入那九十頭小牛中。牠們看到我進來，不約而同地緩緩退後了幾步，停下來看看我要做什麼。

我穿著當初我在南達科他牧場時所穿的紅色毛衣，希望能讓我的小牛感到似曾相識。起先我找不到牠，所有瞪著我的面孔，不是全黑，就是形狀不熟悉的白色斑塊；後來我找到牠了，那張有三個白色斑塊的臉遠遠擠在後面。我小心翼翼地走向牠，阻隔在我和牠之間的牛群靜靜地緩緩散開。我來到五三四號面前，彼此沉默地互相凝視。還稍微記得我嗎？不不不，我告訴自己不要放入私人感情，五三四號小牛和同圈的夥伴是為了帶油花的牛肉而培育出來的，建立情感聯繫不是牠們的專長。

我注意到五三四號小牛眼睛裡有點血絲，梅欽醫生說飼育場中的塵土會引起某些牛隻的發炎反應。夏季會特別嚴重，因為牛隻會踢起陣陣塵霧，此時工作人員就得在牛圈中灑水，以免塵土飛揚。我得提醒自己這不是一般塵土——在飼育場中的塵土當然不是一般塵土，這是含有糞便的塵土。不過，撇開空氣品質不論，五三四號小牛對飼育場的生活滿意嗎？我對於小牛的情緒生活所知有限，所以也決不敢說五三四號小牛是否覺得悲慘、無聊或麻木；不過我不會說牠看起來是快樂的。

不過，很顯然，牠吃得還不錯。從上次分開之後，牠長了上百公斤，肩膀變得厚實，身體也變得豐滿圓潤，雖然現在只有十個月大，但是看起來已經不像頭小牛，而是頭公牛了。梅欽醫生為牠的體型及體態而向我恭喜：「你在這裡有一塊漂亮的牛肉。」（我呸！）

如果我努力看著我的小牛，就能想像牠的黑色毛皮上出現牛隻分解圖，上面用白線標明了：後臀肉、腹腩、肋排、里脊肉、胸肉等。如果以飼育場工業化的方式來看待五三四號小牛，那牠就是部非常有效率的機器，能將二號玉米轉換成為一塊塊牛肉。從現在起到牠要被屠宰的這六個月間，牠每天會吃下十五公斤飼料，轉換成近兩公斤的身體質量：新的肌肉、脂肪和骨頭。至少我在磨坊所見到的電腦是這樣看待牠的，牠的效能是由「飼料換肉率」所決定。（和其他動物相比，牛的換肉率極低。雞的換肉率最佳，兩公斤飼料可換得一公斤體重，所以雞肉比牛肉便宜。）波克飼育場的確是座工廠，利用牛隻的代謝機制，盡可能地把便宜的原料快速轉換成價值比較高的產品。

用工廠和機械來比喻站在我面前的這頭生物，看似清楚實則模糊地揭露了牠的存在。當然，牠還具有另一種身分：動物。身為動物，必須和其他動物、植物和微生物產生聯繫，也要跟大地與太陽產生聯繫。牠是食物鏈裡的一個環節，也是無遠弗屆的生態網路中的一條絲線。如果從這個角度看，在這個牛欄中發生的任何事情都很不尋常，這塊覆滿糞便的堪薩斯土地離我們的世界如此之遙，世界上幾乎沒有任何地方比得上。

首先，透過食物網的聯繫，這些牛隻的健康必定會影響到人類健康。小牛飲食中的玉米含量多到不正常，這雖能增加牠肉中的脂肪含量，卻也破壞了小牛的健康，進而破壞了吃牛肉的人的健康。而與玉米一起進入牛隻體內的抗生素，會對牛隻腸胃中（或是任何其他地方）的細菌產生篩選作用，結果是長出能抵抗抗生素的新菌株。人類總有一天會感染這些新菌株，而目前用來治療這類感染的藥物則會失效。人類與人類食用的動物，都活在同一套微生物生態系統中，而這個生態系統不管發生任何事，都會影響人類。

我站立的地方也是五三四號小牛的睡覺處，這裡有一堆高高的糞便，我不知道裡面有多少賀爾蒙，也不知道這些賀爾蒙最後會到哪裡，以及最後會發揮什麼作用。不過我們的確知道一些關於細菌的事情：這些細菌會從地上的糞便轉移到五三四號小牛的皮毛上，再從小牛進入我們的漢堡。處理五三四號小牛的屠宰場，每小時能處理四百頭牛，這樣的作業速度意味著沾在牛隻毛皮上的糞便，遲早會落入我們所吃的肉裡面。我幾乎可以確定，在腳下的糞堆中，有一種對人類而言特別致命的細菌：O157:H7型大腸桿菌（又稱腸道出血性大腸桿菌）。大腸桿菌是人類腸道中常見的細菌，但是O157:H7是新菌株，在一九八〇年以前沒有人見過。O157:H7大腸桿菌會在飼育場的牛隻中繁殖，平均有四十%的牛隻消化道裡含有這種細菌。這種細菌製造的毒素會摧毀人類的腎臟，只要有十個菌株進入人體，就足以引發感染而致命。

原本在牛隻腸胃中繁殖的細菌，大都經由演化適應了瘤胃裡的中性環境，而這些細菌即使污染了食物，通常也會在人類的胃中被強烈的胃酸殺死。不過在飼育場中吃玉米的牛隻，瘤胃中的酸鹼值幾乎和人類一樣，這個人造的新環境演化出具抗酸性的大腸桿菌，其中之一就是O157:H7型大腸桿菌，而它們也不過是大自然所徵召來消耗農業帶過多生物質量的物種之一。但問題是，這種細菌有能力抵抗我們胃中的胃酸，進而殺死我們。我們用玉米餵牛，讓牛的瘤胃變酸，然後破壞了我們食物鏈中防止細菌感染的重要屏障。我們原本想解決問題，最後卻製造了問題。

近來已發現，瘤胃的酸化反應具有可逆性，而且這樣做可以大幅減少O157:H7型大腸桿菌。吉姆．羅素（Jim Russell）是美國農業部在康乃爾大學的微生物學家，他發現，若在牛隻進屠宰場前幾天停止餵食玉米，改飼以牧草或乾草，便能消滅消化道中八十%的O157:H7型大腸桿菌。不過牛隻工業普遍認為，這種解決方案（牧草?!）並不實際，（於是）美國農業部也這樣認為。對於控制細菌污染，他們偏好的解決方案是放射線；說明白點，就是以放射線來消毒那些會進入牛肉的糞便。

以上種種問題都要歸咎於玉米，因此這種便宜的飼料怎麼看都不便宜。我站在六十三號牛圈中，有輛傾卸車停在飼料槽邊，傾洩出金黃色的飼料，黑壓壓的牛群湧到槽邊吃午餐。小牛一天三餐，只需花費我一．六美元，相當便宜。但這是最狹隘的估算方式，有許多成本沒被納入，例如耐受抗生素的細菌引起的公衛問題，或者O157:H7型大腸桿菌造成的食物中毒。還有，美國納稅人花錢提供農業補助，讓波克農場以低價購買飼料原料，這點也沒有納入計算，遑論廉價玉米所引發的各種環境問題。

我站在五三四號小牛身邊，而牠低著大大的頭，吃著流洩而出的新鮮飼料。多荒謬啊！在這個被上帝遺棄的地方，我倆站在深及腳踝的糞堆中，俯瞰著堪薩斯州這塊寂寂無名之地的一座蓄糞池。被上帝遺棄，或許是吧，但是我知道這裡並未與世隔絕。透過原物料玉米的洪流，這裡和其他地方產生了聯繫。順著飼料槽中的玉米，回溯玉米生長之處，我發現我回到了三千兩百萬公頃的單一作物農地，那裡穩定而持續地噴灑著農藥和肥料。繼續追蹤，我能跟著肥料逕流所釋出的氮，進入密西西比河，再進入墨西哥灣，將其毒性注入兩萬多平方公里的海域，使該海域缺氧，只剩藻類能夠存活。如果順著種植玉米所需的肥料（以及柴油和石化農藥）繼續回溯，則會抵達波斯灣的油田。

我的想像力還不夠充分，無法把我的小牛看成一桶石油，但在現代的產肉系統中，石油的確是最重要的原料。經由這座（和所有的）飼育場，波斯灣的確和食物鏈產生了連結。五三四號小牛的一生剛展開時，有一部分是仰賴由太陽能量所驅動的食物鏈，因為陽光滋養了青草，也間接滋養了牠的母親和牠自己。當五三四號小牛從牧場移居到飼育場，飼料從青草改成玉米，牠就加入了由化石燃料驅動的工業化食物鏈，這些化石燃料是在美國軍方的看管之下，而這筆軍費支出也沒算進廉價食物的成本裡（美國所消耗的石油中，有五分之一花在生產和運輸食物）。我從堪薩斯回家之後，請教一位專精農業和能源的經濟學者，看看有沒有可能精算出把我的小牛養到足以宰殺的體重時，到底會消耗多少石油。假設五三四號小牛每天都吃十一公斤玉米，然後長到五百四十公斤時宰殺，那麼牠的一生將會消耗約一百三十公升的石油，這幾乎是一整桶石油。

這就是原物料玉米對牛的影響。反芻動物經由青草從陽光獲得能量，牠們是自然的奇蹟。但我們卻經由工業化的飼育過程，把牠們變成我們最不需要的東西：另一種消耗化石燃料的機器。

不過，這是一部有感覺、會痛苦的機器。

我和我的小牛站牛圈旁，我無法想像自己會想吃下這些蛋白質機器身上的肉，看了就沒胃口。不過我很確信，日子一久，我就會忘記這個地方的惡臭，我會再度食用飼育場生產的牛肉。要吃下工業化肉品得有壯士斷腕的氣魄，那就是不要去知道背後的生產原理（倘若知道了就趕緊忘記）。我離開了波克飼育場，決心要追蹤這些肉品如何一路走到某處的餐桌，好看看這個食物鏈會延伸多遠。我很好奇這些飼育場出產的牛肉吃起來會如何？有玉米的味道嗎？而味覺終究是分子在舌頭上的跳動，那麼我是否也會嘗出一點石油的味道？「人如其食」已是難以辯駁的道理，不過這句話並不完整。在參觀飼育場之後，這句話應該改為「人如其食之食」，所以我們現在（或說已經）不止是肉，也是二號玉米和石油。

Chapter 5
THE PROCESSING PLANT：Making Complex Foods

第五章
加工處理廠　製造合成食物

一、磨坊：碾碎玉米粒

每年美國收成的玉米有兩億五千萬公噸，但奇怪的是，我們只吃到其中一小部分。當然，有些玉米碾成了玉米粉，不過我們所吃到的玉米製品（不論是玉米棒、玉米片，或是加入鬆餅、玉米薄餅或洋芋片中的玉米粉），都不是由二號玉米製成的，而是來自其他品種：甜玉米或白玉米。我們對這兩種玉米的使用量（每人每年不到二十五公斤）只占所有玉米品種收穫量的一小部分，也許這就是為什麼我們並不認為自己吃了很多玉米。然而，實際上我們每人每年都會消耗一公噸的玉米。

每人每年消耗的玉米中，的確大多吃進了我們的身體，但這些玉米會先經由五三四號小牛或是加工廠，以繁複的過程分解成為簡單的化合物，然後重新組合，以牛肉、雞肉、豬肉、飲料、早餐玉米片或點心的方式呈現。沒有進入動物消化道並轉變成肉的玉米，則會進入美國的二十五座「濕磨坊」加工處理，再經由食品科學來分解玉米粒，製成無數種產物。（之所以稱為「濕磨坊」，是為了與傳統的磨坊有所區別。傳統磨坊只是單純地把玉米碾成乾粉狀，再製成玉米薄餅之類的食物。）

愛荷華農業合作社穀倉中的玉米流，有五分之一會流入濕磨坊加工廠中，通常是以火車運輸。在濕磨坊裡，這些玉米會分成許多小支流，而這些支流要匯集到人們餐桌上的盤杯中，還得經過很長一段路程。濕磨坊要做的，就是把每公斤玉米轉變成基本原料，讓通用磨坊、麥當勞和可口可樂以這些基本原料來合成我們食用的加工食品。

分解玉米，第一道加工就是從玉米粒本身開始：將黃色的皮加工處理成各種維生素和營養補充品，細小的玉米胚芽（玉米粒靠近穗軸的深色部分，其中含有未來可長成玉米株的胚芽）會拿去榨油；而占去玉米粒最大部分的胚乳，其中富含的複合碳水化合物也會被萃取出來。

胚乳這個巨大的澱粉袋，是玉米對於工業化食物鏈的最大貢獻，因為富含長鏈的碳水化合物分子，而化學家已經知道要如何分解這些碳水化合物，並且重組成幾百種不同的有機化合物：酸類、糖類、澱粉類和醇類。倘若稍微研究一下加工食品包裝上的成分標示，就會熟知這些化合物的名稱：檸檬酸、乳酸、葡萄糖、果糖、麥芽糊精（maltodextrin）、乙醇（會放到酒精性飲料和汽車中）、山梨醇（sorbitol）、甘露醇（mannitol）、三仙膠（xanthan gum），修飾澱粉和未修飾的澱粉，還有糊精（dextrins）、環狀糊精（cyclodextrin）以及味精。以上只是一小部分而已。

玉米從奈勒農場流出，接著分解、再分解、最後成為賦予汽水甜味的果糖，追索這個過程，並不像追索玉米進入飼育場最後成為一塊肉那麼容易。首要的原因是在美國，處理玉米濕磨業務量最大的兩家公司（嘉吉和ADM），婉拒了我所提出的參觀需求。二則，這些程序大部分都在一連串密封的大桶、管路、發酵槽和過濾器中進行，因此也看不到。即使如此，我還是想跟隨那些玉米，進入ADM在伊利諾州第開特市（Decatur）的工廠（該市可說是美國玉米加工的地下首都），或是嘉吉在愛荷華市的工廠（我在法南村穀倉所看到的那輛裝載玉米的火車，其終點可能就是這個城市）。不過，實際上從工廠到餐桌之間的工業化食物鏈，已經地下化了。

我能從最近距離觀察玉米「研磨」過程的場所，是位於阿姆斯市（Ames）的愛荷華州立大學農作物利用研究中心，距離法南村農民合作社穀倉七十二公里。我離開奈勒的農場之後，到阿姆斯的校區盤桓了幾天，那裡應該稱為「玉米大學」，校園中許多顯眼的雕刻和壁飾，都以玉米為主角，研究單位的工作也著重在研究玉米的遺傳、栽種、歷史和應用；不過愛荷華州第二大農作物「大豆」，在這裡也沒有被忽略。農作物利用研究中心的責任，就是為美國過剩的玉米和黃豆發展出全新用途，因此他們有一套小型的濕磨裝置，它有著不銹鋼管、細管、活門、排氣口、乾燥桌、離心機、過濾器和水槽，活像是座魯布戈德堡機器。而中心主任賴瑞・強森（Larry Johnson）也很高興能向我展示這部機器。

聽著強森的介紹，整個濕研磨的過程基本上就是工業版的消化過程：利用物理壓力、酸以及酵素等一連串步驟將食物分解掉。只是消化的順序和動物不盡相同，例如在用機器「咀嚼」之前得先用酸來處理，不過結果很類似：複雜的食物分解成簡單的分子，其中大部分是糖類。

我們一面看著這部機器，強森一面解釋：「首先，我們把玉米粒依照植物的結構，分開成胚芽、胚乳、纖維，然後再把這些不同部分分解成分子。當一批玉米運抵磨坊，會在含有少量二氧化硫的水中浸泡三十六小時，這個酸水浴能使玉米粒膨脹，並讓其中的澱粉與將之團團包圍的蛋白質分離。

泡過水之後，膨脹的玉米就送去研磨。強森解釋：「現在胚芽很有彈性，很容易就彈出來。我們把玉米漿放到渦流分離機（基本上就是液體用的離心機），這樣胚就會浮起。胚芽乾燥之後，我們就拿去榨出玉米油。」玉米油可用於煮食或是拿來製作淋在生菜沙拉上的油，或是氫化後用來製造人造奶油等其他加工食品。氫化的過程是強迫氫原子接到脂肪分子上，這樣脂肪在常溫之下可維持固態（氫化油本來是為了取代動物性脂肪而生產的健康產品，但現在醫學研究認為，這些反式脂肪對人類動脈的影響比奶油還糟糕）。

移走了胚芽，也壓碎了玉米粒，剩下的東西就是由蛋白質和澱粉組成的白色粥狀物「碾磨澱粉」。為了盡可能取出碾磨澱粉中的蛋白質，會對它進行一連串研磨、過濾和離心，好讓它越來越細緻。如此萃取出來的蛋白質便是麥麩，能作飼料使用。在這個過程中，每個步驟都需要加入很多水，一公升的玉米處理下來大約要七百六十毫升的水，同時也要消耗許多能量。「濕磨」是非常耗能的食品製造程序，要做出含一卡熱量的加工食品，需消耗十卡的化石燃料。

這個過程會產生白色漿狀物質，把它倒在一個不銹鋼平台上乾燥，就會產生玉米澱粉，一種潔白的細緻粉末。一八四〇年代工業界開始進行濕磨時，玉米澱粉是唯一的產物，主要的客戶是洗衣店。但很快，廚師與早期的加工食品業者也開始盡可能把玉米澱粉納入食譜，因為玉米澱粉能夠提供現代化、純淨與潔白的魅力。到了一八六六年，玉米加工業者發現酸類能把玉米澱粉分解成葡萄糖，這種甜味劑馬上就變成食品工業中最重要的產品，到現在也是如此。玉米糖漿（其中大部分是葡萄糖，也稱右旋糖，這兩個詞可以互用）於是成為蔗糖最便宜的家用替代品。

我記得在小學的科學實驗課程中，老師要我們把餅乾不斷咀嚼成澱粉漿，然後忽然間，甜味就冒出來了。老師解釋說，這是唾液中的酵素把長長的澱粉分子分解成小小的葡萄糖。這個稱為「酵素水解」的過程，使得玉米加工產業在一九四〇年代發生了革命性的變化。酵素取代了酸類，因此加工業者能把玉米製造成更甜的甜味劑，不過它們的甜度都還不及糖（精確來說是「蔗糖」）。到了一九六〇年代末，這個限制被打破了。根據美國玉米加工協會對高果糖玉米甜味劑的官方記載，這是日本科學家「突破了甜味的障礙」。當時這些科學家發現了一種稱為葡萄糖異構酶（glucose isomerase）的酵素，它能讓葡萄糖轉變為另一種更甜的糖分子：果糖。到了一九七〇年代，把玉米加工成果糖的程序已經趨於完美，含有五十五%果糖與四十五%葡萄糖的高果糖玉米糖漿上市，嘗起來就和蔗糖一樣甜。目前它是玉米加工所產生的最有價值產品，每年約一千三百萬公噸的玉米用在生產高果糖玉米糖漿上，平均一公斤可以製成六百公克的果糖。

在管線與閥門縱橫交錯的玉米加工廠中，標示「高果糖玉米糖漿」管線末端的拴口，就位於廠房最遠的一端，不過這並非工廠中唯一的拴口。在濕磨廠中，還有幾十個輸出口，會在整個玉米加工過程中流出濃稠的白色澱粉漿，轉為其他用途；以加工廠的術語來說，就是其他「分餾」。澱粉可以加工成球狀、結晶狀或是有許多分支的分子，每一種都有各自適合的用途，工業上可作為黏著劑、塗料、漿料和塑型材料，而在食品工業上則當成安定劑、增稠劑、黏膠和「黏度控制劑」。

剩下的澱粉則會進行「糖化作用」（saccharify），也就是用酵素把澱粉轉換成右旋糖糖漿；有些右旋糖會抽出製成玉米糖漿，其他部分則製成麥芽糊精和麥芽糖等糖類。大部分的玉米糖漿會匯流到一個大槽，與葡萄糖異構酶接觸，然後通過離子交換過濾器，最後成為果糖。現在，最後剩下的右旋糖糖漿會流入發酵槽，讓酵母菌或胺基酸來消耗糖類，經數小時後產生各種醇類的混合物。混合物分餾後會得到各種醇類，其中以乙醇為大宗。最後十分之一玉米作物的終點站則是瓦斯槽，已發酵的液體也能夠再提鍊，分離出十幾種不同的有機物與胺基酸，這些東西可用於食品加工，或是製成塑膠。

這就是最後的結果了：沒有玉米，也沒有其他太多的東西留下，除了一些污水（這些「浸泡過的水」甚至會用於製作動物的飼料）。工業消化玉米的過程，和動物之間最大的差異，在於前者沒有留下任何廢棄物。

回頭看看這座管線交錯的不銹鋼巨獸，它是具備高度適應力的人造物，目的是消耗從美國農場所生產的過量生物質量，每天能吞下由火車運來的上萬噸玉米。繞到這座巨獸的後面，你會看到幾百個大小不同的拴口，流出高果糖玉米糖漿、乙醇、糖漿、澱粉以及各種食物添加物，填滿另一輛槽狀火車車廂。現在的問題是：是誰和什麼東西（除了車子）要來消化這些新分離出的生物質量：糖類和澱粉、酒精與酸類、乳化劑和安定劑以及黏度控制劑？我們從這裡開始介入玉米食物鏈。這些從玉米分離出的產物需要某種特定的食用者（工業化食用者）來消耗掉，而人類就是為此演化而成的超級生物：加工食品的食用者。

二、再次組合起來：加工食品

打從人們開始飲食以來，就夢想著能讓食物脫離自然的掌握。於是現在人類開始製作加工食品，以免自然把食物奪回去。倘若不是大自然派出微生物來重新處理我們處心積慮得到的食物，它們怎麼會「腐壞」？所以我們學會使用鹽漬、風乾、煙燻、醃漬等保存食物的方法，開啟了第一代的食品加工。而食品加工的第二代，則是以罐裝、冷凍與真空包裝來保存食物。人類有幸擁有這些技術，因此能夠脫離自然界中富足與貧乏的循環，以及季節與區域的限制。現在美國東北部地區的人在一月仍然吃得到甜玉米或帶甜玉米風味的食品，同時也首度吃得到鳳梨。就如同義大利的食物歷史學家馬西莫．蒙塔納里（Massimo Montanari）所點明，我們現今注重新鮮、當地、當季的食物，而在人類大部分的歷史中，這其實是「某種奴役」，因為這讓人類的飲食完全受制於地域以及時序。

即使人類已經學習到保存食物的基本原理，想要食物不受自然界控制的夢想依然持續滋長，而這事實上是野心與信心的擴張。食品加工的第三代始於二次世界大戰末期；僅僅保存自然界的產物似乎太客氣了，當時的目標是要改進自然界的產物。二十世紀在科技與便利的名號之下，加上行銷的推波助瀾，使得陳列架上的奶油要讓位給人造奶油，而果汁飲料取代了純果汁（最後有了像Tang[①]這種完全不含果汁的飲料），乳酪醬取代了乳酪，合成鮮奶油也取代了鮮奶油。

玉米在前兩個食品加工世代已頗為受惠（適合罐裝與冷藏），到了第三代更是大放異彩。玉

①編注 美國通用食品公司於一九五九年推出的產品，以粉末型式包裝出售。

米的確是所有加工食品的組成原料，不過你得要仔細看產品的成分標示（這是第三代才出現的文類）才會發現。玉米和它的輪耕夥伴大豆，使得食品工業界能夠實現讓食物擺脫自然限制的夢想，這點是其他食物種類都比不上的，而這種狀況也誘使人類這個雜食動物吃下有史以來最多的玉米，遠超過其他植物，這也是前人未曾想過的。

事實上，在最現代的加工食品中，你很難找到不含玉米或大豆成分的食品。加工食品的典型配方中，玉米提供碳水化合物（糖與澱粉），大豆提供蛋白質，而兩者都可以提供脂肪（猶記奈勒自稱他農場的真正產物並非玉米和大豆，而是「能量與蛋白質」）。食品的成分標籤越長，你就會在裡面發現更多玉米和大豆。這兩者供應了加工食品的主要原料，食品科學家能從玉米和大豆（加上少量合成添加物），組合出任何夢想中的加工食品。

多年前，「食品安全」的定義和現在還非常不同，從事這類工作的機構也很少，而當時我正好有機會去參觀其中一間。這是全世界第六大食品公司通用磨坊的研發機構貝爾研究所（Bell Institute），位在明尼蘇達州明尼阿波里斯市郊充滿綠樹的園區中，裡面有九百多位科學家每天都在設計未來的食物，設計的內容包括風味、口感與包裝。

這些科學家工作的內容許多都是高度機密，而其中最機密的就是穀片的研究。在貝爾研究所核心中的核心、實驗室深處的深處，有一整區無窗房間，上面掛著相當冠冕堂皇的名稱：「穀片科技研究所」。我獲准進入一個高度警戒的會議室，裡面有著馬蹄形的會議桌，每個座位前都有一副耳機。這是研究所的祕密聖地：穀片戰情室。通用磨坊的管理高層會在這裡聽取新產品的簡報。

為了研發「可可粒玉米片」的後續產品，竟然選擇在這樣戒備森嚴的環境下進行，這讓我覺得好笑，而我也照實說了出來。結果一位主管解釋：「產品配方並不算是智慧財產，新的穀片也不能申請專利，所以我們只能期望在前幾個月就打下市場，建立品牌忠誠度，決不能給對手機會做出相同產品。因此我們得非常小心，不能讓手上的牌曝光。」基於同樣理由，這家廠商也自行經營機器工廠，設計並建造為玉米片雕塑形狀的機器，讓競爭對手更難追上，例如像是流星般的棉花軟糖。為了保密，裡面的食品科學家不會說明目前在進行的計畫，提的都是以前失敗的經驗，像是劃時代的保齡球與球瓶狀玉米片。這項產品的發明者充滿悔恨地說：「我們鎖定的對象是兒童，他們喜歡這項產品，但是媽媽並不喜歡小朋友用早餐的食物來打保齡球。」所以你從沒在超級市場看到這項產品。

早餐穀片在許多方面，都是加工食品的原型。四美分的原物料玉米（或是其他同價位的穀物），變成加工食品後便增值為四美元，真是神奇的鍊金術！而製作過程卻非常直接：從濕磨工廠中取出數種原料（玉米粉、玉米澱粉、玉米製的甜味劑，以及微量的化學添加物），然後組合成充滿吸引力的新形式。添加顏色與味道更能提高附加價值，然後包裝並打上品名。對了，還可以加入維生素和礦物質，讓產品綻放出健康的光輝，同時也能取代在加工時流失的營養。在這種鍊金術的加持下，通用磨坊旗下穀片部門的獲利遠超出其他部門。由於加工食品的原料又多又便宜（ADM公司與嘉吉公司會張開雙臂歡迎所有客戶），因此讓食品提高價值的方式保持機密，才是首要之事。

我想我是在通用磨坊這裡首次聽到「食品系統」（food system）這個詞，之後，我就在食品加工產業的寶典《食品科技》（[Food Technology]）月刊中看到這個字眼，而這個詞似乎已取代了直接了當的舊名詞「食物」。相較之下，食品系統聽起來比較響亮，而且更有科技感。我猜，這也是為了擺脫一九六〇年代以來，加工食品被冠上的一些負面形象。而對於那本雜誌經常描述的事物，這也是一個好詞，例如：從「結構性植物蛋白質」所打造出來的嶄新可食物質，或是含有綠茶、葡萄籽萃取物和抗氧化物的加強型營養早餐穀片。這樣的食品不再被稱為穀片，而是「有益心臟的食品」。

玉米在食品系統中有所作為，靠的不是營養或是風味，而是價格便宜。讓食物擺脫自然的束縛，變得較不易腐敗，一開始只是飲食者的夢想，而現在成為食品供應者（那些販售食品給我們的大企業）的夢想。從來沒有人吵著要合成的乳酪或是保齡球瓶狀的玉米片，但加工食品早已成了供應導向的行業，他們的如意算盤就是把來自農場和濕研磨廠的過量原物料，重新包裝之後推銷掉。今日加工食品的最大受益者就是食品製造商本身，腐敗的食物越少（尤其要把食物賣到全世界時更需如此），獲利就越多。

就如同其他食物鏈，工業化食物鏈兩端都根植於自然系統：一端是農夫的田地，另一端是人類的器官。就投資者的角度而言，這兩個系統都不盡理想。

農地很容易受到天氣變化與病蟲害所影響，也容易發生產量不足或過剩的危機，而這兩者對於食品工業都是缺點。原物料的價格提高，利潤就會削減，再淺顯不過了；但如果原物料的價格下跌，一般產業會用較低的價格賣出更多產品，以賺取更多利潤，這點在食品產業卻行不通，因為你的消費者有一種特殊的天性：不管食物多便宜，他就只能吃那麼多。食品工業界的高層稱這種狀況為「胃納有限」，而經濟學家則稱為「需求無彈性」。大自然詛咒這些在食物鏈中運作的公司，讓他們的獲利降低。

美國食品工業界的成長，總會碰上一件生物學上的棘手問題：不論我們多麼努力，每年最多只能吃下六百八十公斤的食物。我們能吃多少食物，有其自然的極限，無法擴張，而其他諸如光碟或鞋子等產品，就沒這樣的限制。這意味著對食品工業界而言，其自然成長速率約為每年一個百分點，這也是美國每年人口的成長速率。問題是，華爾街無法忍受這樣緩慢的成長。

如果通用磨坊和麥當勞這樣的公司，希望業務量成長比率勝過人口成長率的話，只有兩種選擇：想辦法讓人們在這同樣是六百多公斤重的食物上花更多錢，或是慫恿人們吃下更多食物。這兩種策略並不抵觸，因此也是食品工業界積極推動的策略。這對於我們故事中的主角而言，是個好消息，因為這讓便宜的玉米納入複雜的食品系統，並順勢達成這兩項目標。

由玉米這樣的原物料來製造加工食品，雖然無法完全擺脫自然變化的衝擊，但也相去不遠了。食品系統越複雜，就越容易使用「替代品」，而產品的口味和外觀都不需改變。如果哪天從玉米提煉出的氫化脂肪或卵磷脂的價格上揚，你只要改買由大豆做的脂肪和卵磷脂就可了，消費者絕對不會發現其中的差異（所以在食品成分標籤上會說「來自下面其中一項或多項：玉米、大豆或葵花油」）。如同某位管理顧問對他食品工業客戶所言：「產品特性和原始材料相差越多，就表示中間的加工程序越多，也意味著加工業者越不容易受到自然界的變化所影響。」

事實上，要把產品複雜化可有一堆好理由，這或可套用工業界的說法：「增加產品價值」。加工食品可以把保存期限延長數月甚至數年，好賣到世界各地。讓食品變得複雜，也可以讓你從消費者對食物的花費中，挖到更多錢。像雞蛋這種未經處理的食物，花一美元會有〇．四美元回到雞農上；相較之下，奈勒只能從一美元的玉米甜味劑中得到〇．〇四美元，而剩下的錢大部分都進了ＡＤＭ、可口可樂、通用磨坊等公司的口袋。（我遇到的每位農夫，最後都會告訴我一個故事：有個食品工業界的高層曾經宣稱：「食物能夠賺錢，但是種食物不會賺錢。」）當泰森集團的科學家在一九八三年發明雞塊以後，廉價又大量的原物料雞肉，一夜之間就變成了高附加價值的產品。美國人花在雞肉上的錢，本來是給雞農的，現在則進了加工者的口袋。

一如泰森集團所了解的，要賣的產品不止原物料，還要賣服務，這包括新奇感、便利性、身分地位、營養強化，近來甚至有醫療訴求。不過問題是，由廉價原物料所生產的高附加價值產品，自身也會變成另一種又多又便宜的原物料。通用磨坊就曾在它的發展史中得到這樣的教訓。通用磨坊一成立於一九二六年，剛開始賣的是全麥片粉，也就是磨過的小麥。後來這項產品變成了廉價原物料，公司便把穀物再多加一點工，創造出白麵粉和後來的營養強化麵粉，以求在競爭中保持超前地位。這時他們便為產品添加了附加價值，賣的不再只是麵粉，還加上了純潔與健康的概念。但是隨著時間過去，就連營養強化麵粉也變成了原物料，所以通用磨坊踏出更加遠離自然（也遠離了農場和植物）的一步，發明了蛋糕粉和甜味早餐穀片。現在他們賣的是便利性，並以穀物和玉米甜味劑為後援，而他們的穀片現在聽起來像是一堆藥品。事情就是這樣。農業原物料源源不絕，價格持續下降，使得食品公司絞盡腦汁，想出更新穎更精巧的方式為產品添加價值，引誘我們買更多。

當我在明尼阿波里斯市和通用磨坊的副總裁談話，他說公司要推出新的有機電視餐系列，這個產品乍聽之下很矛盾，其成分列表似乎長得永無止境，各種添加物多得滿出來，另外還有那些很難看出是用玉米做的原料：麥芽糊精、玉米澱粉、三仙膠。看來連有機食物都已經屈服於食品加工的經濟邏輯之下了。副總裁耐心地解釋，因為農業原物料的價格會持續下跌，不論有機無機，只有傻瓜才會販售未加工或少量加工的食品。農場生產的食物越多，後果不是獲利下降、就是加工程序越多。

他繼續解釋，販賣未加工食物還有一個問題，就是不容易區分各家公司生產的玉米、雞與蘋果，所以把玉米變成有商標的穀片、把雞變成電視餐、把蘋果變成營養食品系統中的成分，是有道理的。

在最近的《食品科技》中，就刊出了一家公司對於上述最後一項的研究成果。樹頂公司（TreeTop）研發出一種「含有紅酒萃取物的低水分天然甜味蘋果片」，這種蘋果片只要十八克，「就含有相當於五杯紅酒所含的抗癌成分黃酮酚，與一個蘋果所含的膳食纖維」。還記得卡通「傑森一家」中的一九六〇年代夢想嗎？一顆藥丸就有一餐的營養。我們顯然已從「一餐濃縮成一顆藥丸」的夢想，前進到「含有藥丸療效的每一餐」中；不過兩者差距其實不大。不論哪種方式，都透出一種訊息：我們需要食品科學家協助我們進食。而第一個例子，就是營養加強穀片中，添加了穀物原本沒有的維生素與礦物質。這些產品意味著自然是追不上食品科學的。

樹頂公司突破性發展的新聞，促使《食品科技》刊出一篇時事文章〈在食物中加入更多水果與蔬菜〉。我以為水果和蔬菜本來就是食物了，所以不需要在食物中再加入它們。但是我想這表示我還停留在過時的食物觀，現在我們正朝著食品加工的第四代前進。在這個世代中，加工食品將無止境地超越（例如裡面可以含有任何科學認定的好東西），超越其本身所使用的基礎食材。食品加工業虎視眈眈地盯著大自然，找出它們要的東西，然後加以改進。

回顧一九七〇年代，紐約的食品添加物製造商「國際香料與香精公司」（International Flavors & Fragrances），就利用年度報告捍衛自身立場，對抗「自然食物」興起所造成的威脅，並且解釋為何人類食用合成食品較有益處。該公司的論點讓人恐懼：天然成分是「由植物和動物所製造出的野生混合物，其目的是為了自身的生存與繁殖，完全不是用來當作食物的。」這些可疑物質是「人類冒著生命危險吃下的。」

感謝現代食品科學的創造力，現在我們有了選擇。我們可以選擇專為人類設計的食物，或是選擇天擇為生命自身目的所設計的「物質」，這些目的諸如阻擋蜜蜂、抬起翅膀，或是（呃⋯）生產後代。一位食物歷史學家在一九七三年寫道，未來的餐點可能是在「在實驗室中以各種不同原料」組合出來的，原料包括藻類、真菌，以及石化產品。蛋白質可能直接從原油中萃取出來，「抽成絲、編成『動物』肌肉，成為手腕般粗的長條『菲力牛排』。」（想想看，農業綜合企業早就專精於將原油變成牛排，只不過中間需要利用玉米和牛來完成而已。）

一九六〇年代高科技食品產業所提出的未來，是實驗室由一般自然的原料來製造餐點，但這種狀況已經有所變化。近幾年來，環境主義興起，自然的名聲與現代化學的位置互換了。既然農場能夠提供源源不絕的便宜有機化合物，又何必花錢找麻煩，從石油中提煉呢？與其完全使用合成原料來製造食物，工業界目前改變作法，製造營養強化蘋果片、紅酒萃取物、柑橘香味萃取物、大豆異黃酮、菌蛋白製成的肉類替代品、由玉米製造出來的抗性澱粉（resistant starch）（「天然覆盆子風味」並不代表真的來自覆盆子，這個香料可能是由玉米製成，而不是人工合成的。）不過「食物不過是營養物質的總和」這種化約論立場，依然沒有動搖。所以我們把植物和動物分解成各種成分，再重組成有高附加價值的食品系統。雜食者天性上喜好食用各種食物，但這種喜好卻被這些變化萬千的植物所愚弄，甚至食欲上的生物限制也被跨越了。

抗性澱粉是由玉米製造出來的最新原料，也是今日令玉米加工業者最為興奮的萃取物。他們已經知道如何把玉米加工成一種幾乎無法消化的新澱粉。你可能不認為，這種特性對食物哪算是優點，不過，如果你的目的是打破人類每年的食量上限，那麼這就算成功了。由於人類無法消化抗性澱粉，因此抗性澱粉只會在消化道中滑過，而不會轉變成具有熱量的葡萄糖，他們說這對糖尿病患者是一項福音。所以現在除了有代糖、代脂之外，還有代澱粉！食品工業終於克服了胃納有限的困境。你一餐要吃多少就可以吃多少，因為這些食物只會走過而不留下痕跡。現在我們成為彈性十足的終極工業飲食者了。

Chapter 6
THE CONSUMER：A Republic of Fat

第六章
消費者　脂肪共和國

十九世紀初期，美國人的飲酒量創下歷史新高，這樣集體飲酒作樂，使得這個年輕的共和國面臨了第一次重大的公共衛生危機：肥胖盛行。玉米威士忌突然間因生產過剩而價格大跌，成為酒類的首選。而在一八二〇年，一般美國人每天要喝下約兩百五十毫升的酒，也就是說，美國的男性、女性、小孩，每年都要喝下十九公升的烈酒（現在只喝不到四公升）。

歷史學家威廉．約瑟夫．羅拉鮑（W. J. Rorabaugh）在《酒精共和國》（*The Alcoholic Republic*）描述當時的情況：我們在早餐、午餐和晚餐時喝烈酒，在工作前、工作後、甚至工作中也常喝。員工都會期待雇主在工作時段提供烈酒；事實上，現在上班的咖啡時間，緣起於將近中午時的喝威士忌時間「十一時休息」（elevenses，這個字連發音都像是喝醉酒）。除了週日上午做禮拜的時間，美國人只要聚在一起，不論是新居落成、聚在一起縫紉、聚在一起剝玉米殼或是政治集會，都會不斷傳遞威士忌酒瓶，一起痛飲。歐洲人是飲酒自制的好榜樣，當他們來到美國時，對於美國暢飲烈酒的現象大感驚奇。記者威廉．柯貝特（William Cobbett）在給他英國朋友的信件中寫道：「如果你愛豪飲，來這裡就對了，只要花六便士就可以把自己灌醉。」

全民大狂飲的後果當然可以預期得到：公共場合酗酒、暴力以及遺棄家庭的情況越來越嚴重，伴隨而來的還有飲酒造成的疾病也攀上高峰。美國的幾位開國者華盛頓、傑佛遜和亞當斯，都譴責這個「酒精共和國」的酗酒情況，這引發了關於飲酒的爭端，而這個爭端在一個世紀後因禁酒令而達到高峰。

不過，這全國性的酒精狂歡究竟是過去式；與其思量當時的放縱對我們現在的生活是否有影響，倒不如去探討這現象的根本原因。而原因很簡單：美國農民生產的玉米太多，特別是在阿帕拉契山以西的新囤墾區，那裡肥沃而未開發的土壤，造就一次又一次的大豐收。生產過量的玉米堆在俄亥俄河谷。而這就和今天一樣，驚人的生產量成為農民最頑強的敵人，也是公眾健康最大的威脅。產量增加時，市場上滿是玉米，價格崩落，那麼接下來會發生什麼事？過多的生物質量會反撲，聰明的商人遲早會找出方法，讓雜食的人類消耗這些過多的廉價熱量。

當時的情況和現在一樣，消化這些廉價玉米的聰明方法就是加工，特別是加工成酒精。要把玉米從剛開發的俄亥俄河谷越過阿帕拉契山脈，運往東部人口稠密的市場，不但麻煩而且昂貴，所以農民就把玉米釀成威士忌，這樣更輕便、容易攜帶，也更容易保存，成為具有附加價值的產品。沒有多久，威士忌的價格便一落千丈，人人都買得起，而人人也的確都去買來喝了。

脂肪共和國如今已接替了酒精共和國。我們現在吃的東西比以前喝得更多，而理由多少是相同的。根據美國衛生局長的說法，在美國，肥胖已是官方認定的流行病，是美國目前最迫切的公共衛生問題，醫療系統每年為此花費九百億美元。每五個美國人就有三個體重過重、一個肥胖。以往糖尿病是成年人的疾病，現在得更名為第二型糖尿病，因為很多兒童也得到這種病了。最近在《美國醫學會期刊》上的一篇研究報告預測，在二〇〇〇年出生的小孩，未來有三分之一的機會得到糖尿病（非裔美國人的孩子是五分之二）。由於糖尿病以及其他與肥胖相關疾病的影響，這一代的小孩的壽命很可能會比他們的父母短，這是以往沒有發生過的事情，而且情況也不限於美國。聯合國在二〇〇〇年的報告指出，全世界有十億人營養過剩，這個數字已經正式超過營養不良的人數：八億人。

人類腰圍加粗，原因你已經聽過許多，那些全部都是有可能的。生活型態的改變（動得少、吃得多）、富裕（吃得起高油脂西式飲食）、貧窮（完整食物比較貴）、科技（需要付出勞力的工作越來越少，在家則被遙控器黏在沙發上）、精明的市場策略（超大分量、以兒童為廣告對象）、飲食內容的改變（脂肪、碳水化合物和加工食品越來越多）。

這些解釋目前為止都正確，但我們應該進一步找出背後的成因。答案很簡單：當食物供應豐沛又廉價，人們就會吃得多，然後變胖。從一九七七年以來，美國人平均攝取的熱量增加了一成以上，這多出來的兩百大卡熱量，如果運動量沒有增加（的確沒有增加），最後就會成為我們身體中的脂肪細胞。不過重要的問題是，這些多出來的熱量一開始是從哪來的？要回答這個問題，我們得回到所有熱量的來源：農場。

大部分研究者發現，美國人的肥胖比率是在一九七〇年代攀升，當然在那個年代，美國推行的是廉價食物的農業政策，而先前推行了四十年避免生產過量的政策，則就此廢除。你還記得布茲當初就是希望提高農業生產量，好讓工業化食物鏈的原物料（尤其是玉米和大豆）價格下跌。這個政策成功了，讓食品價格退出當時的政治議題。自從尼克森主政以來，美國農民就能為每人每天多製造五百大卡的熱量（從每人每天三千三百大卡再往上加，這已遠超出人類所需）。位於這個食物鏈的末端，每個美國人現在都要英勇地消化多出來的兩百大卡，而另外的三百大卡想必是銷往海外，或轉變為乙醇（又來了！）成為車用酒精。

這種情況和兩百年前酒精共和國的相似程度，難以忽視。在生活型態改變和精明的市場策略出現以前，就已經有了堆積如山的廉價玉米。在我們所生產與吃下的過剩熱量中，以玉米占大宗。在當時，處理這些過剩穀物的好方法就是加工，讓便宜的原物料成為具有附加價值的消費商品，一種熱量密度高、保存期限長的產品。在一八二〇年只有兩種基本的加工方式：讓玉米變成豬肉或是酒精。現在食品加工業者可以利用玉米做出數百種東西，從雞塊、大麥克漢堡、乳化劑到保健食品，他們都可以用玉米做出來。由於人類對於甜食的欲望高過酒醉，因此處理二十五公斤玉米的最聰明方式，就是把它轉換成為十五公斤的高果糖玉米糖漿。

這就是我們現在每年都做的事情：把一千三百萬公噸的玉米轉換成八百萬公噸的高果糖玉

米糖漿。一九八〇年之前，這種特殊食物人類嘗都沒嘗過，現在卻已成為我們飲食中甜味的主要來源。從這個觀點來看，高果糖玉米糖漿的確是玉米加工業界中值得一提的成就，當然也是這種偉大植物的成就（不過在此之前，植物早就知道最有把握的演化途徑之一，就是想辦法滿足雜食性哺乳動物內在對於甜味的欲望）。一九八五年之後，每個美國人一年消耗的高果糖玉米糖漿從二十公斤增加到三十公斤。你可能認為高果糖玉米糖漿取代了蔗糖，因此這樣的成長應該會讓蔗糖的消耗量下降，但情況並非如此。在這段期間，每個人消耗的精製蔗糖還增加了兩公斤。這表示除了原來已經使用的蔗糖，我們還吃喝下了所有的高果糖玉米糖漿。事實上，自從一九八五年以來，美國每人每年消耗的糖類，已經從五十八公斤增加到七十二公斤，這些糖類包括蔗糖、甜菜糖、高果糖玉米糖漿、葡萄糖、蜂蜜、楓糖等。

這個結果顯示，把玉米轉變成高果糖玉米糖漿是一件多麼聰明的事，它成功引誘人們吃下超過自己極限的熱量，大嚼過剩的玉米。脂肪共和國的玉米甜味劑，就相當於酒精共和國的玉米威士忌。只要看了家中廚房的食物標籤，就會發現高果糖玉米糖漿充斥在食品櫃的每個角落。你當然想得到在飲料或點心中有高果糖玉米糖漿，但是在番茄醬、芥末醬、麵包、穀片、調味料、鹹餅乾、熱狗和火腿中，也都有。

不過每個人所消耗的三十公斤高果糖玉米糖漿，大多是摻在飲料中。在玉米的物種自然史中，有幾個值得紀念的日子：大芻草在生殖方面發生巨大突變的日子、哥倫布在一四九三年將玉米呈獻給伊莎貝拉女王的日子、華萊士在一九二七年首次培育出第一代雜交玉米的日子。現在又多了一個：在一九八〇年，玉米成為可口可樂的原料。到了一九八四年，可口可樂和百事可樂已經完全以高果糖玉米糖漿取代蔗糖，因為前者比後者便宜幾美分（原因之一是玉米加工業者堅持進口蔗糖需要抽關稅），而消費者也沒有注意到這種改變。

照理說，飲料業者應該只是單純地把蔗糖換成高果糖玉米糖漿（很巧的，甘蔗和玉米都是四碳植物），但其實不然。不久之後，我們就開始喝下更多汽水，吃下更多玉米甜味劑，原因不難發現：飲料的價格直線滑落，就跟一八二〇年代的玉米威士忌一樣。不過值得注意的是，可口可樂和百事可樂沒有降低每瓶飲料的價格，因為這樣做會壓縮獲利空間。想想看，有多少人會因為便宜了幾美分而去買第二瓶汽水？這些公司有更好的點子：加大容量。既然飲料的主要原料（玉米甜味劑）已經變得很便宜，何不讓人們多付幾毛錢買更大瓶的汽水呢？每單位的汽水價格是下降了，但是賣出的汽水也多了。所以原本苗條的兩百五十毫升玻璃瓶裝可樂，換成現在六百毫升的圓胖寶特瓶，現在自動販賣機販售的大多是這種瓶裝可樂。

不過這種大容量的發明人，並不是汽水業者，功勞要歸給大衛．華勒斯坦（David Wallerstein）。華勒斯坦在一九九三年去世之前，一直都是麥當勞理事會的成員，不過他在一九五〇與六〇年代時，為德州的一家連鎖電影院工作，而他的任務就是增加汽水和爆米花的銷售量，因為這些高獲利商品是戲院倚重的收入來源。一如約翰．洛夫（John Love）在麥當勞的授權傳記中所說，華勒斯坦為了提高銷售量想盡各種辦法：買一送一、日場優惠，但是無論如何都無法讓顧客多買一瓶汽水或是一袋爆米花。他認為自己知道原因何在：如果買了第二個，會顯得自己很貪吃。

華勒斯坦發現，如果能賣超大分量，那麼人們就會吃下更多（比原本多很多）爆米花和汽水。因此就有了兩公升裝的爆米花和兩千毫升的重量杯，還有之後麥當勞的大麥克和大包薯條。不過，這個道理華勒斯可是耗費許多力氣才說服麥當勞的創始者雷．克洛克（Ray Kroc）。一九六八年華勒斯坦在麥當勞工作時，他費盡全力也無法說服克洛克超大分量的神奇力量。克洛克告訴他：「如果顧客要買更多薯條，他們可以買第二包。」華勒斯坦耐心地解釋：

麥當勞的顧客當然想買多一點，但是他們不願意買第二包，「他們不想自己看起來像是貪吃鬼」。

克洛克還是不太相信，所以華勒斯坦只好想辦法證明，他開始察看芝加哥與其周邊的麥當勞門市，觀察人們吃東西的模式。他發現顧客都把汽水喝到底，發出吸水的噪音，而薯條袋子中的鹽粒甚至炸焦的薯條也都一掃而空。華勒斯坦報告了這些發現，於是克洛克的態度軟化了，同意提供超大分量，而後銷量便直往上衝，證實了這位行銷者的直覺。貪吃是深植於美國文化中的禁忌，畢竟那是七宗原罪之一，讓人們退縮。華勒斯坦這項可議的成就在於，他設計出猶如教宗特許的飲食方式：加大分量。人類有限的胃納，他發現了將之撐大的祕訣。

有人可能會這麼想，即使面對這樣的大分量，人們只要吃飽了還是會停下來。但飢餓感不是這樣運作的。研究人員發現，人類（和動物）在面對大量的食物時，食量會比平常提升三十%。人類食欲的彈性確實驚人，這在演化上非常有道理，我們以採獵為生的祖先面對大餐時，絕對有擴張胃納的必要，這樣才能在體內累積脂肪，以抵抗未來的饑荒。肥胖研究者把這種特徵稱為「節約基因」（thrifty gene）。當環境中食物來源有限且無法預期時，這個基因的確是有用的適應結果，不過當環境中充滿速食，每週七天、每天二十四小時都吃得到時，它就變成災難了。因為我們身體儲藏脂肪所要對抗的饑荒，永遠不會出現。

如果演化讓現代的雜食者人類特別容易受到大分量的誘惑，那麼在這些大分量食物中，人類特別容易得到的營養就是一大堆額外的糖和脂肪，而讓情況更加惡化。人類和其他大部分的恆溫動物一樣，遺傳到了對高能量食物的偏好，這種現象反映在大部分哺乳動物都喜好的甜食上。同樣是一口，糖和油脂能夠提供最多能量（也就是熱量），而天擇讓我們天生就喜歡糖和油脂的口感和味道。不過在自然（以及未加工食品）中，我們很少會遇到營養密度像加工食品那麼高的東西：你找不到果糖含量像汽水那麼高的水果，或是脂肪含量像雞塊那麼多的肉類。

現在你應該開始了解，加工食品是讓人類吃下更多東西的好策略了。食品科學的力量就是能夠把食物分解成其中的養分，然後用特殊方式再次組合，如此啟動了人類演化出的開關，愚弄了雜食人類天生的食物篩選系統。在天擇之下，動物會依循本能尋找高能量的食物，因此對動物而言，任何食物只要加了脂肪或糖，都會變得比較好吃。動物研究便證明了這一點：如果老鼠面前出現了純蔗糖溶液或是一盆豬油（牠們在自然界中鮮少遇到的好料），牠們會瘋狂地狼吞虎嚥。在這種不自然的高濃度糖類和脂肪面前，老鼠任何與生俱來的營養智慧都會崩潰，而這些營養是從我們稱為食物的東西中提煉出來的。食品系統靠著大幅增加能量密度來作弊，欺騙了原本演化來處理未加工食品（能量低得多）的感覺器官。

這種讓能量密度大增的加工食品，讓人類這樣的雜食動物陷入困境。當身體中處理葡萄糖的機制因過度使用而損耗，會造成第二型糖尿病。我們吃下的所有東西，遲早都會變成血液中的葡萄糖分子，不過糖和簡單的澱粉轉變成葡萄糖的速度會比其他營養素快。當動物所處的環境中含有的高能量食物超過其代謝能力，確定就會發生第二型糖尿病和肥胖症。

這也說明了為何近年來這些問題的情況嚴重惡化。自一九七〇年代以來，糖和脂肪中每單位熱量的價格下跌，因此社經地位越低的階層，肥胖和糖尿病就越普遍，原因之一是工業化食物鏈讓高能量的食物成為市場上最便宜的食物（以單位金錢購得的熱量來計算）。《美國臨床營養學期刊》刊載的一篇研究中，比較了超級市場中各種食物的「能量成本」。研究人員發現，花一美元買到的洋芋片和餅乾，有一千兩百大卡的熱量，但是花一美元買紅蘿蔔這樣的未加工食物，熱量只有兩百五十大卡。一美元買到的汽水含有八百七十五大卡，而一美元的濃縮還原果汁只有一百七十大卡。如果人們能花在食物上的錢有限，那麼他們就會買單位熱量最便宜的食物，特別是這些便宜的熱量來源（脂肪和糖）正是生物神經系統認為最有價值的食物。

玉米不是超級市場上唯一廉價能量的來源（加工食品中所添加的脂肪大部分來自大豆），不過仍是目前最重要的來源。如同奈勒所說，要從愛荷華州的每一寸土地中取得能量（熱量），種玉米是最有效率的方法。玉米能夠以動物脂肪、糖類或是澱粉的形式進入人體，那是玉米粒中碳元素的多變天性所造成的。但即使玉米如此多變與多產，這些結果還是由人類一手造成的，讓這些分子變得像現在這麼廉價：二十五年來的農業政策，就是只為了促進玉米過量生產而設計的。事情很簡單，這個國家只補助高果糖玉米糖漿的生產，而沒有補助種植紅蘿蔔。當衛生局長警告肥胖的流行節節升高，總統卻簽署了讓廉價玉米持續氾濫的農場法案，這使得超市中最不健康的熱量，穩居最低價位的寶座。

Chapter 7
THE MEAL：Fast Food

第七章
一頓餐點　速食

從愛荷華州玉米田起始的工業化食物鏈，終點落在麥當勞，一份讓駕駛人邊開車邊享用的食物。這是我所選擇的工業化餐點，而其他版本的食物鏈餐點或許還更好追溯。無數原物料玉米的支流，經由各種加工程序再轉換成肉類之後，匯集成肯德雞、必勝客等速食店的餐點，以及超市中的食材。我們被工業化餐點所包圍了；這些餐點所組成的工業化食物鏈，供應了我們大多數人的所吃所喝。

我十一歲大的兒子以撒非常樂於加入我的麥當勞之行，他平常很少有機會去，所以這對他來說可算是種款待（不過這對大部分美國兒童而言已不算什麼了，因為他們每三人就有一個天天吃速食）。我的妻子朱蒂絲就沒那麼熱中，她很注重飲食，而速食午餐代表著放棄了「真正的一餐」，那是很令人遺憾的。以撒建議她可以點一種麥當勞新推出的「優質生菜沙拉」，淋上「保羅紐曼醬汁」①。報紙經濟版上說，這些生菜大受歡迎，而且就算不受歡迎，只要名稱好聽，可能還是會保留在菜單中。對於速食食物鏈中的生菜或素漢堡，行銷人員有個專有名詞：「駁回否定者」（denying the denier）。這些比較健康的餐點，讓那些想吃速食的兒童可以有效回擊父母的反對意見：「不過，媽，妳可以點個生菜。」

我的妻子也的確這麼做了，她花了三．九九美元點了寇布生菜沙拉②（Cobb salad）佐凱撒醬，是菜單中最貴的一道。我點了經典起司漢堡、大包薯條和大杯可樂。現在大杯可樂將近一千毫升，不過感謝加大分量的經濟奇蹟，它只比五百毫升的小杯可樂貴三十美分。以撒點了新式的雞胸肉麥當勞雞塊、雙倍香草奶昔、超大包薯條，最後是含有冷凍冰淇淋球的點心。我們點的餐都不同，這是工業化食物鏈的特徵，它將一個家庭拆解成不同組成，針對不同對象推銷不同產品，而且把我們各自吃的餐點加總起來，可能會比平常一起用餐吃得還多。我們三人總共花了十四美元，四分鐘就打包完畢，可以帶走了。我在離櫃前拿了一張印得密密麻麻的傳單，上面寫著：「完整提供各種營養，為您選擇最佳餐點。」

我們是可以在麥當勞的雅座坐著吃，不過今天天氣很好，所以我們決定收起車子的頂棚，在車中吃午餐。餐點和車子的一些設計都考量得非常周到。目前美國人有十九％的餐食是在車裡食用，車子前後座都有杯架，所有點餐、付款、取餐的步驟都不需打開車門即可完成，而除了生菜沙拉之外，所有的食物用一隻手就可以吃了。事實上，這正是雞塊聰明之處，它把雞肉從刀叉和餐盤中解放出來，讓雞肉容易食用又不會留下雞皮雞骨，這和預先調味好不需再加佐料的漢堡一樣，適合在車子裡吃。毫無疑問，位於伊利諾州橡樹溪麥當勞總部的食品科學家，正在努力研發單手吃的生菜沙拉。

雖然朱蒂絲的寇布生菜沙拉在前座並不容易吃，但是我們正以時速九十公里的速度吃著。玉米才是這頓飯的主角：這輛車也在吃玉米，因為燃油中摻入了部分的乙醇。雖然這種添加物會使加州空氣品質惡化，但是玉米加工業者卻迫使聯邦政府下令，要求州內煉油廠所出產的汽油，要添加一成的乙醇，好消耗過多的玉米。

我小時候吃了很多麥當勞，那是前華勒斯坦時代，如果要吃多一些，就必須點第二份小漢堡或小包薯條，而且當時雞塊也還沒發明出來。（我很記得小時候有一頓麥當勞餐是這樣結束的：我們坐著的休旅車停在紅綠燈前，車尾被撞了，我的奶昔在車裡潑灑成一道道白色的線條。）那時我熱愛速食，因為每份食物都包得像禮物一樣，而且我不用和三個姊妹一起分，一人一份是速

①編注　電影明星保羅紐曼以個人品牌創立了一家食品公司，販售各種加工食品及調味醬料。
②編注　位於好萊塢的餐廳Brown Derby Restaurant的老闆包柏．寇布（Bob Cobb）用剩菜做出的生菜沙拉。因廣受客人好評，成為一道以他命名的餐點。

食最大的好處。薯條熟悉的濃郁香氣充滿車中，一口咬下漢堡，接連而來的是柔軟香甜的麵包、爽脆的醃黃瓜和可口多汁的肉排，令人愉悅。

設計良好的速食，有自己獨特的香氣和風味，而且只會讓人聯想到漢堡、薯條或其他速食。你自己在家裡做的漢堡就不會有這種味道，即使是以完全不同物種為原料所製作的麥克雞塊也是如此。不論這種香氣和風味是什麼（那些食品科學家一定知道），對於生活在現代的無數人來說，這類速食的氣味，就是無法磨滅的童年味道，這也使得速食具有一種慰藉的作用。就像其他同樣能撫慰人心的食物，速食提供懷舊之情，以及大量的碳水化合物與脂肪。有些科學家現在相信，碳水化合物與脂肪能夠抒解壓力，讓腦沉浸在能產生美好感受的化合物中。

以撒說他的雞胸肉麥克雞塊很好吃，比起原來的口味絕對進步許多。麥克雞塊近來飽受批評，這可能是它重新調整配方的原因。二〇〇三年，一群肥胖的青少年控告麥當勞，紐約的聯邦法官史威特（Judge Sweet）駁回了這宗案件，但是他的判決書讓麥克雞塊蒙羞：「它不止是鍋子裡的炸雞而已，它是由家庭料理不會用到的許多成分製造出來的麥當勞怪物。」他條列出麥克雞塊的三十八種成分後，認為麥當勞的行銷手法近乎詐欺，因為這項食物並不如表面看起來的那樣，只是一塊炸過的雞肉。而且與消費者合理預期相反的是，事實上一份麥克雞塊含有的脂肪與熱量比一個起司漢堡還高。由於這項訴訟，麥當勞更換了雞塊的配方，用了雞胸肉，並且發放「全方位營養供應」的傳單[3]。根據這張傳單，現在一份六塊麥克雞塊比一個起司漢堡少了十大卡。這在食品科學又要記上一筆成就。

我問以撒新的雞塊吃起來比原先的更像雞肉嗎？他看起來有些困惑：「不，它們吃起來還是一樣，就是雞塊。」然後給了他老爸一個「ㄘㄟˋ」，表示這是個蠢問題。至少在這位消費者的心目中，雞塊和雞肉的關聯不過是種抽象的概念，甚至是沒有關聯。在每天都會吃到雞塊的美國兒童心目中，它已經是自成一格的食物。對以撒來說，雞塊是童年獨有的味道，和雞肉大不相同，在未來無疑也會引起懷舊之情。此刻他正如普魯斯特，藉由食物的氣味建立與童年的連結。

以撒拿一塊到我和朱蒂絲面前，要我們嘗嘗。它看起來和聞起來都不錯，外皮漂亮，潔白的內部讓人聯想到雞胸肉，它的外表和質地的確讓人聯想到炸雞。但是放入口中，我吃到的只有鹹味，那種所有速食都有的風味；好吧，可能還帶有一點雞湯味。總而言之，雞塊比較像是個抽象物質，而不是真正的食物，裡面有關雞的成分還得再加強。

傳單上列出的原料，讓我想到許多有關雞塊和玉米的事。麥克雞塊的原料有三十八項，我算出其中有十三種可以從玉米培育或提煉出來：玉米養大的雞、修飾玉米澱粉（好把磨碎的雞肉黏起來）、單酸甘油酯、二酸甘油酯、三酸甘油酯（這些乳化劑能避免油脂與水分離）、右旋糖、卵磷脂（也是乳化劑）、雞湯（好補回加工時流失的一些風味）、黃色玉米粉和更多的修改玉米澱粉（好讓原料調成糊狀）、玉米澱粉（填充物）、植物性起酥油、部分氫化玉米油、檸檬酸（防腐劑）。此外，麥克雞塊還有其他的植物成分，例如麵粉（增加黏稠度），至於氫化油有時候可能是來自大豆、芥菜籽或棉籽而非玉米，這要看當時的市場價格和供應量而定。

根據傳單，麥克雞塊中還含有數種完全由人工合成的原料，這些看似能吃的物質並非來自玉米田或大豆田，而是煉油廠或化學工廠。這些化合物能夠讓有機原料歷經數月的冷凍和運送之後，不會走味或是變樣，現代的加工食品才有可能出現。排在前面的是發酵劑，包括了磷酸鈉鋁、磷酸單鈣、焦磷酸鈉以及乳酸鈣。這些化合物都是抗氧化劑，能夠讓雞塊中的各種動物油脂與植物油脂不會發出油耗味。接下來是聚二甲基矽氧烷之類的消泡劑，主要是添入烹飪油中，可

③麥當勞在二〇〇五年宣布，包裝紙上都會印上營養成分。

避免澱粉與空氣分子結合，這樣油炸時就不會產生泡沫。但最大的問題在於，這種有毒物質竟被允許添加在食物中。根據《食品添加物手冊》（*Handbook of Food Additives*），聚二甲基矽氧烷疑似致癌物質，而且確定會造成突變、腫瘤與生殖器官問題，同時也是易燃物。不過麥克雞塊中最驚人的成分，應該是第三丁基氫醌（TBHQ）。這是石油製成的抗氧化劑，會直接噴在雞塊上，或是噴在雞塊盒子內側，以「保持雞塊鮮度」。根據《消費者食品添加物字典》（*A Consumer's Dictionary of Food Additives*）的記載，第三丁基氫醌是丁烷（打火機的燃油也屬於丁烷）的衍生物，美國食品及衛生管理局允許加工業者少量使用在食物上，其含量要低於○・○○二%。這樣的分量還算好，因為吃下一公克的第三丁基氫醌，會讓人「噁心、嘔吐、耳鳴、產生幻覺、感到窒息與虛脫」，如果吃下五公克就會死亡。

這麼多奇怪的分子組織成如此複雜的食物，你應該可以知道雞塊了不起之處不僅在於能讓孩子接受，而且把他們餵飽還不用花很多錢。當然，它還讓泰森集團這類公司賣出了許多雞肉。泰森公司於一九八三年應麥當勞的要求，發明了雞塊。有了雞塊，雞肉便超越牛肉，成為美國最受歡迎的肉類。

我的起司漢堡和以撒的雞塊比起來，就單純多了。根據「全方位營養供應」的傳單，這個起司漢堡只有六種原料，都是大家熟悉的：一塊一○○%的牛肉片、麵包、兩片美國起司、番茄醬、芥末醬、醃黃瓜、洋蔥，和不知道是啥的「烤肉醬」。這個漢堡吃起來也不錯，但是回想一下，我嘗到的主要都是調味料的味道，如果只取牛肉來吃，這塊色澤黯淡的肉餅幾乎毫無風味。不過，整體搭配起來的確能營造出確實的漢堡氛圍，特別是咬下第一口的時候。不過我想這個嗅覺上的成就，大半來自「烤肉醬」，而非一○○%的牛肉排。

其實，我手中起司漢堡和牛肉之間的關聯，跟雞塊與雞肉之間的隱微關係差不了多少。吃著這個漢堡，我必須提醒自己，這個漢堡的確和某一頭牛有關聯，或許是一頭被搾乾的乳牛（這是大部分速食牛肉的來源），也有可能是五三四號小牛這類肉牛身上的零碎肉。漢堡和雞塊的魅力之一，是它們是沒有骨頭的抽象物質，讓我們忘記自己吃的是動物。我在幾個月前曾經造訪花園市的飼育場，當時的經歷已經遙遠到像是發生在另一個次元的事。我在漢堡和雞塊中，沒有嘗到任何飼料玉米、石油、抗生素或荷爾蒙的味道，當然也沒有牛糞的味道。「全方位營養供應」並沒有提到這些成分，但是這些成分確實都在漢堡製造的過程中摻上一腳，也是漢堡自然史的一份子。這種情況也許是工業化食物鏈最擅長的工作：經由加工遮掩了食物的歷史，讓食物看起來純粹是文化的產物，而非由植物和動物等自然生物所製成。麥當勞的傳單上含有大量資訊：數千個文字與數字指出食物的原料、分量、熱量和營養成分，這的確提供不少幫助，但是這種食物依然讓人摸不著頭緒。它從哪來的？當然是從麥當勞而來，但事情沒那麼簡單。它來自冷凍貨車、倉庫和屠宰場，來自堪薩斯州花園市飼育場、來自南達科他州史特吉斯市的牧場，來自橡樹溪的食品科學實驗室，來自紐澤西州高速公路邊的香料工廠，來自煉油廠，來自ADM公司與嘉吉公司的加工廠，來自法南村這類城鎮中的大穀倉。而在這條綿延而曲折的道路端點，是奈勒在愛荷華州徹丹鎮的玉米田和大豆田。

要計算我們一家三口在這頓麥當勞餐中吃下了多少玉米，並非不可能。例如我的一百多公克的漢堡肉，大約代表了九百公克的玉米（根據牛的飼料換肉率，七公斤玉米可為牛隻增加一公斤重量，而一頭牛中可食的部分約占體重的一半）。雞塊比較難換算成玉米，因為一塊雞塊含有多少真正的雞肉並不清楚，不過如果六塊雞塊含有約一百公克的肉，那就需要兩百多公克的玉米才能長出這些肉。一千毫升的汽水中有八十六公克高果糖玉米糖漿（雙倍奶昔也是），這是從約一百五十公克的玉米純化而來，那麼三杯飲料就需要約五百公克的玉米。全部加起來，這一餐用了約三公斤玉米。

接下的計算就比較困難，根據傳單上列出的原物料，我們的餐點中到處都有玉米，但分量卻無法確定。我的起司漢堡中隨處可見玉米甜味劑，麵包和番茄醬中都有高果糖玉米糖漿。沙拉醬裡也有，雞塊的蘸醬也是，更別說是以撒的甜點了（在傳單上的六十道餐點中，有四十五項含有高果糖玉米糖漿）。而以下是雞塊中由玉米製造的其他成分：黏著劑、乳化劑、填充劑。以撒的奶昔中除了玉米甜味劑，還有玉米糖漿固形物、單酸甘油酯、二酸甘油酯、吃玉米的乳牛所產的牛奶。朱蒂絲的生菜沙拉也滿是玉米，不過不是以玉米粒的方式存在：保羅紐曼的沙拉醬中含有高果糖玉米糖漿、玉米糖漿、玉米澱粉、糊精、焦糖色素和三仙膠；生菜沙拉中的起司與雞蛋來自吃玉米的動物；生菜沙拉中的烤雞胸肉注射了一種「風味溶液」，其中含有麥芽糊精、右旋糖和味精。朱蒂絲的生菜中當然也有許多綠色的菜葉，但絕大多數的熱量都是從玉米而來（其中五百大卡來自沙拉醬）。那薯條呢？你可能認為那大部分都是馬鈴薯，不過一份大薯中有五百四十大卡的熱量，其中一半來自炸油，這些炸油的熱量不是來自馬鈴薯田，而是玉米或大豆田。

最後我被這一連串的計算給打敗了，還好也算得差不多了。如果你把油箱裡的玉米也算進去（一公斤玉米能製造三百八十毫升乙醇），那麼我們在奔馳中食用速食大餐所需要的玉米量，便能夠輕易塞爆後車廂，在我們車子後頭的柏油路上留下一道金黃色的玉米尾巴。

一段時間後，我發現有另一種方式，能計算我們當時吃下了多少玉米。我請柏克萊大學的生物學家陶德・道森（Todd Dawson）以質譜儀分析麥當勞的餐點，並且計算其中有多少的碳最初是來自玉米。實在很難想像，從農場到速食櫃檯前的起司漢堡和可樂，碳元素的組成特性在這過程中依然能夠保留下來，但是這些碳原子同位素的特徵是無法消抹的，因而能讓質譜儀輕易辨識出來。道森和他同事史蒂芬妮亞・曼貝里（Stefania Mambelli）的分析，大致指出麥當勞各種餐點中來自玉米的碳，並把結果繪製成圖表。含量最多的是汽水，這不令人意外，因為汽水中除了玉米甜味劑，其他就沒有多少東西了。不過事實上，我們所吃的餐點幾乎都含有高比例的玉米。實驗室計算我們餐點中的玉米含量，由大到小依序是：汽水（一〇〇%都是玉米）、奶昔（七十八%）、生菜沙拉醬（六十五%）、雞塊（五十六%）、起司漢堡（五十二%）、薯條（二十三%）。這頓餐點在雜食者的眼中面貌是非常多樣的，但是如果透過質譜儀來看，這頓餐點比較像是單一食物者的餐點。不過，這就是我們工業化進食者現在的樣子：玉米無尾熊。

不過這又如何？人類成為前所未見的玉米族又有何妨？這一定不好嗎？答案取決你的立場。站在農業綜合企業的角度，把廉價的玉米加工成四十五種不同的麥當勞產品，也算是一項了不起的成就。這代表著農業與資本主義之間的矛盾獲得了解決，也使得食品工業獲利成長的速度快過美國人口成長的速度。讓廉價玉米製成的碳水化合物分量加大，也解決了人類胃納有限的問題。我們或許無法增加美國消費者的數量，但我們想出辦法增加了每個人的食量，這也很好。我、朱蒂絲和以撒在午餐中總共消耗了四千五百一十大卡的熱量，超過我們三人一天所需熱量的一半。我們確實為消耗過剩玉米盡了一份心力（而且也消耗了大量石油，不過這並不是因為我們開車。種植與處理這四千五百一十大卡的熱量，至少需要從化石燃料中取用十倍的熱量，相當於五公升的石油。）

如果從全美中低階層者的角度來看，「玉米化」的食物鏈的確有好處，這個好處並非全然是價格低廉（因為消費者最終還是得支付加工過程的額外成本），而是便宜的熱量能以各式各樣吸引人的型態出現。然而長遠來看，吃這些東西的人為了便宜的熱量而付出高昂的代價：肥胖、第二型糖尿病，以及心臟病。

如果是從全世界中低階層的角度來看，那麼美國的玉米食物鏈看起來無疑是個災難。我先前提過，地球上所有生物，都是為了競爭植物中儲存成碳水化合物形式的太陽能量，而這些能量我們是以大卡來計算的。地球上的耕地每年能夠生產的能量有限，而工業化產生的肉品與加工食物則極其荒謬地消耗（與浪費）了許多能量。如果我們跟墨西哥及許多非洲人一樣，直接吃玉米，就會得到玉米所含的所有能量。但是當你吃的是由玉米飼養大的牛或雞，玉米中能量的九十％都消耗在形成骨頭、羽毛和皮毛上，以及小牛與小雞的生長與代謝所需，所以素食主義者提倡食用「食物鏈基礎的食物」，因為食物鏈中每往上攀一階，食物中的能量便耗損九十％。也正是這個原因，生態系中掠食者的數量比獵物少很多。而且食物在加工過程中也會消耗能量，這意味著在製造麥克雞塊這類食物時，有許多能量流失了，而這些能量可以餵飽其他更多兒童，而不只是餵飽我兒子。在我們一家三口的四千五百一十大卡的午餐背後，可有著數萬大卡來自玉米的熱量，這足以餵飽許多飢餓的人。

而如果你站在玉米田中，又會以什麼角度來看待這個玉米食物鏈？嗯，這要看你是玉米農夫或是玉米。如果你是玉米農夫，你可能會認為把整個食物鏈玉米化能提高獲利，但其實沒有。玉米在食物鏈上大獲全勝是過量生產的直接結果，但是對種玉米的人卻是一項災難。單一種植玉米要付出許多代價：農人土地的養分、當地水源的品質、社區民眾的健康、農人土地的生物多樣性，以及該片土地及其下游地區所有生物的健康。廉價玉米不止改變了這些生物，也讓數十億隻食用動物的生活變得更糟，要不是這片玉米之海，這些動物也不需住在飼育場裡。

但是回到愛荷華州的農田，以玉米本身的角度來看這種狀態對人類的影響。那裡極目所見，都是玉米、玉米和玉米，三公尺高的玉米桿整齊地排列，每排間格都是七十六公分，直直排列到地平線。三千二百萬公頃的玉米田，橫亙在這塊大陸上。這種植物無法在我們心中留下印象，這是好事，因為這種印象非常可笑：農人因為種玉米而破產、數不清的物種被玉米擊潰或消滅，人們也竭盡所能地吃與喝下玉米，而有些人（包括我和我的家人）則坐在喝玉米的汽車上。所有生物在這個人類主宰的世界中，都得找出繁衍的方式，但是沒有一種能像玉米這麼成功，占據了人類的田地與身體，馴化了它的馴化者。你一定會懷疑我們美國人為何不像以往阿茲提克人那般熱切地崇拜玉米，因為我們已經以身相殉了。

以上這些，是我在高速公路上解決我們的速食午餐時，內心湧出的激動思緒。速食是什麼？速食不止是在瞬間就能端給你的食物，通常也是瞬間就能吃完的食物。我們這一餐不到十分鐘就解決了。由於我們能坐在敞篷車裡沐浴著陽光，我無法指責麥當勞的這種特色。速食缺乏風味，所以我們會很快吃完，而且如果你越專注，這種東西吃起來就越不像是食物的味道。我之前說麥當勞提供的是一種慰藉的食物，但是咬了幾口之後，我開始比較認為他們販賣的是更概念上的東西：慰藉食物的符號。所以你吃得更多、吃得更快，希望在起司漢堡和薯條的原始概念消失在天邊之前，能夠抓住它們。所以事情就是這樣，你一口接一口，依然無法滿足，最後得到的只是單純而可悲的飽足感而已。

II

田園牧草

PASTORAL GRASS

Chapter 8
ALL FLESH IS GRASS

第八章
凡有血氣的，盡都如草

一、客串農夫

夏季的第一個午後，我坐在綠得難以置信的草地上休息。今晚，我會坐在床上，於筆記本草草記下：「今年最長的一天。」然後再補上一句：「是真的最長。」接著劃掉，改成「是感覺上最長。」我能說什麼呢？真的很累，我整個下午都在幫忙一個農夫整理乾草。在正午豔陽下，我們不斷舉起一捆捆二十多公斤的乾草，丟到車上；如此一連工作了好幾小時，讓我傷痕累累。過去一向認為青草是柔軟而親和的，但經曬乾並以機器切碎的乾草，卻尖銳得能劃出血來，又細碎得能透入肺部。我身上覆滿細碎的草料，手臂上滿是點點紅斑。

農場主人喬爾．薩拉丁（Joel Salatin）和他成年的兒子丹尼爾及其他兩名幫手，已經又到穀倉去忙別的事，留我一人在草地上休息片刻，以儲備精力，迎接下一回合的搬草勞動。我們正加緊趕工，好在晚上暴風雨來臨之前把乾草收拾好。今天是週一，是我在農場工作七日的第一天。目前為止，我所得出的結論是：與我本週即將幹的活相比，一個農夫要為他的產品標上何種價格，都是合情合理。雞蛋一個一美元，非常公道；牛排一塊五十美元，簡直太便宜。

農場機具的呼嘯聲終於停了下來，留下一方寧靜。我可以聽到各類鳥鳴：鳥兒在枝頭上歌唱，母雞小聲咕咕啼，火雞低沉的咕嚕聲。西面濃綠的山坡上，一小群牛正在低頭吃草，在牠們下方是平緩的斜坡，數十個移動式雞欄在草地上整齊地排列而下。

我突然意會到眼前正是一幅標準田園美景：草地上零星散布著心滿意足的動物，背景是一片森林，曲折的小溪緩緩流過。唯一的遺憾是我不能躺在這片柔軟的草地上，悠閒一整個下午。（悠閒不是田園牧歌中很重要的一部分嗎？）我們的文化，甚至是生物天性，都讓我們對於這樣半開發的草原景觀抱持某種既定看法，認為此景正介於原始森林與人造文明的中間地帶。亨利・詹姆斯[1]稱之為「綠色景觀理論」（The argument of the verdurous vista）。雖然他自己本身以及他所知的一切（歷史、機械必勝以及鐵路無敵等）都是文明的產物，但當他從歐洲回來並旅行到新英格蘭一帶時，卻依然沉醉於康乃狄克州的田園魅力。當然，早在這一個世紀之前，美國第三任總統湯瑪斯・傑佛遜就曾闡明以農立國的理想，其影響力至今猶存。他平均地權的概念，是希望讓舊世界的田園之夢在新世界能夠成真，不過他自己有時也懷疑這種田園景觀如何能隨著工業的興起而留存下來。然而，田園生活在維吉爾（Virgil）[2]的時代就已飽受威脅，沼澤地的擴張與文明世界的腐化，使這種生活方式腹背受敵。

然而這份理想依舊神奇地保留了下來。穿越兩個世紀與一小時的車程，從蒙地沙羅（Monticello）來到藍嶺（Blue Ridge），自稱是「基督教保守自由主義環保份子與一介瘋狂農夫」的薩拉丁在這裡不斷嘗試各種可能，以舊式田園農耕理念實現真正的放牧生活。在傑佛遜所憂慮的工業體系獲勝之後，薩拉丁依然試著延續這種生活方式。我來到仙納度山谷（Shenandoah Valley），就是想要看看這座農場與其所屬的另類食物鏈，是屬於已逝的過去還是可望的未來。

在欣賞薩拉丁綠色景觀的那個下午，我想到此處唯一缺少的，就是一個快樂的牧羊人。說時遲那時快，一個穿著藍色吊帶褲、戴著軟帽子的高大傢伙便朝我大步走來。不就是他嗎？薩拉丁的寬邊草帽，不僅能保護他的臉部和頸部免受維吉尼亞陽光的照射，也宣示了一種政治與美學立場，這種立場起自維吉爾、傑佛遜，迂迴地透過一九六〇年代的反文化運動傳承下來。飼料公司

①Henry James，十九世紀末美國作家，出身知識分子家庭，長期旅居歐洲，對美國和歐洲上層社會有入微的觀察。

②編注 古羅馬詩人，其著作《農事詩》（*Georgics*）中，描述許多農忙時期耕種、畜牧、養蜂等農家景象。

球帽上印著大型農業綜合企業的商標，暗指著從多方面而言勞工都是企業的責任；而薩拉丁這頂以禾草而非塑膠所編製的寬邊草帽，則代表了獨立、自足還有自在。他在我們初次談話時就說：「在我們農場裡，大部分的工作都是由動物完成的。」在我累到站不直腿時，他這段宣告對我而言簡直就是個美麗又空洞的田園幻想。不過，在薩拉丁的農場生活了一週之後，我便了解到舊式田園的概念依然活著，而且雖然不盡完美卻依然有用，甚至非常必要。

二、大地的守護者

在這塊四十多公頃的草地和將近兩百公頃的森林中，波里菲斯農場（Polyface Farm）③出產雞、牛、火雞、兔、豬和雞蛋，同時也種植番茄、甜玉米和莓果。不過當你問薩拉丁是以什麼維生？是牧場主人還是雞農？他會斬釘截鐵告訴你：「我是牧草農夫。」我頭一次聽到這個名稱，因此不太了解是什麼意思。在他眾多的作物中，乾草似乎是最不重要（也最無法食用）的，而且他也沒有把乾草拿到市場上去賣。不過，最能維持這個「面貌豐富」農場的，卻只有一種植物，或者說，就是「草」（Grass）這個字眼所代表的所有植物。

據了解，薩拉丁在波里菲斯所衍生出的食物鏈錯綜複雜，但這一切都來自草。在農場中，數種動物以和諧共生的韻律，密集演出輪番飼育的舞蹈；薩拉丁是編舞者，而草就是碧綠的舞台。這齣舞蹈，讓波里菲斯農場成為全美最有生產力、也最具影響力的另類農場。

現在不過是六月的第三週，而我腳下這片草地卻已轉了好幾輪。數日前，牧草已經收割過一回草並且曬乾，這是農場動物過冬的糧食。而更早之前，肉牛也已在這片草地放牧過兩回，且每回放牧之後，就會讓數百隻母雞在這片草地待上一整天。這些母雞搭著「蛋車」來到這裡，這個搖搖晃晃的輕便雞舍是薩拉丁自行設計與建造的。但為什麼把雞放來這裡呢？薩拉丁解釋說：「因為大自然就是這樣運作的，鳥類總是跟在草食動物後面收拾善後。」在牛隻離開這片草原之後，雞群便開始為草地與牛隻進行幾項生態服務：牠們啄取牛糞中美味的幼蟲和蛆，而在這個過程中，牛糞會散落到各處，寄生蟲的數量也會減少（薩拉丁說「工作都是由動物完成的」，就是這個意思；而他的牛隻也不需要化學除蟲劑，因為母雞就是他的「清潔大隊」）。此外，當母雞欣喜地在這片牛隻啃過的短草地上輕啄，牠們也會貢獻數千公斤的氮肥給這片草地，並產下數千顆營養與風味俱佳的蛋。草地經過數週的休養生息，牛隻會再度前來啃食，並以每日一至一．五公斤的速度，把這些青翠多汁的草轉換成牛肉。

在夏季結束之前，薩拉丁飼養的動物會將這些牧草轉換成一萬一千多公斤的牛肉、兩萬兩千多公斤的豬肉、一萬兩千隻肉雞、八百隻火雞、五百隻兔子和三萬打雞蛋。如此驚人的食物產量都來自這片四十多公頃的草地，更驚人的是，這片草地不會因此有所損耗。事實上，草地還會更繁茂、更肥沃、更鬆軟（因為有更多蚯蚓在爬動）。薩拉丁的大膽假設是，人與大自然之間，未必得是零和關係；未必人類獲得越多，大自然就得失去越多，把表土、沃土和其上的生物都輸光。換句話說，他提出的是一個非常不同的主張，而且聽來簡直像是在妄求一頓「白吃的午餐」。

③譯注 Polyface的字面義為眾多（poly）面貌（face）。

如果沒有牧草，這一切都不會存在。事實上，當我第一次見到薩拉丁，他就堅持在我會見他的動物之前，應該先趴在這片草地上，好好認識一下這種平凡無奇的生物；薩拉丁培育了這些草，而這些草也滋養了他的農場。薩拉丁以螞蟻般的細微視角，在一塊三十公分見方草地上，一一指出生活在裡面的生物：鴨茅草、狐尾草、數種牛毛草、早熟禾和貓尾草。接著又找到幾種豆科植物：紅苜蓿、白苜蓿和羽扇豆。最後則是非禾草類的闊葉草本植物，如車前草、蒲公英、雪珠花等。以上還只是植物的部分。地面上還有許多昆蟲在漫步，地面下方的通道也進駐了許多動物，包括蚯蚓（可從地面堆起的沙土得知牠們存在）、土撥鼠、鼴鼠和底棲昆蟲；而牠們活動的野地下，則住滿看不見的細菌、噬菌體、如鰻魚般的細長線蟲、如蝦子般有節肢的輪蟲，以及綿延數公里的菌絲（這是真菌在地底下的絲狀結構）。我們認為草乃是食物鏈基礎，但在草地之下的土壤，則容納了眾多生物的孳息與死亡，交織出的生態體系複雜得超乎想像。由於健康的土壤會消化死亡的生物體來滋養活的生物，所以薩拉丁稱其為「大地之胃」。

草作為土壤與陽光之間的媒介，不止吸引了人類，也吸引了許多動物，而這更解釋了人類深受草地吸引的部分原因：人沒有瘤胃，不能吃草，但是可以吃那些吃草的動物。舊約《聖經》說：「凡有血氣的，盡都如草。」④ 這句話把血肉之軀等同於草，反映出草原文化對於維繫自身生存的食物鏈所發出的感激之情，而在這數千年之前，非洲莽原上的採獵者也早就明瞭動物與草的關連。但在我們的時代，動物在飼育場裡集中飼養，人類和青草之間的古老聯繫也因此受到忽略。（之後可能會有新的格言：「凡有血氣的，盡都如玉米。」）

但或許我們並未完全遺忘，我們仍依戀著草地。我們小心翼翼地照顧草坪和運動場中的草地，在詩歌中甚至超市的標籤中，處處追求田園形式的表現。這些舉動在在暗示了我們無意中仍認同過往的那份依賴。人類對於草地的喜好是一種生物趨性，這種傾向常被用來說明偉大生物學家艾德華．威爾森（E. O. Wilson）的「親生命性」（biophilia），亦即人類在天性中，便喜歡親近一同演化而出的動植物與環境。

那個下午，在薩拉丁的農場，我自然也感受到田園對我的吸引力。我無法確切說明這種感受是否出自我的基因，不過我倒也能接受這種想法。人與草地的演化同盟早已根深柢固，而且對於人類的貢獻可能比其他物種都還要多，唯一可能的例外應是人類腸道中的數兆個細菌。人類與草攜手打拚天下，至今已攻城掠地占領了地球大片土地，其成就遠超出單打獨鬥所能企及。

人類與草的同盟關係可分成兩個階段，就人類而言，分別為採獵者與農耕者；就草的自然史而言，則是「多年生草本植物時代」（如這片草地上看到的牛毛草、早熟禾等屬於這類植物）以及之後的「一年生草本植物時代」（如我在愛荷華州和奈勒一起種的玉米）。在第一階段，人類最早的祖先剛離開樹林，到莽原上獵捕動物，人類與草之間需要動物作媒介（因為人類無法消化草），薩拉丁的後現代莽原裡正是如此。當時的採獵者也跟薩拉丁一樣，會刻意維護草地的健全，這樣才能吸引動物前來覓食並把牠們養肥，再加以獵捕。獵人會定期在莽原上放火，好燒掉樹苗，並讓土壤肥沃。從這方面來看，他們也是牧草農夫，藉由培育草地來獲取肉類。

就人類的立場是如此，就草的角度而言，這樣的安排更顯得聰明。草類生長在乾燥地區所面臨的生存挑戰，就是得和樹木競爭土地和陽光。為了戰勝樹木，草的演化策略是讓自己的葉子茂密可口，深受動物喜愛，把動物養得又肥又好吃以供人類食用，而人類就會想辦法除去樹木。這個策略要成功，草本身的結構就得能承受激烈的啃咬與野火焚燒，所以它們的根鑽得很深，走莖綿密地交錯並抓緊地面。如此，不論是野火焚燒或經草食動物（和剪草機）的凌虐，它們即使

④編注　All flesh is grass，直譯的意思是，凡有肉身的都跟草一樣。

無法開花結果，也依然能迅速恢復並快速繁殖。（我一度認為我們修剪草地是在展現人類的主控權，事實上人類剪除各種灌木與喬木，不過是草類占領全世界的伎倆。）

人草聯姻的第二階段通常稱為「發明農業」，這個自我感覺良好的詞彙代表我們錯估與草類的關係，誤將自身置於主動的地位。大約在一萬年前，小麥、稻米和玉米的祖先等把握住特殊機緣的草類，演化成能夠產生大量極有營養的種子。如此一來，人類便得以直接取用這些種子，不再需要動物的媒介。這些草類放棄以往把能量儲存在根部或是地下莖中以度過冬天的技能，轉而將能量儲存在種子中，也因此由多年生轉為一年生。這些草不但勝過了樹木（因為人類殷勤體貼地把樹砍了好讓這些一年生的草有新的棲地），同時也擊敗了多年生的草（後者多毀於犁下）。許多曾屬於多種多年生草類共生的空間都被人類抹去，成為適於種植一年生草類的農地，從此這些農地上都只栽植單一作物。

三、工業化有機食品

奈勒的營生方式和薩拉丁十分相似，都是種植草料以飼養供人食用的牛、豬、雞等。但他的運作方式會讓你很難想像，兩人的確從事相同職業。奈勒加入了一個非常複雜的工業系統，其中牽涉到的不單是玉米和大豆，還得仰賴化石燃料、石化製品、大型機具、集中型動物飼育場等。此外，還有一套精密的國際物流系統，讓各種貨物得以流通：來自波斯灣的能源、送入集中型動物飼育場的玉米、載往屠宰場的動物，最後把肉類運至住家附近的超市或麥當勞。你可以把這個系統想像成一個巨大的機器，這個機器能夠把輸入的種子和化石能量轉變成碳水化合物和蛋白質。而這個機器也會產生許多廢棄物：含氮廢物與農藥會從玉米田流出，糞便會堆在飼育場的池子裡，而拖車、卡車和聯結車等器械，則會排放熱與廢氣。

波里菲斯農場追求不違反自然的運作方式，並盡可能遠離工業化農業的種種。對奈勒的農場而言，薩拉丁的農場代表的是另一種真實。位於愛荷華州徹丹鎮、占地兩百公頃的傳統玉米／大豆田中每個管理項目，都可以在維吉尼亞州司沃普鎮占地二百二十公頃的牧場中，找到截然相反的應對項目，條列如下：

奈勒農場／波里菲斯農場
工業化／田園式
一年生物種／多年生物種
單一耕作／多種耕作
化石能源／太陽能源
全球市場／地方市場
單一種植／多樣種植
機械化／生物化
進口肥料／當地肥料
投入大量能源／投入少量能源

在工業化農業支配美國農業的五十年以來，同時還存在另一種農耕方式，稱為「有機」。

這個字來自《有機園藝與農法》（*Organic Gardening and Farming*）的創刊編輯傑瑞米．羅道爾（J.I. Rodale），意指來自大自然（而非機器）本身的農耕模式。我在探訪有機食品工業之前，一直以為所有的有機農場都會與波里菲斯農場站在同一陣線，結果事實並非如此，現在的「工業化有機」絕對是和波里菲斯農場不同陣營。這就產生了一種更矛盾的現象：波里菲斯農場在技術上來說，並非有機農場，但是不論就何種標準來看，它都比其他有機農場更「永續」。這些現象值得你好好想想「永續」、「有機」、「自然」這些詞的意義。

事情是這樣的，當初我會造訪波里菲斯農場，是因為薩拉丁對於「永續」這個詞有著異常嚴格的解釋。在我研究有機食物鏈時，就一直聽到這位維吉尼亞有機農夫的大名，得知他並不採用聯邦政府的有機食物新標準，而我也不時聽聞薩拉丁生產的食物非常優質。所以我打電話給他，希望能聽到一些關於有機工業的辛辣言論，而且或許他還會寄一份土雞或牛排給我。

我的確聽到了辛辣的言論。薩拉丁彷彿是電視上狂熱的傳教士與柯林頓的合體，他嚴厲控訴「有機帝國」，而且我得費盡心力才跟得上這些強烈措詞，例如「西方征服者的心態」、「典範的崩潰」，到「雞隻天生的特有需求」，以及「東方連貫且完整的產品與西方破碎且化約的華爾街式行銷系統之不可共存性」。

「你知道最具公信力的有機認證該如何進行嗎？應該是出其不意造訪一座農莊，看看主人書架上擺些什麼書，因為個人感情與思想的養成方式才是重點之所在。我養雞的方式，就是我世界觀的延伸。如果想深入了解我的產品，與其叫我填一大堆表格，不如看看我書架上有什麼書。」

我問他書架上有哪些書。結果有羅道爾、艾伯特．霍華爵士⑤、阿爾多．李奧帕德⑥、魏斯．傑克森⑦、溫德爾．貝利⑧，以及路易斯．布倫非爾德⑨等人的著作，全都是有機農業和美國農業改革運動的經典著作。

「我們不稱自己為『有機』，而是『超越有機』，因為我們不會笨到把自己降級。如果我說我的產品是有機的，那麼人們就會吹毛求疵地審視我從鄰居那兒買的玉米有沒有灑農藥。我寧可把錢花在讓鄰近地區健康又富生產力，也不要把錢送到八百公里外，購買披著石化外衣的『純淨產品』。還有太多變數需要納入考量並做對決定，事情決不止是雞隻吃的是不是化學飼料而已。例如怎樣的環境才能讓雞隻舒展牠們特有的生理特性？是能容納一萬隻雞而臭氣沖天的雞舍，還是每天都有新鮮青草的牧場？又，哪種可以稱為『有機』？我想你恐怕得去問政府，因為這個詞歸他們管。」

「那些買我東西的同鄉就和我一樣，都選擇像印第安人那樣退出。印第安人要的不多，不過是自己的圓頂帳棚、小孩生病就吃草藥而不是吸人血的專利藥物。他們根本就不在乎華盛頓特區、卡斯特將軍⑩和農業部，請離我們遠一點就好了。但西方人的心態就是不能忍受有人選擇離開。為了保有選擇退出的權利，我們準備再來一場小巨角之戰，否則你我的子孫將別無選擇，只能吃到經放射線消毒貼上條碼摻雜糞便成分不明又受到基改污染的肉罐頭。」

⑤編注 Sir Albert Howard，英國植物學家，同時也是有機農耕的先驅，被稱作「現代有機農業之父」。

⑥編注 Aldo Leopold，美國科學家和生態學者。其著作《野生物經營管理》和《大地倫理》及《沙郡年記》等不僅推展了環境權的概念，更被奉為生態平等主義的權威之作。

⑦編注 Wes Jackson，美國植物遺傳學家，於堪薩斯州成立了土地研究所，並致力推動以多樣的多年生作物取代單一的一年生作物。

⑧編注 Wendell Berry，長期關注農業與自然生態環境議題的美國作家，曾獲頒美國國家人文獎章。

⑨編注 Louis Bromfield，美國作家與環境保育人士，普立茲獎得主，開創嶄新的科學化農耕概念。

⑩編注 George Armstrong Custer，美國戰史上著名將領，曾參與美國南北戰爭中多場戰役。戰後擔任第七騎兵團團長，從事剿清印第安人的工作，一八七六年在蒙大拿州的小巨角河畔之役（the Battle of the Little Bighorn）慘烈戰死。

呼……

如同先前所說，我得到了我要的辛辣言論，但沒有拿到食物。在掛電話之前，我問薩拉丁能否寄給我一份雞肉或是牛排，他說他沒辦法。我以為他的意思是他沒有宅配服務，所以就給他我的聯邦快遞號碼。

「不，我想你沒有搞清楚，我不認為用聯邦快遞把我的產品送到全國各處是永續或『有機』的。抱歉，我不會這樣做。」

這傢伙是認真的。

「雖然我們有能力從薩利納斯谷地 運來有機萵苣，或是從秘魯進口有機切花，但如果我們真正嚴肅地看待能源、時令產品和生物地緣主義，就不該這樣做。如果你想要試試我們養的雞，恐怕你得親自開車來司沃普一趟。」

我真的照做了。但在我前往薩拉丁的農場進行為期一週的打工之前（我妻子說這是『芭莉絲．希爾頓式』的冒險），我又花了好幾週去探訪有機食品王國，好看看薩拉丁那些驚悚的批評是否公正。一個新的另類食物鏈在這個國家正逐漸成形，而這在我看來，完全是件好事。有機食品在一九六〇年代還是邊緣的運動，現在卻已是蓬勃發展的商業活動，在食品工業中也是成長速度最快的。薩拉丁認為，有機食物鏈為了在美國的超市與速食連鎖店快速擴張，犧牲了原本的理念。雖然我認為有機的理念不該陳義過高以致無法實現，但薩拉丁確信，工業有機最終會是個自相矛盾的字眼，而我得親自去看看他是否正確。

Chapter 9
BIG ORGANIC

第九章
大型有機

一、超級市場中的田園詩

我很享受在「完整食物」超市裡購物的感覺，那就像在逛一家好書店。這種相似的感受或許不是偶然，在「完整食物」超市購物，的確也是一種文學體驗。我這樣講不是要貶低食物，這裡的食物品質都很好，許多都是「有機認證」、「人工栽種」和「自由放牧」。然而重點在於，食物標籤如散文般的行文方式，能激發許多想像，而把雞蛋、雞胸肉或是芝麻菜從尋常的蛋白質與碳水化合物領域，提升為一種讓人迷醉的經驗，這種經驗混和著美學、情感甚至政治，讓食物變得與眾不同。以我剛才在肉品櫃看到的一塊「牧場飼育」的沙朗牛排為例，根據櫃檯上的說明冊子，這塊牛肉來自一頭一生「住在美麗地方」的牛，那個地方有著「各樣植物、高山牧草地，以及濃密的白楊樹，還有布滿野蒿的草地綿延數公里」。相較於僅以價格來呈現牛排品質的商品，這種有故事的牛排吃起來絕對更美味，同時你也比較不會考慮價格。而且很顯然，不是只有我願意為一則好故事而掏錢包。

人們對工業化食物的擔憂越深，市面上販售的有機食品便越多。在這種情況下，各種「有來頭」的食物逐漸出現在各地超市，不過，只有「完整食物」超市能持續提供最先端的雜貨文學。上次我去那裡，購物車裡堆滿了「放養素食母雞」所生的蛋、生活中「沒有不必要恐懼與壓力」的牛所產的奶、阿拉斯加小鎮亞庫塔特①的美洲原住民捕捉的野生鮭魚，還有卡佩農場生產的祖傳番茄（每公斤十一美元），標籤上寫著：「這座農場是有機食物運動的先驅。」我拿起的肉雞居然還有名字：蘿絲，以「永續方式放牧」的「自由放養雞隻」，來自佩塔魯瑪（Petaluma）養雞場，這間公司「致力於創造與自然關係和諧的飼養方式，並保持所有生物與自然世界的健康。」好啦，雖然不是最優美或是有意義的句子，至少心思是放對了地方。

在店裡的某些角落，我還真的被迫根據不同故事的細微差異，在同類型商品中做出選擇。例如有些有機牛奶在紙盒外寫著「超高溫殺菌」，這個程序對消費者而言是有利的，因為可以延長保存期限。但接著我又看到另一家當地製乳廠標榜著「決不進行超高溫殺菌」，這意味著他們的產品更新鮮、更少加工，所以更有機。說自己的牛生活在沒有壓力環境中的也是這家製乳廠。看到這裡，我自己也開始糊塗了。

這家乳品標籤上描述了很多自家乳牛的生活形態：他們的荷斯坦乳牛住在「適當的環境中，有擋風遮雨的牛棚和舒適的休息區，空間充足，設備良好，並和同類一起生活。」這些聽起來都很棒，不過我又看到另一家乳品製造商的生乳（完全沒有經過加工的牛乳），來自「全年都在綠色草地上嚼草」的乳牛。這讓我不禁懷疑先前那家製乳廠所謂的「適當環境」，是否真如我原本所以為是一片草地。突然間，他們的說明中沒有「草地」這個詞，原因就很明顯了。文學批評家會說，這個作者似乎省略了乳牛和草地的整體意象。的確，我在「完整食物」買東西越久，就越覺得文學批評家的技巧在此遲早會派上用場，記者的技巧可能也是。

充滿敘述文字的標籤、標示選購要點的冊子，以及種種認證機制，原意是要讓這條模糊而複雜的食物鏈，一目了然地呈現在消費者面前。在工業化食物鏈的體系下，沿著製造者與消費者之間的食物鏈所傳遞的訊息只有一個：價格。看看夾報發送的一般超市廣告，都是以「數字」來呈現產品的「品質」：番茄一公斤一・五二美元、牛頸絞肉一公斤一・九八美元、雞蛋一打〇・

① Yakutat，居民八百三十三人。

九九美元，以上是本週特價商品。其他種類的商品型錄會簡化到這種地步嗎？如此貧乏的資訊當然是雙向的，農夫得到的訊息是消費者只在乎價格，而農夫自己在意的則只有產量。廉價食品經濟就是這樣自我強化的。

有機食品的一項關鍵性創舉，就是讓更多資訊經由食物鏈在製造者與消費者之間傳遞，也就是在數字之外，還會加上一段含蓄簡短的描述。一張簡短說明了某項產品生產背景的有機認證標籤，同時也讓消費者把訊息回傳給農夫：未噴灑有害農藥的番茄獲得了顧客青睞；未注射生長激素的牛所產的乳，得到較多母親的喜愛。現在，「有機」這個詞已成了超市中威力最強大的關鍵字之一。在政府未曾提供協助的情況下，農人與消費者通力合作，建立起價值一百一十億美元的產業，這是目前食品經濟中成長最快的領域。

不過「有機」這個標籤就跟超市中其他標籤一樣，是不完美的替代方式，它無法直接描述某項食物是如何生產出來的。有機標籤也是對現實的妥協，因為大部分生活在工業社會中的人，通常都沒時間或是沒意願追溯食品的來源，而這些生產端的農場現在平均都在兩千四百公里外。為了跨越這個距離，我們得仰賴認證者和標籤撰寫者，甚至還要自行運用許多想像力，來描繪這些食品生產農場的真實樣貌。有機標籤或許能讓人浮現一幅更單純的農業印象，但這枚標籤本身其實也是工業化的人造物。問題在於：這些農場本身究竟是如何運作？符合標籤描述的部分有多少？

總而言之，「完整食物」所提供的故事，像是一篇田園詩，裡面動物所居住的環境，正如我們幼時書本中的世界，而蔬菜水果則來自薩拉丁農莊般的小農場，生長在以堆肥滋養的土壤中。標籤上「有機」這個字眼，還道出一篇內容豐富的故事（即使故事中大部分的細節都得靠消費者以想像力自行填補），裡面有主角（美國傳統農家）、反派（農業綜合企業家），以及特殊的文學風格（我稱之為「超級市場中的田園詩」）。現在，我們已經知道更多事實，而不會盡信這些過度簡化的故事，但其實知道的還是不夠多。不過，賣場中的詩人會絞盡腦汁，好讓我們再度交出信任。

超市中的田園詩是最富魅惑力的文體，憑著其迷人的詞彙，在眾多不利的真相夾擊之下，仍能安然存活。我認為這是因為它滿足了人類最深沉、最古老的渴望，不只是對安全食物的需求，還有與泥土以及長久以來所依賴的家畜的連結。這番道理，「完整食物」比我們都還要了解，這家公司的一位行銷顧問向我解釋，「完整食物」的消費者會覺得，購買有機食品讓他們「擁有了真實的體驗」，並在想像中「保有現代生活的益處而重回舊日的理想國度」。這聽起來就像是維吉爾式的田園詩，想要在兩種生活中左右逢源。李歐・馬克斯（Leo Marx）在《花園中的機器》（*In The Machine in the Garden*）中寫道，維吉爾的牧羊人提泰魯斯（Tityrus）並非原始人，他「同時享有兩個世界的最好事物：高度文明的秩序以及簡單的自然生活。」這位行銷顧問還說，為了保持田園傳統，「完整食物」在自然與文化的領域之間，提供了馬克斯所謂的「和解的景象」，在此，「人們將透過有機食品，一起回到食物的源頭」。我想他的意思是，人們終於得以坐下來，享受一餐塞在冷凍食品盒中的「微波－有機－電視－餐」（我從沒想過這些字眼可以放在一起）。文明與自然以此兼得，你覺得如何？

「完整食物」企圖調解的，是有機食品工業本身所蘊含的「工業化」，以及這個工業化所立足的「田園理想」，而這是最棘手的矛盾。以往所稱的「有機運動」，在三十年來已經有長足的進展，現在看起來已經不太像是個運動，而是一項大事業。我去的那家「完整食物」超市，貨架上堆滿了貨品，貨品上方的牆面掛著許多當地有機農夫的彩色照片，旁邊還有文字解釋他們的耕作理念。如今，這些農場只剩少數幾家會把產品賣給「完整食物」，例如卡佩農場，其他大多數農場的產品已從貨架上消失，只剩照片還留在牆上。這是因為近年來「完整食物」採取了食品雜貨業界標準的區域性配銷系統，但這個系統根本無法支持小型農場。大型倉庫為幾十家連鎖店統一進貨，迫使他們只能和大型農場做生意。因此，當牆上的海報仍描繪著家庭農場的圖像及相關的耕作理念，下方的商品主要卻來自加州有機栽種的兩大公司：大地農場（Earthbound Farm）與格林威斯農場②（Grimmway Farm）。這兩家公司主宰了美國有機生鮮食品的市場，其中單是大地農場就占美國境內市售有機萵苣的八十%。

我拿了一包大地農場的預洗綜合生菜放入推車，當下便了解自己正深入險境，一腳踏入薩拉丁所謂「有機帝國」工業化怪獸內部。（說到我的綜合生菜，薩拉丁某位「超越有機」的農夫朋友還曾對我說，他「甚至不會用這玩意兒來做堆肥」。我想這是有機純粹主義者慣有的輕蔑吧。）不過，我沒打算接受「工業有機是壞東西」的成見，除非它的目標是迎合連鎖超市與消費者對於食物得便利又便宜的期待，並藉此重建一個五兆美元的食物產銷體系。

不過，在某種程度上，一般認為有機食物運動乃是對工業價值的批判，因此當有機運動進入了工業化程序，而行銷人員又編造另一個謊言，在超市的田園詩中加入更多違背事實的幻想時，代價就是出賣有機運動的靈魂（「靈魂」二字乃某些有機流派仍在使用的字眼，沒有諷刺之意）。

問題是，民眾是否了解整個情況？在大眾密切關注與媒體監督之下，超市的田園詩還能粉飾太平到什麼程度？

你可能會期待在這個產值高達一百一十億美元的工業內部，仍存有一些田園堅持，但事實並非如此。至少當我追溯一些在「完整食物」購買的東西，回到食物原來生長的農莊時，所發現的就是這樣。例如，我發現有些（當然不是全部）有機牛奶來自飼育場，裡面的數千頭荷斯坦乳牛從未接觸過草地，每天都關在圍籬中，住在寸草不生的飼養場上，吃著有機認證的穀物，一日三次拴到擠奶機器上。牠們所產的牛奶都要經過超高溫殺菌，這道工序會破壞一些營養成分，如此才能讓「地平線」（Horizon）和「曙光」（Aurora）這類大公司將牛奶賣到遠方。我發現有機牛肉是在「有機飼育場」中養大的，此外還有「有機高果糖玉米糖漿」（又是一些我從沒想過會放在一起的字眼）。我也了解到先前提及的有機電視餐是怎樣製造出來的（可微波的碗中有米、蔬菜、烤雞胸肉加上可口的香料醬汁）。這份主餐名為「鄉村香料」，結果也是高度工業化的有機產品，其中原料有三十一種之多，皆來自遙遠的農場、實驗室和加工廠，分布遍及全美六個州和世界兩個國家。此外，這些原料中還含有現代工業製造出來的神祕成分，例如高油酸紅花油、關華豆膠、三仙膠、大豆卵磷脂、鹿角菜膠以及「天然烤肉香料」，其中有些化學添加物還符合聯邦有機法規——這麼多「完整」的食物啊。「鄉村香料餐」是卡斯卡迪亞農場（Cascadian Farm）所製造，這座農場原本是有機農場的先驅，位於華盛頓州，現在已轉型成加工廠，並且成為通用磨坊的子公司（「鄉村香料」雞肉主餐也就此停售）。

我還拜訪了有機肉雞蘿絲所居住的佩塔魯瑪農場，這家養雞場比較像是動物飼育場，而不是農莊。兩萬隻蘿絲住在雞棚裡，除了飼料是有機的以外，幾乎和其他工業化雞隻沒有兩樣。嗯，在標籤上保證的「自由放養」呢？的確，雞棚有個小門可以通往一塊窄小的草地，然而說這是自由放養依舊有點誇大，因為雞隻要長到五至六週大的時候，這道緊閉的門才會打開，這是為了避免牠們在外面接觸到不乾淨的東西；而且再過兩週，這些雞就要接受宰殺了。

②作者注　格林威斯農場旗下的「加州有機」，是美國超級市場中最常看到的有機品牌。

二、從人民公園到佩塔魯瑪養雞場

從加州柏克萊市的「完整食物」超市出發，沿著電報大道（Telegraph Avenue）往北走過五條街，然後右轉走德瓦特街（Dwight Way），很快你就會抵達一個有著草地、樹林但垃圾遍地的地方，那裡零星散布著一些遊民的破爛帳棚。這些遊民大部分有五、六十歲了，依然保有嬉皮的髮型與穿著，每天大多是在睡覺、喝酒，和其他無業遊民沒兩樣。不過，他們也會花點時間照料零碎的花園和菜園，上頭有幾株玉米以及一些已經結實的青花菜。今日的人民公園是最讓人傷心的地方之一，它是座凋零的紀念碑，紀念在很久以前於一九六〇年代孕育出的希望。在「完整食物」超市中閒逛的有錢人，與人民公園裡貧窮的遊民，兩者之間的社經地位有天壤之別，但是他們的生活方式卻都源自同樣的虛幻理念。

如果這世界真有天理，那麼「完整食物」的高層早就應該在人民公園豎立紀念牌，並且設攤分送有機水果與蔬菜。有機運動就如同環保運動與女權運動，都是根植於一九六〇年代曾在此曇花一現的激進主義。這個反文化運動最後還是在美國的主流文化中消失了，而有機運動作為其中一組分支，則因大幅修正路線而存留了下來。如果你追溯這條特定分支的源頭，那麼你遲早會來到這座公園。

人民公園誕生於一九六九年四月二十日，當時一個自稱「羅賓漢委員會」（Robin Hood Commission）的團體占據了一塊屬於加州大學的空地，然後開始鋪草皮、種樹、開闢菜園（這大概是幹得最起勁的）。他們自稱「農業改革者」，並發出激進的聲明，要在這塊土地上建立一個新的互助社會，包括自己種植「無污染」的食物。這個委員會之所以發起這項公民抗議活動，靈感來源之一是十七世紀的英國團體「掘地者」，他們占據了公有土地，為窮人種植食物。在人民公園種植出來的食物也會是「有機」的，而當時這個詞的涵義，並不限於某種特定的農法。

歷史學家瓦倫・貝拉斯可（Warren J. Belasco）在著作《胃口的改變》（*Appetite for Change*）中，對於一九六〇年代反文化運動是如何改變今日的飲食，提出他明確的定見。他寫道，發生在人民公園中的事件標誌著反文化運動的「綠化」，這種轉向田園的變化，造就了鄉村的公社運動、食物消費合作社與「游擊式資本主義」（guerilla capitalism），最後帶來有機農業的崛起以及「完整食物」這樣的大企業。這個回歸自然的運動在一九六九年成熟，當年殺蟲劑DDT上了新聞，聖芭芭拉外海的漏油事件污染了整個加州海岸，克里夫蘭州的庫雅荷河（Cuyahoga River）因為化學廢料而著火。一夕之間，每個人嘴上都掛著「生態」，而緊跟在後的就是「有機」。

一如貝拉斯可所指出，「有機」這個詞在十九世紀就流行於英國的社會評論家之間。這些評論家將工業革命所帶來的社會破碎現象及原子論，與失落的理想有機社會相比；在後者，人與人之間仍以情感與合作相互連繫。因此，有機就是工業化的反面。不過，把「有機」用在食物與農耕方式上是比較後來的事，要到一九四〇年代中期羅道爾創立了《有機園藝與農法》雜誌才發生。羅道爾來自紐約下城東，對健康食物十分狂熱，這份雜誌便致力於推廣農耕方法，以及不以合成肥料種植食物對人體健康的好處——也就是「有機」。而薩拉丁的祖父正是這份雜誌的忠實讀者。

《有機園藝與農法》創刊以來一直默默無聞地慘淡經營，直到一九六九年，《全球目錄》（*Whole Earth Catalog*）對這份刊物發表了一篇讓人著迷的評論。當時的嬉皮正在尋找辦法，如何在不受惠於軍事工業複合體的情況下，自力種植蔬菜，這篇評論因而引起嬉皮的注意。《全球目錄》的記者寫道：

如果我是決意控制全國媒體的獨裁者，《有機園藝與農法》會是我第一份要打壓的刊物，因為它最具破壞力。我相信這些有機農人正站在最前線，認真想改變人們對於農業的想法，好拯救這個世界，讓人們遠離集體且集中的超級工業狀態，使人與土地的關係變得更簡單、更真實，也更直接。

兩年內，《有機園藝與農法》的發行量就從四十萬本爬升到七十萬本。

正如《全球目錄》的評論所指出，反文化運動已把「有機」的廣義和狹義定義做了結合。在人民公園中開闢的有機菜園，隨即擴散到全國許多城市中的土地，並被認為是更能落實社會合作互助的縮小模型。這片土地以較柔軟與和諧的方式對待自然，從而取代工業主義征服自然的態度。在迷你的田園烏托邦中，受到庇護的不只是照顧這塊菜園並從中取食的人們，還有園中「所能容納的各種生物」，這是「柏克萊人民農園」發行的地下刊物《好時光》（*Good Time*）早期所使用的句子。他們有時會將這片土地收成的蔬菜稱為「土地的共謀」，這些蔬菜除了提供完整的熱量，也提供「飲食的動力」，而「藉由這種新的媒介，人們得以與其他人及其食物建立關係。」例如有機農業反對農業用化學藥劑，也反對武器。由於道氏（Dow）、孟山都除了製造殺蟲劑之外，也製造凝固汽油彈，以及美軍在東南亞戰爭用來對抗自然的有毒落葉劑「橙劑」（Agent Orange）。有機飲食自此將個人事物連結到政治上。

基於同樣的原因，面臨燃眉之急的並不僅止於某種特定的耕種方式。早期有機運動以生態為前提，把所有事情都串連在一起，他們不僅要建立一套另類的生產模式（無化學藥劑的農業），還要建立另類的銷售系統（反資本主義的食物合作社），甚至是另類的食用模式（「反精緻烹調」）。這三大方針是有機革命計畫的支柱，而且如同生態學所指出，「你永遠不可能只改變一件事」，你所吃的食物，是無法和它的生產方式及運輸途徑區隔開來的。

「反精緻烹調」運動強調使用全穀物與未加工有機食材，是為了挑戰一般工業化的「白麵包食物」（更普遍的用詞是「塑膠食物」）。現在回顧起來，有些理由的確近乎荒謬，當時認為只要是棕的食物（例如米、麵包、小麥、雞蛋、糖、醬油和日式溜醬油），其道德地位都高於白色食物。當然棕色食物的確比較少受到工業技術的玷污，不過這件事的重點是，選擇這類食物是種宣示，表明自己與全世界的有色人種站在一起（完整食物的健康效益要到後來才獲得確認，而有機概念得到科學的背書，這既不是第一次，也不會是最後一次）。不過更重要的可能是，棕色食物是你的雙親不會碰的食物。

在不使用化學物品的情況下栽種農作物並不容易，尤其是這些初次下田的都市孩子，滿懷田園理想，卻沒有任何農藝經驗。農村公社成為有機農業的克難研究站，新手農夫在這裡進行實驗，製作堆肥，設計出控制病蟲害的替代方案。他們的學習成效展現在食物消費合作社中，雖然多年來陳列的都是長相抱歉的有機農產品。其中有些狂熱的農夫堅持不懈，遵循羅道爾詳細的建議，後來成了傑出的農夫。

其中一位便是創立卡斯卡迪亞農場的金．卡恩（Gene Kahn），我在「完整食物」購買的有機電視餐就是這家農場的產品。現在卡斯卡迪亞農場已經成為通用磨坊最重要的品牌之一，它一開始是類似共產制的嬉皮農場，位於西雅圖東北方一百二十公里、斯卡吉特河（Skagit River）與北卡斯卡迪國家公園（North Cascades）之間一段景色如畫的狹長沙洲（所以包裝上田園風格的農場圖像是真有其地），最初的名稱是「新卡斯卡迪亞生存與開墾計畫園區」（New Cascadian Survival and Reclamation Project），一九七一年由卡恩成立，目的是種一些食物給跟他的嬉皮死黨吃。這些嬉皮來自鄰近的貝林漢（Bellingham），懷抱著環保意識。當時卡恩才二十四歲，剛從芝加哥南區的研究所退學。他深受《寂靜的春天》以及《一座小行星的飲食方式》（*Diet for a Small Planet*）的啟發而回歸土地，並且從此處出發，改變美國的食物系統。在一九七一年，這個夢想並不特別令人驚訝，不過卡恩確實成功了。他成為有機運動的先鋒，而且和其他人一樣努力，讓有機食物踏出食物消費合作社，走進超級市場，自此晉身主流。目前，著名的卡斯卡迪亞農場成為通用磨坊的招牌，而且就如其創辦者所大方承認的，這是座「公關示範農場」，當時的嬉皮農夫卡恩，現在則成為了通用磨坊的副總裁。當薩拉丁談論有機帝國時，心裡想的應該就是卡斯卡迪亞農場。

卡恩就和早期有機農夫一樣，一開始並不知道自己在做什麼，並且飽受農作物歉收之苦。一九七一年，有機農業還處於嬰兒期，寥寥數百名外行人散布在各地，堅持不使用化學藥劑，在嘗試與錯誤中學習。這項獨特的草根式研發活動，沒有受到任何組織單位的支持。（事實上，不久之前美國農業部還積極抵制有機農業，認為它的存在是在批判農業部推動的工業化農業；這點倒是滿正確的。）對於這些有機農業先鋒來說，能夠取代美國農業部農耕推廣服務的東西，就是《有機園藝與農法》（卡恩也有訂閱），以及各種介紹非現代化農耕系統的書籍，例如法蘭克林．金（F. H. King）的《四千年來的農夫》（*Farmers of Forty Centuries*）與霍華爵士在《土壤與健康》（*Soil and Health*）與《農業聖經》（*An Agricultural Testament*）等書所描述的農耕方式。尤其最後一本，說是有機運動的聖經，並不為過。

為有機農業打下深厚哲學基礎的，非霍華爵士莫屬。他生於一八七三年，卒於一九四七年，是英國農藝學家，在印度從事研究三十載之後，受封為爵士。即使沒有讀過他在一九四〇年代的那本「聖經」，也可以從《有機園藝與農法》這本打響他名號的雜誌以及貝利的文章中，吸收他的思想。貝利在一九七一年《全球目錄》的停刊號中寫了一篇文章來介紹霍華，影響深遠。他特別強調霍華一個有趣且具前瞻性的想法：我們必須將「土壤、植物、動物以及人類的健康問題，結合成一個重要的完整議題。」

《農業聖經》中許多篇幅都在介紹適當的堆肥方式，這本書後來成為哲學與農業科學的重要著作。的確，霍華連結了許多看似歧異的領域，例如土壤的肥沃程度與「國家的健康」，從動物尿液的至高重要性到科學方法的限制等，這些方法、訊息都是他的顯著貢獻。霍華從未使用「有機」這個詞，但從他的著作中，卻可以梳理出許多和這個詞相符的想法；他所推動的不止是農業計畫，也是社會更新計畫。但若把霍華真正的整體概念，對照時下對有機的定義，就會了解後者已經嚴重萎縮。

《農業聖經》就跟許多批評社會與環境的著作一樣，勾勒出一個墮落故事的輪廓。在霍華的書中，引誘人類墮落的蛇，是十九世紀德國的化學家李比希，他誘惑人類的果實則是一組英文縮寫：ＮＰＫ。一八四〇年，李比希發表了一篇論文〈化學在農業上的應用〉（Chemistry in Its Application to Agriculture），文中他解析出土壤肥沃的神祕概念，簡單明瞭地列成一份植物生長所需元素的表格，為農業的工業化鋪路。突然間，土壤中的生物作用為化學作用所取代，特別是李比希指出對於植物生長極重要的三種元素：氮、磷、鉀，而這三種元素在週期表上的代號就是Ｎ、Ｐ、Ｋ（這也是每包肥料上都會印的三個字母）。霍華這本書的主要論點，就是要摧毀他所謂的「氮磷鉀心態」。

然而，氮磷鉀心態所牽涉到的問題不只有肥料。的確，讀了霍華的著作讓我們開始思考，或許這就是了解現代文明迷思的關鍵。在霍華的想法裡，氮磷鉀心態只是約略點出化約式科學所具有的力量與侷限。對李比希的追隨者而言，氮磷鉀「的確有用」，如果你給植物這三種元素，植物就會長得好。但是這種成功很容易就讓人以為，土壤肥沃的奧祕已經解開了。這種念頭徹底扭轉了我們對於土壤（以及與土壤相關的農業）的想像：土壤從生物系統轉變成機械系統，此端輸入氮磷鉀，彼端就會得到小麥或玉米。把土壤當成機器看待似乎成效還不錯，短期內應該不需要研究蚯蚓和腐植質這類古怪的東西了。

腐植質是土壤的成分，賦予土壤黑色外觀與特殊氣味。由於腐植質的成分包羅萬象，因此很難說清楚它到底是什麼。小小一把土壤裡，就棲息了成千上萬個大大小小的生物，包括了細菌、噬菌體、真菌和蚯蚓，這些生物負責有機物的分解工作，而分解後剩下的東西，就是腐植質。（《聖經》〈詩篇〉的作者以「土歸土」描述生命的轉變，其實「腐植質歸腐植質」更為精確。）不過，腐植質並不是分解的終點，因為還有另一群生物會慢慢把腐植質分解成植物生長所需的化學元素，包括氮、磷、鉀等。這是化學作用，也是生物作用。例如，與植物共生的根瘤菌，就生長在植物的根與根之間的土壤中，這些真菌會提供植物可溶性養分，而植物則回報真菌一點蔗糖。在這富含腐植質的土壤中，植物與細菌之間還有另一種重要的共生關係：細菌會固定大氣中的氮，將之轉變為植物能夠吸收的形式。腐植質的功用不只是提供植物大餐，它也能黏著土壤中微小的礦物顆粒，形成富含空隙的團塊，這樣雨水就不會馬上流失，而能保留在土壤中為植物所用。

將如此複雜的生物作用簡化成氮磷鉀，是最糟糕的化約式科學方法。複雜的性質被化約成簡單的量，生物學把位置讓給了化學。但是這種方法一次只能控制一到兩種變數，而霍華不是首度指出這點的學者。問題在於，一旦科學把某個現象化約成一些變數，不論這些變數有多重要，人類都會把變數以外的事情忽略掉，然後假定所有要納入考量（或至少是重要的）的東西都在變數中。在面對肥沃土壤這樣的神祕事物時，承認自己的無知是種健康的心態，因為一旦我們誤以為自己已了解事情的全貌，就會過度傲慢，把自然當成機器來對待。這種跳躍式的想法一旦出現，其他後果就會接踵而來：我們施予植物合成氮肥，於是吸引更多昆蟲，使得植物更容易受病害侵襲，最後農夫只好求助於化學農藥，來修補這部受損的機器。

在人造糞肥（合成肥料最初的名字）的案例中，霍華指出，人類的傲慢不止危及土壤的健康（因為刺激性的化學物質會扼殺腐植質中的生物活動），同時也傷害「國家的健康」；他把土壤的健康，連結到仰賴土壤生存的生物之健康。在工業化農業興起之前，這種觀念其實很平常，柏拉圖、傑佛遜等許多人都討論過，而霍華的說法是：「人工糞肥必定會帶來人造養分、人造食品、人造動物，最後是人造人。」

對我們而言，霍華的雄辯之詞或許有點過了頭，畢竟我們談的只是肥料而已。不過該書成書之時，正是一九三〇至四〇年代化學農業引進英國而引發激烈論戰之際，當時稱之為「腐植質大論戰」，在一九四三年還延燒到上議院。當年議程中本該有更急迫的事項，但英國農業部長正推廣新肥料，結果許多農人反而抱怨肥料讓他們的田地與動物變得缺乏活力。霍華和盟友一致確信，「歷史將會譴責化學肥料，認為它是降臨在農業與人類身上的莫大災難。」他宣稱，全面使用人造糞肥會摧毀土壤的繁殖力，使得植物更易遭受病蟲害侵襲，動物與人類食用這些植物之後，健康也會受到損害；畢竟，植物哪可能比養育它的土壤更營養？此外，肥料雖能在短期內讓農穫量大增，但情況無法持久，因為化合物最後會摧毀土壤的繁殖力，今日的高農穫不過是在掠奪未來的收成。

想當然耳，這場在一九四〇年代的「腐植質大論戰」，最後還是氮磷鉀心態獲勝。

霍華指出了另一條路：「我們現在必須折返。」他的意思是放棄李比希的發明以及工業化農業。「我們應該回歸自然，學習森林與草原的運作方法。」霍華不止在口頭上呼籲要師法自然，重新設計農場，還構思出具體的方法與程序。他在《農業聖經》中便開宗明義闡述了他對有機的整體理想：

「大地之母從未在沒有牲畜的情況下進行農耕，各種作物她都一同孕育，費盡心力保護土壤、避免侵蝕。植物與動物的廢棄物會轉變成腐植質，不會浪費。生長和分解的過程也會達成平衡，並盡最大的心力來保存雨水，如此植物與動物就能夠保護自己，免於病害。」

森林與草原中的生物過程，也會發生在農場中。農場上的動物可以植物的廢棄物為食，如同野生動物；而動物的排泄物又再回頭滋養土壤。土表的覆蓋物能保護裸露的土壤，一如森林中的落葉。堆肥能產生腐植質，一如落葉底下充滿生機的分解作用。即使是疾病和昆蟲也具有正面功能：淘汰最脆弱的植物和動物，就跟在自然界中一樣。而霍華預測，倘若整個系統運作得當，這種脆弱的動植物會大幅減少。昆蟲和疾病在工業化農業中是禍害，但對霍華而言，卻只是「自然界的稽查員」，能夠幫助農人「找出不適合的品種，以及不適合當地的農耕方式。」在健康的農場上，病蟲害盛行的程度，應該與健康的森林與草原不相上下。霍華因此呼籲農夫，要把農田當成活生生的生物，而不是機器。

這是一種論述仿效整體自然系統的概念，而與之完全相反的便是化約式科學。後者將整套系統分解成各種組件，好了解這些組件的運作方式，然後一次操縱一種變因，控制整個系統。霍華有機農業的概念是前現代的，甚至是反科學的，他告訴我們無需為了控制自然，處心積慮去了解腐植質的運作及堆肥的效果。我們即使對於生機盎然的土壤一無所知，甚至將之視為野地，也無礙於我們護育它。更何況，保持一無所知的狀態，或是將之視為奧祕，都是種健康的心態。這讓我們免於過度簡化事實，誤以為科技是萬靈丹。

有機農業較常受到的指控是，它比較像是一套哲學而非科學，這項控訴其實還頗有道理。然而，在人們以拜物的心態面對科學、甚至將之視為接近自然的唯一可靠工具的情況下，即便有機農業本身是一項奧祕、一種前現代的遺跡，又何需為此辯護？在霍華的觀念中，人類師法自然運作的哲學，比試圖理解自然運作的科學還早出現。將魚和鴨放養於水田中的鄉下農夫，並不了解他所造成的共生關係（鴨子和魚為水稻提供氮，同時吃下害蟲），但他依然能夠從這種巧妙的多重養殖中，獲得高產量的食物。

霍華有機農業概念中的哲學，是實用主義的一種變形，實用主義認為，只要「有用」，就是「真的」。達爾文的天擇說也是種實用主義，認為自然界的運作在本質上便是以實用主義來引導演化：只要「有用」，就能「生存」。所以霍華花了許多時間在印度等地研究鄉下農家的農業系統，這些農業系統能讓這塊土地年復一年產出食物，而不會讓土地耗竭，代表這是種絕佳運作方式，才能存留至今。

霍華的農業經濟學認為，科學只是用來描述哪些方式是有用的，並解釋為何有用。就在他完成這些著作之後，他許多沒有科學根據的說法，剛好都獲得科學證實，例如：在施加化肥的土壤中，植物的生長情形不如堆肥的土壤；而且這樣的植物比較容易受到病蟲害侵襲；此外，比起單一栽植，多種作物栽植的產量較高，而且比較不容易罹病；事實上，就如同霍華所言，土壤、植物、動物、人類甚至國家的健康，都息息相關，而我們現在可憑著經驗建立起的信心，將各點連結起來。我們或許尚未準備好要依照這項知識來行動，但我們知道，濫用土壤的文明終將崩潰。

如果師法自然系統的農場，都像霍華所說運作得那麼好，為何現在卻如此少見？這是件可悲的事實。後人所推崇的有機理念，其實已違反了霍華和其他前輩所提出的概念。特別是當有機農業發展得越成功，甚至找到突破點攻入超市與農業綜合企業時，有機農業也就越向它原先想取代的工業系統靠攏。這似乎證明了，有機農業注定會走向工業化邏輯而非自然邏輯。

卡斯卡迪亞農場從「新卡斯卡迪亞生存與開墾計畫園區」變成通用磨坊子公司的過程，有如一則寓言。幾年前一個陰暗的冬日，卡恩開著嶄新的墨綠色凌志車（上頭還掛著虛榮的牌子「有機」），沿著蜿蜒的斯卡吉特河東岸前進，載我前往最初的農場。卡恩年約五十，長著一張娃娃臉，只要再減個十公斤，加上鬍子，儼然就是他辦公室那張照片上的模樣：坐在曳引機上一個汗涔涔的大鬍子。在這段路途上，他帶我走過該公司的歷史，娓娓道來從有機農夫轉變為農業綜合企業家的心路歷程、一路上做出的妥協，以及「最後所有東西會如何被這個世界同化」。

一九七〇年代末期，卡恩已經成了傑出的有機農夫，更是成功的商人。他發現產品一經加工（把藍莓與草莓冷凍後製成果醬），經濟效益便大增，而一旦開始為食品加工，他便發現向別的農夫購買農產品，會比自己種植來得好賺。傳統的農業綜合企業公司早就發現了這個道理。

卡恩告訴我：「我們從原先的『合作社』模式，逐漸演變成模仿工業系統。我們用柴油車將食物運送到全美各地，成為工業化的有機農夫。我跟這個工業化的世界越走越近，而且，一個企業越是私有化，壓力就越大。」

到了一九九〇年，全美歷經「亞拉生長素恐慌事件」（Alar scare）之後，這種經營壓力變得更難承受。卡恩幾乎失去一切，而卡斯卡迪亞農場的經營權最後落入大公司手中。在有機農業運動中，亞拉生長素事件是道分水嶺，標誌著現代有機工業誕生時的陣痛。民眾突然高度關注工業化食品的來源，有機食品業便趁勢而起，歷經了史上最快速的成長。有些評論家因此譴責有機農業屢從「食物恐慌事件」中獲益，這項指控當然有幾分真實，但究竟該指責的是有機食品還是其他，倒是值得研究。有機農人的回應是：不管是農藥、食物中毒、基因改造作物，還是狂牛症，社會大眾應該把這些事件視為認識工業化食物系統與有機食物的機會教育，「亞拉生長素恐慌事件」不過是起了個頭。

亞拉生長素是一種調節作物生長的化合物，已被美國環保署列入致癌物，卻仍廣泛應用於果園。在電視新聞專題節目「六十分鐘」激烈地揭露蘋果果農使用亞拉生長素之後，美國的中產階級突然發現了有機食物。當時有本新聞週刊的封面故事就是「有機狂熱」，一夜之間，連鎖超級市場競相採購有機食品。不過，當時的有機工業都還只是烏合之眾，尚未準備好面對這個大好時機。卡恩就像許多有機食品生產者，野心勃勃地向銀行借了許多錢，準備大肆擴張。他們跟許多農夫簽訂合約，訂購大量有機農產品。但是隨著亞拉生長素的新聞熱潮過去，卡恩只能驚恐地看著有機食物的需求變成泡沫。卡恩由於過度擴張公司規模，被迫讓出多數股份給威爾許公司（Welch's），而曾是嬉皮農夫的他，也自此展開他所謂的「大公司冒險故事」。

他跟我說：「我們現在成了食品工業的一部分，但我想改變的並非人們想吃的食物或配銷食物的方式，因為這些是不會改變的。我想做的，是重新界定我們種植食物的方式。」一旦納入食品工業，有機運動的三大支柱就倒了兩根：反對精緻烹調（這正是人們想要吃的），以及食物消費合作社與另類配銷。卡恩的想法是，只需將有機食物視為產品，再經現有的管道進行分配與銷售，如此一來，農業綜合企業只需稍作調整就能符合有機農業的第一根支柱：用新的方式種植食物。然而在原始的有機概念中，這三個基本要件是不可分割的，因為就如生態學所指出，所有事物都息息相關。但卡恩是個現實主義者（也不會是唯一一個），一個得支付薪水的企業家，他不會走回頭路。

「你可以選擇自怨自艾，也可以選擇繼續往前。我們曾經努力想要建立一個合作生產的社區，和一個當地的食物供應系統，但是後來沒有成功。對於大部分的人而言，這不過是份午餐。我們可以認為午餐是神聖的，也可以談論共享關係，但那就只是一份午餐。」

亞拉事件在一九九〇年爆發後，有機工業幾年內便恢復了元氣。這時主流的食品公司開始認真看待有機食品（或至少是有機食品市場），因此有機工業每年均有二位數的成長，並迅速與許多企業進行合併。嘉寶（Gerber's）、亨氏（Heinz）、杜爾（Dole）、康尼格拉（ConAgra）和ＡＤＭ都各自創立或併購了有機品牌。卡斯卡迪亞農場併購了一個加州的有機番茄加工廠莫爾葛藍（Muir Glen），而成為一個小型的企業集團，並更名為「小行星食品公司」（Small Planet Foods）。一九九〇年，聯邦政府也開始對有機農業進行認證。由於各方對「有機」這個詞的定義不一，於是該年國會通過了「有機食物與產品法案」（ＯＦＰＡ），指示一向輕蔑有機農法的美國農業部，針對有機食物與農法建立一套全國統一的標準。

然而，定義「有機」一事，居然就拖了十年，因為該詞在市場上已具有某種魔力，因此有機運動內外的各方勢力競相爭奪該詞的控制權。農業綜合企業當然希望有機的定義越寬鬆越好，這樣主流公司才容易進入有機市場；但它們又擔心旗下未被視為有機的食品（例如基因改造食物）會從此不得翻身。一開始美國農業部一如以往，唯農業綜合企業之命是從，在一九九七年頒布了一項寬鬆到令人驚異的標準：舉凡基因改造、放射線殺菌等亂七八糟的東西，一概納入有機範圍。有些人認為孟山都和ＡＤＭ之類的大公司是幕後黑手，不過更有可能的是，美國農業部只是單純假設，有機工業一定和其他工業一樣，希望規範越少越好。結果並非如此，有機業界的骨子裡依然保留了許多當年運動時所擁護的價值。有機農夫與消費者怒不可遏，形成一股前所未見的強烈反對聲浪，迫使美國農業部重新召開會議。這項結果普遍認為是有機運動的一項勝利。

一九九七年，美國政府為了釐清「有機」的定義，焦頭爛額地與各界搏鬥，媒體也鬧得沸沸揚揚。另一方面，農業部內部為了定義「大型有機」與「小型有機」（亦即「有機工業」與「有機運動」），也出現同樣重大角力。結果卻更含混不清。一個飼育場生產出的食物可以是有機的嗎？生產有機乳品的牛一定得養在草地上嗎？有機食物可以使用食品添加物和人工化合物嗎？如果你認為這些答案用膝蓋就可以想出來，那麼你也是個保有舊式有機田園觀念的人，因為大型有機在這三個問題上都大獲全勝。最後制定出的標準，雖仍盡責地設定出更注重環保的農法規範（這可能也是政府與工業界兩造角力下的必然結果），但霍華原先對「有機」一詞所表彰的價值，在聯邦法規制訂的過程中都沒有保留下來。

一九九二年到九七年間，卡恩加入美國農業部國家有機標準委員會，並且大力推動讓有機電視餐以及許多有機加工食品都能夠符合國家標準。這並不是件簡單的工作，卡恩和盟友必須和一九九〇年最原始的法案周旋，因為該法案完全禁止合成食品添加物和代工。卡恩的論點是，有機加工食品中，不可能沒有合成添加物，因為這些食品若要進入超市，不論是在製造上或保存上，都得加入合成添加物。委員會中幾位消費者代表表示，這就是重點所在：如果沒有合成添加物就沒有有機電視餐，那麼有機產業就不該製造電視餐。反精緻烹調的概念正處於存亡之秋。

有機標準委員會中的瓊恩・戴・古索（Joan Dye Gussow）是直率敢言的營養學家。一九九六年，他加入這場合成添加物的戰局，發表了一篇當時備受爭議的文章〈Twinkie也可獲得有機認證？〉在這篇文章中，古索認為以現行規劃的標準，這件事情是可能發生的。他質疑：「有機」應該單純反映出食物來源就好，讓經過多次加工、又鹹又甜的垃圾食物也可以是有機的？或者應該具備更積極的涵義，必須是反精緻烹調的完整食物？卡恩站在市場本位的立場，提出下列回應：如果消費者需要有機Twinkie，我們就應該給他們有機Twinkie。這就如我們從卡斯卡迪亞農場返回的路上，他對我說的：「有機農業又不是你媽，你想怎樣就怎樣。」到最後，這個爭議演變成舊式有機觀念與新式有機工業之間的論戰，結果有機工業獲勝，最後出爐的法規完全忽略一九九〇年頒布的法規，從抗壞血酸到三仙膠之類的添加物和合成物，都納入了有機食品的合法名單中[3]。

卡恩告訴我：「沒有人工合成物，我們就失業了。」

同樣的情況也可能發生在有機肉品與乳品的大型製造商，他們同樣在努力制定出新標準，好讓有機工業農場可以過關。「地平線有機食品公司」（Horizon Organic）堪稱有機乳業中的微軟，掌握了半數以上的乳品市場，其經營者馬克．瑞茲羅夫（Mark Retzloff）費盡心力要保住公司在愛達荷州南部的大型工業化乳品廠。這片西部沙漠幾乎寸草不生，而要如大多消費者所想的，供應數千頭乳牛在綠地上吃草，更是不可能。牠們被圈在沒有一絲綠意的飼養場上，每天來回兜著圈子。即使乳品廠想進行放牧，應該也沒有那麼多草地。每頭牛至少需要一畝地，同時每天早上都得大費周章地把一大群牛趕去遠處的草地，傍晚再浩浩蕩蕩地趕回來擠奶。所以典型的工業化乳品廠不幹這種耗時費力的事。他們讓這些有機牛隻一天擠三次奶，其他時間就站著吃穀物和青貯飼料。牠們的有機飼料來自美國西部各地，糞便則堆在糞池裡。瑞茲羅夫辯稱，牛隻圈養在特定範圍內，表示牧場中的員工（每個都帶著聽診器）更能密切照顧牠們的健康。是啊，當然，這些牛隻住在這麼狹窄的地方，又不能餵抗生素，非得這樣監控不可。

對於委員會中的小型酪農或是消費者代表而言，這種工廠式農場已經根本不是有機的。同時，ＯＦＰＡ也指出有機動物的福祉應納入考量，必須配合牠們的天性。也就是說，在上述的情況中，反芻動物的天性就是要吃草的，因此牛當然得在草地上放牧。你可能會說，田園生活早就是這些動物與生俱來的天性，與此完全對立的工業邏輯，怎麼可能獲得勝利？

美國農業部聽取了雙方說詞後，最後規定乳牛必須「接觸到草地」。這聽來像是田園概念取得了勝利，但實際上並非如此。「接觸到草地」是個相當模糊的標準，（「接觸」是什麼意思？每頭牛可以分到多大的草地？又有多少時間享用？）這項規定的效力後來逐漸式微，因為有另一項條款指出，在動物生命中某些特定階段，可以不用接觸到草地。有些大型有機乳品公司，便自行決定這些階段包括乳牛的泌乳期，而美國農業部至今不曾表示反對。有些有機認證人員已在抱怨，「接觸到草地」的定義太模糊，根本就沒有意義，因此也無法執行。這的確難以反駁。

美國政府核可的合成化合物清單、「接觸草地」，以及某些有機動物必須能「走到戶外」等規定，都在在說明「有機」一詞已遭受胡亂延伸和嚴重扭曲。當初飽受批評的工業化有機，現在卻受到認可。最後底定的標準彷彿在為卡恩舉證：「所有東西最後都會被這個世界同化。」然而，有機食物的行銷人員可是相當了解，包裝文案所蘊含的田園價值和意象，仍存在於許多人心中：只要看看有機牛奶包裝上的快樂乳牛和碧綠草地，你就知道我的意思。但這個可敬的理念已被淘空，降格成印製在牛奶包裝盒上的多情幻想。這就是超級市場中的田園詩。

③緬因州的藍莓果農亞瑟．哈維（Arthur Harvey）在二〇〇三年贏得一項訴訟案，迫使美國農業部遵守一九九〇年頒布的法令。二〇〇五年，「有機貿易聯盟」（Organic Trade Association）的說客，則設法在美國農業部撥款法案中偷渡一段文字，以期回復（甚至擴大）工業界在有機食物使用人工添加物的權利。

三、前往工業化有機農場

卡恩或許會說：看開點。讓有機食品進入工業化生產，其真正價值在於保留了許多使用有機農法的田地。在每頓電視餐、雞肉和有機牛奶的背後，都是一塊塊不再受到化學藥劑污染的土地，而這對環境與公眾健康想必大有助益。我能了解他的觀點，所以決定親自走訪加州的農場。為何選擇加州？因為美國大部分的工業化農產品都是在加州生產，而且大部分的有機產品如今也都隸屬於加州農業的分公司或品牌。

為了這趟加州的工業化有機農場之行，我做了最多的行前準備。提到有機農法，我想到的是小型家庭農場、樹籬笆、堆肥以及破舊小卡車，都是舊式農耕觀念的畫面（但事實上，這種觀念在加州從未得到廣泛接受）。我沒想到會有外籍勞工、各種尺寸的屋舍、浩浩蕩蕩開進蘿蔓萵苣菜園的移動式萵苣包裝工廠、高達兩萬隻雞的農舍，或是綿延到天邊的玉米田、青花菜田和萵苣田。就眼前所見，這些農田和加州其他工業化農田完全一樣，而事實上，加州多數的有機農業都是在傳統的巨型農場裡施作。某個農夫在這片土地上用化學燻蒸劑消毒土壤，然後又在隔壁的田地用天然堆肥滋養土壤。

這幅場景哪裡出問題了？坦白說我不確定。卡恩的例子說明了，農場的規模和對有機原則的忠誠度無關，而且「除非有機的原則放寬，否則有機食物只能是雅痞的食物」。為了證明他的論點，卡恩帶我去參觀幾個供應「小行星食品公司」的大型農場，包括位於加州中部中央谷地的格林威斯農場，以及佩塔魯瑪養雞場；前者提供他冷凍晚餐所需的蔬菜，以及莫爾葛藍加工廠所需的番茄，後者則提供他冷凍晚餐中的雞肉，以及我在「完整食物」超市中遇到的「蘿絲」。我也去了薩利納斯谷地（Salinas Valley），全世界最大的有機農產品業者「大地農場」的萵苣田大都在此。

我的第一站是格林威斯有機農場。在夫勒斯諾市（Fresno）郊外中央河谷近萬頃的傳統農地裡，該農地占有其中八百公頃，且運作得很成功。你無法從此處的作物、機具、人員、輪作方式以及農田，區分出傳統農地和有機農地，但實際上兩者的確在此比鄰而做。

就許多方面而言，同樣的工廠運作模式在這兩者都適用，但傳統農地中施用的化學藥劑，在有機農地中都有較溫和的替代品。為了取代石化肥料，格林威斯有機田地中所使用的堆肥，是由附近馬場與養雞場的糞便製成。蟲害方面則由能夠安全噴灑的有機藥劑來控制，諸如大多由植物製成的魚藤酮、除蟲菊和菸鹼硫酸鹽等，或是引進草蜻蛉等益蟲，因此不需使用有毒的農藥。就輸入和輸出的觀點來看，這是一部較環保的機器，但仍是一部機器。

以工業化規模從事有機耕種，所面臨最大的挑戰可能在於不得使用化學除草劑。格林威斯有機農場於是精準計算時間，頻繁而精確地翻土來對付雜草。在栽種作物之前，先澆水灌溉，讓雜草的種子發芽，然後再以曳引機犁田，除去這些雜草，整個流程在生長季節之前要重複數次。當農作物長高到曳引機開不過去時，農場的工作人員就手持丙烷火焰槍，對準最高的野草一一燒滅，所以這些有機田看來和浸滿除草劑的田地一樣乾淨。但我發現這種大規模有機農場的典型做法，頂多只是一種妥協。有機田翻土的頻率遠多過傳統農場，這樣會摧毀耕地土壤，並且和化學藥劑一樣，降低土壤中的生物活性。頻繁的翻土也會把許多氮釋放到空氣中，因此這些沒有雜草的有機農地比傳統農地需要更多氮肥。在較少翻動、較健康的土壤中，固氮菌能夠提供許多養分，而工業化有機業者則必須添加堆肥、糞便、魚肥或智利硝酸鹽來增添養分，以上全都是聯邦法規容許下使用。（然而國際有機法規卻嚴禁使用智利硝酸鹽，因為這種來自智利的含氮礦物，經常是由童工開採的。）毫不意外，我們可以想像又有一家苦心孤詣的大公司，費盡心力改變聯邦的有機食物法規。這證明了比起制訂一個真實又符合生態的農耕模式，開一張核可與禁用的清單顯然簡單多了。

最傑出的有機農夫必定強烈反對施放這些替代物，因那代表了有機理念的墮落。理想中的有機農耕，應該是農場的肥料盡可能能自給自足，以作物的多樣性與輪耕來控制蟲害。但如果認為較小的有機農場就能接近霍華的理念，這種想法就太單純了，因為許多小型有機農場也在使用這些替代物。有機的理念非常嚴格，師法自然所打造的永續系統，不止禁止合成化合物，同時也禁止施放任何添加物；你從土中得到多少，就歸還多少。然而現行的方式幾乎都違反這些標準。只要站在中央谷地一片僅六十四公頃大的青花菜菜園中，你就可以了解到，為何最接近有機理念的農夫都傾向小規模耕作。有些農夫真的可以把田地整理成像拼布，種植幾十種作物，從事長久而且細膩的輪耕，因此在時間與空間上都具有多樣性，而這種師法大自然運作的方式，才是農場永續經營的關鍵。

不論好壞，「小行星食品公司」或「完整食物」這類的大公司都不會和這些小農場做生意。向一座五百公頃的農場採買，成本效益當然遠高於向十家五十公頃的農場購買。然而，這些大農場的生產力也不見得比較高。事實上，有許多研究指出，就每單位面積的平均生產量計算，小農場的生產力比大農場更高，不過由於小農場不會大量栽種單一作物，因此小農場的交易成本會較高。對於卡恩之類的公司而言，這樣的作法不切實際。當你的事業牽涉到冷凍食物櫃，或是進入全國連鎖店（不論是沃爾瑪或是「完整食物」），所需有機產品的量之大，讓你只能和同樣以工業規模來生產的農場採買。每件事情都環環相扣。專業化、經濟規模、機械化作業等工業化的價值，擠掉了生物多樣性、複雜性和共生等生態價值。說得具體一點，這就如同卡恩的一位員工告訴我的：「兩公頃大的田無法讓自動收割機轉彎。」而「小行星食物公司」目前所需的有機玉米量，卻得動用自動收割機。

但最大的問題是，師法大自然運作的有機農業邏輯，有可能和工業化食物鏈的邏輯相容嗎？換句話說，工業化有機最終會是個自相矛盾的名詞嗎？

卡恩確信不是，但就算是他公司外部的人，都能看到其中無可避免的緊張態勢。莎拉·杭丁頓（Sarah Huntington）是卡斯卡迪亞農場最資深的員工之一，從農場最早期就和卡恩一起工作，也一度參與公司大大小小的事務。她告訴我：「加工廠那個怪獸一小時可以消化掉四公頃玉米田的產量。為了發揮效益，你只能種植某種作物，不但產量必須多得像大豐年，還得在同一時間成熟，並馬上進行加工。所以你可以發現，這個系統不斷把你推向單一作物，而這正是有機栽種所痛恨的。但這就是挑戰所在：改變系統，而不是讓系統改變你。」

「小行星食物公司」這類企業最引人矚目的改變之一，就是協助傳統農場將部分土地改為有機耕作。美國有數千畝土地是拜這家公司之賜才從事有機耕作。這種方法勝過簽訂耕作指示合約，也強過管理合約。卡恩證明了有機農業能夠以大規模進行，並擺脫不過短短數年前仍受排擠的「嬉皮農耕」形象。這種方式的確為自然帶來好處，然而有機農業在工業化的過程中，也付出了代價，其中最明顯的就是農場的合併。今日，加州大部分新鮮的有機產品，只來自兩家大公司。

其中一家是大地農場，它可說得上是工業化有機耕作的最佳代表。如果卡斯卡迪亞農場是第一代的有機農場，那麼大地農場就是第二代。這座農場是古德曼夫妻（Drew and Myra Goodman）在一九八〇年代初期創立的，這兩個不太可能成為農夫的人在離開都市來到鄉下時，幾乎沒有任何農耕經驗。兩人都是出身紐約曼哈頓上東城區，是相隔僅有幾條街的鄰居，後來進入同一家以進步主義教育進行教學④的私立高中就讀。不過兩人到了念加州大學時才認識，丈夫德魯就讀加州大學聖塔克魯茲分校，妻子米拉在柏克萊分校。兩人在進入研究所之前，住在卡梅爾（Carmel）附近，為了消磨時間，就在路邊租了幾畝地，開始有機耕作，種些覆盆子、芽菜等一九八〇年代廚師流行使用的食材。每到週日，米拉會洗一整把萵苣並裝袋，準備好接下來一整週晚餐要吃的生菜。他們發現，整株處理過的萵苣最耐放，可以撐到週六晚餐。

一九八六年的某一天，古德曼夫婦得知原先在卡梅爾大量購買他們萵苣的廚師已經離開，而新來的廚師則有自己的貨源。一時之間，他們得處理掉整園子的鮮嫩生菜，畢竟生菜不可能一直保持鮮嫩，於是決定把這些生菜清洗裝袋，拿到當地零售商店販售。經理對於預洗綜合生菜這種新產品大表懷疑，所以古德曼夫婦表示，倘若週末沒賣完，會把剩下的生菜全部回收。結果生菜全數賣完，「綜合生菜」的生意從此誕生。

這就是大地農場創立的故事了。當我和米拉在大地農場的路邊門市共進午餐時，她告訴我這則故事。她現年四十二歲，是位長腿、健談、膚色健康的女士。就如同卡斯卡迪亞農場，大地農場依然保留了一個農場展示處和路邊門市，見證兩人事業原初的樣貌。不過和卡斯卡迪亞農場不同的是，大地農場主要還是從事農耕事業，而大部分的農地則位於薩利納斯谷地，從卡梅爾往東北方一小時車程。大地農場位於蒙特瑞附近，是一片受到太平洋海風吹拂的沃土，一年中有九個月適合萵苣生長。冬天時，整個公司就收拾家當，帶著許多員工及機具，往南到亞利桑那州的優馬（Yuma）工作。

在平靜無波的一九八〇和九〇年代，這份預洗綜合生菜的生意成了美國農業史上最成功的故事之一，而最大的功勞非古德曼夫婦莫屬。兩人引進數十種混合生菜，取代了當時在谷地中最大宗的捲心萵苣，並發明了栽種、收成、清洗與包裝的新方法。米拉的父親是位工程師，個性堅毅、手腳靈巧，當時他們的總部還位於卡梅爾谷地的自家客廳，米拉的父親就發明了能夠重複輕柔清洗萵苣的機器。後來這家公司引進了第一台客製化的嫩萵苣採收機，並促成先進技術，將生菜包入特製塑膠袋中再打入惰性氣體，好延長產品的保存期限。

一九九三年，大地農場接獲了好士多（Costco）的訂單之後，公司便飆速成長。米拉告訴我：「好士多要我們的預洗綜合生菜，但他們不要『有機』。對他們而言，『有機』傳達出這項錯誤訊息：高價格、低品質。」當時有機農業因亞拉事件而暴起暴落，還未恢復元氣，不過古德曼夫婦依然堅持有機耕作，於是他們決定賣給好士多有機萵苣，但不冠上有機之名。

米拉說：「好士多一開始是每週兩千箱，而且訂單持續增加。」沃爾瑪、幸福超市（Lucky's）和艾伯森超市（Albertson's）也相繼加入。古德曼夫婦很快就發現，大地農場必須工業化，才能滿足這些工業化怪獸的胃口。在客廳清洗萵苣，再拿到蒙特瑞農夫市集販售的日子已經結束。德魯告訴我：「我們不知道這樣的規模下要如何耕種，我們必須盡快找到更多農地。」古德曼夫婦於是和薩利納斯谷地中兩個最具規模的傳統農場建立夥伴關係，首先在一九九五與「使命牧場」（Mission Ranches）結盟，一九九九年則與谷村安特公司（Tanimura & Antle）結盟。這兩家栽種者（他們都不自稱為農場）擁有谷地中最肥沃的一些土地，也知道如何栽種、採收、包裝與分送大量產品，但他們不了解有機產品。事實上，使命牧場之前也曾嘗試有機栽種卻失敗了。

通過這些合作關係，古德曼夫婦把薩利納斯谷地中數千畝最好的土地轉為有機耕種。現在大

④編注 Progressivism，創始於十九世紀末的教學運動，反對填鴨式教育，強調做中學、團體學習、專題式學習，並鼓勵學生發展自我個性與批判式思考。

地農場擁有完整的有機水果與蔬菜生產線，如果把所有為大地農場耕作的農地都算進來，那就有一萬公頃，包括與大地農場簽約的一百三十五座農場。古德曼夫婦估計，這些土地由傳統方式轉作之後，節省了上百公噸的農藥以及三千六百公噸的合成化學肥料，曳引機使用的也是生質柴油。這對環境以及這些土地上的工作者都大有好處。

我以為栽種綜合生菜的田地，看起來也會像袋子裡的內容物，有十幾種豐富多樣的蔬菜一起在田中快樂地成長，結果這些生菜其實是後來才混和起來的。每種蔬菜的栽種條件不同，長成所需的時間也不一樣，所以是各自種在數公頃大的田地裡。因此，谷地看起來像是由各種巨大色塊組成的馬賽克，有深綠、酒紅、淺綠和藍綠色。如果你靠近看，會發現每塊田又分成一排排寬約兩公尺的菜圃，上面種滿單一蔬菜。菜圃中看不到一點雜草，菜圃和桌面一樣光滑平整，這是用雷射校準的結果，如此特製的採收機才能精確從同樣的位置摘取蔬菜上的葉片。大地農場桌面般的田地，是強大工業概念的絕佳範例之一：一旦你能讓不規則的大自然適應機器的精確與控制，就能有效賺取大量利益。

除了高度的精確性，大地農場上的時間與空間也在嚴密監控之下，和我在格林威斯農場看到的一樣。他們經常翻土除草，而在採收之前，還會有包著明亮防曬花布的外勞巡視菜圃，徒手拔除野草。農場最大的支出是肥料，這些堆肥用卡車載來，有些作物的灌溉水還摻了魚肥，甚至加入顆粒狀雞糞。冬天時，田裡則種滿豆科植物，好增加土壤中的氮。

為了控制蟲害，每隔六、七排菜圃就會種一排庭薺，這種植物會吸引草蜻蛉和蚜蠅這類昆蟲來獵食蚜蟲，可降低對萵苣的危害。此外，他們還使用一些殺蟲皂來控制十字花科作物上的害蟲，幾乎不噴灑農藥。德魯解釋：「我們比較喜歡抵抗害蟲或是避開害蟲。」這也如農場經理所說的：「你必須放低身段，不要認為自己可以想種什麼就種什麼、想種哪裡就種哪裡。」所以他們嚴密追蹤田裡是否出現蟲害或病害，並讓脆弱的作物保持安全距離，也會尋找天生抵抗力高的品種。他們有時也會因為蟲害而整塊田歉收，不過種植幼嫩蔬菜的風險較低，因為這些蔬菜在幼嫩時就採收，生長時間較短，通常只有三十天。事實上，以有機方式栽種幼嫩萵苣比傳統方式更容易，因為刺激性的化學藥劑通常會傷害新長出來的葉片，含氮化肥則使萵苣更容易遭受蟲害。這些蟲子似乎是被葉片上唾手可得的氮吸引來的，而且化肥栽培的植物長得快，使得葉片更容易被昆蟲刺穿。

有機萵苣從田地前往貨架的旅程，自採收的那一刻起，便以精巧的工業化流程飛快進行，但這段流程可是一點都不有機。德魯解釋說：「要用合理的價格販售有機產品，只有在採收之後立即進入傳統供應鏈。」這條供應鏈並不怎麼永續，得由同一群約聘工人以株計薪採收整片谷地中的蔬菜，而把這些洗好的生菜運送到全國各地的超市也需要同樣龐大的能量。（不過大地農場會再種樹來抵銷化石燃料的碳排放。）

這條傳統供應鏈的開端，就是大地農場特製出的聰明採收機。這部如汽車般大小的生菜採收機會在菜圃間前進，並在葉簇匯集處精準地切下。機器前方蜘蛛狀的手臂會輕拂菜圃，好在收割刀抵達前嚇走田中的鼠類，以免牠們一起被採收進去。採收下的葉片被風扇吹向一片紗網，以抖去小石頭或沙土。隨後葉片隨著輸送帶送入白色塑膠箱，由工人把這些箱子堆放在一旁推車的棧板上，然後在每排菜圃的尾端運上冷藏卡車，進入了「冷藏輸送鏈」，接著一路直抵你家附近超市的貨架。

大地農場的正職員工操作著生菜採收機（他們擁有健保和退休金，以谷地的標準來看十分優渥），但在農田遠處，我看到一群墨西哥約聘工，大多是女性，緩慢地在田間移動、拔草。我注意到其中有些人手指纏著藍色ＯＫ繃，這種色彩鮮明的ＯＫ繃若不慎掉落，混入蔬菜中，工廠的檢查人員很容易挑出來。此外，ＯＫ繃中還埋有金屬細線，因此在蔬菜通過金屬探測器時也可探測出來，避免混入包裝給顧客的生菜。

卡車裝滿蔬菜，就送往聖胡安包蒂斯塔（San Juan Bautista）的加工廠，這個加工廠是個占地一萬八千多平方公尺的大冰箱，萵苣在此分級、混和、清洗、乾燥與包裝，全程溫度都保持在攝氏二度。加工廠的員工大多是墨西哥人，身穿全罩式外套。他們將箱子中的芝麻菜、紫葉菊苣和菊苣倒入含有稀釋消毒水的不銹鋼流動溝槽中，每片葉子在此先進行三次清洗。若從上頭俯視，這整套萵苣清洗包裝流程就像是一部巨大精密的魯布．戈德堡機械[5]：蜿蜒的銀色水道、搖晃的水盤、離心機、藍色ＯＫ繃檢測器、量秤、包裝站等，彼此糾結在一起。新摘下的萵苣在半小時內，就裝入了由聚乙烯製成的袋子或盒子中，成為隨時能調味的綜合生菜。這座工廠每週可清洗與包裝一千一百三十公噸萵苣，試想要多少萵苣葉才能累積到五百公克，就可以了解這代表的萵苣數量有多麼驚人。同時，這也代表了整個過程要耗去多少能量：用於維持機器運作及工廠的低溫環境，遑論把這些生菜用冷藏貨車運送到全美各處的超級市場，以及製造塑膠包裝所需的能量五百公克預洗生菜提供的熱量有八十大卡，而根據康乃爾大學生態學家大衛．皮門特爾（David Pimentel）的計算，栽種、冷藏、清洗、包裝、然後運輸一盒這樣的有機生菜到東岸，至少需要消耗四千六百大卡的化石燃料能量，也就是每大卡的食物需要消耗五十七大卡的化石燃料能量。（如果以傳統方式栽種，所需的能量還要再增加四％）。

我從來沒有花那麼多時間觀察和思考萵苣。當你好好思考萵苣時（至少當你在全世界最大的冰箱中看著堆到天花板的萵苣時），會發現萵苣真是一種特殊的東西。人類很少吃這麼簡單而基本的食物，就是一把葉子，而且是生吃。人類在吃生菜的時候，就像是草食性動物，這是我們的行為和草食性動物最相近的時候。牠們會低頭吃草，或是仰頭咬食樹葉；而我們只在這些生菜葉上增添了一層薄薄的文化：油和醋。這種吃法有許多優點，有什麼會比吃一堆綠色菜葉更有益健康呢？

這種充滿田園風情的飲食是如此簡單，背後的工業過程卻非常複雜，這種對比讓我凍結的腦子出現認知失調。突然間，我覺得我再也無法理解「有機」的涵義，這個讓我奔波了數十年、隨它橫跨整個美國的字詞。此時我不免產生一個在卡恩和古德曼看來可能無關宏旨、甚至有所冒犯的疑問：在「完整食物」超市中，這盒走了五天路程、奔波了五千公里送來的生菜，可以稱為「有機」嗎？如果這個長途跋涉而來的塑膠盒符合「有機」的稱號，那麼原先以「有機」來指稱的那條路程更短、過程也更簡單的食物鏈，是不是應該找另一個詞來代替？

至少那些小型的有機農夫是這麼想的。他們知道自己不可能和大地農場這類大公司驚人的工業化效率競爭，連鎖超市也不想和幾十位有機農夫做生意，他們希望由一家公司提供完整的蔬菜與水果，一次滿足生鮮部門的所有需求。大地農場被迫為美國的超級市場整合有機產品，而它也在這個過程中，成長為一家價值三億五千萬美元的公司，「所有東西最後都會被這個世界同化」。德魯告訴我，幾年前的某一天，他突然發現自己在蒙特瑞農夫市集的固定攤位中，開始感到不自在。他環顧四周，發現道：「我們已不屬於這裡，我們現在做的是完全不同的事。」然而他對此並不感到遺憾，並且理直氣壯地認為，他的公司對世界、對土地、對員工、對合作夥伴、對客戶，都有莫大貢獻。

他和卡恩的成功，無一不在大型有機與小型有機之間挖出一道鴻溝，許多有機運動奠基者以

⑤ 編注 Rube Goldberg contraption，一種過度設計的機械組合，以繁複而費時的方法，完成一些非常簡單的工作，例如倒一杯茶或打一只蛋等等，整個過程往往給人荒謬、滑稽的感覺。由美國漫畫家魯布・戈德堡創作而出。

及薩拉丁這樣的先驅都相信，超越有機的時刻已經來到，是該再次對美國食物系統提高標準了。有些充滿創意的農夫強調產品的品質，有些則重視工作規範，有些專注在地的分銷系統，有些則以永續耕作為目標。自稱是超越有機的農夫麥可・艾伯曼（Michael Ableman），在加州接受我訪問時說道：「我們可能得放棄『有機』這個詞，讓給卡恩的那個世界去使用。老實說，我不確定自己想和那個詞扯上關係，因為我在農場中做的，不只是用其他的東西取代農藥和肥料而已。」

幾年前，在加州一場有機農耕會議上，一家工業化有機栽種者向一家小型農場建議：「你應該試著在市場中發展出自己特殊的定位，才能與其他人區隔開來。」這位在工業化有機農業的夾縫中奮力求生的農夫，抑住滿腔怒火，用盡可能平穩的聲音回答：

「我相信我在二十年前就發展出了定位，稱為『有機』，而現在，您卻把它坐在屁股下。」

四、與有機放養雞蘿絲相遇

我在加州的有機農業之旅，最後一站是佩塔魯瑪養雞場。不過在那裡，我沒有見到「完整食物」有機烤雞包裝袋上的景象：如畫的農場、紅色的穀倉、玉米田，以及小小農舍。我也沒有找到在戶外自由放養的母雞蘿絲。

佩塔魯瑪養雞場的總部並沒有設在農場中，而是位於一棟時尚雅致的現代辦公大樓，一〇一號公路上的工業區。佩塔魯瑪市現在已成為舊金山市郊的住宅區，當地原本有幾十戶養雞場，現在卻已幾乎沒有農地。佩塔魯瑪養雞場能在這種情勢中存活下來，證明了這家公司對市場十分敏銳。公司創辦人艾倫・沙斯基（Allen Shainsky）當時體認到來自泰森集團（Tyson Foods, Inc.）和普渡公司（Perdue Farms, Inc.）這類全國性雞肉加工企業的威脅，決定只有建立市場定位，才能夠保住生意。所以他開始每週固定幾天推出不同的雞肉：猶太人的潔淨雞肉、亞洲人偏好的雞肉、自然雞肉，以及有機雞肉。每種雞肉處理的方式都不盡相同，例如在處理給猶太人的雞肉時，得有猶太拉比在場；給亞洲人的雞肉就得保留雞頭和雞爪；自然雞肉則是去頭和去爪，但會強調這種肉雞品名為「洛基」（Rocky），以表示飼料中沒有添加抗生素或動物性副產品。洛基的雞棚外有個小小的運動場，所以牠可以選擇到戶外走走，或是「放養」。有機肉雞飼養過程和自然雞肉一樣，只是吃的飼料是經過有機認證（未施加農藥與化肥的玉米和大豆）。這種雞隻宰殺時，年齡和體型都較小，所以並不會很貴，背後也沒有什麼特殊的飼養理念。

附近的佩塔魯瑪蛋業是佩塔魯瑪養雞場的關係企業，也使用類似的市場策略，提供自然放養的雞蛋（雞沒有餵藥，籠子也不通電）、受精雞蛋（同上，不過是母雞和公雞交配後所產的蛋）、ω-3強化雞蛋（同自然放養雞蛋，但飼料中加入海帶以增加雞蛋中ω-3脂肪酸的含量）、認證有機雞蛋（同自然放養雞蛋，但吃的是有認證的有機飼料）；以上的最後一種雞蛋是以「茱蒂家庭農場」的標籤來販售。我在造訪佩塔魯瑪之前，還不知道這兩家公司是相關的。茱蒂家庭農場的標籤會讓我聯想到一座小小農場，或是一群女同志下鄉經營的公社。可是事實上，茱蒂是佩塔魯瑪養雞場老闆的妻子，他顯然是行銷高手，熟稔目前超市中的田園風格。想到茱蒂每天早上天剛亮就要起床撿雞蛋，誰還會對一打三・五九美元的有機雞蛋感到不滿？只不過我一直無法確定佩塔魯瑪蛋業究竟有多大多複雜，因為它非常注重生物安全，所以訪客只能待在辦公室。

蘿絲的有機雞生活和猶太肉雞與亞洲肉雞沒有多大差別，牠們都是以最先進的工業方式培育出的一般康沃爾混種雞（Cornish Cross），不過佩塔魯瑪養雞場的標準比較嚴格，其他的養雞場還是會施打抗生素，並在飼料中添加動物性副產品。康沃爾混種雞代表著工業化雞隻育種的最高傑作，能以有史以來的最高效率，將玉米轉變成雞胸肉。不過高效率也讓這種雞付出了代價：牠長得太快，七週後就能送進烤箱，所以可憐的雙腳無法承受重量，走路經常跌倒。

在這個已經完全自動化的工廠中，只需十分鐘，就能讓一隻活生生的雞，從有羽毛的禽鳥，變成包裝好的食物。之後行銷主管帶我去看蘿絲活著的樣子。這個雞舍看起來不像農場，反而像軍營。十幾排低矮的長棚子，兩端都有巨大的電風扇，我穿上白色的化學防護衣才能進去，由於這些雞沒有吃抗生素，又住在封閉空間中，所以公司非常小心，因為一旦爆發感染，整座雞舍的雞有可能一夕之間全數暴斃。我一踏進去，兩萬隻雞便同時從我身邊散開，像是緊貼地面的一片白雲，並發出清柔的咯咯聲。空氣溫暖又潮濕，充滿了氨水刺鼻的氣味，嗆得我喉嚨極不舒服。兩萬隻當然是大數目，牠們織就出一片平緩起伏的白色地毯，有將近一個橄欖球場那麼長。等牠們習慣了我們的存在之後，這些肉雞又開始從天花板垂下的管子中吸水，或從架高的食物槽中啄食有機飼料，飼料由外面的儲存倉庫接管輸送過來。這些雞做的事情和其他肉雞沒兩樣，只不過牠們並沒有從雞舍兩端的小門走出去。主管告訴我，相較於其他一般肉雞，這些有機飼養的雞過的日子算是好得多，牠們每隻平均的生活空間多出十幾平方公分（雖然很難想像還可以比這更擠），而且飼料中沒有添加生長激素和抗生素，所以牠們可以多活幾天。不過，在這種環境中多活幾天究竟好不好，很難斷定。

雞舍旁邊都有一條寬約四點五公尺的草地，但如果兩萬隻雞突然一起走出來透氣，這條草地一定不夠大。老實說，雞舍的管理者並不想見到這種狀況，因為這些雞隻抵抗力弱、生活擁擠，基因又都相同，因此非常容易受到感染。這也是工業化有機食物系統的重大諷刺之一：這種系統比傳統的工業化系統更不穩定。然而，聯邦法規說有機雞應該要可以「走到戶外」，為了符合超市田園詩中的想像，佩塔魯瑪養雞場為雞舍開了門，也在旁邊種了草地，而剩下的事就只有祈禱了。

不過佩塔魯瑪養雞場的管理者似乎還不必擔心，目前食物、水和雞群都還在雞舍中，那些小門要等到雞隻五週大的時候才會大開，而屆時這些雞都已經習慣了雞舍中的生活，顯然沒有理由到要外面那個看起來陌生又恐怖的世界去冒險。而這些雞隻在七週大的時候就會被宰殺，因此這兩週的戶外假期，不太會是牠們想選擇的生活方式。

我很慶幸能夠逃離那股濕氣和氨水味，到戶外呼吸新鮮空氣。我站在雞舍小門邊，看看有沒有雞隻會選擇順著小小的斜坡而下，到剛修剪過的草地上去。我等了又等，最後只能下結論：有機放養雞蘿絲並沒有真的吻合有機放養的理念。我發現，提供給蘿絲的這片空間，和典型的美國前院草坪幾乎沒有兩樣：這是儀式般的空間，提供給整個社區的象徵意義，遠多於給予自家住戶的實質意義。雞舍外圍小心維護的草地，只是為了呈獻給一個沒人願意承認的理想，這個理想現在已經成了笑話，一個空洞的田園幻想。

五、我的有機工業餐

我在「完整食物」的購物之旅，買到了一頓舒適的週日冬季晚餐所需的所有材料：烤雞（蘿絲）佐烤蔬菜（黃色馬鈴薯、紫色甘藍菜和卡爾有機農場出品的紅色冬南瓜）、蒸蘆筍，以及來自大地農場的綜合生菜。甜點相當簡單，是「石原農場」（Stonyfield Farm）出產的有機冰淇淋，加上來自墨西哥的有機藍莓。

不過此時還不可以端上桌（至少還不能端給我妻子），所以我先以一份卡斯卡迪亞農場的有機電視餐作為午餐。現在它正放在可微波的塑膠碗中，只需五分鐘的高溫微波，就可以上桌。我撕開封口的包膜，覺得它有點像飛機餐，事實上不論看起來或是吃起來，也都像飛機餐。白色的雞胸肉塊上有一道道漂亮的烤痕，並且吸滿了鹹醬汁，於是呈現出加工雞肉常有的抽象雞味。毫無疑問，這種味道來自盒蓋上標示的一種成分：「天然雞肉風味」。雞肉和配菜（煮軟的胡蘿蔔、豌豆、四季豆和玉米），都「淋上迷迭香蒔蘿奶醬」。不過在成分表中，都沒有使用到乳製品，因此這種濃稠的口感顯然是化合而成，我猜想應該是以三仙膠（或者鹿角菜膠？）讓醬汁產生不當的黏稠度。老實說，我不該把有機電視餐拿來和真正的晚餐比，而應該是和一般的電視餐比，這樣一來，至少就我的記憶所及，卡斯卡迪亞農場的產品就顯得毫不遜色。特別是與史文森（Swanson）和卡夫（Kraft）這些品牌相較，設計有機食物的科學家只能使用少許的防腐劑、乳化劑和香味劑，想到就更覺得了不起。

如果不介意我自吹自擂，蘿絲烤雞搭配新鮮蔬菜的晚餐要好太多了。我在雞的周圍擺上馬鈴薯和紅色冬南瓜塊，放入烤箱。待烤雞移出烤箱，我又在烘焙紙上鋪上捲曲的甘藍菜葉，再撒上橄欖油和鹽，然後以高溫繼續烘烤。十分鐘後，甘藍菜烤得香脆，而烤雞也可以切片了。

當晚所有蔬菜幾乎都來自卡爾有機農場，這家公司和大地農場主宰了超級市場中的農產品區。卡爾有機農場是一家大型的有機蔬菜公司，位於加州的聖華金谷地（San Joaquin Valley），被格林威斯農場併購之後，成為有機工業集團的一份子，而且早就開始了有機胡蘿蔔的大規模單一栽植。不過，這兩家公司與大地農場不同，他們從未參與有機運動，最先都是以傳統農場起家，後來由於看好有機市場的獲利空間而想趁早卡位，再加上擔心加州政府可能會禁用某些特定農藥，才開始有機種植。格林威斯農場的一位發言人最近告訴訪問者：「我並不是有機食物迷，而我目前也看不出傳統農耕會造成什麼壞處。我們從事有機耕種，是為了長遠的利益。」所以，他們的有機經營毫無理念可言。

兩家公司合併之後，在加州有六千八百公頃的土地，從加州西岸延伸到墨西哥。這麼多土地，足以讓他們能和大地農場一樣從事輪耕，一年十二個月都能生產新鮮的有機蔬菜，就如同加州傳統農場過去數十年來的生產模式。不過才幾年前，超級市場中的有機蔬菜還只是零星出現，到了冬天更是少見。但現在一整年都可以看到許多有機蔬菜，這都要歸功於格林威斯農場和大地農場。

現在就連在一月，我都能買到蘆筍。在我準備的蔬菜中，只有這一樣不是由卡爾有機農場或大地農場生產，而是舊金山一家小中盤商從阿根廷進口。我的計畫是準備一頓溫暖的冬季晚餐，但實在是無法抗拒「完整食物」中的特價蘆筍（雖然一公斤要十三美元）。我從來沒有在一月嘗過南美洲的蘆筍，也覺得在探索有機帝國，一定要來一些。這把春天的美食來自一萬公里以外的地方（也相隔了兩個季節），由一家農場根據有機耕作規範栽種而出。他們在週一摘取、包裝和冷藏，週二搭乘噴射機來到洛杉磯，之後載往「完整食物」在當地的物流中心，週四成為「完整食物」柏克萊店的促銷商品，而我在週日晚上蒸來吃。有什麼會比這整件事情更適合測試「有機」一詞表象的極限呢？

購買這類產品所隱含的道德意涵，既廣泛又糾結，難以釐清。其中包括成本、相關作業消耗的龐大能量、對季節的違背，以及一個整體性的問題：南美洲最肥沃的土壤，是否應該為了豐衣足食、飲食過度的北美洲人種植食物？你可以提出一個很好的論點：我購買來自阿根廷的蘆筍，可以增加該國外匯，而該國非常需要這些外匯；同時也能增進對該國土地的照顧，因為這種栽培方式不能使用農藥和化肥。若非如此，情況一定大不相同。很顯然，這把蘆筍把我打入了全球有機市場所蘊含的深刻利弊交換中。

好了，那麼這把蘆筍滋味如何？

這把搭乘噴射機而來的阿根廷蘆筍，吃起來就像潮濕的厚紙板，我們各吃了一兩根之後就放棄了。如果它能更甜、更嫩一點，也許我們還會吃完。不過我認為真正的原因在於這盤蘆筍來錯了地方，在冬季的晚餐中，它變得沒那麼好吃。蘆筍是我們心目中少數依然與季節緊密結合的食物，而這種食物越來越少了。

其他蔬菜就好吃多了，而且真的很棒。它們橫越了整個美國，是否依然能保持甜美鮮翠，的確值得懷疑。但是大地農場包裝在塑膠袋裡的生菜，竟可以維持十八天的鮮翠，這並不是什麼科技小把戲就能辦到的。袋子裡的惰性氣體、一絲不苟的冷藏供應鏈、太空時代的尖端塑膠袋（能讓葉片有剛好足夠的空氣呼吸），都是長期保鮮的大功臣。然而，根據古德曼的解釋，保持新鮮還有其他因素：這些蔬菜是有機栽培出來的。它們沒有施加合成氮肥，所以不會快速生長，而生長較慢的細胞有較厚的細胞壁、吸取的水分較少，因此能夠維持鮮度。

而且我還確信，味道也比較好。格林威斯農場同時以傳統與有機兩種方式耕種番茄，我發現同品種的番茄，有機栽培出來的糖度評分（Brix scale）要高於傳統番茄，而糖分多就表示水分少、風味濃。這樣的道理對於其他有機蔬菜也適用：生長得慢，細胞壁便較厚，而水分少則使風味更濃縮，這至少是我的印象。不過新鮮度對風味的影響，可能還是比栽種方式更重要。

烹調這樣一頓步步為營的有機餐點，會產生一個無法避免的問題：有機食物真的比較好嗎？

值得我為它多花一點錢嗎？我從「完整食物」買來的晚餐的確不便宜，因為從前菜到甜點都是有機食物：雞肉蘿絲十五美元（每公斤六．七美元）、蔬菜十二美元（主要是那把蘆筍）、甜點七美元（包括那盒一百七十公克的黑莓，三美元）。一家三口在家中共享晚餐：三十四美元（不過還有剩菜留給下一餐）。「有機食物是否比較好、比較值得？」這是個平實而直接的問題，但是我發現答案卻一點都不簡單。

接下來你一定會問：「是指有機食物的『什麼』比較好？」如果答案是「滋味」，那麼我會認為「是的」，至少在這些農產品上是如此——然而也不必然如此。剛採收的傳統農產品，滋味絕對好過花了三天跨州而來的有機農產品。肉類就比較難說了；蘿絲吃起來不錯，但老實說，還比不上雞齡較大的非有機雞肉洛基。這可能是因為洛基養得比較久，而雞養得越久，味道通常越好。雖然蘿絲吃的玉米和大豆在栽培時沒有用到化學合成物，但這對雞肉的滋味沒有影響。應該這麼說，為大眾市場飼養的雞，飼料中含有抗生素和動物性副產品，因此雞肉變得鬆軟無味；相較之下，蘿絲和洛基吃起來更像雞肉。雖然有機無機的飼料可能沒有造成差別，但是飼料中的抗生素等的確會影響雞肉的滋味。

「是指有機食物的『什麼』比較好？」如果答案是「我的健康」，答案或許也是肯定的，但仍未必是絕對的。我相信我為家人準備的有機晚餐，的確比傳統食材要健康得多，不過我很難提出科學證據。我能說的是，在質譜儀的輔助之下，這些有機食材幾乎沒有農藥殘留，但這些微量的致癌物、神經毒素和內分泌干擾物，則總是出現在傳統的農作物和肉類中。我可能無法證明食物中這些微量的毒素是否真會讓我們生病，例如得癌症，或是對我兒子的神經發育或性發育造成影響，但這並不意味這些毒素不會造成疾病。政府認為，食物含有有機磷殺蟲劑或是生長激素是「可忍受」的，然而經常接觸這些物質會引發何種結果，幾乎沒有相關研究。（官方這種「容忍值」的說法通常有個問題：沒有適當指出兒童能夠接觸的含量。由於兒童體重較輕，飲食習慣也和成人不同，因此農藥對兒童的影響更大。）

我們現在已經知道，內分泌干擾物所造成的生物性影響，主要取決於接觸的時機，而非劑量。因此比較審慎的想法是，盡量不要讓兒童接觸這些化學物質。至少讓我感到安心的是，那天我們所吃的牛奶與冰淇淋，都是來自沒有注射激素的乳牛，牠們吃的玉米也不含激素，就如同蘿絲一樣沒有草脫淨（atrazine）的殘留物。草脫淨是美國玉米田中常使用的除草劑，雄蛙只要暴露在非常微量的劑量中（百億分之一），就會轉變成雌雄同體。當然，青蛙不是小男孩，所以我可以等科學界完成實驗，或等待政府下令禁用草脫淨（歐洲已經禁用），或是現在就假設不含這種化學物質的食物對我兒子的健康比較好，然後以此為飲食標準。

當然，食物對身體健康的影響，不是只看有沒有毒，也要考量其營養價值。那麼，針對同種食材，是否有任何理由可以指出，我從「完整食物」買來的食材，會比傳統食材更有營養？

這些年來，的確有零星幾項研究，努力想證明有機產品具有更高的營養價值，但大多都遇到了障礙，因為變因太多，很難單獨進行操縱，所以諸如氣候、土壤、地理環境、新鮮程度、耕作方式、物種的遺傳等，都會影響一根胡蘿蔔或一顆馬鈴薯的營養成分。在一九五〇年代，美國農業部會定期比較各地區農產品的營養成分，當時就發現彼此差異非常大。在密西根厚實土壤中栽種的胡蘿蔔，所含的維生素會多過佛羅里達州淺沙地上種出來的胡蘿蔔。當然，這樣的資訊會讓佛羅里達州的胡蘿蔔農民很尷尬，而這可能也是農業部沒再進行這類研究的原因。現在美國農業部的政策就如同「獨立宣言」，是建立在「眾胡蘿蔔生來一律平等」之上，而我們當然也有絕佳理由相信這並不是真的。但是在一個重量不重質的農業系統中，「眾食物生來一律平等」卻是不可或缺的幻想。難怪公元二〇〇〇年美國聯邦有機計畫啟動時，農業部長要站出來呼籲，有機食物並不會比傳統食物好。

農業部長丹・葛利克曼（Dan Glickman）說：「有機標籤只是市場的行銷工具，並不擔保食物的安全性，也不能拿來評量食物的營養成分與品質。」

但近來也有些有趣的研究提出不同看法。二〇〇三年，加州大學戴維斯分校的研究人員在《農業與食品化學》（*Agriculture and Food Chemistry*）上發表了一篇研究報告，裡面描述了一項實驗：在相鄰土地上以不同耕作方式（包括有機與傳統）種植同品種的玉米、草莓與藍莓，然後比較收成物中的維生素與多酚的含量。多酚是植物製造出的二次代謝物，近年來才發現它對於人類健康與營養都至關重要。多酚中有許多威力強大的抗氧化物，其中有些能預防或對抗癌症，有些則具有對抗微生物的特性。戴維斯分校的研究人員發現，以有機或其他永續方式栽培出來的水果和蔬菜中，抗壞血酸（維生素C）和各種多酚的含量都比較高。

對於這些植物中二次代謝物的新發現，讓我們對於食物的生物及化學複雜性有了更深一層的體認；但從歷史我們也得知，這微薄的認識根本還未觸及營養學的核心。最表層的研究是在十九世紀初，當時科學家找出了主要營養素：蛋白質、碳水化合物和脂肪，化學家分離出這些化合物，然後自認破解了人類營養的關鍵。但有些人（例如水手）的飲食中即使富含主要營養素，卻依然生病。後來科學家發現了幾種主要的維生素，才解開生病的奧祕；這是人體營養學的第二道關卡。現在我們又發現，植物中的多酚對於人體健康非常重要（這或許能夠解釋，為何添加了維生素的高度加工食品依然沒有新鮮食物營養）。我們不禁懷疑，植物身上還有哪些作用、還包含哪些物質，是人類天生需要卻尚未發現的？

事實上，食物鏈中飲食那一端的營養祕密，就隱藏在生長這一端的土壤肥沃度。這兩個領域仍像是人類未知的荒野，我們卻一直認為人類的化學知識已足以描繪出完整的地圖（至少更深一層的複雜情況尚未出現）。有趣的是，我們對食物鏈的兩端之所以會有如此過度簡化的理解，都要歸咎於十九世紀著名的化學家李比希。你應該還記得，李比希自認為發現了土壤肥沃的奧祕：氮磷鉀。而這位先生在食物中發現主要營養素時，又自認掌握了人類營養的關鍵。李比希對土壤和食物的描述並沒有錯，但他所犯下的致命錯誤是，不論是植物或人類，只要供給了足夠的養分，就足以維持健康。在我們尚未深入了解食物、土壤以及兩者之間的複雜關連之前，我們可能會一直重複著同樣錯誤。

回到多酚，這類物質可能可以提供這種關連的線索。為什麼有機栽培的黑莓或玉米所含的多酚會比較多？前述這份論文並沒有解開這個問題，但是他們提出了兩個理論。植物製造這些化合物最先是為了抵抗害蟲與疾病，來自病蟲害的壓力越大，植物產生的多酚就越多。這些化合物是天擇之下的產物，更確切來說，也是植物與害蟲病原共同演化的結果。誰會想到，這些植物自製的殺蟲劑竟能讓人類獲益？誰又想得到，人類會發明農業然後剝奪了這種利益？戴維斯分校的研究人員認為，受到人造殺蟲劑保護的植物，不需要那麼努力製造自己的多酚殺蟲劑。在人類與人造化合物的細心照料之下，植物沒有必要把自己的資源投注在加強武裝上（就像是冷戰時期的歐洲國家）。

第二種解釋也許是，用化學肥料施肥的土壤所含的成分太單調，因此無法提供足夠的原料讓植物合成這些多酚，於是植物就變得比較脆弱，採用傳統方式種植的植物就是這樣（這種解釋後來似乎也獲得研究支持）。氮磷鉀或許足以讓植物生長，但如果植物還要製造大量抗壞血酸、茄紅素和白藜蘆醇（resveratrol），只有氮磷鉀是不夠的。巧的是，許多多酚，特別是黃醇（flavonol）這類多酚，與水果或蔬菜的特殊風味有關。土壤中一些未知的特質，可能對於我們食物和人體某些未知特質有所貢獻。

讀著戴維斯分校的報告，我不禁想起霍華爵士或是羅道爾等早期有機農業的支持者，他們一定會為這些發現而感到欣慰。他們深信氮磷鉀心態這種把土壤養分化約為化學元素的想法，會讓土壤培植出來的食物營養價值降低，進而危害到以這些食物維生的人。他們當初更因這種不科學的信念而飽受嘲弄。他們相信，所有胡蘿蔔生來就不相同，我們栽種的方式、使用的土壤、施肥的內容，都會影響到一根胡蘿蔔的品質，而我們目前的化學還無法解釋這些品質的由來。土壤科學家和營養學家遲早會趕上霍華爵士的論點，並且聆聽他的告誡：「我們應當把土壤、植物、動物和人類的健康問題，視為單一重大議題。」

所以，這些放在香草冰淇淋上的有機黑莓，其營養成分的確比傳統黑莓要來得多。因為這些有機黑莓是種植在成分複雜的沃土中，而且得自行抵抗病蟲害。對於霍華、羅道爾等有機農夫而言，這算不上什麼驚天動地的大新聞，但至少我們現在可以提出科學證據了：《農業與食品化學》，二〇〇三年，五十一卷，第五號。這篇論文問世之後，其他類似的研究也出現了。很顯然，關於土壤與植物、動物及人類健康之間的關係，我們要學的還有很多，而過度傾向任何一方都是錯誤的。自行把標籤上的「有機」字樣視為健康的標記，也是一種錯誤，尤其當這個標籤出現在高度加工或是遠道而來的食物上，因為這些食物在抵達餐桌之前，營養成分和風味早就流失殆盡了。

「是指有機食物的『什麼』比較好？」從我的有機晚餐所引發的這個問題，當然可以有比較持平的回答：有機耕作真的對環境比較好嗎？真的對農夫比較好嗎？真的對公眾健康或納稅者比較好嗎？這三個問題的答案幾乎都是肯定的。農場人員在栽種我這餐所需的蔬果肉類時，不會有農藥進入他們的血液，不會有氮肥或生長激素流入河川流域中，也不會有土壤受到毒害、抗生素被浪費，更無需開出農業津貼的支票。如果我的完全有機晚餐的高成本，能如我們所預期的使大環境付出的成本少一些，那麼至少就因果關係來看，可謂相當划算。

不過，不過，我所準備的有機工業餐，仍對這個世界造成深刻的傷害。那些採收蔬菜和宰殺蘿絲的人，所得到的待遇並沒有比非有機工業的人員好，那些有機肉雞所過的日子，也只比傳統飼養的肉雞好一點而已。到頭來，不論飼料是否是有機的，集中養殖就是集中養殖。我們冰淇淋中的牛奶，有可能來自生活在戶外真實草原上的牛隻（石原農場大部分的牛乳都購自小型酪農），但並不是貼了有機標籤，就保證事情一定如此。雖然我參觀過的那些有機農場並沒有直接得到政府的資助，但他們確實有得到納稅人的補助，尤其是加州補助的水費和電費。清洗我那包生菜的工廠就跟大地農場一樣，不認為自己應該歸類為「農場企業」，但那可是座一萬八千多平方公尺的冷藏加工廠，其中有一半成本都花在電費上。

不過我這頓工業化有機餐點最令人沮喪之處，就是和傳統餐點一樣耗費了大量化石燃料。蘆筍搭乘波音七四七從阿根廷飛來，黑莓是從墨西哥用卡車載來，生菜則是從亞利桑那州採收之後（大地農場冬季的作業地點）到我拿起來走出「完整食物」的大門為止，都一直維持在攝氏二度的環境之下。食品工業界所耗費的石油，占了全美的五分之一，直逼汽車的用量。目前在美國，每一大卡的食物要搬上桌，需要耗費七到十大卡的化石燃料。雖然有機農夫不施用由天然氣製成的肥料，也不噴灑由石油製成的農藥，但是工業化有機農業因為要長途運送堆肥以及密集除草，消耗的柴油燃料常比傳統農業還多。特別是除草，這得耗費大量能源，還得從事額外的耕作與灌溉（為了讓雜草在種菜前先長出來）。整體而言，根據皮門特爾的說法，有機比傳統耕作省下三分之一的化石燃料，但如果堆肥不是由當地或鄰近地區生產的話，省下來的燃料就又被用掉了。

然而，從產地到餐桌的過程中，用在栽種的能量還是最少的，只占了五分之一，其餘都用在食物的加工與運輸上。至少就我手邊現有的例子來看，找不出什麼理由可以認為卡斯卡迪亞農場的電視餐或是大地農場的生菜，會比一般的電視餐或生菜更永續。

好吧，至少我們不是在車上吃。

所以工業化有機食物鏈是個矛盾的名詞嗎？我們很難躲開這樣的結論。當然至少在短時間內，我們可能要和這種矛盾共處，而且有時這是必須或值得的。但是我們至少應該面對這種妥協所付出的成本。有機的原意是要讓我們的飲食方式能更符應自然運作的邏輯，建立一條師法生態系的食物鏈，從太陽汲取肥料和能量；而在這種方式之外的耕作都是「非永續」的。然而，這個詞已經遭到濫用，以至於我們容易忘記它所代表的特定意義：遲早會瓦解。在很大的程度上，農夫在農場中創造了一條新的食物鏈，然而一旦面對了超級市場的期待，這條食物鏈就會出現問題。一如其他領域早已證明的，自然邏輯和資本主義邏輯無法相容，因為後者把廉價的能源視為理所當然的前提。而現在就是這樣，有機食物工業界發現自己正處於一個不符合預期、不自在而且也不永續的狀態：在動盪的石油之海上載沉載浮。

Chapter 10
GRASS：Thirteen Ways of Looking at a Pasture

第十章
牧草　看待草地的十三種方式

一、星期一

人們都說自己喜歡草，卻沒人可以真正看清到底喜歡草的哪一點。嗯，就一般意義而言，你當然可以把草看得很清楚，然而當你注視著一塊草地，真正看到的是什麼？首先當然是一片綠；也許還有微風留下的波浪，但這都只是對草的抽象認知。草地對我們而言，比較像是土地而非物體；是地貌中的背景，用來襯托其他更清晰可辨的實體，如樹木、動物和建築物等。草地不像是主體，而比較像背景。這或許是因為人類和構成草地那數不清的微小生命之間，懸殊的體型所造成的：也許人類太大了，所以無法看清草地中正在發生的小事件。

有意思的是，我們喜歡草的這個現象似乎跟草本身沒什麼關係，而是因為我們更不喜歡森林。即便如此，我們仍寧可把自己比擬成一棵樹，而不願意是一株草。倘若詩人把人類比擬成草，通常是提醒我們要謙卑，提醒我們生命何其偶然又何其脆弱。草地是由許多看似模糊難辨的微小個體所組成（其實如果仔細觀察，會發現草地中禾草只占了一半，其他則是豆科植物或寬葉植物），但在人類眼中，卻成了一塊毫無差別的整體，只算得上一片雜亂無章的綠色。這樣看待（或者該說藐視？）草地，一定很合我們的觀念，否則我們為何要辛苦地修剪草坪，讓它看起來變得更抽象？

然而，這不是牛隻看待草地的觀點，也不是薩拉丁之類的牧草農夫看待草地的觀點。當一頭牛走進一片新的牧場，牠看到的不只有綠色，牠甚至沒有看到草。牠的眼角餘光看到了一叢白苜蓿，有著祖母綠的心型葉片；再往外一點，是如波浪般緊貼著地面的青藍色牛毛草。對這頭牛而言，這兩種植物的差異就如同香草冰淇淋與白色花椰菜，牠也決不會因為食物的顏色相同，就混在一起吃。這頭牛張開牠厚實濕潤的雙唇，伸出沙紙般粗糙的舌頭，如粗繩般捲住苜蓿，緊接著是葉片清脆的斷裂聲，一大把柔軟的葉子送入口中。這頭牛接下來會吃牛毛草，然後是果園草（orchard grass），甚至是幾株雜草，但這都要等到牠先把冰淇淋等級的苜蓿吃光再說。

薩拉丁稱他的草原為「沙拉吧」，上面至少有許多種草是他的牛可以吃的，當然也有一些是他的牛不吃的。雖然我們可能沒有注意到草地上還埋伏了許多卡羅來納龍葵（Carolina nightshade）或是薊草，不過當牛隻隔天啃完這片草地之後，你就會看到這些植物還直挺挺地站在原地，就像是挑食的孩子把花椰菜孤伶伶地留在盤子裡。

看著這頭牛吃著牠的晚餐，讓我了解到先前的「體積理論」有點站不住腳。我們會對草地視而不見，不是因為人高大草矮小，而是我們對草不感興趣。這天傍晚我在薩拉丁草地上緊跟著這隻牛，其體積顯然比我大多了，知覺的靈敏度則比我差多了，但牠在這片雜亂的綠色混沌中，卻能快速捲走一撮貓尾草，快過我記下這個植物名稱所需的時間。我不吃貓尾草也不吃苜蓿，但如果我吃的話，我眼中的草地可能和牠看到的一樣，是個有秩序、美麗而可口的沙拉吧。只要專注，便能清楚辨識各個種類的草。

人類雖然是雜食動物，但是缺乏瘤胃來消化纖維素，因此青草是自然界中雖有營養但人類不吃的少數東西之一。薩拉丁也不吃草，但是他眼中的沙拉吧和牛眼中的一樣鮮活。我抵達農場的第一天，連動物都還沒打過照面，他就堅持要我跟著他一起趴在草地上。他為我介紹了果園草和牛毛草、紅苜蓿與白苜蓿、小米和早熟禾、車前草與貓尾草與甜草，他還摘了一片甜草給我嘗，真的是甜的。薩拉丁要我了解為何他自稱牧草農夫，而非牧人、豬農、雞農、火雞農、兔農或是蛋農。動物來來去去，都是直接或間接以草為食，因此農場的福祉主要還得靠草地的健康。

草地農法在美國農業中還是一個相當新穎的名詞，最初是在一九八〇年代由《畜牧者牧草農夫》（*Stockman Grass Farmer*）的編輯艾倫・納遜（Allan Nation）從紐西蘭引進的。《畜牧者牧草農夫》是一份小型月刊，裡面的廣告包羅萬象，有移動式的通電圍籬、礦物質補給品，還有公牛精液。對於越來越多經營「精細管理式放牧」（management-intensive grazing，簡稱MiG）的畜牧業者而言，這份小報成了必讀刊物，而這種放牧方式在該刊物中有時也稱為「輪替式放牧」。薩拉丁在《畜牧者牧草農夫》中有個專欄稱為「牧民」（Pastoralist），並因此和納遜結為好友，同時也視他為導師。

納遜在一九八四年前往紐西蘭，他說，聽到當地的牧羊業者自稱為牧草農夫時，腦中靈光一閃，自此便以全新角度來看待食物生產的過程。他馬上把自己的小雜誌由《畜牧者》改名為《畜牧者牧草農夫》，並且熱中於傳播「草地的理念」。他藉由這本雜誌，號召了一群熱中於推廣草地理念的人，包括薩拉丁、吉姆・格李希（Jim Gerrish，愛達荷州的牧場主人兼教師，他發明了「精細管理式放牧」這個詞）、育種專家傑拉德・佛萊（Gerald Fry）、喬・羅賓森（Jo Robinson，專門研究食草動物肉品對人體健康益處的作家），以及阿根廷農學家阿尼瓦爾・波多明哥（Anibal Pordomingo）。其中許多人都是藉由法國農學家安德列・佛伊辛（Andre Voisin）在一九五九年所寫的《草地的生產力》（*Grass Productivity*），認識了「輪替式放牧」。這本論文指出，一片草地只要適時適量地放牧反芻動物，所能產生的牧草（及連帶的肉和奶）便會多到不可思議。

牧草農夫是為了肉、蛋、奶和羊毛來飼養動物，但他們會把動物視為食物鏈的一部分，而食物鏈最關鍵的一環則是各種草類。所有食物鏈都是太陽能量推動的，我們吃的動物也是，而草將這兩者連結起來。薩拉丁說：「更精確地說，我們應該稱呼自己為『太陽農夫』，我們只是藉由草來獲取太陽能。」當代草地農法的準則之一，就是農夫要竭盡一切所能，利用每天光合作用所收集到的太陽能，而不是使用儲存在石油中的古代太陽能。

納遜在密西西比州的牧場長大，對他而言，這種作法不但經濟，而且對環境有益。他最近在「艾倫觀察」這個專欄中寫道：「所有農業的核心都在於擷取免費太陽能，然後將其轉變為對人類具有高度營養價值的食物。」在每個月的專欄中，他把許多著名思想家的理論應用到農業問題，這些思想家包括企管大師彼得．杜拉克、麥克．波特[①]和亞瑟．庫斯勒[②]等。他在專欄中提到：「要有效率利用太陽能，方法只有兩個：一是你到菜園中拔根胡蘿蔔，然後吃掉；這是人類利用太陽能的直接方法。二是把一頭動物送到戶外，收集食物中的免費太陽能，然後你再吃掉那頭動物。」

佛羅里達州一座牧場的主人巴德．亞當斯（Bud Adams）告訴我：「其他收集和運送能源的方式，都需要投入較高成本，還會消耗石油，如此便降低了農場與牧場的收入。畜牧業是非常單純的事業，而困難之處在於保持單純。」

要讓食用動物捕獲陽光能量，最簡單的方式就是讓草長得好。薩拉丁說：「每片葉子都是一片太陽能板。」而量產這些太陽能板的最有效（卻未必是最簡單）的方式，就是精細管理式放牧。顧名思義，這種放牧方式主要仰賴的是農夫的腦力，而非密集的資金（或能源）。事實上，實際需要的只有一些移動式電圍籬、願意每天把牲畜移到新鮮草地上，以及在那個早春的午後，薩拉丁趴在草地上對我講授的詳盡牧草知識。

①編注 Michael Porter，哈佛大學商學研究院教授，當今世上最具影響力的管理學家之一，研究競爭力與競爭戰略等主題，其論文獲獎無數，著有《競爭戰略》、《競爭優勢》等書。

②編注 Arthur Koestler，匈牙利作家。一九三一年加入德國共產黨，因不滿史達林殘酷的統治手段而在一九三八年退黨。著有《正午的黑暗》，探討了政治革命之目的與其手段之間的矛盾。

他解釋說：「重要的是，你得知道所有草的生長速度都是呈S形。」然後他一手抓過我的筆和筆記本，按著佛伊辛書中所描述的，在筆記本上面畫了一張座標圖：「這個縱軸代表草的高度，橫軸代表時間，從這片草地上次放牧過後開始算。」然後他從左下角原點處往右上延伸，在紙上畫出一個大大的S。「看到了嗎？一開始長得很慢，但幾天後就突然加速，這段期間稱為『生長加速期』，此時草已經從上次的啃咬中恢復，開始儲存資源，根的重量增加，然後快速生長。但是過了一陣子，大約在十四天後，曲線開始變得平緩，生長速度會再度變慢，這些草已經準備好要開花結果了。此時就進入老化期，開始木質化（變得較硬）。這是牛隻比較不喜歡吃的草。」

他確切指著筆記本上的某一點，說：「你該做的，就是在這個時間點、這個生長的高峰期，在這片草地上放牧。但你決不能違反第二次放牧定律，在草地還沒有完全恢復之前就放牛來吃草。」

倘若第二次放牧定律真的是白紙黑字的法律條文，那麼世界上大部分的牧場主人和酪農都違法了，因為他們允許牲畜一直待在草地上吃草。如果讓牛隻連續放牧二或三次，那麼「冰淇淋」等級的草，如苜蓿、果園草、甜草、早熟禾和貓尾草等，便會越來越稀少，最後從草地中消失，只留下坑坑疤疤的洞，而這些光禿的部分會長出牛不吃的雜草和灌木。此外，植物大致都會維持根部與芽部的平衡，如果再三放牧讓草無法長高，那麼它的根就無法往下扎，吸收不到表層土壤的水分和礦物質。久而久之，密集放牧的草地就會惡化，成為乾燥鬆脆的沙地，最後甚至變成沙漠。美國西部的環境科學家之所以對放牧抱持悲觀的態度，就是大部分的牧場業無視於第二次放牧定律，無止境地讓牲畜吃草，致使土壤不斷退化。

薩拉丁摘下一片果園草的葉片，指出牛隻在上週留下的咬痕，然後又指出其後數日新長出來的鮮綠部分。這片葉子就是某種時間軸，上面明顯區分出啃咬之前的深綠色以及啃咬之後的淺綠色部分。薩拉丁說：「這就是生長加速期長出來的部分，我想大約三、四天後，就可以讓牛回到這片草地上來了。」

這就是「精細管理」。薩拉丁的牧場中有幾十片草地，面積隨季節而變化，從半公頃到兩公頃不等。他會持續更新腦中的資料庫，以確切追蹤每片草地的生長階段。我們身處的是這片約兩公頃大的平坦草地，位於穀倉正後方，北邊是一道矮樹籬，南邊是一條小溪和泥路。這條泥路彷如蜿蜒崎嶇的樹枝，連接著波里菲斯各處草地。現在，他已經把這片草地記錄到他腦中的時程表。然而，要為每塊草地做出明確的決定，要考量的因素太多，想到就讓我頭痛不已，而我也終於了解，為何以標準化與簡單化為本的工業化農業，會和精細管理式放牧如此格格不入了。一片草地的恢復期，受到溫度、降雨、日曬程度以及季節的影響，因此所需的時間每次都不同。牛隻需要的草料也隨著牛的體型、年紀以及生長期而有所不同，例如一頭正在泌乳的牛隻，需要的草量就是其他牛隻的兩倍。

牧草農夫為了進行計算與記錄，以「牛日」（cow day）為單位來界定一頭牛一天的平均糧草量，依此計算何時要把牛隻趕到何處。為了讓輪流放牧能夠順暢運作，農夫得確知每片草地的產量有多少「牛日」。牛日這種計算單位，可比光速這類的恆定值有彈性多了，因為一片草地可提供多少牛日，會因為上述各項變數而有所增減。

過度放牧會破壞草地，放牧不足也是，因為這樣會導致牧草木質化與老化，而使生產力下降。但是如果配合得剛好，讓適量的牛隻在牧草的成長加速期放牧，就能得到非常大量的牧草，同時也會改善土地品質。薩拉丁稱這種適當的放牧節奏為「草地的脈動」，並表示波里菲斯農場已能將產量提升到每公頃將近一千個牛日，而該州草地的平均產量只有一百七十個牛日而已。他說：「實際上，我們只投資了一些錢購置移式動籬笆，再花許多功夫管理，就買到一座新的農場。」

牧草農夫得充分掌握地區性知識，才能使草地運作良好，然而其他種農業模式所倚賴的卻是完全相反的東西：遠離農業的腦袋，以及由農業化學與機械所展現出來一體適用的心態。牧場農夫得依靠自己持續管理運用農場時間與空間上的各項變因，以應付每個特定狀況；他得靠自己的觀察與組織能力，安排動物每天和草地會面的時間，以確保雙方都能得到最大利益。

這種低科技的田園型態，只是單純回到前工業時代的農業生活嗎？薩拉丁完全不同意，他說：「或許不該這樣看待，我們現在用的都是資訊時代下的玩意。你會發現，波里菲斯農場是後工業時代的企業。」

二、星期一傍晚

我在波里菲斯農場工作的第一天，幾乎是祈求與盼望著一天的結束；我得說，這和我在知識經濟的社會中工作了一天之後的感覺完全不同。不過在晚餐之前，還有一項令人望而卻步的例行工作需要完成：移動牛隻。薩拉丁希望利用這個機會讓我了解，這件事情做起來比聽起來容易多了。我也希望如此。整個下午我都在搬運並堆疊二十多公斤重的乾草，現在全身筋骨痠痛，草料也扎得我渾身發癢。還好，薩拉丁是要我一起駕著越野車前往較高處的草原，去驅趕在那兒吃了整天草的牛，這讓我大大鬆了一口氣。（有條屢試不爽的公理是：當你越累，就覺得化石燃料越好用。）我們在工具棚前停下，拿一個充飽電的車用電池，以供給充電式草地圍籬的電力，然後加速衝上有車痕的泥土路。薩拉丁開著車，我坐在後頭，盡量讓自己的屁股緊貼著小木檯，這個木檯是他為了在農場各處搬運東西所釘製。

「我的鄰居認為像我這樣頻繁移動牛隻，一定是瘋了。因為許多人聽到『移動牛隻』，腦海中就會浮現悲慘漫長的一天：幾部運送牛隻的卡車、一群狂吠的牧羊犬、許多菸草，以及大聲嘶吼亂成一團的景象。」薩拉丁在越野車引擎的嘈雜聲中，大聲吼著：「但老實說，情況完全不是這樣。」

薩拉丁就如同許多從事輪流放牧的牧草農夫，每天都會把牛趕到新鮮的草地上。這個工作的基本原則就是「集中，然後移動」，我們在上方草原入口處停下來時，他如此解釋。這片草原往南傾斜，在其中一小塊草地上，約有八十頭牛在此或坐或臥，或四處閒晃。

「我們想在此嘗試的，就是在人類馴養的環境中，模擬全世界草食動物的生活。東非塞倫蓋提的牛羚、阿拉斯加的北美馴鹿、美國平原的野牛等，這些多胃的草食動物總是追隨著新鮮的草地，隨著牧草的生長週期而移動。掠食者迫使水牛移動得更頻繁，草食動物為了安全便會聚集成群。」

這種短暫停留、快速移動的方式，完全改變了動物與草地和土壤之間的交互作用。動物吃光草地上所有東西之後便繼續移動，使得青草有機會恢復生機。原生的各種草類都已演化出在這種模式下繁衍的能力，甚至需要動物的中介才能完成繁衍。反芻動物在排便時散播並滋養了這些草籽，而蹄印所製造出的小水坑，更是供草籽發芽的理想環境。在夏季最乾燥的時候，土地乾裂，土壤中的微生物活動幾乎都停止，此時反芻動物承擔了製造土壤養分的工作，在瘤胃中把乾燥的植物分解成基本的養分與有機物質，再透過尿液與糞便散播出去。

這種集中與移動的固定模式也有助於反芻動物維持健康。「短暫的停留可讓動物憑著本能找尋新鮮草地，而不會被自己的排泄物所污染。畢竟排泄物是寄生蟲的溫床。」

薩拉丁把電圍籬的電池拔掉，用靴子踏著電線，讓我進入草地。他說：「我們利用可移動的電圍籬達到相同目的。在我們的系統中，這些圍籬扮演了掠食者的角色，把動物集中一處，並且每天移動。」薩拉丁的父親在一九六〇年代發明了這種輕便又便宜的電圍欄，大大提高了精細管理式放牧的可行性。（不過在更早之前，牧羊犬就能執行類似的輪牧工作了。）

很顯然，薩拉丁的牛隻熟知這種操演，我可以感覺到牠們知道接下來要做什麼。四散躺著的牛隻站起身來，比較大膽的幾隻還慢慢朝我們這邊晃過來，其中一隻甚至像隻大貓用鼻子磨蹭我們。薩拉丁說：「牠是巴格。」他的牛群親切友善，其中混雜了黑色、棕色和黃色的牛，這些牛是布拉曼牛（Brahman）、安格斯牛和短角牛（shorthorn）的混血種。薩拉丁不信任人工受精，也不太在意花稍的遺傳學，他每隔幾年就從小牛中挑一隻當種牛，並以時下最著名的登徒子來命名，在柯林頓主政時代，當時的種牛就叫「滑腔滑調的威利[3]」。你在牛隻展示會場上，一定認得出威利的後代，牠們的皮毛光滑、尾巴乾淨，在六月潮濕的午後，也不會有什麼蒼蠅圍繞。

我們兩人聯手，只花了約十五分鐘，就在原來的草地邊圈出一片新的草地，並把灑水用的水桶拉了進去，也建立好灌溉管線。（薩拉丁在山坡上挖了幾座池塘，靠著重力便可驅動農場的灌溉系統。）新草地中的繁茂青草高及大腿，牛隻已經垂涎欲滴了。

時間到，薩拉丁看起來不像是牧場主人，反倒像是法國餐廳的高級侍者，他打開兩片草地之間的門，摘下草帽，大力往新鮮沙拉吧的方向揮動，召喚牛隻前來吃晚餐。這群牛一開始有些遲疑，然後便緩緩移動；起先是一頭接一頭，然後是兩兩成對，最後八十頭牛從容不迫地從我們身邊擦身而過，走進新的草地中，眼中專注看著牠們最愛的青草。牛群在這片新的草地上散開，低著大頭吃草，傍晚的空氣中充滿了各種低沉的聲音：嘴唇穩健有力的開闔聲、牧草清脆的撕裂聲，以及牛隻滿足的呼吸聲。

上回我親眼觀看牛群吃晚餐時，是在堪薩斯州花園市波克飼育場的第四十三圍欄中，那裡牛糞高及我的腳踝。這兩幕牛吃晚餐的景象天差地遠，其中最顯著的差別就是眼前這些牛自己收成食物，而飼育場中的食物則是由卡車運來，裡面按比例配量的玉米來自數百公里外的田地，同時動物營養學家還在飼料中摻入了尿素、抗生素、礦物質，以及來自其他飼育場實驗室的牛隻脂肪。在這裡，我們把牛帶到食物面前，而不是把食物帶到牛隻面前；牠們吃完之後，也不需做任何清理，因為牛隻已經把排泄物留在最適當的地方了。

牛吃草，草吃陽光，不可能有比這片草地上的食物鏈更短、更簡單的了；尤其與飼育場發展出的食物鏈相比之後就更明顯了。飼育場的食物鏈，觸角橫跨整個美洲大陸，延伸到愛荷華州的玉米田、墨西哥灣中氧氣不足的海域，更探入波斯灣的油田，以其能源來供養玉米生長。五三四號小牛的飼料槽中的二號飼料玉米片，將牠和擴及半個地球的工業（及軍事）複合體連接在一起了。

不過如果我能夠確實看到發生在這片草地的所有事情，並追蹤其中所有的生態關連，那麼在我眼前的這一幕，其實並不如外表看來那麼簡單。事實上，一片一平方公尺草地中所具有的複雜程度，足以媲美五三四號小牛所連接的工業化食物鏈。我們之所以難以了解草地的複雜程度，是因為這種複雜性不是人造的。

③ 編注 Slick Willie，美國前總統柯林頓的眾多暱稱之一，自他在阿肯色州擔任州長時，即被他的政敵冠上這個名號，諷刺他八面玲瓏、油嘴滑舌的媒體形象。

但我們還是可以試著了解，至少現在可以單就巴格這頭母牛和牠正在吃的一叢牛毛草，追蹤兩者之間的關係。這叢草的葉片在六月的漫長白晝中，利用陽光的能量合成糖。（所以薩拉丁會在傍晚移動牛隻，因為此時牧草所儲存的糖分達到高峰；一到夜裡，草便會漸漸消耗這些糖。）草的根部會從土壤深處吸收水分和礦物質，以供光合作用使用，有些草根甚至可伸入地下兩公尺，於是礦物質很快就會成為牛隻身體的一部分。巴格可能會視今天自己身體所渴望的礦物質，精確選擇一開始要吃哪種草；有的草能提供牠較多的鎂，有的能提供較多的鉀。如果牠覺得不舒服，會去吃車前草，因為這種草的葉片含有抗生素物質，這些吃草的牛會用沙拉吧中的多樣食材來治療自己。但五三四號小牛就不是這樣了，牠永遠都不能選擇自己的晚餐（遑論醫療方式）。動物營養學家會為牠調配好飲食比例，而這個比例依靠的僅是現有的動物科學知識而已。

截至目前為止，至少從我所站立的地方來看，巴格與這塊草地的關係好像只是單方面的：巴格每咬一口，草就少了一些。但如果我能從地底下對同一件事進行長時間觀察，我會了解到對於牛和草而言，這一口並不是「零和交易」。當巴格咬下這叢草，牠等於引發了一連串事件，讓這塊草地得到莫大好處。那叢被咬斷的草會努力重新調整根部和葉片的比例以維持平衡，也就是讓根的重量大致等於葉片的重量，而多出來的根就會被拋棄，由土壤中的生物如細菌、真菌和蚯蚓等，分解為肥沃的棕色腐植質。根部原先穿過的地方會留下孔道，於是蟲、空氣和雨水便能通過，刺激新表土繼續生成。

在適當的安排之下，反芻動物以這種放牧的模式由下而上產生新的土壤。而草原中的有機物質，例如土表上的落葉和動物排泄物的分解物，則是從上往下累積，就跟森林一樣。不過在草原中，腐爛的根是最主要的有機物質來源，如果沒有這些吃草的動物，土壤的生成過程就會變得緩慢，產生的土壤也會十分貧瘠。

現在讓我們回到土壤表面。幾天之後，巴格的啃咬會刺激草的新生，殘留的草葉會改變碳水化合物的儲存方向，把根中儲存的養分往上傳遞，好幫助新芽成長。在這個重要時刻如果讓動物又來啃咬，會嚴重影響牧草的復原狀況，因為在新的葉片長成並重新啟動光合作用之前，植物需要依靠根部儲存的養分來過活。植物的葉片生長時，根也在生長，不但伸入更深層的土壤，並善用上次啃咬所產生的腐植質，把營養物質帶到表土。比起從未經過牛隻啃咬的草，在這個季節中，這株草會用更多陽光合成更多的生物物質，地表上方與下方都是如此。

不過，單獨談論任一株草都有誤導之嫌，因為不同植物物種會有不同功能，何況在這一小塊地上就有這麼多植物，而巴格的一咬，則微妙地改變了這個社群的組成。草原上最長的草被啃咬之後，較矮的草就能曬到陽光，刺激它們生長。這就是為何適當放牧的草地上，貼緊地面生長的苜蓿數量會增加，這對其他的草和草食動物都是好事，因為這些豆科植物能固定土壤中的氮，使得周遭的草有肥料可用，這樣由下而上把氮提供給吃草的動物；而生長在瘤胃中的細菌，將會利用在苜蓿葉片中的氮來合成新的蛋白質分子。

將「精細管理式放牧」和「持續放牧」放在一起比較，即可顯示出前者能增加草原中物種的多樣性。因為受到牛隻喜愛的草，在輪流放牧的情況下便不至於遭受過度啃咬；此外，所有的草被啃咬的機會都相同，因此沒有一種草會長得比較高而霸占所有陽光。這種多樣性對於草原上的各種生物都大有益處。在最基本的層面上，這種方式能讓農地吸收到最多太陽能，因為每一種行光合作用的植物都有各自適合的生態區位，占據了不同的時間與空間。例如在六月，適合初夏的草生長速度會減緩，而晚夏的草會開始加速生長，然後達到最高點。乾旱期間，深根系的草則會取代淺根系的草。一片草地上若同時有夠多種類的草在生長，就足以抵抗幾乎任何衝擊，甚至在某些地區，每年所產生的生物質量還可媲美同雨量下的森林。

這樣的生產力，意味著薩拉丁的草原和他的林地一樣，每年都可以從大氣中吸收數千公斤的二氧化碳。不過樹木將碳儲存於自身，草地則是將碳以腐植質的形式儲存於地底。如果現在把種植動物食用穀物的農地全都拿來種草，便足以抵銷化石燃料的碳排放。舉例來說，美國現行種植牛隻食用玉米的農地共有六百五十萬公頃土地，如果全都轉換成為管理得當的草地，每年將能夠從大氣中吸收六百三十萬公噸的二氧化碳，這相當於路上少了四百萬輛車。我們很少注意到農業在全球暖化中所扮演的角色，然而人類活動所排放到大氣的溫室氣體，有三分之一是來自農耕活動。

多樣的多年生植物所發展出的食物鏈，好處既多且廣，因此便有人夢想能將我們目前的一年生穀物，轉換成類似薩拉丁的草原。三十多年前，一位植物遺傳學研究生魏斯．傑克森（Wes Jackson）就是懷抱了這個特殊願景，而他現在是堪薩斯州薩林納土地研究所的育種專家，手上執行一個非常長期的計畫，期望能將許多一年生穀類作物（包括玉米）轉變成多年生的，並讓它們混合栽植，這樣農夫只需偶爾耕地與播種即可。這個計畫的基礎概念是讓人能夠像反芻動物一樣依靠土地（與陽光）而活，方法就是透過改良，讓人類無法消化的多年生草本植物，產出人類可以消化的大型營養種子。當然，如果給人類瘤胃，讓人類能夠消化牧草，也可以達到相同目的。有人對此表示懷疑，他們認為，想把主要作物改變成多年生的，就跟讓人類長出瘤胃一樣，簡直痴人說夢。不過傑克森宣稱，他的團隊進展雖緩慢，卻非常穩健；這同時也證明了大部分植物學家抱持的傳統想法並不正確，他們認為在實際上，植物若不將能量用於產生種子（一年生植物的作法），就得留下用來過冬（多年生植物的方式）。

在當下，如果我要吃下薩拉丁草原上的草所含的能量，我只能吃下巴格。在傑克森對農業的大膽願景中，他期待有朝一日能讓人類吃飽，又不用損耗地球物質（土壤），而目前最永續的一年生農耕連這一點都做不到。但對我而言，這個願景反而讓我對現有以草為基礎的食物鏈心懷感激。這個食物鏈連接了巴格、草與陽光，最後連接到我。事實上是，每當有動物吃下另一個動物，食物中有許多能量就這樣浪費了：我們每得到一大卡熱量，就有九大卡的能量流失。不過，如果所有能量都來自源源不絕的陽光，例如我們吃下放牧在草地上的牛，那麼這些肉就很接近我們所期待的免費午餐。這頓餐點是來自土壤，而非挖掘自土壤；這頓餐點增加了地球的能量，而非損耗。

以上種種引出了一個大問題：為何人類遠離了免費的午餐，反而去吃以玉米為基礎又會對生態造成傷害的午餐呢？美國人究竟為何要把這些反芻動物趕離草原？速食店中那些從玉米和化石燃料製造出來的漢堡，為何會變得比由草原和陽光製造出來的食物便宜？

那天傍晚，我站在薩拉丁的草原上如此自問。幾個月下來，我想到幾個答案，而最明顯的答案卻是錯誤的。我當時認為，玉米能夠勝過草原，是因為相同面積下，玉米所生產的食物能量高過草地；看起來的確如此。不過土地研究所的研究人員對這個問題下過功夫，並且計算出來，在相同面積下，適當管理的草地能比玉米田製造出更多營養（蛋白質和碳水化合物）。怎麼會這樣？因為多樣性高的草地，有很多種能夠行光合作用的植物，所以能善加運用每寸土地上每年生長季節中的每一刻，吸收到更多陽光，產生的生物質量也能超越玉米田。另外，在玉米田中收成的東西只有玉米粒，而在草地上，所有的草都會進入瘤胃。

即使如此，廉價玉米的吸引力還是非常大，一如廉價能源讓人無法抵擋。即使在飼育場出現之前，農民就會在缺乏好草料時餵牛吃一點玉米，好讓牠們在宰殺前肥一點，這種事情在秋冬更普遍。納遜說：「在牛要宰殺之前，玉米能夠遮掩許多瑕疵。」養牛者發現，玉米的高熱量能比草更快把牛隻養肥，同時牛肉品質也更可靠穩定。用草餵食的牛肉品質通常會因為季節和地區而有所不同，玉米餵食的牛就不會。長久下來，人們漸漸忘記要如何讓草地全年都長出好草來餵食牛隻了。

如此一來，玉米越來越多，也越來越便宜，到後來，農民發現買玉米比自己種玉米還省錢，這時在農場中餵養動物已經毫無經濟價值，所以集中型動物飼育場接收了這些動物。農夫則把草地犁成玉米到市場上去賣，然後發現自己可以不用那麼辛苦工作，而且冬天還能飛到佛羅里達州度假。同時，政府用盡所有手段，例如降低稅率補助飼育場的建設、推動以油花多寡來區分牛肉等級的系統（在這個系統中吃玉米的牛比較占優勢），幫助牛隻遠離草料、改吃玉米。（政府同時也拒絕逼迫集中型動物飼育場遵守空氣與水源清淨的法律。）漸漸地，在工業的篩選之下，牛隻變得能夠適應玉米，體型也越來越大，最後無法單從草得到所有需要的能量。在酪農業中，荷斯坦牛這種乳產量超高的品種，由於能量需求太多，已經無法單靠牧草存活。

所以，餵牛吃玉米有不錯的經濟價值。我說「不錯」，是以是否合乎經濟效益來評量，但這很容易讓人忽略了廉價食物背後所耗費的大量成本。速食店中一個九十九美分的漢堡，顯然沒有將土壤、石油、大眾健康、國庫開銷等肉類真正的成本算進去。這些成本不會直接從消費者那兒收取，而是以看不到的方式，間接地從納稅人（以補助的形式）、公共衛生系統（以食物傳染的疾病與肥胖的形式）、環境（以污染的形式）收取，遑論飼育場與屠宰場中的員工福利以及動物本身的福利。若非這些盲目的計算方式，牧草會比現在所認為的更有價值。

所以，讓美國的牛隻離開草地進入飼育場，原因很多，而這些原因最後只有一個：我們的文明及食物系統，正逐漸被工業化生產線嚴密地組織起來。這種生產方式注重一致性、機械化、可預期性、可交換性，以及經濟規模。玉米的所有特性都能和這個巨大的機械密切配合，牧草則否。

穀物是自然界中最接近工業化商品的東西，它們可以儲存、便於攜帶、能夠交換，不論是昨日、今日還是明日，都不會改變。由於穀物能夠累積與交換，因此也是一種財富的形式。穀物還可以當成武器，例如美國前農業部長布茲當眾失言所提過的內容；而穀物供給過剩的國家，也總是能支配穀物短缺的國家。在人類歷史中，政府更一直鼓勵農民種植比實際所需更多的穀物，以備饑荒時所需、讓勞動力轉移到其他工作、促進貿易平衡，以及整體而言為了增加國力。奈勒說，真正受惠於穀物的並不是美國人民，而是軍事工業複合體，這話與真相相距不遠。在工業化經濟中，種植穀物支持了其他更大的經濟：化學與生物科技工業、石油工業、汽車工業、製藥業（沒有藥物就無法讓集中型動物飼育場中的動物保持健康）、農業綜合企業以及貿易平衡。種植玉米有助於驅動讓玉米成長的工業體系，難怪政府會大手筆資助。

牧草沒有這些特性，所以政府不會簽支票給牧草農夫，牧草農夫也很少買農藥和肥料（薩拉丁根本不買），因此對於支持農業綜合企業、製藥界和大型石油公司幾乎毫無貢獻。大量的牧草剩餘對於國力和貿易平衡也沒有幫助。牧草不是工業化商品，牧草農夫種出來的東西無法輕易累積、交換、運輸、儲藏（至少無法久藏）。牧草的品質很容易變化，會隨著地區和季節變化，甚至農場本身也是變因之一，而且也沒有「第二號牧草」這種東西。牧草和穀物不同，它無法分解成分子，然後再組成具有附加價值的加工食品。你能從牧草得到的是肉類、乳品和纖維，而參與這個過程的是活生生的生物，不是機械。種植牧草的技術中牽涉到許多變因，還有許多區域性的知識，因此難以系統化。悉心管理的放牧草地會忠實依循生物邏輯運作，因此難與工業化邏輯配合，而工業化邏輯對於無法納入其運作模式及標準的事物，皆棄置不用。而至少就目前而言，這個世界仍由工業化邏輯主導。

三、星期一晚餐

當牛隻在草地安頓好準備過夜，薩拉丁告訴我如何把電池接到圍籬上，然後我們便驅車下山吃晚餐。我們把靴子丟在後門，在衣帽間就著臉盆清洗，然後坐下來享用晚餐，這是薩拉丁的妻子泰瑞莎和十八歲女兒瑞秋所準備的。一起在巨大的松木桌旁用餐的，還有農場中兩名實習工蓋倫和彼得，他們兩人不發一語，非常專心用餐。薩拉丁的兒子丹尼爾今年二十二歲，是農場的合夥人，他和妻子與小男嬰就在山丘上新蓋好的屋子裡用餐。薩拉丁的母親露西爾也住在這裡，她的拖車在屋子邊，我就睡在露西爾的客房中。

薩拉丁這座磚造農莊有十八世紀殖民地的風格，而屋內這個寬敞溫暖的廚房帶給我的第一印象，是某種奇特的熟悉感。後來我發現，這正是許多美國郊區房屋以及戰後的電視情境喜劇中所極力模仿的農場廚房：廚房中的原木櫥櫃，從石板地面到牆上細緻框裱的織景畫，在在都透散著古雅的氣息。這正是貨真價實、所有鄉愁的源頭。

事實上，至少對我而言，薩拉丁一家的晚餐有著美國早期邊疆地區的風格。在用餐前，薩拉丁閉上雙眼，開始了一段隨性的個人式禱告，內容包括了一整天活動的詳細內容。從他親近又輕鬆的語調來看，上帝彷彿就在面前，興味盎然地聆聽著禱詞。除了蘑菇湯中的鮮奶油，我們吃的東西都是農場中生養出來的。搭配湯的還有泰瑞莎美味的波里菲斯燉雞以及農場種的青花菜。瑞秋遞來一大盤美味的魔鬼蛋[4]（在農場的一整週，雞蛋都會以各種面貌出現在正餐中）。雖然還沒到六月底，我們已經嘗到了本季的甜玉米，這些玉米種在母雞過冬用的拱型溫室裡。每道菜的分量都很多，兩位實習工則要忍受和他們驚人食量有關的笑話。桌上的飲料只有一壺冰水，我在農場工作第一天之後極度渴望的咖啡因及酒精飲料，則連影子都沒有。看來這個星期很難熬了。

晚餐時我提到，這可能是我吃過最具地方特色的一餐。泰瑞莎開玩笑地說，如果薩拉丁和丹尼爾能找到方法，從農場的樹製作出衛生紙與紙巾，那麼她就再也不用去超級市場了。的確，我們這一餐幾乎完全沒有外力的援助。我了解到波里菲斯農場從事的農業，的確就是薩拉丁想要推廣的生活方式。他們一家人幾乎自外於工業文明，吃的是自己土地生產的食物，因此可以與薩拉丁口中的「大企業」、「經濟體制」和「華爾街」在經濟與生態上皆無瓜葛。薩拉丁自陳其政治立場是基督教自由主義的環保主義者，他們不希望和「任何制度化的機構」扯上關係，特別是政府機構。丹尼爾與瑞秋都是在家自學的。他們家中有許多書，但沒有電視，也很少有媒體能夠進家門，當地的《史道頓日報》是例外，該報對於當地車禍的內容要多過伊拉克戰爭。

這個家庭在這座農場中組成了一個高度自給自足的世界，我認為以前美國所有的農場生活都是這樣的。這種傑佛遜所稱道的自足農業生活，在以往是理所當然的事情，同時也是生存所需，而在今日，由這種自外於外界的政治、經濟以及生活方式，卻是深思熟慮之後的選擇，也是得來不易的成就。如果傑佛遜來到現在，知道蒙地沙羅附近還有薩拉丁這樣的農夫維持他的理想，一定會非常高興。不過，如果他再走遠一點，就會發現這樣的農夫並不多。

晚餐時，薩拉丁夫婦和我談到波里菲斯農場的歷史，從中很容易就能看出薩拉丁政治與農業信念的根源。他說：「事實上我是第三代的另類農夫，我祖父是羅道爾《有機園藝與農法》的忠實訂戶。」薩拉丁的祖父佛瑞德當初在印第安那州安德森鎮上有六百坪農地，供應當地市場水

④編注 Deviled Egg，將水煮蛋對半剖開，取出蛋黃與美乃滋、芥末、辣椒等調味料充分混合後再填回蛋白，是美式飲食中常見的冷盤料理，通常作為附餐或是開胃菜。

果、蜂蜜和雞蛋，而且在產品箱子打上「薩拉丁」的名號。佛瑞德不但是個好農夫，也是位發明家與巧匠，他擁有第一部移動式農園灑水機的專利權。

在薩拉丁和泰瑞莎的口中，薩拉丁的父親威廉是個天才到甚至有點怪異的農夫，他把一九五八年出廠的普利茅斯轎車座椅和後車廂都拆掉，改成小貨車，然後打領結穿涼鞋開車。（薩拉丁說：「他屁股坐在桶子上，就這樣開車進城。這讓我們作子女的非常尷尬。」）威廉從小就想要務農，在二次大戰時當飛行員，後來從印第安那大學獲得經濟學學位，他在委內瑞拉的高原上買了一座農場，然後和露西爾開始養雞。為什麼要到委內瑞拉？「老爸覺得那裡可以遠離傳統與規範，用自己期望的方式耕種。」

農場經營得有聲有色，但是到了一九五九年，左派分子推翻政府，「在這場政變中，我們因為身為邪惡的美國人而遭到追捕。」薩拉丁的父親堅持原則，拒絕給當地政府保護費，於是當地政府便任由游擊隊侵占薩拉丁的家產。「游擊隊從前門進來，我們從後門逃出。我們在鄉下待了九到十個月，和一位傳教士朋友住在一起，並同時試著向政府討回土地。我們雖握有地契，但是不賄賂就沒有政府單位願意理睬我們。在整個過程中，美國大使館只是行禮如儀地回報：『每件事情都在掌控中。』」

一九六一年，薩拉丁家族被迫放棄一切，逃回美國。「當時父親和我現在同年紀，我無法想像要我放棄一切會是什麼心情。」這個事件深深影響了薩拉丁，現在他對左派或右派政府都沒信心，認為政府無法保護公民與公民的財產，更不會做出合乎道德的事情。

他的父親決定重新開始，在華盛頓特區一天車程內的地區找尋農地，這樣他才能繼續向委內瑞拉的大使館訴請賠償。最後，他在仙納度山谷西邊的小鎮司沃普買了一塊二百二十公頃受到嚴重侵蝕的丘陵農地。後來，記者德魯．皮爾森（Drew Pearson）公開報導了他對抗委內瑞拉政府的事件始末，薩拉丁的父親於是獲得一小筆賠償金，他用這筆錢買了一小群赫里福牛。

薩拉丁說：「佃農在這塊土地濫墾了一百五十年。」而且這片農地太陡，沒有辦法以機械耕種。佃農數代以來在這裡種植玉米和其他穀物，土壤受到侵蝕，表土都消失殆盡。「土石流沖出的溝地有四公尺深。這片農地已經無法承受任何耕作，許多地方連表土都沒有，就只剩下裸露的花崗岩和黏土層。有些地方甚至連洞都挖不下去，父親只好在輪胎中灌水泥，用來固定圍籬欄杆。從那個時候起，我們就一直在修補這塊土地。」

薩拉丁的父親很快就發現，農場的收入無法同時支付貸款與養家活口，所以他便在城裡找份會計工作。「他把農場當成研發計畫，而非收入來源。」因此，他能夠自由地實驗，無需理會傳統的農耕思維。

而在他接觸到會計客戶之後，便更堅定反對傳統農耕的思維，因為許多客戶都是辛苦掙扎的農夫。「看到他們的帳本，我父親就更加確信，那些顧問和推廣人員的建議，例如蓋大型筒倉、在森林放牧、種植玉米以及販賣原物料商品，都是造成財務困境的原因。」

「他沒有蓋那個破產管子（農夫對於大型筒倉的稱呼），而開始了另一條路。」他父親讀了佛伊辛有關草地的論文，而開始從事輪替放牧。他也不再買肥料，開始自己做堆肥，同時讓較陡的面北山坡回歸林地。」

「老爸充滿遠見與創意。他發現一個農場要成功，首先就是要有草地，然後是活動性。」薩拉丁宣稱，後一項指導原則可追溯到祖父發明的移動式灑水機（「我們家天生喜歡移動東西」），而這也刺激他父親發明了移動式電圍籬、移動式小牛棚，還有移動式雞籠。薩拉丁從小就得照料母雞，在他離家上大學之前，每週六都要到史道頓的農夫市集賣雞蛋。他的父親注意到，每當大熱天牛隻都會聚集在樹底下，糞便因此也集中在一處。於是他建造了一個可移動的遮陰棚，基本上就是把一塊大帆布裝在有輪子的鐵架上。現在，他只需每隔幾天移動遮陰棚，便能讓牛隻跟著移動，把糞肥均勻散布在草原上了。」

拜這些發明之賜，土壤再度肥沃，農場也逐漸復原。土石流造成的深溝開始長草，薄薄的表土慢慢變厚，新的土層也蓋住了原先裸露的岩石。雖然薩拉丁的父親無法以農場的收入養活家人，但是他在有生之年，仍有幸看到薩拉丁追隨他的典範（特別是他對於青草的投入與對活動性的貢獻，以及主張自我的決心），在同一塊土地上實現這個夢想。薩拉丁在包伯瓊斯大學（Bob Jones University）念了四年書，當過一陣子報社記者，然後於一九八二年回到農場。六年後，薩拉丁三十一歲時，老薩拉丁死於攝護腺癌。

薩拉丁說：「我每天都想念他。老爸絕對是個怪人，但是他是往好的方向怪。有多少保守的基督徒會看《大地之母新聞》[5]？他遵照著自己的信念而活。我記得在一九七四年中東石油危機時，他每天騎腳踏車上班，來回五十六公里路，只因為他拒絕買任何一滴進口石油。他一定會是個了不起的帳棚族，靠很少的東西就能過活，對生活的需求也很少。」想到自己曾經要求薩拉丁快遞一塊牛排，我覺得有點羞愧。現在我也比較了解他拒絕的原因了。

「但是你想知道，我什麼時候最懷念他嗎？就是當我看到堆得厚厚的乾草、滿地的蚯蚓糞便，以及皮毛光滑的牛隻。這一切都是在他離開我們以後才達到的成就。噢，如果他看到這裡現在的樣子，會有多麼驕傲！」

⑤編注　*Mother Earth News*，一九七〇年創辦的美國農業生活雜誌，關心環境議題，大力推廣家庭式農業，包括使用再生能源、資源回收等實踐方式，主張合理的農耕與飲食習慣。

Chapter 11
THE ANIMALS：Practicing Complexity

第十一章
動物　體驗複雜性

一、星期二早晨

當天早上，我六點就起床，卻發現自己已經睡過頭！我在露西爾極迷你的客房中，把我一百八十公分長的身軀從一百五十公分的小床中撐起時，所有人都已經起床，而且早上的活都快幹完了。在波里菲斯農場，天一亮就得開始幹活（在這個時節大約五點天亮），而且一定都是做完才吃早餐，這真是讓人震驚。我已經記不得上一回我打算在早餐（至少在喝杯咖啡）前做點有意義的事情是什麼時候了，何況農場中連一滴咖啡都沒有。

我一腳踏出拖車，走入溫暖的晨霧，依稀看到兩個人影往東走在寬廣丘陵上，可能是實習工吧。那片丘陵草地上擺著方形的活動式雞籠，如棋子排列開來。我早上的工作主要是幫忙蓋倫和彼得餵雞飼料和水，並把雞圈往下坡移動一段距離。所以我提著痠軟無力的腳，沿著小徑往上走，希望在他們完成之前幫上一點忙。

當我步履蹣跚地爬上山丘，朦朧晨光中農場的美麗景觀，讓我震撼不已。六月裡茂盛的青草上，沾滿閃閃發亮的露珠，這片發著銀光的草地順著山坡往上延伸，在遠方廣闊黑暗森林的襯托下，更顯凸出。在夏日濃厚潮濕的空氣中，鳥鳴聲彼此相合，期間不時傳來雞圈木頭閘門開關的碰撞聲。很難想像這片草地曾如薩拉丁在晚餐時所說，遭受嚴重侵蝕；更難想像這片受損的土地，是在密集耕作中而非任其自然的狀態，恢復健康與美麗。這不是環保主義者標準的處置方式，但是波里菲斯農場證明了，要讓一塊土地恢復健康，有時適當開墾比不予理會更有幫助。

在我抵達草地時，蓋倫和彼得已經把雞圈移好了。他們可能是人太好或是太羞怯，所以對於我睡過頭這件事並沒有多說什麼。我抓起兩個水桶，到草地中央的大水槽提來兩桶水，放在最近的雞圈中。這樣的雞圈總計五十個，整齊交錯排列在這片濕潤的草地上，在精密的計算下，這些雞隻得在五十六天的飼育期中，走遍每一寸吋草地，並長到足以宰殺的體重標準。雞圈每天會移動三公尺，相當於一個雞圈的大小。每個雞圈長三・七公尺、寬三公尺，高〇・六公尺，裡面住了七十隻雞。屋頂的一部分裝有絞鏈可以開合，從這裡抓取雞隻。每個雞圈上都有一個二十公升水桶，能夠為吊在雞圈中的飲水器補給水分。

在雞圈後方，都有一塊修剪得非常矮的正方形草地，上面散布著白色、棕色和綠色的雞屎，密密麻麻，好像是傑克森・波洛克[①]（Jackson Pollock）可怕的滴彩畫。七十隻雞一天可以製造出那麼多糞便，真讓人驚歎。但這就是重點所在：讓雞隻二十四小時在這裡吃草，同時以牠們的糞便施肥，然後再把牠們移到另一塊草地上。

薩拉丁在一九八〇年代發展出這種飼養肉雞的新方法，並在一九九三年出版《草原養雞賺大錢》（*Pastured Poultry Profit$*）推廣這個方法，此書現在已經成為一些牧草農夫的聖典。（薩拉丁又自費出版了其他四本指南書，每本書的書名中都有個「錢」字。）如果任由這群雞一直待在同一處，牠們最後會把草連根啄起，並且排放過多含氮糞便，反倒毒害土壤，把每一片草地破壞殆盡。一般放養的養雞場就是沒有顧慮到這一點，導致植物消失，土地也硬得像磚頭。每天移動雞隻，可讓土地和雞隻都保持健康：雞隻可以遠離病原體，並且吃到不同植物，這是牠們維生素與礦物質的主要來源。另外，我們雖會把玉米、乾黃豆和海藻按比例混合成飼料，舀進雞圈的飼料槽，但薩拉丁表示，新鮮的青草以及草中的蟲子、蚱蜢和蟋蟀，足夠提供雞隻兩成的食物，這能

①編注 Jackson Pollock，美國抽象表現主義畫家，他的典型創作方法是用畫筆或一根棒子，把顏料直接潑灑到巨大畫布上，製造出縱橫交錯的色彩，以及微妙而複雜的網狀圖案。

省下不少錢，而且對雞隻也很有益處；同時，雞的糞便直接成為草的肥料，也能提供草地所需的氮肥。

波里菲斯農場在氮肥上完全能自給自足，主要原因就是每一寸青草地在每個生長季節，都能得到雞隻豐沛的糞便。在雞圈中，只有兩樣東西是從外面購買而來，一是用來補充草地流失的鈣質「濕砂」（greensand），二是雞飼料。（「我是這樣看的：我只是把過去一百五十年來從這片土地中出產的穀物，歸還一些而已。」）雞的飼料不止是給雞吃的，當它轉變成雞屎之後，還可以滋養青草，而青草又可以餵養乳牛，然後，正如我即將看到的，乳牛的某些產物又可以餵養豬隻和蛋雞。

當我們灌好水、餵飽雞，我前往下一片草原，在那兒我聽到曳引機引擎空轉的聲音。蓋倫告訴我薩拉丁正在移動「蛋車」，這是我一直很想見識的機器。搖搖晃晃的蛋車是薩拉丁最自傲的發明之一，它是一具介於雞舍和篷車之間的裝置，裡面住了四百隻雞，外頭則用絞鏈裝設一排排箱子，如馬鞍袋一樣垂在兩側，讓農夫可以從外面撿拾雞蛋。我昨晚就看到這部蛋車，當時它就停在距離牛群幾片草地之遠。那時母雞已經爬上小坡道，走進安全的籠中過夜，薩拉丁則在晚餐前把籠子後面的活板門拴上。現在，我們得把這群雞隻移到新的草地上，而薩拉丁正把蛋車掛在曳引機的掛勾上。現在雖然還不到七點，但薩拉丁似乎很高興有人能說說話，看來大發議論正是他最大的樂趣之一。

我問他蛋車背後的原理，薩拉丁解釋：「在大自然中，你總會看到鳥類跟在草食動物後面：白鷺鷥會停在犀牛的鼻子上，野雞和火雞會跟在水牛後面。我們就是想模仿這種共生關係。」在這些例子中，鳥類會吃下可能干擾草食動物的昆蟲，還會從動物的糞便中啄取昆蟲的幼蟲和寄生蟲，如此便能打斷寄生蟲與疾病的循環。「為我們想在人類馴養的規模下模擬這種共生關係，於是用蛋車跟隨著牛隻輪流放牧的路線移動。我稱這些母雞為清潔大隊。」

薩拉丁爬上曳引機，打進檔，然後慢慢把這個鬆垮垮的奇特蛋車拖了大約五十公尺，抵達牛群三天前離開的一塊草地。看來，雞隻不喜歡新鮮牛糞，所以薩拉丁等了三、四天才把母雞帶來，但絕對不能拖到第五天；他解釋說，這是因為蒼蠅的幼蟲會在糞便中待上四天。「第三天是最理想的，因為這時蛆長得白白胖胖，但又還沒結蛹變成蒼蠅，這最符合母雞的胃口了！」這些蛆是母雞重要的蛋白質來源，占了牠們食物的三分之一，讓牠們產出營養可口的蛋。而薩拉丁用這個小把戲，就能使牛的排泄物「長出」大量的免費高蛋白雞飼料。他說，這個法子使他的雞蛋生產成本每打只需二十五美分。（薩拉丁不愧為會計師的兒子，他會告訴你農場中每項協同作用背後精確的經濟成本。）牛吃草也是幫母雞一個大忙，因為如果草超過十五公分，雞隻在草地上就會迷路。

薩拉丁把蛋車拉到定位，然後打開雞籠的門，橫斑蘆花雞（Barred Rocks）、洛島紅雞（Rhode Island Red）、新罕布什爾白雞（New Hampshire White）排成一列，嘰嘰喳喳急切地走下斜坡道，迅速在草原上散開。這些母雞也會吃草，特別是吃苜蓿，不過牛糞才是牠們的主要目標。牠們瘋狂地用爪子翻開鬆軟的牛糞，挑出裡面肥美的蟲子。面對眼前這一切，我了解到這簡直是最驚人的鍊金術：把牛糞轉變成美味的雞蛋。

「我相信，就算這些雞不下蛋，蛋車還是很有價值。對於維持草原的衛生，這些雞所做的事情比人類、機械和化學藥品有效率多了，而且牠們還做得很高興呢！」有了蛋車，薩拉丁不必把牛趕入牛欄，也無需在牠們皮膚上塗驅蟲劑，或是用有毒的化學藥品來除蟲。難怪薩拉丁會說，這裡主要的工作都是由動物完成的：「我只是指揮，讓每個角色在適當的時間與地點各司其職。」

這是我在農場的第二天，薩拉丁為我介紹他層層精密搭配的經營方式，我才開始了解這種形式的農耕，和我先前觀察的企業化模式（愛荷華州的玉米田或加州的有機養雞場）在本質上有多麼不同。這個差距之大，讓我覺得很難以先前的方式來描述波里菲斯農場的系統。工業化程序遵守著清楚、線性、層級分明的邏輯，而且用文字就能輕易描述，或許是因為文字和工業化程序擁有類似的邏輯：首先是這個，然後是那個；在這裡放進這個，在那裡出來那個。但在這座農場中，光是牛和雞的關係（先不管農場中其他動物）就是循環而非線性，因此也很難知道起點在哪裡，或是如何分辨因果、劃定主從。

那麼，我在草地上看到的是製造美味雞蛋的系統嗎？如果是，牛和牛糞就是達成此一目的的手段。或者，這是個生產無化學藥物的草飼牛肉系統？如果是，用來滋養並清理草地的雞隻，就是達成此一目的的手段。那麼，雞蛋算是產品還是副產品呢？雞糞牛糞是廢棄物還是原料呢？（蛆又算是什麼？）這些問題的答案都取決於你所抱持的觀點，是雞的、牛的，還是草的觀點；而隨著觀點不同，主從與因果關係也隨之變化。

薩拉丁會說，這就是生物系統與工業系統的差別。「在這樣的生態系統中，每件事物都和其他事物有關，牽一髮就會動全身。」

「就以規模來說明好了。我的商品中利潤最高的是雞和雞蛋，而市場告訴我應該要多生產一些。如果依照工業的典範來說，我應該盡可能增加產量，而我只需買更多小雞和飼料，便可調高生產效率。但是在生態系統中，你無法這麼做。如果我增加雞的數量，就會搞砸其他事情。」

「舉個例子好了。這片草地每年能夠吸收四百單位的氮，這樣的氮相當於讓蛋車來四次，或是雞圈來兩趟。如果我增加蛋車或雞圈造訪的次數，那麼雞隻排放的氮就會超過這些草所能代謝，草地無法吸收的氮就會被沖走，然後我馬上就會面對污染問題。」此外，產品品質也會發生問題：除非他養更多的牛以排放更多糞便好讓雞有蟲子可吃，並讓草保持適當的高度給雞啄，否則雞蛋不會像原來那麼美味。

「這一切都環環相扣。農場比較像是一個生物，而不是一部機器，而任何生物都有其適當的大小。老鼠會長成老鼠的大小是有原因的，如果長得像大象那麼大，日子就難過了。」

薩拉丁許多年前曾在維吉尼亞理工學院的書堆裡，找到一本老舊的農業教科書，一九四一年出版，是康乃爾一位農業教授所寫。書中指出了一個明確的結論，這個結論或許古怪、或許有驚人的智慧，就依你的觀點而定：「農業不可能適合大規模操作，因為農業牽涉到植物與動物的生命、生長與死亡。」薩拉丁也經常引用書中這段話。

在捍衛大規模工業化農業時，經常會提到「效率」這個字眼，這通常都指稱利用科技與標準化所能達到的規模經濟。不過薩拉丁農場則以非常不同的方式來展現效率，農場的基礎是大自然系統，以及其中的共同演化關係與互動循環。例如在大自然中，沒有所謂的廢棄物，因為一種生物的廢棄物會成為另一種生物的午餐。有什麼比牛糞轉換成雞蛋更有效率的事？又有什麼能比在一片土地上每年經營數個生產系統（牛、肉雞、蛋雞、豬、火雞）更有效率？

工業系統中的效率大多是由「簡化」來達成，也就是反覆進行同樣的事。在農業中，這意味著只養單一動物或作物。事實上，整個農業的歷史就是個簡化的演進史：人類降低了地貌中的生物多樣性，只挑選一些物種加以保留，於是傑克森就把人類的學名取為「同質化人」（homo the homogenizer）。在農業工業化的過程中，簡化的程序達到了極限，也就是只培育單一生物。這種極端的專一化使得工業化農業能夠標準化與機械化，進而宣稱在效率上大有進展。當然，你選擇用什麼方式來測量效率，就會得到什麼樣的結果，而工業化農業測量效率的方式很簡單：單位土地或農夫生產某個特定物種的產量。

相較之下，自然系統的效率來自複雜性與彼此依存的關係，這種特性與簡化完全相反。要在不使用化學物品的前提之下，將牛糞轉變成雞蛋，同時又製造出牛肉，你至少需要兩個物種（牛和雞），但這事實上又牽涉到數種生物，包括牛糞中的蛆、牧場上的草，以及牛瘤胃中的細菌。要計算這樣複雜的系統，你不能只計算產物（肉、雞、蛋），也要計算省下來的成本：抗生素、殺蟲劑、驅蟲劑和化學肥料。

波里菲斯農場師法大自然中的各種關係，並且在同一塊土地上，讓農場中的各種生產企業彼此相疊，然後打造出這種效率。事實上，薩拉丁的農耕形式不但要配合空間，也要配合時間，這是四維的農法，而非三維。他稱這種精確相疊的方式為「堆疊」（stack），並指出「這就是上帝打造自然的方式。」這個概念不是盲目地模仿自然，而是仿效自然生態系中的多樣性與依存性，讓所有的生物「完全展現牠們的生理特性」。他運用了每種生物的天性，不止讓動物獲益，其他生物也受惠。所以在波里菲斯農場，雞不會被視為雞蛋或蛋白質的製造機，而是會尊重並善用「雞隻與生俱來的獨特需求」，例如啄草，以及跟在草食動物之後清理蟲子。如此一來，雞有事情做、有東西吃，而且做的內容與吃的東西皆來自演化時所適應得來的。在這個過程中，農夫和牛隻都能獲益。我不確定「零和」的反面是什麼，但這種情況應該就是了。

薩拉丁把構成他農場的每層生產企業稱為「子整體」（holon），這個詞我以前沒見過。他說這是從納遜的書看到的，後來我去問納遜，他則說這是庫斯勒其著作《機器中的幽靈》（*The Ghost in the Machine*）所發明的字。庫斯勒認為在英文字裡，缺乏一個字來指稱生物或社會系統中部分與整體之間複雜的關係。「子整體」來自希臘文，由holos（整體）加上字尾-on（顆粒，例如質子proton）而來。從一個角度來看，子整體是自我完整的整體，但從另一個角度來看，則需仰賴其他部分。肝臟等人體器官就是子整體，蛋車也是。

波里菲斯農場在任何時候，都有十幾種子整體在運作，而我到達農場的第二天，薩拉丁和丹尼爾就為我介紹了一些。我參觀了雞兔小屋（Raken House），這是前人留下來的工具房，丹尼爾自十歲起，就在這裡養兔子然後賣給餐廳。雞兔小屋裡一半養著兔子一半養著雞。倘若兔子沒有隨著移動式兔籠被帶到草原上放牧，就住在懸吊式的籠子裡，籠子下方則鋪了厚厚的木屑，而我看到有幾十隻活力十足的母雞在木屑上啄取蚯蚓。丹尼爾解釋說，在室內養兔子的最大問題，是牠們很多尿，尿液中的氨會傷害兔子的肺，使兔子易受感染，因此大部分的兔農會在飼料中添加抗生素。不過母雞扒土的動作可讓這個含氨的兔尿變成富含碳的溫床，從而產生含有大量蚯蚓的堆肥，蚯蚓剛好可供母雞食用，因此就不需要用藥了。屋裡養了那麼多的兔子和雞，但空氣還算可以忍受。丹尼爾說：「相信我，如果沒有這些雞，你馬上就會作嘔，而且眼睛還會刺痛。」

午餐之前，我幫忙蓋倫和彼得移動火雞，這也是農場中另一個子整體。火雞每三天就得移動一次，這時要搭建新的「羽毛網」，這是由移動式電圍籬所圈出的一塊草地。圍籬很輕，因此我自己一個人就可以搬動並且圍好，然後把圍籬推進移動式遮陽棚②底下。火雞白天會在棚子下方庇蔭，晚上則會到棚子上面休息。牠們樂於跟著這個裝置移動到新鮮的草地上吃草，而且比雞隻更樂在其中。火雞會把葉子一摺再摺，好像在摺紙，然後才吃下去。薩拉丁喜歡讓火雞在果園中奔跑，牠們會吃掉蟲子、啄短剪草地，為果樹和葡萄施肥（火雞吃的草比雞多，而且不像雞會毀

②編注 Gobbledy-Go，薩拉丁為他移動式遮陽棚所命的名稱，這個字也是他自創的，來自gobbledygook，gobble是狼吞虎嚥的難看吃相或公火雞興奮激動的濁喉音，gobbledygook就是模擬公火雞咕咕叫聲，引申為拗口的行話、故作艱深的空洞辭令。

損作物）。薩拉丁解釋說：「如果你在葡萄園中養火雞，只能飼養正常密度的七成，而葡萄藤的密度也只有七成，因為你得在同一塊土地上養兩種生物。但是這七成的火雞和葡萄都會比一般更健康，這就是『堆疊』美妙之處。」就工業化標準而言，火雞和葡萄的收成率都未達一〇〇%的標準，然而兩者相加之後，產量都高於培育單一品項一〇〇%的收成率，而且還不需使用肥料、農藥和除草劑。

我在三月來到波里菲斯農場時，在牛棚目睹了堆疊的最佳證例。牛棚本身只是個平凡無奇的開放性建築，冬天時牛隻會在這裡住三個月，每天吃下十一公斤乾草，排出二十二公斤糞便（增加的部分是水）。薩拉丁不會定期來清理，而是讓牛糞留在原地，每隔幾天在牛糞上覆蓋木屑或麥稈。這層由牛糞、木屑、麥稈組成的千層糕會在牛的腳下逐漸墊高，而薩拉丁只是調整飼料槽開口的高度，好讓牛能吃到乾草。這樣疊了一個冬天，牛隻腳下的千層糕距離地面足足有一公尺高。薩拉丁只在每一層加入了神祕的配方：幾桶玉米。就這樣，這塊千層糕經過整個冬天會形成堆肥，並在過程中產生熱，不但保持牛棚溫暖、減少動物對於飼料的需求量，也讓玉米發酵。薩拉丁說這塊千層糕就是牛的電毯。

為何要放入玉米？因為豬最喜歡吃的，就是酒精含量二十%的玉米，而且牠們的嗅覺敏銳、鼻子強健，足以把玉米挖出來。薩拉丁在介紹牛棚時，驕傲地說：「我稱牠們是『豬牌通風機』③。」春天牛隻離開牛棚到草原後，幾十頭豬便進駐牛棚，牠們在找尋含有酒精的玉米時，會順道翻動這些堆肥，讓它通氣。這些原本在無氧狀況下分解的堆肥，突然接觸到空氣時便會急速加熱，進而加速整個分解過程，也殺死病原體。因此只要讓豬來通風個幾週，便可獲得肥沃且立即可用的堆肥。

「這才是我喜歡的農場『機器』，不需換油、會隨著時間增值，而且結束時成品還可以拿來吃。」我們坐在木造牛棚的欄杆上，看著豬隻正進行牠們的任務，一項我們無需親自動手的任務。此時，關於這個「豬牌通風機」，我腦海中浮現的是「快樂得跟屎堆中打滾的豬一樣」；這句話很老掉牙，卻是我唯一想到的句子。牠們埋首在發酵的糞便中，只露出屁股，在我眼前是一片扭動的火腿與捲曲的尾巴，牠們是我見過最快樂的豬。

我看著這捲曲的尾巴，如潛水艇的指揮塔在泥巴外緩緩移動，不禁聯想到工業化豬肉生產過程中豬尾巴的去向。答案很簡單，在工業化豬肉生產的過程中，沒有豬尾巴，因為養豬者在小豬一出生就把牠們的尾巴切除了。如果你依循著養豬廠的工業化效率邏輯，更可發現這個作法的確透著怪異。在集中型動物飼育場中，小豬出生十天之後就得斷奶（自然界中十三週才斷奶），因為比起母豬的乳汁，含有藥物的強化飼料能讓小豬長得更快。提早斷奶會讓豬隻終其一生都渴望吸吮和咀嚼，而在受限的豬舍中，牠們只能啃咬眼前動物的尾巴來滿足這項需求。對於這種騷擾，正常的豬隻都會抵抗，但是喪失生存鬥志的豬隻則會放棄抵抗；用心理學的說法，就是「習得無助感」[4]。在集中型動物飼育場中，這種情況並不罕見，因為那裡上萬頭豬的一生中，都不知道有泥巴、麥稈和陽光，牠們擠在鐵皮屋頂下，腳下是金屬條搭成的地板，地板下是糞池。豬是聰明的動物，生活在這種環境下，難免會覺得沮喪，而沮喪的豬會放任自己的尾巴給別的豬隻咬，結果產生傷口而受到感染。治療病豬並不符合經濟效益，這些表現不佳的產品通常當場就用棒子打死。

③ 編注 pigaerators，也是薩拉丁自創的辭彙，pig指豬，aerator是通風裝置。

④ 編注 Learned helplessness，當個體對所處環境變化無法掌控或無法預期時，個體的認知功能將因為無力解決困難而崩解，進而導致焦慮、恐懼而喪失求生意志。

對於豬咬尾巴的這種「惡行」，美國農業部的建議方式是把尾巴切掉：在沒有麻醉的情況下，用一對鉗子切掉大部分的尾巴。為什麼要留下一小截呢？因為切尾巴的重點不在於讓豬沒有尾巴可以咬，而在於讓尾巴更敏感，這樣即使意志消沉的豬被咬了，也會奮力抵抗。這個方法之細膩，讓人不寒而慄。不難想見，在工業化效率的邏輯之下，必然會導致這種豬隻的地獄。

而在薩拉丁的牛舍中，我們看到另一種截然不同的效率概念所打造出的豬隻天堂，在那裡，「豬的本性」是一切思考的基礎。在上述的例子中，薩拉丁巧妙地使豬的本性能充分發揮，同時還能生產堆肥與豬肉。薩拉丁系統的特出之處在於，這是依循著豬的喜好來設計，而不是要求豬隻來配合製造系統的要求。他沒有把豬當成「有瑕疵的蛋白質製造機」（瑕疵在於牠有尾巴、會沮喪），而是把豬當成豬來看。至於豬的快樂，不過是副產品而已。

薩拉丁從豬翻動的堆肥深處，抓了一把新鮮的堆肥到我的鼻子下。幾週前還是牛糞與木屑，現在聞起來竟有如夏日森林泥土般的溫暖與香甜，多麼神奇的轉變！這些豬完成了鍊金術之後，薩拉丁會把這些堆肥灑到草地上。這些堆肥會滋養草，而草會滋養牛，牛再滋養雞，如此接續下去，直到冬雪降臨。這個漫長而美麗的過程，的確證明了只要草能受陽光滋養，而牲畜受草滋養，就可以有白吃的午餐。

二、星期二下午

吃過簡便的午餐（火腿沙拉和魔鬼蛋），我和薩拉丁開著小卡車到鎮上送東西，順便辦些雜事。整個早上我都在搬運前一天打包好的乾草，能夠坐下來休息一會兒，感覺特別美妙。早上的工作對我而言相當艱辛，蓋倫在乾草車上，直接把一捆二十多公斤重的乾草丟給我，然後我得把這捆幾乎壓垮我的乾草舉高放到輸送帶上，送給在乾草棚中的丹尼爾和彼得。這有點像是裝配線，如果我的速度落後（或是跌倒），乾草就會在我這裡堆起來，我覺得自己像是在糖果工廠的露西．鮑爾⑤。我和薩拉丁開玩笑說，即使農場中動物包辦了大部分的工作，牠們還是留下不少事情給人類做。

在農場中，複雜性聽起來像是個十分棘手的工作，不過薩拉丁的看法剛好相反。雖然動物已經負責了很多工作，但是人類每天傍晚還是要移動牛群，早餐之前要將雞圈移到別的草地上（我發誓隔天早上一定會準時起床完成這項工作），以及根據蒼蠅幼蟲的生活週期與雞糞含氮量排定的時間表來拉動蛋車等。我想，現在沒有多少農夫能夠負擔需要那麼多體力和心力的農業工作，因為工業化已經讓許多工作簡化了。事實上，工業化農業大部分的魅力，來自許多能夠省工省腦的設計：各樣機器讓人類省下勞力，而讓動物和作物遠離蟲害的化學物質則使農夫省去腦力。奈勒每年在田裡工作的時間只有五十天，而薩拉丁、丹尼爾和兩個實習工整年大部分的時間都得從

⑤編注 Lucille Ball，一九五〇年代美國知名喜劇演員，其代表作《我愛露西》中，有幕場景便是露西在糖果工廠打包巧克力，因跟不上輸送帶速度而亂成一團。

日出工作到日落。

不過薩拉丁和丹尼爾卻樂在工作，原因之一是內容充滿變化，每天每刻都不同。另一個原因是他們在工作中找到無窮樂趣。貝利生動地描寫出，經營良好的農場是需要動腦的，尤其農場和自然系統一樣複雜，一定得解決一些新奇的問題。而在今日的工業化農業中，你已經看不到這類待解決的問題，因為許多解決方案都已經幫你準備好了。農業中的智慧與地區性的知識都被帶離農場，進入實驗室，然後以化學物質或機械的形式回到農場。貝利在他的一篇文章中提問：「農夫用的是誰的腦？而又是誰在利用農夫？」

當我們正在史道頓鎮上四處打轉，處理雜事時，薩拉丁說：「會造成這個問題，其中一個原因在於，現在留在農場中工作的有許多是成績拿D的學生。就業諮詢老師鼓勵拿A的學生離家去上大學，所以好頭腦的人不會留在農村。」這正合了華爾街的意，華爾街一直都想吸收鄉下的人才與資本。他們先把最聰明的人帶離農場，讓他們在呆伯特的辦公室隔間中工作，然後這些人又去想出一些炫麗的解決方式，販賣給那些腦袋跟不上他們的平庸者，賺他們一筆。這不是農夫才有的問題。「我們的文化很愚蠢，居然把食物生產交付在一群笨蛋手上。」

難怪薩拉丁從事的這種低成本高腦力的農耕方式，沒有受到多少來自各機構的支持，因為他幾乎不買東西。倘若畜牧者願意親身實踐「生物複雜性」，去安排多種動物之間的共生方式，讓每種動物依照演化而來的天性活動與進食，他會發現，機械、肥料，還有最明顯的就是化學藥品，幾乎都派不上用場。他會發現自己的農場不會有什麼衛生問題，也不會有單一動物集中飼養、餵食不當食物所產生的疾病。把農場當成生物系統來經營，最大的效果可能就是「健康」。

事實上，薩拉丁拒絕使用農業用化學藥品與藥物，並非他農場經營的主要目標（雖然這通常是有機農業的主要目標），而只是他農場順利運作的指標，這讓我大感吃驚。他指出：「在大自然中，健康只是預設值。大多數的時候，害蟲與疾病只是大自然要告訴農夫哪裡出錯而已。」

在波里菲斯農場，從來沒有人告訴我不可以觸摸動物，或是要求我進入孵蛋房之前要穿上生物防護衣。我在佩塔魯瑪養雞場得穿上這種衣服的原因是，在那種封閉環境中密集飼養單一種雞隻的系統，本來就危如累卵，而有機法規禁止使用抗生素使得情況雪上加霜。在不使用藥物與農藥的情況下，要維持工業規模的單一物種畜牧場並不容易。當初發明這些藥物，就是為了讓這種搖搖欲墜的系統免於崩潰。有的時候，從事大規模運作的有機農夫，就好像在綁手綁腳的情況下從事工業化農業。

同樣的道理，細心的農夫原本可以依照作物回饋的訊息來改進耕作方式，但是對於農業用化學藥品的依賴卻摧毀了這種回饋。某個下午我們在移動牛隻時，薩拉丁解釋道：「因為藥物遮掩了遺傳上的弱點。我的目標一直都是提升牛群的健康，經由細心的篩選讓牠們適應當地環境。因此我必須知道，哪頭牛容易得到傳染性結膜炎？哪頭牛容易被蟲寄生。如果隨時都給藥，就得不到任何線索。」

「所以你說，是誰正在從事所謂的知識經濟？是那些真正觀察農場而獲得知識的人？還是從魔鬼的櫃子中拿出神祕藥物的人？」

當然，計算農場效率最簡單也最傳統的方式，就是看看每單位土地生產了多少食物。就這個標準而言，波里菲斯農場的優良效率令人印象深刻。我問薩拉丁，波里菲斯農場每季生產多少食物，他滔滔不絕地列舉以下一整串數字：

三萬打雞蛋

一萬兩千隻雞
八百隻熬湯用老母雞
五十頭牛（相當於一萬一千多公斤的牛肉）
兩百五十頭豬（相當於二萬二千多公斤的豬肉）
八百隻火雞
五百隻兔子

四十公頃的草地能夠生產出這麼多食物，的確非常驚人。但是某個下午，我把這個看法告訴薩拉丁時（當時我們坐著四輪驅動車爬上山丘，去看豬隻夏天住的地方），他質疑我計算的方式：太簡單了。

「你當然可以說，所有食物都是從這四十公頃的土地生產出來的，但如果你真的要算得精確，那麼就得把一百八十公頃的林地也算進去。」這點我就不了解了。我知道冬天時林地是農場重要的收入來源，薩拉丁和丹尼爾經營一家小鋸木廠，販售切割打磨好的木材，也用這些木材來蓋農舍、棚架（以及丹尼爾的新屋）。但是森林和食物生產到底有什麼關係？

薩拉丁繼續計算給我聽。很顯然，森林能夠涵養水分、避免土壤遭受侵蝕，並提供農場所需的水。如果沒有這些樹，農場中大部分的溪流和池塘都會枯竭。在薩拉丁家族剛到這片農場時，這片二百二十公頃土地上的森林幾乎都被砍伐殆盡。老薩拉丁當初最先做的事情之一，就是在面北的斜坡上種樹。

我們穿過一片濃密的橡樹與山胡桃林地，他說：「來這裡乘涼一下吧，這些落葉木像是冷氣機，能夠減緩動物在夏天受到的酷熱。」

我們很快就抵達一片林地，這裡比較像是熱帶莽原，而非森林，樹木比較細瘦，周圍還有濃密的草地。這是薩拉丁在豬隻的幫助之下，在樹林中打造出來的豬園。「我們做的事情只是在森林中隔出一塊一千平方公尺的地，拔掉一些樹苗，讓陽光照進來，其他的就交給豬來做了。」豬的工作包括把雜草吃短，然後在充滿石塊的地裡挖掘食物、翻弄土壤，讓草的種子發芽。幾週之後，樹木之間就長出茂密的野生黑麥和狐尾草，莽原就這樣誕生了。豬容易曬傷，而這片莽原有涼爽的樹蔭供牠棲息，牠們同時也快活地在茂密的草叢中用鼻子搜尋食物，並靠在樹幹上擦背。在野生牧草與林木的美好平衡下，這座莽原自然流露出一種深刻的魅力，更進而展現出一股撼動人心的理念：只要共同努力，農夫與豬隻也能夠在這個長滿灌木的次生林中，創造出如此美麗的景象。

但是薩拉丁並沒有完全計入林地為農場帶來的利益，至少這片悠閒的豬園也算是森林的一部分。

「這個世界上沒有試算表能夠計算出北方斜坡上這片森林的價值。首先，這些樹木能夠減緩吹襲草地的強風。這聽起來可能沒什麼，但這能夠減少草原上的蒸散作用，減少牧草需要的用水。另外，牧草得花費十五%的能量來對抗重力，所以如果能夠減少吹動牧草的風，草便可省下更多力氣，專心行光合作用，那麼牛可以吃到的草就更多了。在『籬笆之間種滿作物』成為美國農業部的既定政策之前，每個農夫都知道在一小片土地周圍種樹籬會帶來何等效益。」

他解釋說，樹木還有涵養水分的功用，北面斜坡的樹木能把水打上山丘。此外，森林能使農場的生物多樣性大幅增加，而農場中的鳥種類越多，昆蟲就越少，但是大多數鳥類的取食範圍，不會超過其安全地帶數百公尺之外。鳥類和許多生物一樣，喜歡住在森林與田野的交界，因為交界處的生物多樣性有助於控管掠食者。只要有足夠的花栗鼠和田鼠可供黃鼠狼和郊狼捕食，牠們就比較不會冒險到農場來捕捉雞隻了。

好處還不止如此。北面山坡森林產生的生物質量，還遠超過草地。「這些森林能夠為整座農場生產更多碳元素，除了冬天取暖所需的柴火，還有堆肥所需的木屑。」堆肥材料中碳和氮的比例要適當，這樣才有足夠的碳牽制較不穩定的氮。以雞和兔子的糞便製作堆肥時，需要大量木屑，所以來自森林的碳會滋養土地，再從土地進入牧草，接著再進入牛隻體內。所以牛不僅由草餵養，也獲得樹木的餵養。

這些林地所展現的另一種層次的複雜性，是我沒有辦法納入計算的。我了解到，薩拉丁看待這片土地的方式與我不同，至少在這個下午之前是如此。四十公頃具有生產力的草地與一百八十公頃不具生產力的林地共同合作，樹木、草地與動物，不論是野生或畜養的，全部都是生態系統中的一份子。但在傳統的計算方式中，森林意味著浪費掉的土地，應該轉作生產之用，而如果薩拉丁依循傳統的計算方式，把這些樹木給砍了，改種草地給牛吃，那麼這個系統便不再完整與健康。不可能只牽一髮而不動全身。

基於某些原因，從那天起，我腦海中便深深烙印著一個景象：在強風吹拂的草地，草葉用盡所有能量，好站直身子讓葉綠體朝向陽光。我總認為樹木和草是相互為敵的，兩者中的一方受益，另一方就得受損。這件事在某種程度上為真：越多的草代表越少的森林，而越多的森林意味著越少的草地。不過「非此即彼」的看法深植在我們的文化之中，在自然界中則未必如此。在自然界中，彼此抗衡的生物也彼此依賴，而最富生機之處往往是兩地的邊緣、交界或交疊處。這片草原、相鄰的森林以及所有物種，共同分享這座最複雜的農場。物種之間的關係是最重要的，作物牲畜的健康也和野生生物的健康息息相關。在我來到波里菲斯農場之前，我讀到薩拉丁一句話，其中怪異的措辭混合了經濟與靈性，讓我備受震撼。我現在能夠了解這句話有多麼不凡，而或許也不再那麼怪異了：「農場中最有價值的事物之一，就是對生命的狂喜。」

Chapter 12
SLAUGHTER：In a Glass Abattoir

第十二章
屠宰場　在透明的屠宰場中

一、星期三

今天保證不是關於生命狂喜之日，因為今天是「處理」肉雞的日子。說直接一點，就是殺雞的日子。

我看見陽光孕育牧草、牧草孕育牛隻、牛隻孕育雞隻，在這個食物鏈中，親眼目睹了許多美麗的事物；但在雞隻孕育人類時，這個不可避免的環節則不怎麼美麗。在薩拉丁的屋後，有一座開放式的雞肉處理棚，每個月會有六個漫長的早上，幾百隻雞在這裡宰殺、燙洗、拔毛並取出內臟。

這是個「不可避免的」環節，不過當然大部分的人（包括飼養這些動物的農夫）都盡量不去想宰殺的過程，遑論是直接殺雞。美國十九世紀文人愛默生曾寫道：「雖然屠宰場隱藏於數哩之外，謹慎地保持了一段優雅的距離，但是你吃了這些肉，就是共犯了。」

宰殺食用動物這件事通常都發生在高牆背後，我們看不到也不知曉。但是在這裡不一樣，薩拉丁堅持在農場中殺雞，而且如果政府許可，他也會在農場中宰殺牛和豬（在美國舊款聯邦免除條例中，農夫得以在農場中自行處理數千隻家禽，至於其他食用動物，大多必須在州立或聯邦政府監督下的機構中宰殺）。薩拉丁要在農場中自己宰殺，有其經濟、生態、政策、倫理甚至心靈上的理由。「我養雞的方式，就是我世界觀的延伸。」這是我們首次交談時他告訴我的話，而在這個早晨過後，我對這句話有更深刻的認識。

週三早上，我終於在早上五點半準時起床了，並趕在實習工完成晨間雜務之前，前往放雞的草地。今天除了要加水、添飼料、移動雞隻，還得把三百隻雞抓進箱子裡，並預計在早餐之後馬上處理。在丹尼爾帶著木箱出現之前，我協助彼得移動雞圈。這件工作得要兩人合作，其中一人把特製的大手推車推到雞圈後側下方，以抬起雞圈用輪子運送，而另一人則抓起雞圈前端的粗繩，一起慢慢把雞圈拉往新鮮的草地。這些雞隻已經熟悉每日行程，就急急跟在這個緩慢移動的家後頭。雞圈抬起來比想像中還重，我費盡吃奶的力氣，才勉強在這個不平的地上拉動幾公尺。「移動雞隻」並不像薩拉丁所說的那麼輕鬆，也不如實習工做起來那麼簡單，不過我當然也不是十九歲的小伙子了。

過了一會兒，丹尼爾開著曳引機，拉來一整車的塑膠雞籠。我們在每個雞圈前面放了四個籠子，然後我們就開始抓雞。丹尼爾打開雞圈的上蓋，然後用一大片膠合板把雞趕到角落，這樣才容易捕捉。他手伸進去抓住一隻雞的單腳，雞猛拍翅膀，接著他把雞頭下腳上地提了起來，這樣雞隻似乎就會安靜下來。然後他以熟練的手法把雞從右手換到左手，再以空下來的右手去抓另一隻雞。等到丹尼爾左手抓滿五隻雞，我便打開籠子，讓他把這五隻雞塞入。一分鐘不到，籠子中就塞了十隻雞。

「該你了。」丹尼爾說著，邊朝雞圈角落散落一地的羽毛點點頭。對我而言，他那種頭下腳上的抓雞方式相當粗暴，牠們鉛筆粗細的腳看起來非常脆弱。於是我抓這些雞時便盡量輕柔，但牠們卻更激烈地拍動翅膀，我只好放下牠們。很顯然，我的法子不管用。最後我只能從鼓噪的雞群中，隨便抓起一隻腳，頭下腳上地拎起來。後來我發現這樣對雞也沒什麼不好，又因為我是左撇子，所以用左手抓雞，再遞到右手。之後我抓了第二隻、第三隻，等到抓了五條腿，我的右手上就有了一大團活蹦蹦的羽毛。丹尼爾打開雞籠的蓋子，我便把這團羽毛放進去。我不知道是不是還有更人道的方式來抓這三百隻雞，不過我在考量所有情況之後，發現這種迅速確實的作法的確是最好的。

丹尼爾打開了燙毛槽下方的爐火，接著我們坐下來吃早餐（波里菲斯農場的炒蛋和培根）。在我們動手處理雞隻之前，水的溫度必須上升到攝氏六十度。早餐時，薩拉丁開始解釋為什麼一定要在農場中處理雞隻：這不止是為了波里菲斯農場，也是希望重建一個實際可行的區域性食物鏈。聽了他的描述，我覺得待會兒要進行的事（在後院中殺一群雞），比較像是政治活動。

薩拉丁輕聲笑道：「當美國農業部的官員看到我們在這裡做的事情，嚇得腿都軟了。那些督察員看了我們的屠宰棚一眼，完全不知道該拿我們怎麼辦。他們會告訴我說，按照規定，屠宰設施一定要有防水的白牆，這樣換班時才好清理。他們會引用法條，說所有門窗都得緊閉。我指出我們連牆壁都沒有，更別說門窗了，因為世界上最好的殺菌劑就是新鮮空氣和陽光。看吧，這讓他們把頭髮都搔光了。」

在薩拉丁眼中，目前食物安全法規的問題在於，他們把用來規定大型屠宰場的法規加諸於所有情況，而沒有顧慮到小型農場是否適用。他說：「我在把一塊丁骨牛排賣給鄰居之前，必須先把它拿到價值數百萬美元、有五項認證的加工廠去包裝。」舉例來說，聯邦法律規定每個加工廠都要有農業部督察人員專用的衛浴設備，這樣的法規明顯偏袒大型的工業化肉品包裝廠，因為他們可以將成本分攤到每年處理的數百萬頭動物上，至於波里菲斯農場這種以人工運作的地方就被犧牲了。

事實上，波里菲斯農場能夠證明他們的雞肉含菌數要比超市的雞肉少（薩拉丁曾委託獨立的實驗室做過化驗），不過農業部的督察人員對這項事實不感興趣。農業部的法規的確明列出哪些設施與系統是可以使用的，卻沒有訂出食物含菌數的標準。（因為這樣就得要求農業部從包裝廠商回收不合格的肉品，但難以置信的是，農業部卻沒有這個權利。）「我很願意讓我的雞接受沙門氏菌、利斯特菌、彎曲桿菌或任何細菌的檢測，但是美國農業部拒絕訂定標準。」在早餐中談論這個話題十分無趣，不過薩拉丁一旦開始批評政府就停不下來：「告訴我終點在哪裡，我就會想出最佳的抵達方式。」

我們討論的這座屠宰棚，看起來就像砌在水泥地上的戶外廚房，並以鐵皮搭在槐樹上作屋頂。不銹鋼製成的水槽與流理檯、燙毛槽、拔毛機等排成馬蹄形，其中還有一個能將雞隻塞入的金屬錐，雞頭會露出錐尖之外，便於宰殺與放血。不難想見，這樣的露天屠宰場一定會讓農業部的督察人員腦充血。

「別搞錯，我們可是在和官僚打仗，他們最想做的事情就是把我們的生意停掉。」我無法確定薩拉丁這個觀點是否過於偏執，不過田園生活總是覺得受到外來邪惡勢力的包圍。在這座農場中，那些力量來自對市場有興趣的政府與大型加工廠。薩拉丁說，政府的督察人員不止一次想要關掉這座宰雞場，但是目前為止，他都把他們擊退了。

在早餐時段，就要聽田園本位主義者撲天蓋地而來的長篇大論，似乎有點早，不過無論如何他已經開砲了。「美國農業部受到全球化企業集團的利用，對『乾淨食物』運動進行打壓。這些企業打著生物安全的名號，其實目標是讓小農場關門，只留下大型肉品加工廠。到目前為止，政府的每份研究都指出，全美食物污染所造成的疾病，都是由集中生產、集中處理與長距離運送食物所造成的。你可能會認為，政府會因此分散食物的供輸系統，特別是在九一一事件之後。但不是的，他們反而加強以放射線消毒所有東西。」

我們吃完早餐後，有幾輛車開進了車道，兩位女性下了車，她們是讀了《草原養雞賺大錢》這本書後，想來學習怎樣殺雞；她們已經學了一陣子。另外還有一兩個鄰居，他們是薩拉丁在殺雞日請來的幫手。薩拉丁曾告訴我，鄰居是否願意前來幫忙，正是這份事業能否永續的真實指標，因為這意味著這個農場的規模在社會上、經濟上與環保上都是適當的。」

「我們不養十萬隻雞的理由之一，不止這片土地負擔不起，我們所在的社區也無法忍受。如果我們一週有六天在殺雞，那麼就會跟工業化的那些傢伙沒兩樣，得弄一堆外勞來，因為這裡沒有人會想每天都割雞脖子。規模不同，情況也不同。」大夥閒話家常一陣之後，便到屠宰棚上就定位。我自願加入丹尼爾，他擔任的工作是劊子手，也就是整個屠宰過程的第一站。因為我整個星期都在擔心這件事，所以想克服這份恐懼。沒有人堅持要我親自宰殺一隻雞，但是我很想知道這是怎樣進行的，也想看看自己是否辦得到。我對於食物鏈了解得越多，就越覺得有義務要仔細觀察每個環節。我過去吃肉、現在吃肉，將來也會吃肉，因此我認為要求一個肉食者在一生當中，直接承擔一些宰殺的責任，並不過分。

丹尼爾正在磨刀，我把幾個雞籠堆在金屬錐旁的一個角落，然後把雞拿出來，頭朝下放到金屬錐中，讓雞的頭從錐尖的洞露出。把咯咯叫的雞從雞籠中取出比較難，而把雞塞到金屬錐之後，牠們的翅膀無法拍動，反而就安靜下來。當八個金屬錐都裝了雞，丹尼爾就從下方用拇指和食指抓牢雞頭，輕柔地的轉了九十度，然後用刀快速劃過氣管邊的動脈。此時雞血從傷口噴出，隨著脈搏慢慢流入金屬槽中，再接到桶子裡。丹尼爾解釋，刀子只能劃斷動脈，而不能切斷整個頭，這樣心臟才能持續跳動，好把血打出來。金屬錐中的雞不斷顫抖，黃色的腳也痙攣地抖動。

這景象難以卒睹。我告訴自己這是不自主地痙攣，可能是吧。我告訴自己這些待宰的雞對自己的命運根本毫無所知。我告訴自己，牠們的喉嚨一旦被切開，受的苦並不長。然而，在等待痙攣平息下來的這幾分鐘，彷彿有一世紀之長。這些雞聞得到丹尼爾手上的血腥味嗎？牠們知道刀子是什麼嗎？我不知道，但是排在後面的雞似乎並不驚慌。牠們似乎沒有注意到這些事情，這讓我稍感安慰。不過老實說，其實我沒有多少時間思考這些事情，因為我在生產線上工作（應該說是死亡線），工作的節奏很快就掌控了心思與身體。幾分鐘後，前八隻雞就放血完畢，轉送到燙毛槽那裡了。丹尼爾又要了八隻雞，我得加把勁以免落後。

如此重複幾輪之後，丹尼爾把刀遞給我。他示範如何把拇指和食指張成V字形，好抓住雞的頭，然後轉動，讓動脈浮顯出來，以避開氣管，然後從雞頭下方某處朝內劃一刀。我是左撇子，所以每個動作都得反過來，這讓我們苦惱混亂了一陣而稍微落後。我看著這些雞黑色的眼珠，感謝老天，沒看到什麼情緒，也看不到任何恐懼。我右手抓著雞頭，左手拿刀劃過雞脖子的左側。我擔心切得不夠深而讓雞多受折磨，還好我的擔心是多餘的，刀子非常鋒利，很輕易就切開覆蓋在脖子上的白色羽毛，並汩汩湧出鮮紅色的血。雞頭瞬間變得軟趴趴的，而在我手尚未放開之前，手掌便沾了一攤溫暖的血。不知怎地，有一滴血濺出噴到我的眼鏡鏡片，於是我整個早上都一直看到一個模糊的紅色污漬。丹尼爾讚許我的殺雞技術，而且也注意到我眼鏡上的血滴，笑著給了我一個意見：「殺雞的第一條守則：如果你覺得嘴唇上有東西，別去舔。」他從十歲就開始殺雞，對此似乎毫不在意。

丹尼爾作手勢指了指下一副金屬錐，我猜我的工作還沒做完。我大概又殺了十多隻雞，才前往下一個工作站。整個過程還算上手，只不過有一兩次切得太深，差點把整個頭都切了下來；而且進入狀況之後，工作的節奏就取代了不安的感覺，我可以什麼都不想，只靠著技術就能殺雞。我殺雞的資歷還沒長到足以把它視為例行公事，但整個過程的確開始變得機械化；比起其他感受，這種感覺更令人不安，想想自己竟如此快速就習以為常，尤其連周遭的人們也不以為意。就某些程度上來說，殺雞這件事在道德上最令人不安的，就是做了一陣子之後，就不覺得這是在道德上令人不安的事情了。

我和丹尼爾的宰殺進度超前了燙毛工作（一次只能處理幾隻雞），我就離開屠宰區休息一下。薩拉丁拍拍我的背，對我的宰殺表現表示肯定。我告訴他，殺雞這件事情可不是我想每天做的。

薩拉丁說：「也不該有人每天做。所以《聖經》中，祭司會抽籤決定誰來宰殺祭物，而且每個月會輪流，如果每天都屠宰動物，這會讓你失去人性。」動物處理專家天普．葛蘭汀①協助設計過許多屠宰場，他寫道，屠宰場中的全職工作者會變得殘酷不仁，其實很正常。薩拉丁說：「屠宰工作每個月只能進行幾天，我們才有辦法真正思考自己在做什麼，也才有辦法盡量小心在意、維持人性。」

我在屠宰區已經待夠，稍事休息後，便沿著生產線到下一站。當雞隻放完血死亡之後，丹尼爾就會抓著雞的腳傳給蓋倫，蓋倫會把牠們放入燙毛槽中一個移動式架子上，讓雞隻在滾水中上下移動，毛便會鬆脫。從燙毛槽拿出的雞看起來死透了也濕透了，像是帶著爪和喙的濕抹布。下一站，雞會放入脫毛槽，這台機器由不銹鋼圓桶組成，長得就像頂揭式洗衣機，桶子內緣有幾十條黑色橡皮條自外朝中心伸出。雞隻在桶中高速旋轉時，這些橡皮條會推擠搓揉雞隻，而把毛脫除。幾分鐘後，這些雞已經除毛完畢，就跟超級市場中的雞一樣。此時雞看起來已經不像是死掉的動物，而像是食物了。

彼得從脫毛槽中把雞拿出，扯掉雞頭、切掉雞爪，再把雞傳給蓋倫，然後去除內臟。我在這一站加入蓋倫的工作，他示範步驟：刀刃自何處劃出開口、如何盡量保持雞皮完整而把手伸入雞的體腔、在一把抓出溫暖的內臟時如何保持消化道完整。他把拉出的內臟放在不銹鋼流理檯面，一一唸出來：食道、砂囊、膽囊（小心不能弄破）、肝臟、心臟、肺臟和小腸（這個也要小心）。然後他告訴我哪些器官是可以留下來賣的，哪些則扔到腳邊的內臟桶。出乎意料，這些內臟相當美麗，像是透著金屬色澤的調色盤，心臟肌肉有藍色金屬光澤的條紋，肝臟是光亮的牛奶巧克力色，膽囊則是墨綠色。我好奇看著砂囊，這個器官看起來像胃，裡面有一些砂子，是用來研磨從食道來的食物。我切開一個緊實的砂囊，裡面有一些小石塊，還有一片摺疊如手風琴的鮮綠草葉。我在砂囊中沒有看到小蟲，但是其內容物的確重現了波里菲斯農場的食物鏈：草原變成肉。

挖內臟我不在行，我的手很拙，雞皮撐得太開，所以我處理過的雞看起來都破破爛爛的。我還不小心弄破了一個膽囊，讓淡黃色的膽汁噴出來，接下來我只好大費周章地清洗這隻雞。隨後我又剖開了一隻雞，此時蓋倫淡淡地說：「等到你挖過數千隻雞之後，你不是非常上手，就是再也不想挖了。」蓋倫顯然非常上手，而且似乎還樂在其中。

大家在工作的時候，會漫無目的地聊天，這個早晨的氣息，讓我可以想像在新穀倉落成，或十一月聚在一起剝玉米的場合，此時平時獨自工作的人們能聚在一起完成重要的工作。這些工作有許多是髒亂且不愉快的，但這無損人們聊天的興致，而且時間也不會長到讓人感到無聊或肌肉痠痛。更何況，早晨結束後你還得到一些成果，這些成果比起你單打獨鬥的要高出許多。我們在屠宰場的時間不到三小時，卻已經處理好三百多隻雞，它們正漂浮在大型不銹鋼槽的冰水中。它們之前都是會咯咯叫的動物，現在已經變成可以進烤箱的食物。從金屬錐到冰水槽，大約十分鐘。

當我們正忙著清理場地，刷除桌上的血跡並沖洗地面時，客人陸續出現，前來取雞。這時我開始了解露天屠宰場所具有的強大道德概念了。波里菲斯農場的顧客可以在宰雞當日中午過後來

①編注 Temple Grandin，美國畜產學學者及禽畜動物行為顧問。身為知名的亞斯伯格症候群患者，葛蘭汀致力於宣導自閉症，並發明了擁抱機協助患者緩和情緒。她的自傳曾改編並拍攝成同名電影。

拿雞，但他們若想看看自己晚餐的盤中之物是如何宰殺，也可以早點過來。事實上，波里菲斯農場歡迎顧客前來參觀，而有時也真的有人來觀看。比起農業部的法規與條款，這種透明化最能保障顧客購買的肉品是以人道與乾淨的方式處理的。

薩拉丁總愛說：「你無法規範誠實。」真正負責的行為來自生產者與顧客之間的關係，「以及顧客能夠自由地來農場東摸摸西看看。如果顧客看到了我們的作業方式，依然願意向我們買食物，那麼政府就不應該插手。」薩拉丁相信透明化就跟陽光和新鮮空氣一樣，是比條款和科技還要有效的殺菌劑。這是一個很具說服力的概念，想想如果每個屠宰場和動物飼育場的牆壁都和波里菲斯農場一樣透明（即使不是露天而是隔著玻璃），那麼在這些牆壁背後所發生的殘酷、冷漠與污穢，都會馬上終結。

顧客自己從水槽中挑雞並且自行裝袋，然後拿到屠宰棚旁的店鋪稱重。（讓顧客自己裝袋，是為了『假裝』顧客購買的不是處理過的食物，是一隻活雞，波里菲斯農場只是好心順便宰殺與清理而已。因為販售加工食品在農業區是違法的。）在波里菲斯農場買雞肉，一公斤要價四．五美元，而在當地超級市場是二．八美元。在農場中處理雞隻，也是想把成本壓低。由於禁止加工，波里菲斯農場得把肉品送到哈里遜堡的包裝廠處理，使得牛肉和豬肉每公斤成本增加二．二美元，而法律又禁止自行燻製肉品，因此火腿或培根每公斤則增加四．四美元。薩拉丁解釋說，醃製肉品現在被認為是加工，而農業區中禁止加工（他現在只會稍微煙燻一下）。薩拉丁相信，如果政府能讓農民免於盤根錯節的法律規範，在自己的農場加工與販賣肉品，那麼這些「安全的食物」就有辦法與超市中的食物競爭。對他而言，要建立能夠獨立生存的地區性食物鏈，這些法規是最大的障礙，而且還妨礙了人民自由。「我們不允許政府干涉宗教，那麼為何要允許政府干涉我們要買什麼食物？」他認為「食物的自由」（從豬農手中買一塊豬肉）應該屬於憲法保障的權利。

泰瑞莎邊結帳邊和顧客聊天，不時差遣丹尼爾和瑞秋從冰箱中拿一打雞蛋或是從冷藏室中拿一隻烤雞過來。我和蓋倫協助薩拉丁把雞的廢棄物做成堆肥，這可能是在農場中最讓人噁心的工作，我想在其他地方也是。我開始了解，在波里菲斯農場處理雞內臟的方式，是他的世界觀的延伸，正如薩拉丁所言。

薩拉丁開著曳引機到路的對面，去裝載那些堆得高高的木屑，我和蓋倫則到屠宰場把幾個大小約二十公升，裝有血、內臟和羽毛的桶子拖到堆肥區去，那裡距離住家只有一箭之遙。天氣越來越濕熱，而在那一堆木屑下方還有先前埋入的雞廢棄物，發出陣陣惡臭。我之前也遇過一些發出臭味的堆肥，但眼前這個聞起來的確就是腐爛的血肉。我終於知道在拖車裡無法成眠的第一夜，不時飄散過來的是什麼氣味。

在舊堆肥旁邊，薩拉丁倒了幾公尺寬的新鮮木屑，然後我和蓋倫把木屑鋪成雙人床大小的矩形，中間留個凹槽，然後倒入桶中的雞內臟，形成一個閃著各種顏色的燉菜，再鋪上如枕頭般鬆軟的羽毛，最後倒上已如油漆般黏稠的雞血。這時薩拉丁又載來另一車木屑倒在上面，我跟蓋倫則拎著耙子爬上這堆木屑。最頂層的木屑是乾的，但我能感覺到腳下內臟的滑動，這就像是走在裝滿果凍的床墊上。我們把木屑耙平後就離開了。

這個堆肥把我打敗了，但我能說什麼呢。除了我鼻子中的惡臭（相信我，這種臭味很難克服），這個堆肥結結實實提醒我們吃雞的時候會發生的事情：宰殺、放血、挖內臟。不論這些事情掩飾得多好、隱藏得多遠，這種死亡的氣味與死亡的現實，都使得吃肉這件事情蒙上陰影（不論這些肉來自工業化食物鏈、有機食物鏈或其他方式），即使是美麗得令人印象深刻的草原食物鏈，死亡仍舊是其中的一部分、是一個包袱。我很想知道，這種噁心的感覺能否遮掩我早上工作時的羞愧感。此時此刻，我很難想像自己短期內還吃得下雞肉。

我也不能想像，把這堆腐爛雞內臟發出的氣味當成夏日微風吹過我的餐桌。但是，薩拉丁對於這堆堆肥的看法可能和我不同，誰知道呢？這堆肥對他而言可能沒那麼臭。對薩拉丁而言，在這裡處理雞隻的優點，就是讓出生、成長、死亡與腐爛的循環，都在這片土地上完成。否則，這些廢棄物就會送到轉製工廠，在高溫下乾燥，製成藥丸，成為飼育場中豬牛甚至雞所吃的「蛋白餐」。這種有問題的作法，使得狂牛病變成一顆不定時炸彈。薩拉丁並不想加入這個系統。

或許，薩拉丁甚至能在這座堆肥中發現某種特定的美，或者至少是種救贖的承諾。他當然不會把這座堆肥藏起來。他認為雞內臟就如同這座農場中其他「廢棄物」一樣，是生物性財富的一種形式，其中的氮會由他從林地收集的碳所固定，回到大地。薩拉丁見過以往所有堆肥的演變，所以他看待堆肥的方式，是我望塵莫及的。這堆血、內臟和羽毛終會質變為黑色塊狀的營養堆肥，而到了春天，薩拉丁就會把這些不太可能是好味道的東西，灑在草原上，讓養分重回牧草。

Chapter 13

THE MARKET："Greetings from the Non-Barcode People"

第十三章

市場　來自拒絕條碼者的問候

一、星期三下午

我追隨著以玉米為基礎的工業化食物鏈，從奈勒在愛荷華州的玉米田出發，前往堪薩斯州的飼育場與肉品包裝廠，歷經無數食品加工廠，旅行了數千公里，最後抵達馬林郡的麥當勞。之後，我知道美國一般的食物都要旅行約兩千四百公里才會出現在餐桌上，通常移動得比吃的人更頻繁也更遠，但我並不意外。相較之下，在維吉尼亞州以牧草為基礎的食物鏈雖然非常複雜，卻相當短，我幾乎不用離開薩拉丁的農場就可以走完全程。這座維吉尼亞農場的工作比愛荷華州還要繁重，一方是殺雞，另一方是種玉米，但是追蹤的工作卻比較簡單。現在要做的，只剩沿著連結薩拉丁牧草地和顧客餐桌的路徑，去追蹤這條以牧草為基礎的食物鏈。

你應該還記得一開始把我帶往波里菲斯農場的契機，是薩拉丁拒絕快遞一塊牛排給我。現在我了解他的永續概念並不限於農業技術或加工方式，而是延伸到整個食物鏈。薩拉丁不會把穀物、雞糞、瘤胃素餵給牛吃，更不可能把他用牧草餵大的牛賣給「完整食物」（更別說大型連鎖超市），因為對他而言，這些行為都屬於工業化產物。所以波里菲斯農場不長途運輸，不賣給超級市場，也不會大規模銷售。週三早上我們處理的那三百隻雞都賣給農場方圓數十里內的顧客，最遠只要半天車程。一開始我認為薩拉丁維持簡短食物鏈的理由完全是出於環保，這樣可以省下燃油，而美國人經常把食物運過整個國家，而且情況越來越嚴重。但是薩拉丁想省下的，比能源多上太多了。

波里菲斯農場的雞肉、牛排、火腿或雞蛋，以五個途徑抵達食用者的餐盤：農場門市直售、農民市集、都會採買聯盟[①]、史丹頓市的一些小店家，以及當地餐廳，薩拉丁的哥哥亞特每週四會開著小貨車送貨到餐廳。這些管道都不大，但是加起來卻成為當地食物經濟的命脈，薩拉丁相信這個正在蓬勃發展的經濟體系，對於他所從事的這種農業（與社區）是不可或缺的，更別說在重建整個全球食物鏈上的重要性。

在薩拉丁的眼中，當人們願意大費周章花錢直接向認識的農人買食物時，這種重建就開始了，他稱這種交易為「關係行銷」。他認為唯一能有效保證交易公正的，就是讓買家與賣家面對面，只有少數人願意不惜麻煩這麼做。薩拉丁說：人們會花費心思找修車廠和房屋承包商，但卻不會費神選擇生產食物的人。你不覺得這很奇怪嗎？」

薩拉丁以宣揚自己的農法為職志，他的四百多名常客當然已經聽過多次講道。他每年春天都會寄出長篇、強勢的正式書信，這封信足以打動速食愛好者，讓他認為來波里菲斯買一隻在草原上生長的雞，就等於是在拯救社會、環境、營養和政治。

最近的信函上一開頭就寫著：「拒絕條碼者的問候。」在薩拉丁進入悲壯的哀嘆之前，他先反對「跨國的全球化企業以虛華科技建立的破碎食物系統」，以及「工業廢棄物工廠式的集中營式農場」（這一串危險用語是薩拉丁的招牌修辭風格）。他悲觀地發出警告，說政府與「大型食品系統狼狽為奸」，利用人民對生物恐怖主義的恐懼，將小型食物生產者踢出市場。然後他懇求他的客戶「在這些偏執與歇斯底里的日子中，要站在波里菲斯農場這邊。」一如任何動人的悲嘆，薩拉丁在結尾化絕望為希望，強調「人類靈魂對於聞到花香、照料豬隻與享受肉食的渴望，正空前強烈。」接著是今年定價的切實討論，以及最重要的事情：寄回訂單，準時出現拿雞。

①編注 metropolitan buying clubs，由城市中的個人與家庭等個體戶組成，彙整聯盟內成員的需求，集體向城市周邊的農莊購買高品質、對健康有益的農產品，以較大的購買量換取相對低廉的價格，也能將運輸過程所造成的污染減至最低。

我在週三下午遇到波里菲斯農場四百名教友的一些成員，他們來拿之前訂購的新鮮雞肉，而在週五又遇到另一些。這些人真是來自五湖四海，有學校教師、退休人員、年輕母親帶著一對黃髮雙胞胎、技工、歌劇演唱者、家具製造者、在史丹頓金屬加工廠工作的女性。他們都付出高於超級市場的價格，而且許多人要在崎嶇又難找（但風景優美）的鄉下道路開上一個多小時的車才能抵達。但是毫無疑問，這些人都不是城市中的富裕美食家（正是有機或手工食物的推銷對象）。這些人非常多元，停車場中的車子也大部分是平價雪佛蘭，而非高檔進口車。

他們從各地來到這座農場，究竟是為了買什麼東西？下面是我記下的一些評語：

「這裡的雞讓我想起童年，吃起來真的是雞。」

「我就是再也不相信超級市場的肉。」

「這些雞蛋新鮮得能跳到你臉上。」

「你不可能在其他地方找到更新鮮的雞肉了。」

「這些肉來自快樂的動物，我看過，所以我知道。」

「我開了兩百多公里路，只為了替我的家人買到乾淨的肉。」

「很簡單：我相信薩拉丁而不相信超級市場。我也喜歡把錢留在家鄉的想法。」

換句話說，我聽到的是由食物的恐懼與食物的樂趣（與記憶）所引發的相同憂慮，那也是近二十年來推動有機食品工業成長的力量。這份憂慮與滿足感，讓波里菲斯農場的許多顧客願意花一點時間開過優美的鄉間小路來到農場，與薩拉丁家族閒聊幾句。對某些人而言，重新與食物的來源產生聯繫是一個強大的概念。對農夫而言，在農場直接銷售讓他在每販售一美元的食物時，就重新拿回九十二美分，目前這些錢都是進入加工業者、中盤商和零售商的口袋中。

這天下午稍晚，薩拉丁和我開著長途車，來到仙納度山谷南端的小鎮莫尼塔（Moneta），他急著介紹我認識艾格爾斯頓（Bev Eggleston）和他的一人公司「善待生態」（EcoFriendly），這是波里菲斯農場把食物交給消費者的第二條管道。艾格爾斯頓以前種香料植物，也養牲畜，但後來他發現自己賣食物的天分大於生產食物。他在華盛頓特區的農民市集攤位上販售波里菲斯的肉和雞蛋。在路上，薩拉丁和我談到近來興起的在地食物運動，包括這個運動所面臨的挑戰，還有棘手的價格問題。我問他「他的食物比較貴，因此本質上是菁英取向的」這個問題要如何回答。

「我不接受這個前提。首先，今天早上在農場你沒有看到什麼菁英分子。我們的顧客各種人都有。第二，當我聽到有人說乾淨的食物比較貴時，我都會告訴他們，事實上，你買到的是最便宜的食物，這總是能吸引他們聽下去。然後我會解釋說，我們的價格會把所有成本都納入，社會不需要負擔水污染、抗生素抗藥性、食物傳染病的成本，以及對作物、油料和水的補助，而這些成本都隱藏在環境和納稅人背後，使得便宜的食物變得很沒價值。任何一個有想法的人都會告訴你，他很在乎這些事。我對他們說，這個選擇很簡單：妳可以買誠實標價的食物，或是買標價不負責任的食物。

薩拉丁提醒我，如果沒有政府的法規與加工的高額成本，他賣的肉會更便宜，每公斤至少能夠再降二．二美元。「如果市場能夠公平競爭，去除便宜食物的法規保障、補助津貼，並納入公眾衛生與環境清潔的成本，我們就可以在價格上和所有人競爭。」

事實上，廉價的工業化食品在許多方面的確受到大量補助，所以在超級市場上販售的價格無法反映出真正的成本。但是在政府管理食物的規則改變之前，有機食物或以永續方式生產出來的食物，在結帳時都會比較貴，造成某些人買不起。不過對大多數人而言，事情沒有那麼簡單。在美國社會，人們只花了可動用收入中的一小部分在飲食上，大約只有十％，而在一九五〇年代則有十五％。現在美國人可動用支出中花在食物上的比例下降了，而且比其他任何工業化國家都要低，也可能是人類歷史中最低的。這意味著，只要人們願意，其實可以為食物付出更多錢。可是事實上，最近幾年來，就連非菁英人士每個月都願意多花五十到一百美元在手機（美國有半數人用手機，包括小孩），而有九成的美國人花錢看有線電視。另一種本來是免費但我們現在樂意付錢的東西是水。所以不願意花更多錢買食物真的是負擔問題？還是優先順序問題？

以現下而言，像薩拉丁這樣以手工生產食物的人，是以品質而非價格來競爭。但是很奇怪，這樣的概念在食物中卻很新奇。薩拉丁說：「有個人開著ＢＭＷ來農場，然後問我的雞蛋為什麼比較貴。嗯，首先，我要試著不發火。坦白說，任何認為我一介農夫不值得擁有白領收入的城市佬，都沒資格吃我的特別食物，他們去吃大腸桿菌吧。不過我不會這樣說，相反的，我會把他帶到外面，指著他的車說：『先生，您很了解品質的重要，而且也願意為品質花錢。食物也是一樣，一分錢一分貨。』」

「我們為什麼要把食物排除在這個規則之外？工業化農業是建立在標準化上，所以業界不斷向我們疲勞轟炸，說所有豬肉都一樣，所有雞肉也都一樣，雞蛋就是雞蛋。但是我們都知道事情並非如此。但是說某種雞蛋比較營養，就會被指責很不美式主義。」薩拉丁引用當地連鎖超市的標語「我們高高堆起便宜賣」，說：「有其他的行業是這樣賣東西的嗎？」

你只要想想就會覺得很奇怪，食物這種與健康及幸福生活密切相關的東西，在銷售時卻常常只憑價格。「關係行銷」的價值就在於讓價格以外的許多資訊能夠在食物鏈中上下交流：製造過程與產品編號、品質與數量，「價值」而非價格。如此一來，人們在購買食物時就會著眼於品質而非價格，因此做出不同決定。但是，條碼卻取代了食物生產的過程，這種簡單的符號設下重重簾幕，就如同工業化食物鏈一般難以看透。

不過條碼不一定得是如此模糊或簡化的。丹麥的超級市場正在做個實驗：在肉品的包裝上增加第二道條碼，收銀檯刷了條碼之後，螢幕上會出現飼養這份肉品的農場，以及這隻動物的遺傳特性、所餵的食物與藥品、宰殺日期等詳細資料。美國大部分的超級市場根本禁不起這種透明化。如果豬肉包裝上的條碼能夠提供這頭豬背後集中型飼育場的樣貌，以及這隻豬所吃的東西、所攝取的藥品，還有誰敢買？我們的食物系統是建立在消費者的所知不多上，消費者頂多看到掃瞄機顯示的價格。廉價與無知能彼此強化。對於食物鏈另一端的一無所知，很快就會變成無感，因此製造者與消費者對食物漠不關心。當然，全球化經濟若沒有建造起這道無知與無差別之牆，根本就無法順利運作。所以國際貿易都很明確下令禁止訴說食物背後的故事，包括生產方式，以及「保護海豚」、「人道屠宰」等。

薩拉丁想盡快建立區域性經濟，這樣的經濟體不需要條碼，更無需擴大條碼的用途，後者指的是運用科技或標籤體制讓現有的工業化食物鏈更透明。我有些意外，薩拉丁的田園（或是農業）觀點看起來並不適用於現況，因為許多人都居住在大城市，遠離食物產地，因此也遠離了「關係行銷」的機會。我問他紐約這樣的都市要如何納入他的區域性食物經濟時，他的回答讓我更意外：「我們為什麼要擁有紐約市這樣的大都會？那有什麼好處？」

如果說薩拉丁的後工業化食物鏈藍圖有什麼黑暗面的話，我想那就是對都市的深切反感，這道陰影總是籠罩在美國鄉間的農村本位主義上。我向他強調，雖然紐約充滿疾病與犯罪，但依然是人們的居所，這些人也得吃東西，他這才同意農民市集與社區支持型農業[②]可能是讓城市居民

②編注 Community Supported Agriculture（CSA），或譯共同購買，一種社區支持當地有機農業的推展組織，由消費者與生產者（農民）共同組成，是有機農產品常見的銷售模式。消費者在產季開始時先支付農場一筆金額，然後每週會收到一箱農產品，透過這種作法，消費者與生產者可以共同承擔風險與享有潛在的產品報酬。

接觸到遠方農人的好方法。對我而言，這種關係緊密的小型交易讓我了解到，我和薩拉丁之間有著非常深的文化與經驗鴻溝，但同時間，對食物的關注又在這道鴻溝上搭起穩固的橋樑（雖然並非總是如此，但都市與鄉村對彼此的反感有時依然很深。我曾鼓勵一份大城市報紙的食物專欄作家去看看波里菲斯農場。她回來當天就打電話給我，抱怨她一整天在斯沃普遇到的人都是異形：「你沒有先告訴我，他的大門有「耶穌魚」[3]的裝飾。」）

我和薩拉丁在下午抵達艾格爾斯頓的辦公室，一位結實高瘦的藍眼男士走出來迎接我們。他大約四十多歲，穿著短褲，戴著波里菲斯農場的棒球帽，說話有如連珠砲。薩拉丁在路上曾解釋，艾格爾斯頓目前面臨幾乎斷頭的經濟壓力，他為了蓋小型肉品加工廠，把農場拿去抵押貸款。艾格爾斯頓在農民市集的經歷，讓他堅信草原牧場肉品的需求會大增，但願意和這些牧草農夫合作的小型肉品加工廠很有限，因此供應量一直短缺，於是他決定自己蓋一座。

當美國農業部還在艾格爾斯頓的所需文件上拖拖拉拉時，他正瀕臨破產。後來他終於拿到必要的許可證，雇好員工、開始宰殺動物，農業部卻突然把督察員撤走，立刻使加工廠關門大吉。農業部的解釋是艾格爾斯頓宰殺的動物太少、速度太慢，不符合督察員的時間成本。換句話說，他的工廠尚未達到工業化標準，這才是整個事件的主要關鍵。我恍然大悟，薩拉丁之所以帶我來見艾格爾斯頓，就是要以艾格爾斯頓的窘境來證明他的論點：政府在通往另類農業系統的道路上設下關卡。

在這種情況下，艾格爾斯頓（名片上的全名是貝弗利．艾格爾斯頓四世）並沒有失去幽默感，說話依然又快又充滿粗俗笑點。我告訴他，我會在農場待上一週，他警告我「跟在薩拉丁旁邊做事，你會得腕隧道症候群和老年癡呆症」。薩拉丁認為艾格爾斯頓是世上最有趣的人，也熱切期盼他能夠成功，同時也提供他數千美元的波里菲斯農場產品，好讓他在對抗官僚體系的戰鬥中存活下來。

艾格爾斯頓帶我參觀他閃閃發光的嶄新處理設施，由不銹鋼和白色磁磚打造，要價一百萬美元，完全符合農業部標準，而現在只能閒置不用。之後我們一起去他停在工廠後方的拖車屋，艾格爾斯頓似乎住在那裡，以洋芋片和含咖啡因汽水維生。每個週末他都會載著一車由薩拉丁及維吉尼亞州其他牧草農夫所生產的產品，開五百公里路到華盛頓。我問他如何在農民市集銷售放牧肉品，我很想知道要怎麼做才讓人們多掏一點錢。

艾格爾斯頓解釋說：「我會視顧客的出身而定。我有很多已經準備好的理由，只要花三秒鐘就知道該談什麼話題。對動物不人道、農藥、營養、味道等。」薩拉丁說艾格爾斯頓天生就是銷售好手（「他能夠把帽架賣給麋鹿」）。我不難想像他週六工作的模樣：翻動著試吃的烤肉，妙語如珠，還能命中顧客的恐懼、對快樂與健康的渴望。艾格爾斯頓讓我體驗他的叫賣口才：「這些食物是為了連毛衣套過頭都會覺得臉癢的人準備的。狂牛病？沒有！我們的牛過得快樂又自在。」

沒有多少農夫能做到這件事，事實上許多農夫之所以成為農夫，就是因為不用叫賣。這些農夫比較喜歡和動物或植物一起工作，而非陌生的人類。對這些農夫而言，直接的「關係行銷」並不是好辦法，因此雖然他們的貨品賣出後，還得付農民市集六%的抽成以及艾格爾斯頓的佣金，

③編注　基督教的代表符號之一，由兩條弧線組成，形似一條魚。這是早期基督徒在躲避羅馬政府迫害時，確認彼此身分所使用的暗號。起源於希臘文的魚「ΙΧΘΥΣ」，由「耶穌」（ΙΗΣΟΥΣ）、「基督」（ΧΡΙΣΤΟΣ）、「神的」（ΘΕΟΥ）、「兒子」（ΥΙΟΣ）、「救世主」（ΣΩΤΗΡ）等字的字首所組成。

但依然很高興有艾格爾斯頓這樣的人為他們在農民市集賣東西，這樣已經比整批當成原物料賣出還要好上太多。

我們坐在拖車廚房的小桌子邊，喝著汽水。艾格爾斯頓和薩拉丁談論區域性販售食物的經濟情況。薩拉丁說他在農民市集所賺的錢是最少的，所以他幾年前就不這樣做了。但農民市集這幾年仍快速成長，在十年前只有一千七百五十五人，現在已經有三千一百三十七人。薩拉丁在都會採買聯盟所賺的錢還比較多，這個系統我就沒那麼熟了，其運作方式是一些家庭每個月團購一兩次，其中有個人會整合一切，並提供自己的家當取貨處，通常可以得到免費產品當報酬。團購的規模夠大，因此農夫願意送貨，薩拉丁的團購甚至可以遠至維吉尼亞海邊，開車要半天才能抵達。都會採買聯盟是薩拉丁成長最快的銷售管道。

這些消費者是誰？在薩拉丁這裡，大部分都是關心孩子健康的年輕母親，許多都是來自在家自學團體（薩拉丁說「這些人已經自願退出體系」），或是來自一個名為「普萊斯基金會」（Weston Price Foundation）的組織。普萊斯是牙醫，在一九三〇年代開始提出疑問：比起工業化國家中的人，那些遺世獨立的「原始」部族可以把牙齒保持得更好，也活得更健康。他旅行世界各地，研究那些活得最健康、最長壽的族群，發現這些人的飲食有一些共通點：大量來自野生或放牧動物的肉品、未經高溫消毒的乳製品、未經加工的全穀物、以發酵保存的食品。現在這個基金會由營養專家暨烹飪書作者法倫（Sally Fallon）經營，她透過書籍、研討會及網路推動這些傳統飲食，而薩拉丁就是她在網路上經常提到的食物生產者。

「網路的美妙之處在於讓理念相近的人找到同夥，然後再找到聯絡我們的管道。」完全省下行銷與店面成本。Eatwild.com這個宣傳放牧肉品與乳製品的網站，是消費者接觸波里菲斯農場的另一個途徑。「選擇退出體系並不容易。」

對薩拉丁而言，「選擇退出體系」是重要關鍵，因為他認為「經由西方的、簡化的華爾街銷售系統，來販售整體的、相連的、含有靈魂的產品」，是致命的錯誤，我覺得他指的是把產品批給「完整食物」。對艾格爾斯頓和薩拉丁而言，「完整食物」和一般超級市場無異，兩者都屬於逐漸壯大的全球化經濟體系，都會把手上的東西轉變成原物料。他們會把觸角伸到世界各地食物生產成本最低的地方，然後送到價格最高的地方出售。

在我們談話的後段，薩拉丁問艾格爾斯頓和我最近有沒有讀《畜牧人牧草農夫》（*Stockman Grass Farmer*），上頭有篇納遜的專欄文章〈手作經濟學〉（artisanal economics），引用哈佛大學商學院教授麥克．波特的理論，將工業化企業與手作企業區分開來，並且說明為何試圖結合兩者的作法鮮少能成功。他解釋道，工業化農夫的業務是販賣原物料，在這種行業中，唯一確實可靠的競爭策略就是讓自己成為成本最低的製造者。工業化企業的生產者降低成本的傳統方式，就是用資本（新科技與化石燃料能源）來取代技術勞工，然後擴充產量，增加經濟規模，如此才能補償縮小的利潤空間。在原物料這行中，生產者必須賣得更便宜、規模擴到最大，不然只會被競爭對手壓過。

納遜拿另一種與工業化模式完全相反的模式來比對，他稱之為「手作生產」。在這個模式中，生產者的競爭策略是販賣特別的產品，而不是成為成本最低的原物料生產者。納遜強調，「生產力和獲利是兩種完全不同的概念。」他指出，即使是小型生產者，只要能夠一直賣出傑出的產品，並壓低成本，還是可以獲利。只要這種手作企業不要試著在任何層面模仿工業化企業，就能成功運作，同時也不要試圖用資本取代技術勞工。這種企業不應該為了成長而成長，也不應該追求產品的一致性，而應該保持變化，同時配合季節。手作企業不應該為了追求全國市場而投資，而應該專注在當地市場，不作廣告，靠著口碑與商譽來行銷。最後，手作企業應該盡量依靠免費的太陽能，而非昂貴的化石燃料。

納遜寫道：「目前另類農業最大的問題，就是想要把工業化模式與手作模式中的零碎片段整合起來，這不會成功……走中間路線就如同邯鄲學步。」

納遜的專欄讓薩拉丁了解為何賣雞肉會比賣牛肉、豬肉更賺錢。因為他可以自己處理雞肉，這項產品從頭到尾都是以手工處理。但是他的牛肉和豬肉就需要經過工業化的加工廠加工，這項成本侵蝕了他的獲利空間。

無需贅言，波特與納遜的理論也可以用來解釋艾格爾斯頓目前的困境。他蓋了一座手作式的肉品處理工廠，這個工廠本著人道與嚴謹的精神，為放牧的牲畜量身訂作處理程序，一天只能宰殺數十頭。但這個手作式企業被迫遵守農業部的規則系統，而這個系統是為了工業化模式所設計。厄普頓．辛克萊[4]的長篇小說《屠場》（The Jungle）就指出這些規則是為了工業化濫用而設立的。聯邦法令的訂定對象很顯然是大型屠宰場，這些屠宰場的作業員並不具專業技能，每個小時卻可肢解四百頭來自集中飼育場的動物。這樣的數量當然可以輕鬆負擔督察員的專屬休息室，或是以精密儀器對可能帶有大腸桿菌的屍體進行蒸汽或放射性消毒。這些特殊又昂貴的科技暗示著這些接受處理的動物生前住在污穢的環境、吃著玉米，而非放牧飼養。結束五三四號小牛生命的工業化包裝廠，從一頭牛進門後出去成為包裝好的牛肉只需五十美元，但艾格爾斯頓這樣客製化的設施，處理的成本幾乎是工業化的十倍。工業化與手作經濟在艾格爾斯頓的包裝廠中發生衝突，悲哀的是，不用多想就知道哪一方會勝出。

二、星期四早晨

薩拉丁的哥哥將貨車倒車到店門口，發出的噪音將我吵醒，這時是早上五點四十五分。今天是週四，送貨的日子。亞特喜歡在任何委託他送貨的農夫現身之前就先把訂單和貨車整理好。我披上衣服，跑出去見他。亞特長薩拉丁五歲，而我對他的第一印象是他與薩拉丁完全不同，既不陽光也不開朗，看起來更腳踏實地，這可能是出於後天的歷練。他同時還有點古怪，這一點我從未在薩拉丁身上見過。不過亞特可不是在田園世界工作，他必須處理城市的擁擠交通、取締違規停車太熱切的女交警，以及陰晴不定的大廚。相對於弟弟的革命情懷，亞特似乎已經不再相信這個世界或人類的靈魂能有多大轉變。

每到週四，亞特就會執行嚴格擬定的軍事行動，好把波里菲斯農場的放牧肉品與雞蛋補給到夏洛特鎮（Charlottesville）的高級餐廳。跟著一起運送的，還有仙納度山谷其他幾位農夫出產的乳製品、菇蕈與農產品。他會在週一晚上打電話跟農夫確認產品，週二早上傳真食材清單給大廚，然後用一整天來推銷並確認訂單。週二晚上把訂單傳真給農夫，好讓農夫在週三採收農產品。然後在週四清晨稍後，農夫就會來波里菲斯農場的停車場碰頭。

我坐在亞特貨車前排的座位上，度過週四比較愜意的一段時光。亞特開一輛橘黃色老舊道奇

④編注 Upton Sinclair，美國左翼作家，著書近百，以揭發時弊為務。小說《屠場》是他在芝加哥一家肉品加工廠實際生活七周後所寫下的真實故事，揭發該工廠惡劣的勞動環境，與工業化加工食品的醜陋真相。美國時代雜誌曾如此讚譽他：此人擁有一切優異稟賦，除了幽默感與三緘其口。

小貨車，車頂上有台不停搖晃的壓縮機，車子的一側漆上：「運送的貨品來自波里菲斯農場，跟著我，就可以到城中最好的餐廳。」這多少符合實情。夏洛特鎮最好的主廚大多向波里菲斯農場採買，主要是雞肉和雞蛋，但同時也買許多豬肉，以及丹尼爾的所有兔肉。大多數物品都在午餐之後送去，因為這時廚房正在預備晚餐，比較安靜。亞特把車子停在一個或許不算違規停車的地方，我幫他搬出一個洗衣籃大小的塑膠箱，箱中堆滿肉類和農產品。這些大廚一致讚揚波里菲斯農場的產品品質，也很明顯覺得支持地方農場是好事，其中許多大廚曾經參加波里菲斯農場每年在夏天舉辦的「大廚鑑賞日」活動。這些大廚的讚美之詞，可以讓我填滿一本筆記本，列舉部分如下：

「好吧，有更快樂的雞當然很好，但是老實說，我在意的還是味道，他們的雞與眾不同，更有雞的味道。」

「亞特帶來的食物，風味比較純淨，就像我小時候吃的雞肉。我努力向同社區的人買東西，支持他們的食物。相反的，支持泰森食品公司的只有一群律師。」

「這些雞蛋太漂亮了！在色澤、濃度與脂肪含量上，和其他雞蛋都有天壤之別。我總是為這些雞蛋調整食譜，因為根本不需要用到食譜所指示的量。」

在運送過程中，亞特說薩拉丁的雞蛋是他談新生意的敲門磚。我們在一個地方停車洽談新生意，這是新開的餐廳「補給站」。亞特向大廚自我介紹，然後給大廚產品目錄和一打雞蛋。大廚把蛋打到煎鍋裡，這個蛋沒有軟趴趴地散開，而是在煎鍋中圓滾滾地立起。薩拉丁把這種現象稱為「肌肉張力」⑤。當亞特開始向大廚推銷時，他會把一顆蛋打在手掌上，然後用左右手拋來拋去，好展示蛋黃的結實程度。「補給站」的大廚把廚房的人都叫來欣賞這顆鮮橙奪目的蛋黃。亞特解釋說，下這些蛋的雞吃的是草，而這樣的橙黃色就是富含β胡蘿蔔素的證明。我從沒見過一顆蛋黃可以吸引眾人目光這麼久。亞特眉開眼笑，這筆生意沒問題。

在另一家餐廳中，大廚問亞特可不可以幫他找一些野生禽類，亞特回答說，在秋天或許可以。回到卡車上後，亞特小小咒罵了季節性。季節性是在發展地區性食物經濟時的艱鉅挑戰之一。

「我們必須對抗可以在任何時間得到任何食物的想法，例如『春天的羊肉』，這到底是啥！這不符合自然循環。小羊是在四月綠草豐盛時出生，要飼養八到十個月之後才適合宰殺，所以只有初冬才有羊肉。但是市場完全失去自然的步調。天氣冷的時候應該吃紅肉，人們卻希望在冬天吃雞肉，但是我們冬天根本沒有雞肉。」

在全球化的食品市場中，你可以在春天買到紐西蘭的羊肉、在十二月買到智利的蘆筍，而整年都可以買到新鮮番茄，我們以往熟記在心的季節食物曆那鮮明的色彩，就這樣變得模糊。地區性食物鏈要成功，人們就必須重新學習吃當令食物的意義。這點對放牧的肉品動物特別重要，因為這些動物必須在生長迅速的草地上放牧數月，才可以宰來吃。集中型飼育場用玉米餵食動物，讓我們習慣了整年有新鮮的肉類可以吃，我們忘記許多肉類就和番茄及甜玉米一樣，是有季節性的。人們應該在晚秋或冬天肉質肥美時吃豬肉和牛肉，夏天則吃雞肉。

薩拉丁告訴我，他剛開始賣雞蛋給大廚時，到了冬天，就得為蛋黃暗淡的顏色而道歉，因為蛋雞在十一月之後就不會到草原上，蛋黃因此失去濃郁的橘黃色。後來有個大廚告訴他不用擔心，大廚解釋說，瑞士的廚藝學校有特別的食譜，是分為四月、八月以及十二月的雞蛋而設計。有些季節的蛋黃品質比較好，有些季節則是蛋白，而大廚會依照時節調整菜單。

⑤編注 metropo，是指肌肉經由中樞神經傳導的衝動產生持續的收縮狀態，有助於維持身體姿勢。

薩拉丁與亞特都很敬重這些大廚，他們很少講價，而且當場開支票，不但高度讚賞他們的產品，也經常在菜單上注明「波里菲斯農場的雞肉」，我在整個夏洛特鎮的餐廳菜單與特色菜小黑板上，都會看到這句話。

近年來你在許多城市都可以發現這類由小農與當地大廚組成的非正式聯盟。事實上，自從愛莉絲．華特斯[6]在加州柏克萊開設帕尼絲之家（Chez Panisse）後，在美國，大廚便成了重建當地食物經濟的堅實臂膀。華特斯特別著重向當地有機農採買大部分食材、只烹調當季食物、提升農夫名氣、讓農夫成為菜單上的名人。華特斯這類大廚做了許多事，讓大家了解地區性農業的優點、依照時節吃東西的樂趣，以及不用化學肥料費心費力培育出來的新鮮食物的絕佳品質。羅馬作家李維[7]曾提出警告：社會一旦把大廚視為重要人物，便已走上墮落之途。在美國，這個說法到一九六〇年代之前都是正確的。而在那之前，誰會想到美國的大廚會領導拯救小農的運動，並且重建美國的食物系統？

大廚、消費者與農夫通力合作，在美國的某個角落重建地區性的食物鏈，這應該視為一種運動，而不只是開拓市場。或者，這也可以視為一種新奇的混合體，把市場當成運動來推行，而這種想法的核心概念是「消費者是什麼？」並企圖藉此拯救此一臭名，因為消費者一詞帶有自私與貪小便宜的意味。我在波里菲斯農場遇到的許多消費者（並非全部），都認為不到一般超市而到當地農場買一隻雞的決定是一種公民運動，甚至是一種抗議形式。抗議的對象並不容易界定，每個人的想法也都有些許不同，但是我在波里菲斯農場遇到的顧客願意面對一些麻煩、多付出一些金錢，而選擇退出超市、退出速食王國及支持這些體系的全球工業化農業。他們提到對連鎖超市的不信任感，以及對於農業工廠虐待動物的憤怒，他們堅持要知道食物生產者是誰，並且希望花在食物上的錢能夠留在鎮上。凡此種種都顯示這些人多花一些錢買一打雞蛋的決定，是受到政治理念的驅動，不論他們只是想試試或剛開始著手。

在來到維吉尼亞前，我讀了貝利的一篇文章〈完整的馬〉（The Whole Horse），他指出，世界貿易的強大破壞力傷害了地區性經濟與土地，要挽回此一傷害，只有仰賴「區域性的小型生產者與消費者起而對抗跨國企業的全球工業主義」。他發現這類區域性食物體系的揭竿起義正方興未艾，市場上對於「優秀、新鮮、值得信賴的食物，以及消費者所認識與信賴的生產者所產出的食物」的要求與日俱增。貝利讓我們相信，我在波里菲斯農場門市的所見所聞，代表了全球密集反抗活動中的一樁地方起義，對抗的是他口中的「整體經濟」。

為什麼在這麼多事物中，食物會成為反抗行動的關鍵？或許是因為食物是種強大的隱喻，能暗示許多價值，包括地方文化、地方認同的獨特性，以及地域風貌的維繫與生物多樣性等，而人們感受到這些價值正面臨全球化的威脅。法國的反全球化運動者暨羊乳酪農博維（Jose Bove）站出來反對全球化，他開著拖拉機穿過麥當勞的落地玻璃窗，而不是銀行或保險公司。事實上，目前最強力反全球化的抗議活動，都圍繞著食物。例如抵制基因改良作物的運動、在印度對於專利種子的抗議活動（數年前四十萬印度人民上街抗議WTO的智慧財產權法規），以及源自義大利的「慢食」運動，後者主張在全球的「同質化」浪潮下捍衛傳統飲食文化。

即使有些人覺得全球化的邏輯非常令人信服，食物的全球化也能迅速讓他們改觀。因為這個邏輯把食物也當成原物料，而這一點就是不符合人們的信念與經驗。自由貿易的最後一道障礙一

⑥編注　Alice Waters，美國廚師、餐廳經營者、美食作家，也是有機食物運動最著名的支持者之一，奉行有機飲食四十年不輟。她所開設的帕尼絲之家以善用當地生產的有機食材而聞名，在加州飲食界居領導地位。

⑦編注　Titus Livius，英語作Livy，古羅馬著名的歷史學家，最著名的著作為有《羅馬史》，其寫作納入多種史料與歷史作家的意見，喜好以社會道德風氣的變化來解釋歷史的演變，認為神意和命運是歷史發展的動因。

倒下，政府對農民的最後一項支持方案一結束，我們的食物就會從世界上任何生產成本最低廉的地方運來。競爭優勢的鐵則指出，只要有其他國家能夠更有效率地生產食物，不論原因是土地或勞工比較便宜，或是環境法規比較鬆散，我們就將不再生產這種食物。更有甚者，在全球經濟的分配下，大家會期盼我們的土地能空下來以更有生產力的方式利用，例如蓋房子。美國的土地相對比較昂貴，美國人也越來越無法忍受農業污染與對動物虐待，因此未來美國的食物都將從外國進口。加州大學戴維斯分校教授布蘭克（Steven Blank）在一本有著冷血書名的著作《美國資產中農業的終結》（*The End of Agriculture in the American Portfolio*）中，就指出了這點，有些經濟學家也有同感。

當其他國家能夠生產更廉價的食物時，我們的國家為何要自己生產食物？我可以舉出十多個理由，但是有許多理由（真的很多）在布蘭克的世界中會被斥為感情用事。我認為，知道自己所屬的社區或國家能自給自足可以帶來安全感。農地的美景、農夫帶給地方的各種當地知識與視野、不從超級市場而從農夫手中購買食物的滿足感、帶有當地風味的生乳乳酪或蜂蜜，這些事物與其中所包含的田園價值，都在效率與經濟成長的名義下淪為全球化的犧牲品。

儘管你確實開始懷疑在這場爭辯中，誰是現實主義者？誰是浪漫主義者？但我們都活在貝利〈整體經濟〉一文中所描述「感性經濟」的年代裡。全球化資本主義所許下的承諾，就和之前共產主義所許下的一樣，終究還是需要人們信念堅定的行動才能達成，意即，如果我們此時願意毀棄自己所重視的某些事物，在將來的某個時刻，我們就能擁有更大的幸福與成就。就如同列寧所說，「你得打破幾個雞蛋才能做成煎蛋捲」，而世界貿易組織每天都在其裁決中為這句話背書！

感情用事的共產主義在食物的議題中沉船，或許並不是意外。蘇維埃政權犧牲了數百萬個小農場與小農，想要達成集體工業化農業的夢想，但是卻沒能達成一個食物系統應該做的事情：讓國家的人民吃飽。在蘇維埃政權垮台之時，蘇聯人民所吃的食物中，有一半以上來自未受官方認可的小農或自家庭園，人們躲在政府耳目所不能及的角落裡狼吞虎嚥，而這些角落正象徵著蘇維埃政府這塊巨石崩解的裂隙。美國就像另一塊巨石，奈勒從這塊巨石的深處發出議論，或許正觸及重點。他把美國目前另類食物鏈興起的情形與前者相比：「在蘇聯農業的末期，集體化的食物系統無法供應人民需求，所以人民背離。目前農民市集與社區支持型農業的興起，也傳遞出相同訊息。」當然，美國食物系統中的問題是截然不同的，區別在於這個系統並非生產不足，而是過度，或者說，是過度糟糕的食物。但是毫無疑問，這個系統讓許多消費者和生產者失望，因此他們正以創意找尋新出口。

在全球化的經濟下，生活中有許多事情看來已經不是個人所能掌控，例如職場現實、汽油價格、立法的表決等。但是食物還是有些不同，我們仍然能夠決定每天吃進體內的東西，以及我們想要參與的食物鏈。換句話說，我們可以拒絕工業化煎蛋捲，而決定吃其他東西。這聽起來似乎沒什麼，但可以當成一個起點。部分消費者想要吃不同食物的欲望，已經創造了價值一百一十億美元的有機食物市場。這個市場是消費者和農夫在體制外非正式共同建立的，完全未受政府任何協助。

整體經濟擁有驚人的能耐，能夠吸收各種挑戰，而目前它正成功把「有機」從一種運動轉換成一種工業，成為全球超級市場的新寵。資本主義花了不到二十五年時間，就能把保存期限短如洗過切過的綜合有機袋裝沙拉，變成新興有機超市的國際廉價原物料，是好是壞，大眾的看法不一。

薩拉丁和他的顧客都想要資本主義怪獸無法涉足的淨土，而或許就是因為他們讓地區凌駕有機，才能確實找到這個地方。因為在定義上，「地區性」是很難在全球化的超級市場中銷售的。

地區性食物不同於有機食物，是指一種新經濟以及新農業，也就是一種新的社會、經濟與生態關係，因此更為複雜。

當然，當地生產的食物不一定就等於有機或永續。除了顧客的關注與讚美，沒有什麼事情可以阻止一個農夫使用化學肥料或虐待動物。區域性食物的消費者不看標籤，而是看著農夫，或注視著農夫的眼睛，詢問他如何種植作物或對待動物。也就是，有些好的理由讓我們認為，真實的區域性農業將會是比較永續的農業。至少這種農業比較不會依賴單一作物，而這正是食物系統中幾乎所有問題的根源。全國性市場會要求農夫專注在一兩種作物或牲畜上（不論有機與否），但是依靠地區性市場的農夫勢必要生產各種食物。

超級市場希望所有萵苣都來自薩利納斯山谷，所有蘋果都來自華盛頓州，而所有玉米都來自愛荷華州。（目前是如此，將來可能所有玉米都要來自阿根廷，蘋果都要來自中國，而萵苣都要來自墨西哥。）愛荷華州的居民只會消耗一定數量的玉米和大豆，所以一旦他們決定要吃當地食物，而不是超級市場裡的東西，當地的農夫很快就會知道要生產其他食物。而這些農夫一旦這樣做，就會發現自己或許可以捨棄大部分肥料和農藥，因為有多種生物的農場會生產自己的肥料，同時控制病蟲害。

在有機超市購物可確保農場的重大價值，購買當地出產的食物同樣維護了另一整套價值。因為農產品不只是食物，也是某種風土與某個社區的產物。波里菲斯農場的顧客買食物的錢是花在斯沃普，或是花在夏洛特鎮的「完整食物」超級市場，將會決定這片森林與農地交錯、地勢如波浪般起伏的山谷是永久存續，或是讓整體經濟找到「更有效的利用」。近來歐洲的汽車保險桿上經常會貼著「根據觀點進食」（Eat your view!）的貼紙，這句話意味著，決定吃當地食物也是在進行保育，而且可能比捐款給環保團體更有效、更永續。

然而，「根據觀點進食」耗時耗力。比起在「完整食物」買東西，加入地區食物經濟需要付出更多努力。在農民市集或社區支持型農業的箱子裡，你找不到任何微波爐食品，也不會在十二月看到番茄。買當地食物的人也需費點工夫才能找到食物來源：知道地方上誰家的羊或甜玉米最好，之後還要重新熟悉廚房中的一切。工業化食物鏈的吸引力有許多是在便利性，忙碌的人們可以委託他人烹煮與保存食物。始於愛荷華州玉米田的工業化食物鏈，另一端就是餐桌前的工業化飲食者（漸漸也出現在車上）。半個多世紀以來，工業化食物鏈的成就，就是讓大部分美國人成為工業化飲食者。

以上種種都指出成功的地方食物經濟，不只需要新型的食物生產者，也需要新型的飲食者，這些人認為尋找、準備與儲存食物是生活中的樂事，而非瑣事。這些人認為吃漢堡是在破壞他的味覺，而他的地方意識會阻止他前往超級市場購買食品雜貨。這些消費者都了解或牢記貝利的名言：「飲食是一種農業活動。」他或許會再加上：飲食也是一種政治活動。

慢食運動也是如此設定自己的任務：要讓工業化飲食者的這一代重新記得他們與農夫、農場的聯繫，以及他們與賴以維生的動植物的聯繫。這個運動始於一九八九年，一開始是場抗議活動，反對在羅馬開設麥當勞，後來大家發現對抗工業化飲食的最佳方式，就是讓人們回想起共享傳統美食的無上歡愉。套用慢食運動發起人派屈尼（Carlo Petrini）的說法：消費者成為「共同生產者」，因為他們的飲食行為對於保留地貌、物種與傳統食物有所貢獻，否則我們會屈服在「一個世界、一種口味」的速食理想之下。慢食運動確信，即使只是鑑賞美食都能是一種政治活動，因為感受更敏銳的飲食者會覺得吃放牧雞肉或特殊品種豬肉，會比吃一盒麥克雞塊更有趣。這是非常義大利的風格（也絕對是非美式）：堅持做正確的事情就是最快樂的事情，而這樣的消費行為絕非耗損，而是積累。

我在農場的最後一天是週五，那是和煦的六月天，下午我和薩拉丁坐在屋後的野餐桌旁談話，這中間一直有客人來拿訂購的雞肉。我問他是否相信這種由農民市集、盒裝計畫[8]、都會採買聯盟、慢食運動者與艾格爾斯頓這樣手工肉品處理業者所組成的非正式運動，能夠推翻工業化食物鏈？既使你把有機超市算進來，整個另類食物的市場與工業化食物經濟的規模相比，仍是小巫見大巫，因為後者可是有無數速食店和超級市場，以及一望無際的玉米海與大豆海。

薩拉丁耐心向我解釋說：「我們沒想要擊敗他們，我甚至不確定我們是否應該嘗試這樣做。我們不需要反麥當勞或阻止屠宰場虐殺的法案。我們太常通過立法來解決問題了。我們只需要讓每個人有正確的理念與資訊，以集體退出那一套。」

「而且不要搞錯了，這件事已經發生。主流正在分裂成許多志同道合的小團體。這有點像是馬丁路德在威騰堡訂下的「九十五條論綱」[9]，當時就是因為有了活版印刷術，新教教徒才能脫離教會，形成自己的社群。現在的網路就是當年的印刷術，讓人們分裂成各種部落，走各自的路。」

當然，薩拉丁認為自己比較像是馬丁路德而非列寧。馬丁路德的目的不是摧毀教會，而只是單純想離開那個體系。新教有許多派別，我認為食物以後也會如此。不論未來的情況會比較接近薩拉丁激烈的地區性觀點，或是「完整食物」這樣的工業有機市場，都不比確保這些另類選擇能夠欣欣向榮來得重要。要餵飽都市人，我們可能需要許多種另類食物鏈，有機的、區域性的、生機互動農法的（biodynamic）、慢食的，以及其他超乎想像的。如同在農地中，大自然也給了市場最佳的示範，而大自然絕不會把所有雞蛋放在同一個籃子中。多樣化食物經濟的優點是禁得起衝擊，就如同多樣性高的草原或農場。而且，如果我們有許多條食物鏈，當其中一條沒落了，例如石油用完了，或狂牛症（或其他經由食物傳染的疾病）大規模流行，或農藥失效，或乾旱、病疫來襲，或是土壤遭受侵蝕，我們都還有其他方式可以餵飽自己。上述的沒落有些已經近在眼前，所以才造就今天下午波里菲斯農場門市裡人來人往，而美國各地大城小鎮中的農民市集也熙熙攘攘。

薩拉丁繼續說：「另類食物系統的獲利正在增加，有一天，大型家禽家畜企業將會醒悟，發現他們所處的世界已經改變。這不會發生在一夜之間，但是一定會發生。這就像是天主教神父在週日早上到教堂時發現，老天爺，今天椅子上的人不多，人都到哪兒去了？」

⑧編注　box schemes，社區支持型農業的別名。

⑨編注　馬丁路德於一九一七年所張貼出的九十五條論綱，旨在痛陳當時羅馬教會的諸多罪狀，並引發史上著名的宗教改革，許多教區脫離羅馬教廷獨立，因此產生教派林立的新教。然而馬丁路德之前，活字版印刷使得《聖經》逐漸普及，對於知識下放到民間、累積改革能量，功不可沒。

Chapter 14
THE MEAL：Grass Fed

第十四章
餐點　牧草餵養的食物

我在星期五離開農場，並先收集了一些晚餐材料，我在之前就安排好要為一些夏洛特鎮的老朋友下廚。我原本打算把波里菲斯農場的肉品裝滿一個冷藏箱，帶回加州的家中料理，但是後來覺得不如在當地下廚，用餐的地方若是離出產這些食品的農場不遠，開車便可輕鬆到達，享用這特別的一餐才比較符合完整地區食物鏈的概念。畢竟，我之所以來到斯沃普，就是因為覺得空運肉品飛越整個美國的作法是有罪的，而我不想讓薩拉丁認為他那整整一個星期的諄諄教誨都被我當成馬耳東風。

我從冷藏室拿了星期三宰殺的兩隻雞，還有我在星期四傍晚撿拾的一打雞蛋。我也到溫室中摘了一打甜玉米。（薩拉丁考量我在這一週付出的勞力，不讓我付錢。如果我要付，雞肉一公斤是四．五二美元、雞蛋一打是二．二美元，這和「完整食物」的價格相比非常合理，並不是什麼昂貴的食物。）

在開車前往夏洛特鎮的路上，我停下來選購其他食材。我想盡我所能找尋當地產品，好讓這一餐潔白無瑕，不受條碼染指。我發現了一些當地生產的漂亮芝麻菜，可以用來做沙拉。在酒舖中，我發現一小櫃維吉尼亞葡萄酒，充滿愛鄉之情，但我猶豫了。若我不想破壞我的晚餐，那麼我該在何時停止這種只用地區產品的妄想？這週我還沒喝過一滴酒，而此時我正想找瓶好酒。我曾經讀到，維吉尼亞出產的酒，「只有當地人買」，但這不就是他們一直鼓吹的嗎？我找到一瓶二十五美元的維歐尼耶白酒，這是我所見過最貴的維吉尼亞酒。我把這當成某人對這支酒具有真誠信心的信號，拿了一瓶到籃子中。

我也需要一些巧克力來做我屬意的甜點。所幸維吉尼亞州並不生產巧克力，我心安理得地挑選了上好的比利時巧克力。事實上，即使最熱切擁護當地食物的人，也會同意以「食物分流」（一種地區食物鏈用語，將食物鏈比擬為分水嶺）去交換當地無法生產的食物，例如咖啡、茶葉、糖和巧克力。在食物鏈全球化之前，這樣的貿易就已經存在數千年了（好險）。

這整週我花了些時間仔細思考要做哪些料理。農場的產品很多樣，因此我有許多選擇。聽了這麼多大廚對波里菲斯農場雞蛋品質的推崇之後，我知道我要做一道甜點去凸顯這種雞蛋的特色。巧克力舒芙蕾的製作要求很高，應該是最佳選擇。配菜理所當然要用甜玉米，晚餐客人有小孩子，而今年夏天還沒有人嘗過甜玉米！不過該吃什麼肉？現在才六月，波里菲斯農場還沒有新鮮的牛肉、豬肉與火雞肉，薩拉丁要到夏季末才會開始宰殺牛和火雞，而豬要等到秋天。冷藏室中有一些冷凍牛肉與豬肉，但那是上一季留下來的，而我想使用新鮮食材。兔肉風險很大，我不知道馬克和麗茲是否喜歡，小男孩願意吃小兔子的機會也不大。只剩下雞了，我在這個星期中和這種動物相當親近，而老實說，這讓我有點不安。我不久前才在屠宰場工作，還把內臟製成堆肥，在這種狀況下，我能好好享受這些雞肉嗎？

這種不安感或許能夠解釋我最後為何要花那麼多道工序料理雞肉。我抵達馬克與麗茲的家中時，距離晚餐還有幾個小時，所以我有足夠的時間醃雞肉。我把兩隻雞各斬成八塊，浸在水中，加入適量的潔淨鹽①、糖、一片月桂葉、一些醬油、一瓣大蒜、一撮胡椒與芫荽子。我的計畫是把雞塊放到炭火上慢烤，而醃漬的過程能夠讓肉吸收水分，並分解在炙烤時會讓雞肉變硬的蛋白質，這樣雞肉才不會太乾。

但是醃漬還有別的作用，把雞切成數塊也一樣，這對我和這頓晚餐都很重要。這個舉動拉開

①編注　Kosher Salt，也叫祝禱鹽或猶太鹽，顆粒較一般食用鹽粗，且不含碘及其他添加物。潔淨鹽是依據猶太人的飲食習慣而製成，根據猶太教聖書的教義，猶太人不得飲用任何動物的血，因此猶太人所食用的肉都須以鹽醃漬過，清除肉中的血水。

了星期三的屠宰和這一餐的距離，至今我都還聞得到一些當時的氣味。動物吃動物終究非常野蠻，烹調除了可以讓肉更美味、更容易消化，也可以文明化、昇華這樁骨子裡極為野蠻的動物交易。人類學家李維史陀曾經把人類文明的演進描述成吃生食到吃熟食的過程，也就是從自然到文化。我動手協助宰殺這些雞，掏出牠們的內臟，而在炊火點燃之前，醃漬算是踏向轉變的第一步。在象徵與實質意義上，用鹽水浸泡都會使肉變得潔淨。猶太戒律（文化便是透過戒律達成宰殺及食用動物的協議）或許就是因此而堅持要用鹽醃肉。

幾個小時後，我把雞肉取出，沖掉鹽水，然後攤開來放一兩個小時風乾，如此一來，現在還帶有水分的雞皮才能烤出漂亮的金黃色。由於馬克和麗茲只有瓦斯烤爐，因此我得假造炭火。我從這家人的蘋果樹上折下幾根樹枝，摘去葉子，放到烤爐上，這些綠色的樹枝只會悶燒而不會著火。我把爐火關小，在雞肉上抹些橄欖油，放到烤爐上的蘋果枝之間，並留下一些空間給玉米。

當雞肉在外面慢慢烤的時候，我在廚房裡和兩人十二歲的兒子威利一起準備舒芙蕾。威利把巧克力放到煎鍋上融化，我則把蛋白和蛋黃分開。蛋黃有胡蘿蔔般的漂亮橙色，整顆圓滾滾的，一下子就和蛋白分開了。我在蛋白中加一小撮鹽，開始打蛋，幾分鐘之後蛋白就由半透明狀轉變成亮白色，像是碗中圓圓的山峰。正如茱莉亞．查爾德[2]所說，這時就可加糖了，同時加快打蛋的速度。現在蛋白的體積很快就加倍再加倍，因為雞蛋中的蛋白質變硬了，形成無數看不見的微小泡泡，裡面都是空氣。如果一切按照計畫進行，烤箱中的熱會使這些小泡泡膨脹，舒芙蕾就會膨起來。蛋白一打成像是立在碗中的雪塊，我就關掉打蛋機，此時威利已經把蛋黃打入巧克力中，所以我們現在可以慢慢把濃稠的蛋黃巧克力漿攪入蛋白中，然後把這充滿空氣的咖啡色混合物倒入舒芙蕾的模子裡，暫時放在一邊。我可以了解夏洛特鎮那些大廚為何如此稱讚波里菲斯的雞蛋：薩拉丁所說的「肌肉張力」讓烘焙變得輕鬆方便。

威利和我把玉米放到桌上剝皮，玉米皮非常新鮮，撕開時都會發出尖銳的裂聲。我告訴威利，這一餐將會是雞的盛宴，不只主菜是雞肉（我們現在可以聞到烤肉香了）、舒芙蕾也用了半打雞蛋，就連這些玉米都是在雞糞做成的厚厚堆肥上長出來的。當然這一點你不會想要在菜單上詳細說明，但是威利也同意這種鍊金術非常奇妙，一株植物真的能夠把雞屎變成玉米這種香甜可口的金黃色食物！

我們吃的這種玉米品種是金班頓（Golden Bantam），一種在一九〇二年育成而流傳下來的品種，當時的育種者還不知道如何增加甜玉米的甜度。今日玉米基因的重大改變，是工業化食物鏈的人工產物，因為工業化食物鏈要求蔬菜在摘取之後還要能夠耐得住橫越美國的長程運輸，如此才能全年供應給全國各地。玉米在摘下來之後，糖分馬上就會開始轉變成澱粉，保持甜度因此成為大問題。一九六〇年代早期，育種學家想到可以在玉米中多加幾組製造糖分的基因，然而，這種地區化的玉米在轉變成全球化的食品時，也失去了一些東西：胚仁失去大量胚乳，玉米特有的味道完全被基因改造的單調甜味所取代。工業化食物鏈很長，這或許能夠合理化這種交換，但當你有機會吃到晚餐前幾小時才採收的玉米，那些說詞便不攻自破，除非工業化食物中隨處可得的糖已經讓你的味覺遲鈍到無法嘗出這種玉米的自然甜味——這種甜味現在還得跟汽水之類的飲料競爭。

②編注 Julia Child，美國二十世紀知名廚師、作家、烹飪節目主持人，她在中年之際才進入法國的藍帶烹飪藝術學院學習，其後與友人編寫《掌握法式烹飪藝術》（*Mastering the Art of French Cooking*）。其烹飪節目將法國料理引薦給美國大眾，深深影響了美國人的烹飪方式。

我在家中準備過幾次這類餐點，基本食材都一樣，但是基於一些看不到的理由，這些食材與以往所使用的並不相同。這些雞蛋除了有顏色鮮豔的蛋黃，看起來和其他雞蛋非常相似，雞肉也像是一般的雞肉，不過事實上，這些雞是生活在戶外的草原上，而不是在雞棚中吃穀物，這使得這些雞肉和雞蛋有著卓然出眾的品質。越來越多科學研究指出，草原會從根本改變雞肉和雞蛋的營養成分，牛肉和牛奶也是。有機食物常要面臨的問題是：有機食物真的比傳統食物還要好嗎？以吃草長大的動物而言，這個問題不難回答。

吃草的動物當然也會吃下草中大量的β-胡蘿蔔素、維生素E和葉酸，將這些化為自己的血肉（類胡蘿蔔素使蛋黃具有胡蘿蔔般的色澤）。這些動物肉中所含的脂肪，也比只吃穀物的動物還少，這不令人意外，因為穀物中含有大量的碳水化合物，而且放牧的動物也會有大量運動。不過脂肪並不都一樣，多元不飽和脂肪比飽和脂肪更有益健康，而某些不飽和脂肪又更優異。事實證明。食草動物的脂肪，是我們所攝取的脂肪中最好的。

這並非巧合。人類的營養需求應向前追溯：我們的祖先是演化成吃採獵食物，而我們也遺傳到祖先的大多數基因，我們的身體多少都和祖先一樣。人類身體適應農業食物的時間還不到一萬年，而這在演化上也只是白駒過隙。對人類的身體而言，主要成分來自幾種重要穀物的工業化飲食，在生物學上還是相當新奇的。比起我們最近才開始吃的穀飼動物，在戶外吃草長大的動物還比較像人類從舊石器時代就開始吃的野生動物。

放牧肉品對人體較佳，在演化上有其道理，因為放牧肉品的營養成分比較接近野味。食草動物的肉、乳汁與蛋，脂肪含量比較低，而且與食穀動物相較，飽和脂肪也比較少。最近發現，共軛亞麻油酸（conjugated linoleic acid, CLA）或許能夠降低體重、預防癌症。放牧肉品含有共軛亞麻油酸，而飼育場中的動物則不含。不過更重要的可能是，放牧動物的肉、蛋與乳汁所含的ω-3脂肪酸很高，這種脂肪酸由綠色植物與藻類製造，對人類的健康是不可或缺的，對維持神經細胞的生長與健康尤其重要（要留意的是，魚類含有更高濃度的ω-3脂肪酸，不過只有放牧動物能夠大量提供α亞麻酸這種重要的ω-3脂肪酸）。關於飲食中ω-3脂肪酸對人類的影響，有許多研究尚未完成，但初步發現指出，懷孕期間服用ω-3脂肪酸補充品的婦女，生下的嬰兒智商比較高，飲食中ω-3脂肪酸含量低的兒童，在學校中比較容易出現行為與學習問題；飲食中ω-3脂肪酸含量高的幼犬，比較容易訓練。這些研究結果出自「國際脂肪酸與脂肪研究協會」（ISSFAL）在二〇〇四年會議中發表的論文。

現代人類飲食中有許多鮮為人知的重大改變，其中一項就是ω-3脂肪酸與ω-6脂肪酸的比例，後者也是食物中重要的脂肪酸。ω-6脂肪酸由植物的種子製造，而ω-3脂肪酸則由葉子產生。兩者都是人體必需脂肪酸，但是問題出在兩者的比例失去了平衡（事實上，有研究指出，飲食中兩者的比例比攝取量還重要）。ω-6脂肪酸若比ω-3脂肪酸高出太多，容易造成心臟病，可能是因為ω-6脂肪酸有助於血液凝結，而ω-3脂肪酸有助於血液流動（ω-6脂肪酸會促進發炎反應，而ω-3脂肪酸會抑制發炎反應）。如果人類的飲食（以及所食動物的飲食）由以綠色植物為主轉移成以穀物為主（從吃草轉變為吃玉米），那麼ω-6脂肪酸與ω-3脂肪酸的比例就會從一比一（採獵者的飲食）轉變成十比一（油脂氫化的過程也會消滅ω-3脂肪酸）。有一天我們可能會發現，這是食物鏈工業化之後所造成最致命的飲食改變。之前我們從未注意到這樣的改變，ω-3脂肪酸的重要性要到一九七〇年代才為人所知。如同我們對油脂所知不多，我們對營養的知識也很有限，這使得我們很難估量食物鏈工業化對健康的影響。不過飲食中脂肪成分的變化，可能造成了許多文明病，包括心血管疾病、糖尿病、肥胖症等，這些疾病和兒童的學習及行為問題，以及成人的憂鬱症等，長久以來都和現代飲食習慣脫離不了關係。

這個領域中的研究很可能會推翻許多傳統的營養觀念，例如以往我們一直認為吃紅肉與心血管疾病有關，不過這可能與動物無關，而與動物的飲食有關。這或許可以解釋至今仍以採獵維生的人，雖然吃下更多紅肉，卻未受心血管疾病的折磨。今日的養殖鮭魚就如同飼育場的牛，吃的是穀物，可以預期的是牠們體內的ω-3脂肪酸含量會遠低於野生鮭魚。（大海食物鏈以藻類與浮游植物為基礎，野生鮭魚位在這種食物鏈上端，ω-3脂肪酸會在牠們體內堆積，所以含量特別高。）傳統觀念認為，鮭魚當然比牛肉好，但這種說法的前提是牛吃穀物而魚吃小蝦。如果是牛吃牧草而鮭魚吃穀物，那麼吃牛肉可能比較好。（牛若吃草，肉中所含ω-6脂肪酸與ω-3脂肪酸的比例是二比一；若吃穀物，則兩者的比例是十比一以上。）你所吃的動物種類，可能沒有那些動物所吃的東西來得重要。

特定食物的營養品質（以及該食物的食物）不只會有高低變化，種類也會有所不同，這個事實會扭轉工業化食物鏈，因為工業化食物鏈的基本前提就是所有牛肉都一樣，鮭魚也無不同。同時，這也讓人重新思考成本問題。如果品質比分量還重要，那麼食物的價格就可以和營養價值稍成正比。如果買雞蛋的人真正想追求的是ω-3脂肪酸、β-胡蘿蔔素和維生素E含量，那麼薩拉丁一打二．二美元的草原放牧雞蛋，的確就比超市中一打〇．七九美元的工業化養殖雞蛋來得划算。只要雞蛋看起來都很相似、所有雞都一樣、牛肉就是牛肉，那麼消費者就會繼續忽略應該以品質取代分量。不過，如果你有電子顯微鏡或質譜儀，你就會很清楚看出那不是相同的食物。

但是，對於味蕾並不特別出眾的一般人，情況又是如何？放牧雞肉嘗起來有什麼不同嗎？當我拉開烤爐的門，把玉米放進去時，烤雞聞起來真的很棒。雞烤成漂亮的黃褐色，皮也變得酥脆，同時帶著油脂的焦香。我在玉米上抹了些油，撒上鹽和胡椒，幾分鐘就把玉米烤熱，讓玉米粒爆開變成黃褐色。雖然雞皮和玉米都變成黃褐色，但是發生的化學反應卻完全不同，因此形成不同的味道與香氣。玉米變成黃褐色的原因是焦糖化反應：玉米中的糖在加熱時分解，然後形成數以百計的芳香化合物，這些分子讓玉米的甜味中帶有煙燻風味。在雞皮中發生的反應，化學家稱之為梅納反應：雞肉中的碳水化合物在乾熱的狀況下，和某些胺基酸起反應，產生更巨大且複雜的化合物。這些分子含有硫與氮，使得肉類比處理之前更濃郁、更具肉質的香氣與口感。在我翻動玉米和雞塊，覺得越來越餓的時候，若有化學家在場，他就會用以上文字解釋我在烤架上看到與聞到的變化。

玉米烤好之後，我把雞肉從烤架上拿出來，放到一邊。幾分鐘後，我把大家請到餐桌邊。身兼主人與客人二角讓我覺得有點好笑，不過我和馬克及麗茲很熟了，在他們家中為他們準備餐點似乎非常自然。但這並不代表我沒有廚師在餐前常有的恐懼，何況麗茲本人就精於烹調，對食物也有獨特見解。我當然不會忘記當我把波里菲斯農場的牛排端給她時，她皺著鼻子把盤子推開的事。食草的牛肉帶有草地的風味，不見得是最好的牛排，我嘗起來卻覺得不錯。

我把盛著雞肉和玉米的盤子傳給大家，然後舉起酒杯，首先感謝身兼客人的主人，然後向生產眼前食物的薩拉丁一家人致意（並感謝他們的贈與），最後是雞肉，這些雞以不同的方式提供了餐桌上的食物。我這份世俗版的謝飯禱告提到這頓餐點引發了實質上與因果上的愧疚感，這些愧疚感比以前我所感覺到的都還要強烈。

畢雅-薩伐杭在著作《味覺生理學》（*The Physiology of Taste*）的〈用餐之樂〉（On the Pleasures of the Table）一章中提到：「在這頓餐點開始時，每個客人都只顧著吃，不說話，也不留意任何可能的話題。」我們也是這樣，只能聽到幾句口齒不清的低聲滿足。我可以毫不避諱地說，這些雞肉真是極為出色，皮烤成漂亮的紅褐色，嘗起來脆嫩，幾乎就像北京烤鴨，肉質結實又多汁，風味幾乎令人絕倒。我可以嘗到醃醬與蘋果木的風味，但是也有雞肉的風味，而且雞肉風味在這些強烈調味的烘托下變得更加鮮明。這聽起來不太像讚揚，不過對我而言，這些雞肉聞起來與吃起來就像雞肉。麗茲也用類似的評語表示同意，說這就是像雞的雞肉。我猜我們對雞肉的想法應該是相同的，現在已經很少能嘗到這樣的雞肉了。這種味道是來自牧草、蟲子還是運動呢？薩拉丁可能會說：「當雞過著雞的生活，嘗起來也會像是雞肉。」

桌上其他食物的風味也有這類強烈本色，烤玉米和檸檬芝麻菜沙拉，甚至可口的維歐尼耶白酒，所有食物嘗起來幾乎就是食物本身的味道，這些味道組成了一連串明亮的原色。這頓餐點沒有任何奧祕，但是每樣食物嘗起來都是完全的自我本色。

每個人都對波里菲斯農場很好奇，特別是在吃了農場出產的食物之後。十五歲的馬修現在吃素（他只吃了玉米），對於殺雞有許多疑問，但我想在用過餐之後再回答會比較好。不過我談了在農場度過的那一星期，還有薩拉丁家族與農場中的動物。我解釋了雞、牛、豬和牧草共同演出的整齣芭蕾舞劇，但沒有特別說明糞便、蟲子和內臟堆肥是如何讓這齣舞蹈順利演出。所幸這些種種（包括金屬錐），都被餐點燻烤出的甜美香味驅退，而我也因此得以全然放鬆享受。

這瓶意料之外的好酒也很能助興，讓餐桌上的談話天馬行空般展開，從我在農場中芭瑞絲．希爾頓式的冒險生活、威利寫的歌（記住我的話：他會是下一個巴布狄倫）、馬修的足球夏令營、馬克和麗茲目前寫的書、學校、政治、戰爭等，話題就像煙圈般從餐桌上漫開。此時是六月底的星期五，有著整年中最長的傍晚，沒人急著結束。另外，我在我們坐定時才把舒芙蕾放到烤箱中，所以甜點還有得等。

畢雅-薩伐杭在同一章中犀利地劃分飲食的各種樂趣。「得償所願時直接而真實的感受」是人類與動物所共有的，但「餐桌上的樂趣」則由人類獨享。後者包含「與用餐息息相關的各種環境、事物與人物所激發的深沉感動」。對畢雅-薩伐杭而言，這些感覺組成了文明中的耀眼果實。我們在餐桌上共享的每一餐，從幾乎顧不上說話地滿足動物的口腹之欲，到後來的高談闊論，就代表了從自然到文化的演化。餐桌上的樂趣始於飲食（就畢雅-薩伐杭的觀點，這項樂趣特別來自肉食，因為一開始人類就是為了烹煮與分配肉食才會聚在一起進食），但是可以結束在任何一個引發談興的話題中。同理，生食也是如此變成熟食，進食變成了用餐。

在農場結束一週工作後的那個傍晚，我的內心就出現了這類轉變。農場的工作讓我更接近進食的生物性，而不是飲食的藝術性。從雞內臟堆肥走到廚藝，這條道路長得難以想像，但是的確有這條道路。我們聊著天，等待舒芙蕾如變魔術般膨起，然後烘焙巧克力的香味從廚房滲出，瀰滿整棟房子。我告訴威利時候到了，可以打開烤箱了，並祝他好運。我看他綻開笑容，然後看到舒芙蕾從白色模子上如皇冠般脹開！大功告成！

這是最不可思議的轉變！舒芙蕾讓人讚歎不已！為什麼只用糖和巧克力調味的半打雞蛋能夠如空氣般脹開呢？舒芙蕾在法文的原意是「吹脹」，這個詞來自拉丁文中的「呼吸」，當然，因為舒芙蕾大部分都是空氣。但是舒芙蕾帶著靈性的感覺，彷彿具有生命的氣息（在英文中，「靈魂」是來自「呼吸」一詞），這真是非常恰當，舒芙蕾的誕生不就是廚藝把物質提升到靈性境界的最佳例證嗎？

這道特別的舒芙蕾嘗起來不錯，但非極品，顆粒感比理想中多了一點，可能是蛋白打得太久了。但是嘗起來真的很棒，大家也都這麼認為。當這道輕盈而濃郁的甜點在我的舌頭上滾過時，我閉上眼睛，突然看到了薩拉丁的母雞從雞蛋車上沿著木板往下走，在清晨的草原上散開，這絕妙的一口原來是始於牧草！

III

個人森林

PERSONAL THE FOREST

Chapter 15
THE FORAGER

第十五章
採集者

一、玩真的！

我還打算再準備一種餐食，位於最短食物鏈終點的餐食。我心中的這頓正餐，所有材料都由我親手獵捕、採集和種植。對某些人而言，現今要完全自製一頓餐點仍是絕對可能的，雖然這樣的人已經不多。而我能做到的只有種植，因此顯然還不是他們的一份子。我大半輩子都是個家庭農夫，也利用自家庭院做出無數道餐點，但那無法提供動物性蛋白質，而我打算製作的餐點，要能囊括三大可食生物界的整體特色，即動物界、植物界和真菌界。但我就像一般人，比較擅長的就只有吃，對打獵完全不行，採集菌類的能力也一樣糟。

我這一生從未打過獵，事實上，我所擊發過最致命的槍藥，也不過是玩具槍的火藥紙。我從小就很容易出意外，包括被海鷗啄到臉頰、跌下床摔傷鼻子等，因此總認為與火器保持距離才是明智之舉。另外，在美國，你得有老爸的蔭蔽才有辦法接觸打獵文化，而我家老爸顯然不屬於那個類別。身為頑固的繭居族，他認為自牛排館問世之後，打獵就成了無意義的活動。這類消遣必須在戶外進行，而且很可能會見血，他認為這種事最好是留給異教徒去做。所以，為了獵取自己的正餐，我得從頭開始。

幸好母親較常接觸大自然，我從小就學會採集食物。夏天時，她會帶我到退潮的海邊挖沙海螂，在平坦的沙灘上徒手挖開貝類的氣孔，直到這些貝類為了自衛猛朝我們噴水。夏日將盡時，我們會去採沙灘李，母親會把這些李子變成美味的餡餅，紅寶石般的光澤就凍結在海灘李果醬裡。整個冬天，這些果醬總會喚起我的暑假回憶，就像八月夾在土司裡。我的姊妹也會和我採集好幾盆黑莓和黑果來當點心。我在少年時代還曾摘下許多野葡萄試著釀酒。我對發酵一知半解，那個裝有壓碎葡萄的容器在密封大約一週後就爆開，在客廳天花板上和牆壁上噴滿葡萄皮。又有一次，我把黃樟樹苗的根拿來作沙士，結果聞起來是有那個氣味，但也只有氣味是對的。

這些初級的採集冒險總是伴隨著母親所發出的警告：致命的毒性就潛伏在那些野生的漿果和菇蕈裡！她的口氣活脫脫是個衛生局局長，聽起來像是在警告小孩子，在森林裡亂吃東西是在拿自己的命開玩笑，所以我只採最容易辨認的果子，而且當我能享用店裡買來的菇蕈後，就不再碰森林裡的野生菇蕈了。母親灌輸我對於菇蕈的恐懼，讓我覺得採集野生菇蕈這件事，危險程度就如同觸摸掉在地上的電線纜，或是為了糖果爬上陌生人的車。

如果我想要準備一份親自打獵和採集而來的餐點，還得克服我的「菇蕈恐懼症」，因為菜單必須包含野生菇蕈。對我而言，搜尋菇蕈是我採集活動的靈魂，因為這個活動最能凸顯吃野外食物的風險有多麼大，而回報又是多麼小。如果我希望餐盤裡能網羅三大生物界的代表，那麼我一定得學會區分美味與致命的真菌。（事實上，我希望能納入礦物，只要我能在開車所及的範圍內找到鹽礦。）

為何要如此麻煩？這項工作並不表示，採集食物鏈在現今仍代表著一種可行的飲食方式，至少現在就沒有足夠獵物可以餵飽所有人類，野生的植物和菇蕈可能也不足。有個盛行的理論指出，人類這個物種因為打獵與採集過度，殺光了賴以維生的大型動物群，毀了這種完美的生活型態，因此無法再過打獵與採集生活。若非如此，就很難解釋人類為何要拿那種健康且較愜意的生活，去交換這種勞苦又單調的農耕生活。農業帶給人類許多美好，但也帶來傳染病（因為住得離其他人及動物太近），以及營養不良症（吃太多某一種豐收的作物，而歉收的作物又吃得不夠）。人類學家估計，典型的採獵者一週只要工作十七個小時，就足以餵飽自己，而且還比農人更長命也更健康。務農的人，要遲至近一兩百年才重拾舊石器時代祖先的體格與壽命。

即使我們想回到狩獵與採集野生生物的生活，也已經不可能：人類太多，而野生生物遠遠不夠。漁業是目前僅存具有經濟規模的採獵食物鏈，不過很快就會不敵水產養殖業。同樣地，打獵也不敵畜牧業。不難想像，到了我們孫子的那一代，以漁業維生已成為歷史，這真是令人沮喪。

對大多數現代人而言，狩獵、採集與栽種食物基本上都是為了樂趣。雖然不能否認有些文化圈的人，特別是住在鄉間的人，依然靠著打獵來取得部分蛋白質，依然以自己的園子餵飽自己，甚至憑採集野生羊肚蕈、野韭或鮑魚等可口的野味來賺錢。不過這些野味在市場上的價格高得驚人，剛好證明了只有極少數人能認真從事採集。

因此，雖然採獵食物鏈在各地或多或少都存在，但就我看來，目前這個食物鏈對人類的教育意義其實大於經濟與實際食用的價值。採獵食物鏈就如同其他重要遊戲，必定能告訴我們，人類剝開文明的、實際的與成年生活的外殼後，究竟是怎樣的動物。畢竟，人類物種出現在地球之後，有九成九的時間是以採獵的方式餵飽自己，這正是天擇為人類設計的食物鏈。萬年來，為了適應農耕這種生活，人類得到了一些新的性狀（例如成年人也可以耐受乳糖），但是大部分的情況下，人類仍有些笨拙地使用著採集者的身體，並以狩獵者的眼光看待這個世界。

崇尚自然並唾棄文明的環境哲學家保羅．薛帕德（Paul Shepard）曾寫道：「人類無需回到舊石器時代，因為我們的身體從未離開那個時代。」但我懷疑我在森林中追蹤獵物時是否會感到輕鬆自在，不過值得欣慰的是，我會有這種抗拒感，是出自於教養，而非遺傳。

我要賭的是，這種以打獵、採集（和種植）來準備一餐的實驗，必然能讓我學習到一些進食的生態學與倫理學，這不是我可以從超級市場、速食食物鏈，甚至是農場上得到的。其中有些事情非常基本：人類與人類賴以維生的物種（以及自然系統）之間的聯繫，人類如何判斷自然界中哪些東西可以吃、哪些不行，以及人類身體融入食物鏈的方式。因為人類不只是進食者，同時也是獵人，是其他生物的獵殺者。雖然只是暫時回歸這個最短、最古老的食物鏈，但是我希望藉此對宰殺食用動物這件事能有更直接而自覺的責任感。否則，我覺得自己不應該吃這些動物。我在維吉尼亞州已經宰殺了一些雞，這個經驗讓我不安，而且引發了一些前所未有的艱難問題。在生產線上宰殺那些注定難逃一死的牲畜時，你是配合別人的期待做事，因此，我只能模糊地意識到自己正在做什麼。而至少在我的想像中，獵人是不同的。在森林中與獵人相伴的，只有良知。

而這一點已經指出我從事打獵與採集所追尋的目標：若你完全清楚自己是用什麼食材來做出你所吃下的這一餐，會有什麼感覺。我了解到，這趟從愛荷華州玉米田出發的旅程將會在這裡畫下句點。在這趟旅程中，我竭盡全力探索支撐人類生存的食物鏈，挖掘出現代工業化複雜飲食所蒙蔽的基本生物真相。

《沙郡年記》的作者李奧帕德曾寫道：「人類依賴著土壤－植物－動物－人此一食物鏈，而任何能夠提醒我們這一點、提醒我們生物相基本組成的經驗，都是珍貴的。」他具體談的是狩獵，但這段話或許也能延伸到種植或採集菇蕈。他說：「文明中的各種小器具和中介者，已經打亂這種人與大地的基本關係，使我們對此越來越茫然無知。我們以為工業支撐著我們，卻忘了是什麼在支撐著工業。」

李奧帕德的訓示，讓我想到自己從事狩獵與採集的動機，毫無疑問，那就是數年前我初次讀到梭羅在《湖濱散記》所寫的句子：「我不得不同情從未開過槍的小男孩，他的教育受到可悲的忽視，他的人性無法再發展下去。」我就是那個未受教育而值得同情的小男孩。不過這名男孩現在決定面對盧梭和李奧帕德的挑戰：親自打獵，將自己逼入困境，在那裡，人類與其他物種形成了我們滿不在乎地稱之為「進食」的緊張網路。我剝開此一網路，直視著最基本起源，看看能發現些什麼。

二、我的採集導師

動機是一回事，完成又是另一回事。一堆難題冒出來了。我要如何才能學會開槍？更遑論打獵。我需要執照嗎？若我真能獵到什麼，接下來該怎麼辦？又要如何「調理」獵到的動物（這又是哪一門子的婉轉說法）？我真的能夠學會分辨菇蕈，並且有足夠的信心吃下去嗎？

我明白，我非常需要維吉爾般的採集專家貼身指導，他不但精通狩獵與採集（還有宰殺）活動，也對北加州的動物、植物與真菌瞭若指掌，而我對這些幾乎一無所知。你瞧，這是另一個我忘了說明的障礙。我本來住在新英格蘭地區，對當地的森林與野地也只是略知一二，而在這個實驗之前，我才剛搬到生態截然不同的加州北部。我將得在不同的星球上狩獵、採集與栽植。這裡棲息著幾十個外來物種，而我對這些物種沒有任何實用的知識。當地人都狩獵什麼？何時狩獵？柏克萊屬於哪一種「植物耐寒區」？菇蕈在每年的哪個時節冒出來？又是在哪些地方？

此時，我的採集導師維吉爾適時出現在我的生活中，只能說是機緣巧合，雖然我花了一點時間才認出他。安傑洛．加羅（Angelo Garro），一個矮壯的義大利人，留著五天沒刮的鬍子，一雙懶洋洋的棕眼，對於取得及準備食物有著無法自拔的熱情。我們搬到加州不久後就開始受邀參加餐會，因此碰到幾次加羅。當地的典型客人多少都有些被動，但我注意到加羅並非如此，他總是極度投入餐點的準備。他會在早上去波里納斯碼頭跟朋友拿大比目魚，在開車過來的高速公路上採茴香，帶來自釀葡萄酒，同時上桌的還有自己醃漬的橄欖和親手煙燻的生火腿。最後，他免不了還要進廚房準備晚餐，或把他著名的茴香蛋糕分給我們開開胃，同時解釋怎樣才能正確做出法羅麥義大利麵、義式香腸和義大利黑醋，後者可是要在適當的桶子裡陳放十至十二年才行呢！這傢伙是單人的活動食物網，慢食運動的活招牌。

最後我拼湊出加羅的故事。他出生於西西里島小鎮普羅文西亞（Provencia），今年五十八歲，十八歲時跟著一個女孩到加拿大，二十年後跟著另一個女孩來到舊金山，之後就定居下來。他靠設計與打造建築用鍛鐵器維生，居住的鍛鐵廠在淘金熱時是間馬蹄鐵店。不過他會告訴你，他的熱情全給了食物，特別是重拾童年時期的味道與食物之道，這有時會讓人覺得他的童年結束得太早。在一道特殊的菜餚大功告成後，他會說：「有我媽媽的味道。」

「我離開家鄉後，會設法回憶一些食譜，以及食物的氣味和味道。我現在正在設法重現我過去拋下的東西。」

在我們碰面之後數個月，我又巧遇加羅，不過這次是在我車上的廣播節目裡，真夠怪。他在公共電台接受「廚房姊妹」採集食物單元的訪問，帶領聽眾跟著他採集牛肝菌菇，然後在凌晨進入獵鴨的埋伏地點，等著太陽和鴨子出現在地平線。加羅以帶著口音的喃喃細語傾訴他的過往與熱情，他說：「在西西里，我用聞的就知道現在是哪個時節。柳橙的季節，有柳橙、柿子、橄欖和橄欖油的季節。」

加羅花了很多時間重建西西里的生活日曆，一部嚴格繞著季節食物轉的日曆，他說：「在西西里，食物並不是來自連鎖超市，而是來自菜園與大自然。」為了準備耶誕前夕的傳統七魚餐，你得去抓鰻魚（耶誕節不能沒有鰻魚）。一月要找雞油菌，四月採野生茴香，八月摘橄欖來醃，九月收成葡萄壓碎，十月打獵醃獵物，十一月下過第一場雨後就可以採牛肝菌菇。加羅這些儀式般的活動都有朋友相伴，同時也伴隨著美味餐點、自釀葡萄酒和天南地北的閒聊。

他對「廚房姊妹」說：「我熱愛採集食物，也熱愛打獵、歌劇，以及我的工作。我熱愛烹飪、醃漬、燻製臘腸，還有在秋天釀酒。這是我的生活，我和朋友一起做這些事，我熱愛這一切。」

這個單元還未結束，我就知道我找到我的維吉爾了。我在下一次遇見加羅的時候問他能否加入他的採集冒險。他說：「當然沒問題，我們會去索諾馬採雞油菌，到時我再打電話給你。」我鼓起勇氣問他可不可以也一起去打獵，他說：「沒問題，我們可以找一天來打獵，說不定獵些鴨子，說不定打一隻野豬，不過你得先拿到打獵執照，還要學射擊。」

野豬？很顯然我要學的比我所想的還要多。

三、狩獵課

我花了幾個月才搞清楚取得狩獵執照的程序：先報名狩獵課程，然後參加考試。雖然在加州到處都買得到火力強大的來福槍，但如果你沒有先熬過十四小時的課程，然後讀點書通過有一百道複選題的考試，那麼用槍瞄準動物就算違法。而下次課程在兩個月後的週六開始。

現在我知道我終究會去打獵，也會去採菇蕈，然後奇怪的事情發生了，我成了採集新手，隨時待命的採集者。僅僅是期待著打獵和採集，就改變了在森林中散步的意義與感覺。突然間，我開始把森林中的景物看成並想成潛在的食物來源。就像伍迪艾倫在電影《愛與死》中的台詞：「自然像是一家巨大餐廳。」

我彷彿換上一副新眼鏡，就此將自然界分成可能可以吃與可能不能吃。當然，我才剛換上這副眼鏡，也才剛到加州，因此我的採集視野處處是破洞。不過我依然開始注意到一些事情，像是我的午後健行小徑旁有洋甘菊開著柔嫩的黃色小球花，樹蔭下長著幾叢美春草（有著多肉的錢幣形葉子，我曾在康乃狄克家中的庭院種過），而陽光下則長著野生芥末（加羅稱之為油菜花，還說嫩葉用橄欖油和大蒜快炒後非常好吃）。黑莓花綻放了，偶爾會有能吃的鳥類出沒：一些鵪鶉、兩隻鴿子。好吧，這雖然不是最高尚的自然體驗法，但是我的眼光的確變得比較銳利，而且以多年來未曾有的方式全神貫注。以前我都把那些樹葉、菇蕈和鳥類當成自然界的背景噪音，現在我得開始求助一些野外手冊，好辨識許多不認識的物種。

一月的某個下午，我在柏克萊山丘散步時，注意到主要小徑旁有條深入樹林的步道，我沿著步道進入一片長著巨大橡樹與月桂樹的小樹林。我曾讀到，每年這個時候老橡樹周圍會長出雞油菌，所以我就特別留意。以往我只在義大利麵或是市場裡見過雞油菌，不過我知道我要找的是黃橘色的肥厚喇叭狀物。我掃視幾棵橡樹周圍的落葉堆，一無所獲。就在我放棄準備打道回府時，卻注意到有蛋黃色的東西從落葉層冒出來，離我剛走過的地方約半公尺處。我撥開落葉，看到那巨大、肉質、瓶狀的蘑菇。我非常確定那就是雞油菌。

真的是嗎？

我有多確定？

我把蘑菇帶回家，清除泥土後放上盤子，然後把野外手冊拿出來對照，看看能不能確認這是哪種蘑菇。一切都吻合：顏色、淡淡的杏仁香氣、不對稱的喇叭狀菌傘、菌傘下有淺淺的「假」菌褶。我很有信心，但信心有多到足以把它吃下去嗎？不盡然。野外手冊也提到有些「假雞油菌」，菌褶比較薄，喔，比較薄、比較厚，這都是相對的字眼，我該怎麼判斷眼前的菌褶是薄是厚？又該拿什麼來當比較標準？我的耳中響起母親「凡菇必毒」的警告，我無法信賴自己的眼睛，也無法信賴野外手冊，那我該相信誰呢？加羅！但是這意味著我得開車帶著蘑菇過橋到舊金山，這好像太誇張了。我想把第一次發現的雞油菌煎來吃的欲望，以及我對菇蕈一貫的些微懷疑，在我心中交戰著。但現在我還是無法肆無忌憚地享用這可能是雞油菌的東西，所以我把它扔了。

我當時並不了解，就在那個下午，我已經陷入雜食者的兩難。

Chapter 16
THE OMNIVORE'S DILEMMA

第十六章
雜食者的兩難

一、美味又有助思考

我與雞油菌（或是假雞油菌）的相遇，也讓我面對人類進食最基本的問題之一：食物可能很危險，即使不危險，也很令人焦慮。雜食者的幸運之處在於自然界有許多不同的東西可吃，隨之而來的詛咒是他們必須判斷哪些食物是安全的，而且幾乎是完全靠自己。

如本書序言所說，「雜食者的兩難」或「矛盾」，最早出現在賓州大學心理學家羅辛於一九七六年發表的論文〈鼠類、人類與其他動物對於食物的選擇〉中。羅辛研究大鼠這種雜食動物挑選食物的行為，希望藉此了解人類是如何選擇食物。大鼠和人類一樣，每天都會接觸到大自然慷慨提供的食物，以及各種險招——植物、動物和微生物為了保護自己免於被吃而設計這種種險招。植物和真菌為了抵抗掠食者，製造了許多種毒素，諸如氰化物、草酸、各種有毒的生物鹼。同樣的，在動植物屍體上繁殖的細菌也會製造毒素，好讓其他潛在的進食者敬而遠之。（同樣的，我們人類也會製造毒物，以防止大鼠偷吃我們的食物。）

對於其他只吃某些特定食物的進食者，天擇處理了選擇食物的全部問題，例如帝王蝶的眼中就只有馬利筋是食物，自然界的其他東西都不是，所以在判斷眼前的東西能不能吃時不需要啟動思考或情緒。這種方式對帝王蝶而言是有效的，因為牠的消化系統能夠從馬利筋的葉片取得所有生存所需的物質（包括讓鳥類對牠胃口全消的一種毒素）。但是大鼠和人類需要各種營養物質，所以必須吃各種食物，而其中有些東西是很可疑的。當雜食動物遇到可能可以吃的新食物時，就會陷入單一食物者無從理解的情緒衝突中。這兩種情緒都有生物理由，「恐新症」是害怕吃下任何新食物，「喜新症」則願意冒險去開拓必要的味覺新領域。

羅辛發現，大鼠把自己的消化道當成實驗室，藉此將風險降到最低。牠會先咬一小口新食物（假設那是食物），然後等看看會發生什麼事。大鼠顯然了解「因果關係」（社會科學家稱之為「延遲性學習」），能夠把現在的肚子痛和半個小時前吃的東西聯繫起來，加上記憶力也不錯，因此會一輩子厭惡這種特定物質（所以老鼠很難毒殺）。我或許可以採用同樣的策略來試試我的雞油菌：咬一小口，看看會發生什麼事。

羅辛在早年對食物選擇行為的研究中，假定這種「雜食者的問題」能夠解釋許多事情，不只是人類怎麼吃、吃什麼，也包括人類這個物種。羅辛和其他科學家後續的人類學與心理學研究，已經證實他的推論。「雜食者的兩難」此一概念不但有助於解開單純的動物選擇食物行為，也揭露了靈長類（包括人類）更複雜的「生物文化」適應現象，以及人類文化中許多令人困惑的習俗。就如李維史陀的名言，對人類而言，食物「不但要美味，也要有助思考。」

每當我們決定是否要吃下野生菇蕈時，都要重新面對雜食者的兩難。即使現在人類與食物的關係已沒那麼原始，但在面對我們認定可以吃的東西時，這樣的兩難仍然會浮現，例如，當我們站在一整排玉米片前仔細研究盒上標示的營養成分時、當我們安排減重飲食時（要低脂還是低糖？）、決定是否要嘗嘗麥當勞新配方的麥克雞塊時、評斷購買有機草莓與一般草莓的成本與效益時、選擇去觀察（或嘲笑）猶太教或伊斯蘭的飲食戒律時，以及決定吃肉是否合乎道德時。不管是肉或其他食物，價值都不僅在其美味，也有助於思考。

二、雜食的人類

事實上，人類的雜食天性已經深深烙印在身體上，天擇讓人類有能力處理相當大範圍的食物。人類的牙齒無所不咬，可以撕裂動物肉，也能磨碎植物。人類的下顎也是如此，能夠如肉食動物、囓齒動物和草食動物般活動，端視食物的種類而定。人類的胃能夠分泌專門消化彈性蛋白的酵素，而彈性蛋白只會出現在肉中。人類的代謝作用需要一些特殊的化合物，在自然界中有一些只能從植物中得到（例如維生素C），有些只能從動物中取得（例如維生素B_{12}）。飲食多樣化是人類的生理需求，而不只是調劑生活。

相對的，單一食物者只吃少數幾種食物就能取得所需的一切，而且消化系統通常變得極為特定化，因此省下雜食動物面對食物的挑戰時所需消耗的大量腦力。舉例來說，反芻動物就專門吃草，雖然草本身無法提供反芻動物所需的所有營養素，但是草也是瘤胃中微生物的食物，而這些微生物則能提供動物需要的其他營養素。反芻動物的天賦在於靠腸胃就可以餵飽自己，無需仰賴腦。

要大腦袋或者大腸胃，這似乎是一種演化上的交易，對於選擇食物這個問題，這兩者是截然不同的演化策略。無尾熊是自然界中最挑食的動物之一，為我們示範了小腦袋策略。如果你只吃尤加利樹葉，那麼就不需要大量大腦迴路去決定晚餐要吃什麼。因此，無尾熊的腦袋小到無法填滿頭顱。動物學家推論，無尾熊以前吃的食物比較多樣，智力也比現在更能處理飲食。後來無尾熊演化成今日的模樣，嚴格限定午餐的內容，無用武之地的腦就縮小了（盲目追隨食物潮流的人要注意）。對無尾熊來說，消化道比腦還重要，所以牠的消化道很大，足以消化那些充滿纖維的樹葉。同樣的，人類這種類靈長類動物演化成吃更多樣、更高品質的食物時，消化道就越來越短。

只吃一種食物的動物頭腦單純，對這種動物而言，進食或許很簡單，但也更危險，而這也說明了為何世界上齧齒動物和人類的數量遠超過無尾熊。尤加利樹一旦受到旱災或疾病侵襲，無尾熊便大禍臨頭了。但老鼠和人類則不然，兩者都可以在地球上任何角落生存，熟悉的食物一旦短缺，也總有其他食物可以嘗試。事實上，地球上可能沒有任何營養來源能逃過人類之口。昆蟲、蠕蟲、泥土、真菌、地衣、海藻、腐魚，還有樹根、嫩枝、樹幹、樹皮、樹芽、花朵、種子和果實，所有想像得到的動物，所有想像得到的部位，更別說哈吉斯[①]、什錦果麥和麥克雞塊了。（面對數不盡的營養來源，任何人類族群都只會取其中少數來吃，而對新食物的恐懼只是原因之一，這種情況很玄奧。）

彈性飲食的代價是更耗能量和更複雜的腦迴路。雜食者必須將大量的心智迴路用在感知與認知上，好區分這些可疑的營養來源中何者是安全的。選擇食物所需的資訊太多了，以致基因無法儲存每種可能有毒的食物，所以雜食動物轉而發展出複雜的感覺與心智能力去協助我們區分一切，以此取代基因所記下的菜單。這些能力有些相當簡單直接，許多哺乳動物也同樣具備；有些代表著靈長動物傑出的適應能力；有些則位於大自然天擇與文化發明之間的模糊地帶。

第一個能力當然是味覺，味覺做的是一些基本的篩選工作，以判定食物的價值與安全與否。畢雅－薩伐杭（Brillat-Savarin）在《味覺生理學》（*The Physiology of Taste*）中說：「自然界提供各種

①編注 Haggis，蘇格蘭傳統食物，將羊的內臟混合洋蔥、燕麥、牛網油，切碎後加入鹽和香料，塞入動物的胃袋中，以小火烹煮而成。

物質，而味覺幫助我們選擇其中適合食用的。」人類的味覺相當複雜，但都以兩種天生的強大本能為基礎：正面與負面。第一種基礎讓人類偏好甜味，甜味代表豐富的碳水化合物，即自然界的能量來源。現實中，即使我們已經吃得很飽，也仍然吃得下甜食，所以甜點總是最後上。雜食者的大腦會消耗大量葡萄糖（大腦只能以葡萄糖為能量來源），喜好甜食代表一種優秀的適應力，至少以前是這樣，當時糖的來源非常稀少。（成人的腦約占體重的二%，卻消耗十八%的能量，這些能量都只能由碳水化合物提供。盲目追隨食物潮流的人也需注意這一點。）

人類味覺第二個重要基礎是我們厭惡苦味。植物製造的許多防禦性毒素，嘗起來都是苦的。孕婦對苦味特別敏感，可能就是為了保護胎兒而產生的適應力，以免吃下即使是青花菜這類只含有微量毒素的食物。舌頭上的苦味是種警訊，要我們啟動警戒去擋下有毒物質，畢雅-薩伐杭稱這種味覺是「忠實的警衛」。

「噁心」是另一種解決雜食者兩難的珍貴能力。雖然長久以來許多引起噁心感的東西都和食物無關，不過食物的確是這種感覺的起因，其英文字disgust也指出這一點（disgust來自中世紀的法文動詞desgouster，意思是「嘗」）。羅辛曾經寫過幾篇和「噁心」有關的精采文章，他把「噁心」定義成「擔心所厭惡的物質進入體內的恐懼感」。人們對哪些東西感到噁心，有很多是取決於文化，不過有些東西很顯然對任何人都是噁心的。羅辛指出，這些東西來自動物：體液或分泌物、屍體、腐肉、糞便（有趣的是，眼淚雖然也是體液，但是我們對他人的眼淚卻不會覺得噁心，擦過眼淚的衛生紙是唯一你願意和他人共用的）。噁心是極為有用的適應結果，能讓雜食者免於吃下有害的動物成分：腐肉可能含有細菌毒素或受到感染的體液。套句美國哈佛大學生理學家史蒂芬．平克（Steven Pinker）的話：「噁心是直覺的微生物學。」

味覺雖然很有用，但無法完全告訴我們哪些東西可吃或不可吃。例如有些非常苦的植物卻含有極具價值的營養成分，甚至是很有效的藥物。遠在人類馴化植物（我們通常會在這個過程中挑選不苦的物種）之前，早期人類便發展出許多其他能力，不是突破植物的防禦，就是克服自身對苦味的厭惡，好取用這些植物的有益成分。

人類取用罌粟果實汁液和柳樹樹皮，就是明顯的例子，因為這兩者都非常苦，但是也都含有非常強大的藥效。一旦人類發現柳樹樹皮中水楊酸（salicylic acid，阿斯匹靈中的活性成分）所具備的療效，以及罌粟中鴉片的止痛效果，我們對於植物苦味的內在厭惡感就讓步給一種更具說服力的文化信念，即相信這些植物的確是苦口良藥。基本上，人類在認知、記憶與溝通上的能力，打破了植物的防線。

人類也以烹煮或其他食品加工清除植物的苦味毒素，藉此攻破植物的防禦。例如美國原住民就發現如果把橡樹子磨碎、浸水、烘烤，就能夠讓這種苦味果核成為營養豐富的食品。樹薯的根會製造氰化物，因此能夠擊退大部分想要吃樹薯的動物，但是人類發現樹薯只要煮過就可以吃了。經由烹飪，樹薯成為含有豐富碳水化合物能量的營養來源，而重點是，其他可能吃樹薯的動物，例如蝗蟲、野豬、豪豬等，都還無法攻克樹薯的防禦，因此這是人類獨享的能量來源。

烹飪開啟全新的食物視野，是雜食者最聰明的能力之一，而造就今日人類的，可能也是烹飪。烹調使食物更容易消化，因此早期人類從植物與動物中取得的能量大幅增加了。有些人類學家相信，拜此之賜，一百九十萬年前人類大腦的體積暴增（大約在相同時期，人類遠祖的牙齒、下顎和消化道都縮小至今日的比例，因為他們不再需要處理大量生食）。烹飪使得食物更容易消化，所以人類也省下了採集植物與咀嚼生肉的時間，而有更多時間和能量追求其他事情。

最後一定要提的是，烹飪讓人類擊破許多物種的防禦，這使得人類和這些物種的軍備演化競賽出現突如其來的轉變。果實的目的本來就是要成為其他物種的午餐（這是植物傳播種子的策略）；而禾草歡迎啃咬，這個策略是要防止樹木此一遮蔭的競爭者進入棲地。除此之外，大部分野生食物都是動物或植物身上的一部分，一旦被吃掉，對生物本身並無好處，所以生物演化出防禦系統以維持自身完整。但是演化並非靜止不動，進食者會持續演化出足以對抗的適應法，以瓦解營養來源的防禦，例如能夠分解植物或真菌毒素的消化酵素，或是看穿可食生物偽裝的新知覺技巧。而植物、動物與真菌的應對之道，則是演化出新防禦，讓自己更不容易被捉到或消化。這種掠食者與被捕食者之間的軍備競賽，一直都很穩定，但是早期人類的出現改變了這一切，因為烹煮苦味植物這樣的對策完全改變了遊戲規則。一個物種為了避免被吃而苦心發展出來的防禦，一下子就被攻破，就算能夠發展出新防禦也需要時間——演化的時間。

烹飪、製造工具以及其他早期人類的技術，通常被認為是人類雜食者進入新生態區位的標記，有些人類學家把這種區位稱為「認知區位」（cognitive niche）。此一名詞的重點在於讓生物與文化之間的界限變得模糊，對這些人類學家而言，人類為了克服其他物種的防禦所發展出來的各種工具，不只包括處理食物的技術，還有所有狩獵與採集的方式，以及天生的聰明才智，這些都代表了生物文化性適應。會這樣說，是因為生物文化性適應所構成的是演化發展，而非文化創造，後者有時與天擇無關。

以此觀點而言，學會烹調樹薯或是傳播安全菇蕈這類不易獲得的知識，和取得瘤胃菌種以滋養自身之間，就沒有什麼差異了。牛靠著瘤胃的巧妙適應，將一堆草變成營養均衡的一餐，而人類則是依靠驚人的認知、記憶與溝通能力，讓我們能夠烹煮樹薯，或是找出能夠食用的菇蕈，並且分享這些寶貴訊息。同樣的天擇過程得到兩種不同的策略，只是其中一種剛好憑藉認知能力，而另一種則依靠腸胃能力。

三、飲食的焦慮

身為占據自然界「認知利基」的雜食動物，是恩賜也是挑戰，帶來的力量與產生的焦慮會同樣巨大。什麼都吃，代表人類可以去適應地球上的許多環境，而且即使我們最喜歡的食物已滅絕（意外造成，或是因為人類在擊破這些物種的防禦上太過成功），也能在這些環境生存下來。乳齒象滅絕了，接下來就吃美國野牛，然後是牛；鱒魚吃光了，可能就輪到鮭魚，然後可能是「素肉」這樣的全新菌類蛋白。

人類什麼都吃，這給我們帶來莫大的滿足。而愛好新事物的天性（能吃各種不同的東西），以及對新事物的恐懼（對熟悉東西的安心感）也帶給我們同等歡愉。一開始只是對食物的單純感官反應（甜、苦或噁心），後來精巧演變成各種複雜的味覺準則，這使得人類擁有無尾熊或牛所想像不到的美學之樂。畢雅-薩伐杭寫道：「任何能吃的東西都受控於人類巨大的口腹之欲。人類的味覺已經到達罕見的顛峰。人類是自然界中唯一的美食家。」味覺這種感官更多是後天培養出來的，它將人們聚在一起，不只聚集在餐桌邊，更凝聚成社群。社群的食物偏好具有極強的社會凝聚力，但一個社群認為既適合吃又有助思考的食物與烹調法都出奇地少。在歷史上，民族料理通常都很穩定，也排斥改變，因此從移民者的冰箱最不容易看到同化的跡象。

不過，雜食者因選擇過多而產生的壓力和焦慮，也不是牛或無尾熊所能想像的。對牛或無尾熊而言，區別可吃的好東西和不可吃的壞東西是第二天性。雖然人類的感官有助於在一開始就大致分辨好食物和壞食物，人類仍然得依賴文化去記住、理清。因此人類把飲食的智慧法則彙編起來，成為詳盡的禁忌、儀式、規矩、烹飪傳統，從每餐的分量、進食順序，以及可吃和不可吃的動物，無所不包。這些規則在生物學上是否全都合理，人類學家仍激辯不休。有些飲食規則，例如猶太潔淨飲食的規則，或許設計的目的更多是維繫族群認同，而非維護健康。不過，我們當然有許多飲食規則是有生物基礎的，這使得我們每次上超級市場或坐到餐桌旁時都能免於面對雜食者的兩難。

人類處理食物的規則，例如食物和香料的特定搭配（也就是烹飪方式），也非常有助於調解雜食者的兩難。舉個例，吃生魚可能會有些危險，而搭配具抗菌性的山葵食用則可降低危險。在熱帶，食物容易腐壞，因此許多熱帶料理的特色就是大量香料，香料同樣含有抗菌成分。中美洲人在烹調玉米時加入石灰，並和豆類一起上桌，以及亞洲人將大豆發酵成納豆後拌飯吃，都能讓這些植物性食物比單獨食用更具營養。大豆若未經發酵，所含的抗胰蛋白酶會阻礙蛋白質的吸收，使得大豆無法消化。玉米如果沒有用石灰之類的鹼處理過，菸鹼酸便不會釋放出來，而缺乏菸鹼酸會造成癩皮病這種營養失調症。玉米和豆子各自缺乏必需胺基酸中的離胺酸及甲硫胺酸，一起吃的話，營養就均衡了。同樣的，一餐中有納豆拌米飯，也能達到營養均衡。羅辛寫道：「烹飪具體呈現了一個文化在食物上所累積的智慧。」某一文化若引進另一種文化的食物，卻沒有同時引進相關的烹調方式與智慧，就會讓自己生病。

羅辛指出，烹飪也有助於舒緩雜食者對新食物又愛又怕所造成的緊張狀況。用熟悉的調味料組合來烹調全新食物，例如傳統的香料或醬汁，會讓新食物顯得親切，「能降低進食的緊張感」。

人類的文化中，花在處理食物問題上的能量，多到讓人類學家嘖嘖稱奇。不過研究人類本性的人就懷疑，食物問題和其他幾個重大生存問題其實是密切相關的。倫理學家里昂．卡斯（Leon Kass）寫過一本傑作《飢餓的靈魂：飲食與人類的完美天性》（*The Hungry Soul: Eating and the Perfection of Our Nature*），書中他爬梳出許多人類飲食的哲學意涵。在討論雜食性的那一章中，卡斯引用盧梭的一大段話。盧梭在探討人類的〈第二論〉中，將人類擺脫飲食天性的行為連結到自由意志這個更高層次的問題。在這段論述中，盧梭追求的是較大的目標，不過他同時也提出關於雜食者兩難的傑出敘述：

……自然支配著動物的一舉一動，而人類是自由的個體，主宰了自己的活動。動物的選擇或抵抗都出於本能，而人類的舉動則出於自由。所以動物無法違背預先設定好的規則，即使違背規則是有利的；而人類則常選擇趨吉避凶。因此，鴿子會在裝滿絕佳肉品的盆子邊餓斃、貓倒在水果或穀物堆上。牠們所不屑的食物其實都很有營養，只要牠們能下定決心去試吃看看。有些放縱的人類甘冒生病與性命之險暴飲暴食，是因為心智腐蝕了感官，是因為天性已陷入沉默，而意志仍喋喋不休。

如果沒有本能的引導，人類巨大的無底胃會給我們惹來各種麻煩，胃痛只是其中之一。如果天性保持沉默，那還有什麼可以阻止雜食的人類吃下任何東西？最可怕的是，所謂任何東西也包括其他雜食的人類，這種野蠻的欲望就潛伏在能吃任何東西的生物體內。如果天性沒有給人類的食欲圈出一道範圍，那麼人類的文化就得插手，事實上文化也的確插手了，以各種禁忌（首要禁忌就是不可吃人）、習俗、儀式、餐桌禮節與各文化的烹飪傳統來控制人類的雜食習慣。從雜食者的兩難到多不勝數的倫理規範之間，有一條短而直的路徑，只要人類還是群居動物，就會不斷依著這條路徑調節飲食。

亞里斯多德寫道，「如果沒有道德」來駕馭食欲，所有雄性動物都會「變得極為邪惡與野蠻，在性與食上萬劫不復。」羅辛半開玩笑地說，佛洛伊德若以食欲而非性欲來建立他的心理學，成就會更高。人類身為一種生物，性與食都是求生存的基本生物驅力，而良善的社會必須小心加以疏通、規範。（羅辛指出：「你不能看到好吃的東西就伸手去抓。」）但是羅辛主張，食物比性還重要。沒有性，我們還是可以生存下去（至少以個體而言是如此），而且性發生的頻率遠比飲食還要低。人類常在公開場合進食，卻極少當眾做愛，因此「比起性，人類跟食物的關係是更精細的文化轉變」。

四、美國的全國性飲食失調症

羅辛只說到這裡，不過人類文化為了調停欲望與社會之間的衝突所設計出的習俗與規則，或許能讓我們更自在地吃，卻無法這麼自在地享受性愛。佛洛伊德和其他學者將人類許多和性有關的神經官能症歸咎於過度壓抑的文化，不過人類神經性飲食失調卻另有罪魁禍首。與之相對的是，控制人類與食物關係的文化力量一旦削弱，我們的飲食就會變得更令人苦惱。

對我而言，現代人類就是處於這種困境，而在美國尤其明顯。美國從來都沒有穩固的國家料理，來自不同地區的移民都把自己的那一套食物之道搬到美國的餐桌上，但沒有任何一種能強大到足以穩定掌控這個國家的飲食。在週期性反覆的喜新與恐新心理下，我們可以看到，美國每個世代的飲食內容都不斷翻新。這或許可以說明美國人為何很容易追逐各種食物熱與飲食潮流。

十九世紀末，就是在美國，家樂氏醫生說服了這個國家最富裕、受最好教育的許多人花上大把鈔票住進他在密西根州巴特克里克（Battle Creek）開設的著名古怪療養院。在院中，這些人遵守的養生療法包括全葡萄飲食與幾乎每小時灌腸一次。大約在同期，「弗萊徹咀嚼法」風潮席捲數百萬美國人，每口食物都要嚼一百下，提倡者賀瑞斯·弗萊徹（Horace Fletcher）有「偉大的咀嚼者」之名。

那是美國飲食風潮的第一個黃金時代，當然那些倡導者在推廣時不會訴諸時尚語言，而是和現在一樣，說成是「科學飲食」。當時最先進的營養科學主張，吃肉會促進結腸中有毒細菌的生長。為了對抗這些為害之物，家樂氏醫生貶低肉類的價值，並從病人的消化道兩端灌入大量保加利亞優格，好進行兩面夾擊。雖然我們會覺得遵從這類飲食風潮的人很可笑，但我們也不盡然就沒那麼容易受騙。目前正風行的阿特金斯學派的代謝理論指出，身體一旦缺乏碳水化合物，就會燃燒儲存的脂肪。這個理論是否會和家樂氏醫生的結腸自體中毒理論一樣，終究被斥為無稽之談？我們拭目以待。

不過令人驚訝的是，這些站不住腳的營養風潮輕輕鬆鬆就能影響美國。一份科學研究、一份新的政府宣導、一個有醫學學位的孤僻怪人，都能在一夜之間改變這個國家的飲食。二〇〇二年《紐約時報雜誌》的一篇文章，就幾乎隻手引發美國近年來的「碳水化合物恐懼症」。不過，這種基本模式在數十年前就已經定形，而這也指出美國由於缺乏穩定的飲食傳統，動不動便陷入雜食者的焦慮中，而大企業和江湖郎中就會藉機狠撈一筆。每隔十多年，美國就有新的科學研究挑戰當時盛行的營養學正統，有些營養成分美國人已經高高興興吃了幾十年，突然間卻變成致命之物，另一種營養成分則被捧為健康食品，而食品產業則在背後推波助瀾，美國的飲食生活方式因此展開另一場革命。

加拿大歷史學家哈維・萊文史坦（Harvey Levenstein）寫了兩本有關美國飲食方式的傑出社會史，精簡地總結了自家樂氏醫生的全盛期以來，引領美國人飲食之道的信念：「味道無法忠實指引出哪些東西可以吃，一個人不應該只吃喜歡的東西，我們看不到也吃不出食物的重要成分，只有科學實驗室才能區別出來。而實驗科學已經訂定出能夠預防疾病、延年益壽的營養規則。」任何正統飲食觀念的影響力所憑藉的力量都和這種信念無關，而至少對一九〇六年或二〇〇六年的美國人而言，那些信念既不奇怪，也沒有任何爭議。

人們（尤其是美國人）很容易就忘記這些營養學正統有多麼新，也很容易忘記其他文化的人們世世代代都維持大致相同的飲食方式，他們憑藉古老的法則，以口味和傳統作為選擇食物的標準。有些文化是依照習慣與樂趣來安排一道道菜，而不是營養科學與市場行銷，他們過得比美國人更健康，也就是較少受到飲食相關健康問題的折磨，這真的讓美國人大為驚異。

最有名的例子是「法國矛盾」，不過羅辛指出，法國人可不覺得有什麼矛盾。美國人會用「矛盾」一詞，是因為法國人的經驗違背了我們的正統觀念：他們痛飲葡萄酒、嗜食乳酪，但是心臟病和肥胖的比例卻較低。美國的正統觀念視某些美味食物如毒藥（現在指的是碳水化合物，以前指的是脂肪），無法享受吃的方式與吃的感受，而最終，這或許都和食物一樣重要。所有可能不健康的食物，法國人都吃，不過他們也遵守嚴格而堅定的規則：只吃一小份而不會再拿第二份、不吃零食、很少獨自用餐、與他人一起用餐是又長又愉快的活動。換句話說，法國人的飲食文化成功解決了雜食者的兩難，讓法國人享受每一餐，而無需擔心健康問題。

可能是因為美國沒有這樣的食物文化，因此幾乎任何飲食問題都有機會冒出來。脂肪或碳水化合物？每天吃三餐還是持續而少量地進食？生食或熟食？有機食物還是工業化食品？蛋奶素還是純素？真肉還是素肉？我們的超級市場中充斥著令人眼花撩亂的新奇食物。食物與「營養補充品」之間的界線是如此模糊，以致人們竟把蛋白質棒和奶昔當正餐。當我們獨自在車上吃著這些新式偽食物時，美國人就成了無中心信仰的進食者了，每個人都悶著頭努力想找出飲食上的救星。為什麼會有那麼多美國人受到飲食失調症所苦？對於吃什麼、怎麼吃、何時吃，我們缺乏任何持久的共識，因此雜食者的兩難幾乎是以一種隔代遺傳的力道重返美國。

當然，這種情況對食品工業而言是求之不得。我們對飲食越焦慮，就越容易受到行銷人員和專家意見的左右。食物行銷因飲食方式不穩定而大行其道，讓一切雪上加霜。要把更多食物賣給這群吃得很好的人並不容易（不過正如我們所發現，也並非不可能），因此食品公司把精力放在引進各種高度加工的新食品上，好占有市場，這類食品的特色是能夠創造大筆利潤，而且能適應各種狀況。這些加工食品經常設計成能夠開創新的進食場合，並以「便利」之名販售，例如在上學的公車上（如蛋白質棒），或是上班的車子上（康寶公司最近推出一種可微波加熱的雞蓉濃湯，單手就能端著，而且大小剛好符合車上的杯架）。

食物行銷業者在開拓用餐模式與營養風潮上大獲成功，而我們則付出高昂的代價。我們的用餐方式一再改變，使得各種圍繞著用餐並使用餐穩定下來的社會結構都受到侵蝕，例如全家共進晚餐、餐與餐之間禁吃零食、不要單獨用餐等。食品公司無止境地追求新市場，把各種想像得到的人當成行銷對象，特別是兒童（微波爐在這裡起了關鍵作用，因為它讓兒童也能「煮」東西），並奪取了美國母親對菜色的主導權。

通用磨坊的行銷副總曾經對我描繪一幅美國家庭晚餐的景象。這家公司的人類學顧問付錢給一些家庭，好在這些家庭的廚房與餐廳天花板上安裝攝影機。他描繪的是母親對晚餐或許仍充滿情感，可能會為兒女準備一道菜和一份生菜沙拉，而生菜沙拉最後是她自己吃掉，小孩和父親（如果在家）則各自準備自己的食物：父親正在進行低碳水化合物減肥法，而青少年是素食者，八歲的小孩則吃小份披薩，因為心理學家說我們最好縱容孩子，以免孩子日後出現飲食失調症。所以在約半小時的過程中，每個家庭成員都走進廚房，從冰箱拿出一份主餐，順手送入微波爐中（這類主餐有許多貼心設計，即使是八十歲老人也能安全「烹調」）。在「嗶」聲之後，每個人都把自己的微波餐點放到餐桌上，然後可能交談個幾分鐘，也可能沒有。根據調查，在美國，每天晚上和家人一起坐下用餐的人當中，有四十七％是這樣解決晚餐的。

數年前，社會學家丹尼爾．貝爾（Daniel Bell）寫了一本書，名為《資本主義的文化矛盾》（*The Cultural Contradictions of Capitalism*），在書中他呼籲要注意資本主義的趨勢，因為資本主義一心只追求獲利，而各種穩定社會的文化基礎，往往會因為阻礙商業進展而受到侵蝕。全家共進晚餐以及更廣泛的用餐共識，成為最新的資本主義受害者。食品工業界需要以巧妙的新加工方式、包裝，以及市場行銷，將更多食物賣給一群已經吃得很好的人，而這些飲食規則與儀式，將會阻礙行銷。一套更堅強的食物傳統是否就能在無止境的經濟侵掠下屹立不搖？這很難說。不過今日即使是像法國這樣的地方，也都已經開始擁抱美國的速食習慣。

所以我們發現自己又變回原本的物種：焦慮的雜食者，又得重新苦思怎樣吃才算聰明。不同的是，我們現在倚靠的不是代代累積的烹調智慧，或是自身感官的智慧，而是倚靠專家意見、廣告、政府的飲食金字塔、飲食書籍。我們的文化曾經成功解決這個問題，而我們現在所信仰的科學卻做得沒那麼好。資本主義的卓越能力在現代的超級市場或速食店中重新創造出一些類似自然的狀態，將我們丟回棘手的、營養素危機四伏的環境中，使我們再度深陷於雜食者的兩難中。

Chapter 17
THE ETHICS OF EATING ANIMALS

第十七章
吃動物合乎道德嗎？

一、牛排館中的對話

我第一次打開彼得．辛格（Peter Singer）的《動物解放》（*Animal Liberation*）時，正獨自在棕櫚市用晚餐，試著享受五分熟的肋眼牛排。假如這道餐聽起來會讓人產生認知不協調（或消化不協調），那麼，這就是我當時的想法。吃肉一事從很久以前就讓我這個雜食者陷入進退兩難，但那時我從未如此直接地參與把動物轉換成食物的過程。之後，我養了頭注定要做成牛排的小牛，也曾在薩拉丁的屠宰棚下殺過雞，而現在則準備要去獵殺一頭野生動物。在吃這頓牛排晚餐的那一天，五三四號小牛進了屠宰場，而牠生命中的這個事件，我無法親眼目睹，甚至不能打聽任何事，我只能得到一個可能的日期。對此我並不驚訝，肉品工業界非常清楚，越多人知道屠宰場中發生了什麼事，人們吃的肉就會越少。這不是因為屠宰必然是殘酷的，而是我們都不想記起來肉究竟是什麼，或是肉在端上我們的餐桌前有過什麼遭遇。在這頓牛排晚餐中，和我同桌的是世界上頂尖的動物權哲學家，這代表我多少有點想以自虐的心態來記錄此一場合，而且（我知道有點為時已晚），也想試看看能否為我之前所做與即將要做的事情辯護。

肉食已經成為道德難題，至少對那些苦心思考此事的人而言是如此。現在素食者已越來越多，而動物權在幾年前還只是非主流運動中最邊緣的運動，但是現在已經迅速躋身文化主流。人類已經吃了幾萬年的肉，都沒有太多道德痛苦，所以我無法完全確定此一運動為何應該在此時出現。當然，以往一直都有人反對吃肉，我想到的就有奧維德（Ovid）、聖法蘭西斯、托爾斯泰和甘地。但人類確實是雜食動物，這一直是普遍共識。不論屠宰與肉食在精神上與道德上會造成什麼兩難，人類各種文化的傳統（從屠宰儀式到餐前禱告等），都已經妥善解決這些兩難。數千年來，人類大多數的文化就已經告訴我們，動物既美味又有助思考。

近幾年來，醫學研究人員已經開始質疑肉食的益處，而辛格這類哲學家及「人道對待動物協會」這類組織也提出一些新理由，讓我們懷疑肉食是否有益思考，亦即，肉食對自己的靈魂或自認為的道德有益嗎？目前依然吃肉的人，也認為打獵特別令人厭惡，很顯然，這些人最反對的是殺戮（一副我們可以用別的方法取得牛排的模樣），或者，以殺生為樂才是問題所在。可能是我們的文明正在摸索著要朝更高的覺悟前進，也可能是我們的道德更為提升，進步到認為吃動物是野蠻行為，是無知的過去所留下的遺毒，就像過去我們也曾蓄奴，或把女性視為次等動物，而很快我們就會引以為恥。以上至少是動物哲學家的看法，不過這也可能是因為以往讓人安心吃肉的規範和儀式都已因其他理由而崩裂。可能是當影響我們飲食意向的傳統減弱時，我們認為理所當然的習慣頓時變得飄浮無依，而抵擋不住強大的概念或流行風潮。

不論原因為何，其效果是在動物議題上引發異常多的文化困境。許多人似乎急於想要將人類道德思考的範圍擴大到其他物種，但同時間在飼育場，我們卻以史上空前的殘忍方式殘害更多動物。過去我們認為，文化、製造工具、語言，甚至自我認知，都是「智人」的獨有特性，但是一個個科學發現已經推翻了人類是獨一無二物種的說法。我們所食用的動物，大部分都過著有組織的生活，非常有笛卡兒的理性精神。笛卡兒著名的主張之一，就是動物僅僅是機器，無法思考，也沒有感覺。今日人類與動物的關係是感性與殘酷並存，就如同精神分裂一般。在美國，有半數的狗會在耶誕節收到禮物，但很少有人會停下來想想豬的一生——豬和狗一樣聰明，但卻在耶誕節變成火腿。

由於我們看不到豬的一生，所以能夠忍受這種精神分裂。你上次看到一整隻豬是什麼時候？我們在肉鋪買肉，而那時肉已經切開包好，盡可能讓我們看不出那是動物的一部分。（你上次看到肉販切肉是什麼時候的事？）動物在我們的生活中消失，這開啟了一個空間，在這裡，感性或殘酷都不會受到真正檢驗，在這裡，辛格和法蘭克．普度[1]都能過得一樣好。

英國作家約翰．伯格幾年前寫過一篇文章〈為何要注視動物？〉。他指出，人類在日常生活中已經不再接觸動物，特別是眼神的接觸，這讓我們難以理解人類與其他物種的關係。眼神的接觸雖然有點令人不安，但是每天都能鮮明地提醒我們，動物和人類非常相似，但又極為不同。在牠們的眼神中，我們無疑可以瞥見一些熟悉的東西，例如疼痛、恐懼與勇氣，以及一些已無法挽回的東西（?!）。在這樣的矛盾中，人類建立了一種與動物的關係，讓自己無需別過頭去就可以同時尊敬動物與吃下動物。但是這種調和已經幾乎瓦解了，我們現在不是別過頭去，就是得成為素食者。對我而言，這兩種選擇都不合胃口，而當然，別過頭去現在已經完全不在選擇之列，這也許就是我試圖在牛排館中閱讀辛格著作的原因。

如果你決定吃肉，那麼我不會推薦這本書給你。《動物解放》中的哲學論戰與新聞描述等量齊觀，而且這樣的書很少見：要求你在捍衛還是改變目前生活之間二選一。辛格的寫作技巧很傑出，因此輕易說服了許多讀者選擇改變。《動物解放》讓無數人成為素食者，而我很容易就看出原因：才翻幾頁，他就已經讓我和我的肉食行為節節敗退，更別說我的打獵計畫了。

辛格的論點簡單到毫不設防，而且難以反駁，只要你能接受他的前提。大多數人都接受人生而平等，但是，平等究竟是什麼？畢竟，大部分的人事實上一點都不平等，有些人就是比較聰明、比較好看、比較有天賦。辛格指出：「平等是一種道德概念，而非事實的斷言。」這個概念指出，「每個人不論長相與能力為何」，其利益都應該受到平等對待。說得好，許多哲學家都同意這點，但是很少有人進入下一步邏輯：「假如比較聰明並不代表就能為了自己的目的而利用他人，那麼人類又憑什麼為了相同目的去利用其他非人類的動物？」

這是辛格理論的核心，而我現在才看到第六頁，就已開始在頁面空白處草草寫下反駁意見。在道德上，人類與動物完全不同，所以我們不應以相同方式對待兒童和豬隻，而辛格也承認這一點。他指出，以平等原則考量此兩者的利益並不代表要給予相同對待。受教育對兒童是有益的，而在泥中打滾才是對豬有益的，但是以平等原則讓兩者受到同等考量，則讓兩者享有同等權益。人類、豬隻以及其他有感覺的動物，都共享一項非常重要的權益：免於痛苦。

在這裡，辛格引用十八世紀著名的效益主義哲學家邊沁的名言。一七八九年，法國解放黑奴，讓黑奴享有基本人權，而英國和美國卻還未建立相關法律，邊沁寫道：「或許有一天，上帝創造的其他動物會要求這些權利。」之後他問：是什麼特質讓世間萬物具有資格贏得道德考量？他問：「是理性嗎？還是溝通？但是成年馬或成年狗比嬰兒更具理性，也更容易溝通。」

「問題不在於『能不能』理性，或『能不能』說話，而是『能不能』感受到痛苦。」

邊沁在這裡打出了王牌，哲學家稱之為「邊緣案例論證」（argument from marginal cases，簡稱AMC）。方法如下：嬰兒、嚴重智力障礙者與精神錯亂者，雖然心智能力比不上黑猩猩，但都是人類。雖然這些人無法回報我們的道德關注（遵守「己所不欲，勿施於人」之類的準則），但是我們絕對不會把他們排除在我們的道德考量之外，那麼，我們排除黑猩猩的依據又是什麼？

「因為牠是黑猩猩，而其他人是人類。」我在空白處留下憤怒的句子。對辛格而言，這個理由不夠充分。因為黑猩猩不是人就把牠排除在道德考量之外，這無異於因為黑奴不是白人就把黑奴排除於道德考量之外。我們稱這種排除為「種族歧視」，而動物權保護者則主張，只因為黑猩

①編注 Frank Perdue，美國目前規模最大養雞場「普度農場」（Perdue Farms）的執行長。

猩不是人類就把黑猩猩排除在外的相同行逕是「物種歧視」。不過，相較於我兒子與黑猩猩之間的差別，黑人與白人之間的差別顯得微不足道。辛格要我們想像一個社會，在這個社會中，歧視是由非比尋常的差異所造成，例如智力。如果這個設計違反了我們對公平的認知（當然違反），那麼為何動物缺少了某項人類特質，就要受到歧視？辛格下結論：要不我們就不要公平地對待重度智障者，要不就要公平地對待高等動物。

看到這裡，我放下叉子。如果我相信平等，而這個平等是基於利益而非特性，那麼，我得考慮這頭小牛的利益，否則就承認自己有物種歧視。

在這時，我決定承認自己有罪，然後吃完牛排。

但辛格的概念在我心中揮之不去，而且在其他動物權思想家的灌溉之下不斷成長。我這幾天開始閱讀這些思想家的著作，有哲人湯姆．雷根（Tom Regan）與詹姆斯．瑞奇（James Rachels）、法學者史帝夫．魏斯（Steven M. Wise），以及喬依．威廉斯（Joy Williams）與馬修．史考利（Matthew Scully）等作家。我想我並不介意被稱為物種主義者，但是真有可能如同這些作家所說，哪天人們會認為物種歧視和種族歧視一樣邪惡？會不會有一天歷史將嚴厲審判我們，讓我們活在陰影之下，就如同活在納粹集中營陰影下的德國人？南非作家柯慈（J. M. Coetzee）不久前在普林斯頓大學的演講中明確提出這個問題。如果動物權保護者是正確的，那麼用柯慈的話來說，「大多數所犯的罪」每天都在我們身邊發生，只是我們渾然不覺。

對這個概念，我們幾乎不可能認真以對，更遑論接受。在棕櫚市用過那頓來回於辛格與牛排的晚餐之後，過了數月，我發現自己窮盡心力要對抗這個概念。但是我所想到的各種反對理由，辛格和他的同儕幾乎都能一一擊破。

肉食者的第一道防線很清楚：我們對待動物的方式，為何要比牠們彼此相待的方式更有道德？富蘭克林早就已經探索過這個問題，他在自傳中寫道，他有天看到朋友捉魚，便想：「如果魚都吃魚，那麼我想不出人類為何不能吃魚。」不過他也承認，直到魚進了煎鍋發出「誘人香味」時，他才有這樣的理性思考。富蘭克林評論道，身為「理性生物」的重大優勢，就是能為自己的任何行為找到理由。

動物權保護者對於「動物也這麼做」的論點，有一個無堅不摧的簡單回應：「你真的想讓這種自然法則成為道德準則的基礎嗎？」殘殺與暴力也是自然天性。除此之外，人類有其他選擇，人類不需殺害其他動物也能存活下去，但肉食動物卻無法如此。（不過拿我的貓奧提斯來說，有時動物也會為了取樂而殺害其他動物。）

這帶出了另一個反對畜養動物的理由：對這些動物而言，野外生活不是更糟嗎？辛格反駁說：「支持奴隸制度的人，對非洲黑人也常有類似論點。自由的生活才是最好的。」

不過，大部分馴化動物都無法在野外存活。事實上，如果人類不吃牠們，牠們根本無法存活。正如十九世紀某位政治哲學家所言：「因培根的需求而獲得最大利益，是豬。如果全世界的人都信奉猶太教，這世上就不會有豬了。」而動物權保護者反而欣然接受這個論點：如果雞不存在，就不會遭受不幸了。

飼育場中的動物對其他生活一無所知。動物權保護者公正地指出：「這些動物會覺得需要運動、伸展肢體或翅膀、清理自己、動動身體，不論牠們的生活環境是否允許這些活動。」換句話說，衡量牠們受苦程度的適當方式，不是依據牠們之前的經驗，而是牠們的本能日復一日遭受的挫折。

好吧，動物受到人類折磨的確是個問題，但是這個世界到處都有問題，而解決人類的問題當然是首要之務。這聽起來很傲慢，然而，所有動物保護人士的唯一要求，就是要我別再吃肉。我的確是可以做一個致力於解決人類問題的素食者。

人類可以為了道德理由而放棄吃肉，這不也點出人類和動物的基本差異，而此一差異不是正足以合理化人類的物種主義？人類食欲的不確定性，以及人類道德觀的開放，使得人類在基本上就是非常不同的生物。就如同康德所指出，只有人類才是道德的動物，甚至只有人類才有能力思考「權利」的概念。老天，人類居然發明這些糟糕的東西，還是為了自己！所以，將道德考量保留給有能力理解的人類，並沒有錯啊！

很好，如果你是這樣想，首先會遇上的就是「邊緣案例論證」：弱智者與精神病患、剛產下兩天的嬰兒和阿茲海默重症患者的道德狀態。用當代道德哲學的可恨術語來說，這些人就是「邊緣案例」，他們參與道德決定的能力，不會比猴子更高，但我們仍賦予他們權利。我回應以一個非常淺顯的理由：他們是我們的一份子，給同類特別的待遇，不是很自然嗎？

動物權保護者的回答是：那麼你便是物種歧視者。不久前，許多白種人對白種人的地位也有類似說法：我們照顧同類。不過對於保護人類「邊緣案例」的權利，我仍然可以指出一個不那麼獨斷的理由：由於每個人都曾經而且或許也都將會成為那些「邊緣案例」，因此我們當然會把他們視為道德社會的一員。更有甚者，這些人也都為人父母、為人子女，因此我們在意這些人福利的程度，當然會超過最聰明的猩猩。

辛格這樣的效益主義者都同意，親情在我們的道德計算中應占有一席之地。但如果我們有一個痛苦的醫學實驗，那麼，依照利益平等考量的原則，是要選擇嚴重弱智的孤兒來做？還是正常的猩猩？我們得犧牲孤兒，因為猩猩感受疼痛的能力更強。

總而言之，哲學家利用邊緣案例來進行辯論時會遇到一個實際問題：這些案例能夠用來幫助動物，但是最後通常也會傷害到其他邊緣案例。放棄物種歧視，會讓我們面對一個還沒有準備好要跳下去的道德懸崖，而這時邏輯卻已經把我們推到懸崖邊緣。

不過，我在這裡要面對的，並不是做出此一道德決定（這件事容易多了，真糟）。在日常生活中，我們不需要在嬰兒與猩猩之間作決定，而是要在豬肉和豆腐之間作決定。即使我們拒絕了辛格所提出的嚴格效益主義，但問題依然存在：我們在道德考量上是否對那些會感覺到疼痛的動物有所虧欠？這點似乎無法拒絕。如果我們對這些動物有所虧欠，那麼，要如何合理化屠殺與食用動物的行為？

所以，在保護動物權一事上，肉食是最棘手的一關。若是實驗室中的動物試驗，就算是最激進的動物保護人士也願意犧牲動物權利來造福人類。那是因為在計算愉悅與疼痛的實際程度時，人類意識的獨特性占有重要地位。人類比老鼠更容易感受到疼痛，因為恐懼這類情緒會將疼痛放大。同樣地，人類了解死亡是什麼，但動物不了解，所以人類比動物更畏懼死亡。因此動物實驗的相關爭論都圍繞在細節上：這個特殊的動物實驗在拯救人命上真的是必要的嗎？（通常不是）但是，如果人類真的不再需要吃肉就能生存，那麼在天平上，我們得在人類這端放上什麼，才能讓人類利益勝出呢？

我想，這才是動物權保護人士最後讓我採取防禦姿態的原因。要在猩猩和弱智兒童之間作選擇，或接受所有豬隻為心臟繞道手術所作的犧牲，那是一回事，但若如同辛格所寫，我們是在「非人類動物的終身痛苦與人類的食物偏好」之間作選擇時，你會怎樣？是別過頭去繼續吃肉，或放下屠刀不再吃肉？或許兩者都非你所願，但如果你吃的動物真的終其一生都在受苦，我想你得試著去做出決定。

依照辛格的說法，只要我還在吃肉，就無法客觀回答這個問題。他說：「我們有很強的利益去說服自己，我們關注其他動物並不意味著我們就不能再吃肉。」我多少能了解他的論點，我的意思是，不過是吃頓晚餐，何苦付出那麼多心力去合理化？「習慣吃肉的人，在判斷動物是否在飼養的環境中受苦時，不可能毫無偏見。」換句話說，在我能夠本著良知決定是否要繼續吃肉之前，我必須停止吃肉，更別提為了吃肉而狩獵了。這的確是個大挑戰，但我別無選擇，只能接受。所以在九月的某個週日，我享用了烤里脊肉，之後便被迫暫時成為素食者，而我期待這不會為時太久。

二、素食者的困境

我就如同任何尊重自己的素食者（若不尊重自己，人類就什麼都不是了），現在要拿我的強制妥協與道德之別來煩你了。我不是嚴格的素食主義者，我吃蛋和乳製品，因為這兩種東西雖然是取自動物，但是不會傷害動物，也不會殺害動物，至少我是這麼認為。我也願意吃無臉動物，例如貝類，因為理論上，這些動物並沒有足夠的知覺去感受疼痛。當然，我不是歧視無臉動物，許多科學家與動物權保護者（包括辛格）都在貝類之上劃了一道知覺能力的分界線，沒有人知道這樣是否絕對正確，不過我現在加入了致力保護動物的這群人，而這種分界會讓我好過一點。

我的實驗已展開一個月左右，我仍然有些不情願。我發現，一頓美味的素食晚餐極為費心費力，特別是在切剁上。吃肉方便多了，也比較合群，至少在目前的社會中，素食者的比例還相當低（《時代雜誌》最近估計美國大約有一千萬名素食者）。最令我困擾的是，素食讓我在無形間疏遠了其他人，然後，這聽起來或許很怪，但我也在無形間疏遠了人類的整體經驗。

現在其他人得配合我，這讓我覺得不安。我在飲食上的新限制阻礙了基本的主客關係。若我是客人，一旦我忘了事先告訴主人我不吃肉，主人會覺得抱歉；但若我告訴了主人，她就得為我準備特定食物，而這會讓我覺得很糟。在這裡我同意法國人，他們認為任何個人的飲食限制都很失禮。

假如素食者是演化程度更高的人類，那對我而言，這樣的人類也在演化過程中失去了一些東西，而我目前還未準備好要捨棄這些東西。在吃素的這些日子，我可能覺得健康又有道德，但是我也覺得自己遠離了我所珍視的傳統，例如感恩節火雞，甚至球場上的熱狗這類的文化傳統，以及我母親的逾越節牛胸燉肉這樣的家庭傳統。這些節慶餐點以多重連結讓我們和歷史緊密相繫，這些連結包括家庭、宗教、土地、國家，如果你打算回溯得遠一點，甚至還包括生物本性。雖然人類現在無需吃肉就可以生存（營養補充劑和發酵食物都可以提供維生素B12），不過人類在地球上的大部分時間都是肉食動物，此一演化事實反映在我們的牙齒以及消化系統上，也很有可能反映在我看到五分熟牛排就大流口水這件事上。不論是在生理或社會層面上，肉食都讓人類成為現今的模樣。人類學家告訴我們，獵食的壓力讓人類大腦變大也變得複雜，而在火堆旁烹煮、分享獵來的戰利品，更是人類文化的起源。

這並不是說，僅僅因為肉食是人類的傳統，我們就不能或不該超越這個傳統。不吃肉或許能得到一些事物，但失去的不會更少。賦予動物權利的念頭，或許能將人類從「吃與被吃」這樣殘忍無道的世界中提升出來，但在這樣的過程中，人類動物特性的一部分也必然會犧牲掉，或者昇華。（這是動物權中的怪異諷刺之處：動物權要求人類承認人類與動物共享所有權利，但卻用最違背動物特性的方式來達成。）人類犧牲了動物特性，不盡然需要感到遺憾，強姦與搶劫都是人類繼承自遠祖的本性，但是沒有人會對失去這些本性感到遺憾。雖然動物權保護者認為人類對肉食的欲望不過是件小事，但是我們至少要承認人類的肉食欲望不僅只是追求口腹之欲。同樣地，今日的生殖在技術上也不盡然需要性，但人類的性行為也不僅是出於追求肉體歡娛。人類吃肉，其實是更深層的事。

三、受苦的動物

不論人類吃動物的權利是否高過動物不被吃的權利（暫時假設牠們有這個權利），最後都會遭遇一道棘手問題：動物遭受的痛苦。這個問題之所以棘手，是因為在某種意義上，人類不可能了解牛、豬或猩猩的想法。當然，你也可以說我們也無法知道其他人的想法，不過由於人類大腦的機制都差不多，因此我們有確實的理由假定其他人對疼痛的感受和自己大致相同。我們對動物也能這樣假定嗎？是的，但也不是。

笛卡兒認為動物缺乏靈魂，因此無法感受到疼痛，而我從未遇過任何嚴肅的作家同意這個說法。對於疼痛，科學家與哲學家的共識是，在疼痛一事上，高等動物基於和人類相同的演化理由而有非常相似的感受機制，因此我們光用看的，就可以感受到小狗被踢一腳身體扭動時的疼痛。

動物能感受疼痛，這點似乎無庸置疑。不過動物權保護人士宣稱，有些秉持新笛卡兒主義的科學家與思想家認為，動物由於沒有語言，因此無法感受疼痛。不過如果你費心好好閱讀那些備受爭議的作家，包括廣受引述的丹尼爾・丹尼特（Daniel Dennett）與史帝芬・布迪恩斯基（Stephen

Budiansky），你很快就會了解，大眾對他們的嘲諷並不公平。

這個受到爭議的主張是，人類感受到的疼痛程度遠大於動物，對我而言，這並非不合理。這種程度上的差距，主要是人類語言能力的產物。拜語言能力之賜，人類才有能力去思考所謂的思想，以及想像沒有思想會是什麼狀況。哲學家丹尼特認為，我們可以在疼痛與痛苦之間劃出一條界線。許多動物很顯然都有疼痛的經驗，但經歷痛苦則需要一定程度的自我意識，這是只有少數動物才具有的。在這樣的觀點中，痛苦不止是大量的痛，人類的各種情緒，包括後悔、自憐、羞愧和恐懼，都會將這些痛放大。

例如去勢一事，我們所吃的大部分雄性哺乳動物都遭受過這件事。沒有人會否認動物在這個過程中會很痛，但是這些動物很快就能完全復元。（有些恆河猴在爭奪配偶時會咬下對手的睪丸，但就有人觀察到受害者隔天就能交配，似乎受到的傷害不大。）對於能了解去勢的全部意義、能預見這種事並思考後果的男性而言，去勢代表的當然是另一種層次的痛苦。

同樣的道理，語言以及語言的影響也讓人類更能忍受某些痛苦。猩猩不了解牙齒診療目的以及治療的過程，因此這件事對猩猩而言是痛苦的。

在我們深思動物的痛苦或疼痛時，並不需要把自己在相同經歷中的感受投射到動物身上。我曾經看著一頭肉牛被推上通往屠宰場大門的斜坡道，那時我得努力提醒自己並不是在看《越過死亡線》的西恩潘，因為在牛的腦中，這完全是另一回事，幸好牛並沒有「不存在」的概念。鹿看著獵人的來福槍槍管時，狀況也是如此。丹尼特在《萬種心靈》（*Kinds of Minds*）中寫道：「如果我們在看得見的動物生命中找不到痛苦，我們就可以放心認為，牠們的腦中不會有無形的痛苦。如果有痛苦，我們一定能夠輕易認出。」

這個說法把我們帶往美國的飼育場，雖然我們並不情願，卻必須這麼做，而在那裡，這些種種區別都迅速化為塵土。在現代的雞蛋或豬肉的飼養過程中，很難在疼痛與痛苦之間畫出一條界線。在這裡，道德哲學與動物認知的細微差別完全一文不值。在這裡，我們對於動物的所有知識，至少是達爾文之後的所有知識，就那麼被……拋到一邊。參觀了現代化集中型動物飼育場，就像是進入以十七世紀笛卡兒原則所設計而成的複雜科技產物。這裡把動物當成機器，當成沒有痛覺的生產單位。因為任何能夠思考的人類都不可能相信這一套，因此工業化畜牧業得讓操作人員暫時丟開這種不相信，也得讓其他所有人願意把眼睛別開。

就我所知，情況最糟的是雞蛋業。我沒有辦法實際前往任何一處，因為業者拒絕受訪。美國的肉牛至少還在戶外生活，雖然是站在淹及腳踝的糞便中，吃著讓自己生病的飼料。在美國，為了讓肉雞快速生長、雞胸肉加厚，肉雞幾乎都不能走動，但至少牠們沒有活在連翅膀都張不開的小籠子中。

但美國的蛋雞卻是如此，六、七隻母雞在同一個籠子中共度短促的一生，籠子每層小到只需四張本書的書頁就能鋪滿。每隻雞的天性都受到壓抑，因此產生一些「問題行為」，包括啄其他母雞，用胸摩擦鐵籠子直到羽毛脫落出血（肉雞之所以逃過鐵籠生活，原因即在此：雞胸肉很值錢，若留下疤痕就太不划算了）。疼痛？痛苦？發瘋？若要讓人放下這些疑慮，就得採用一些更中性的形容詞，例如：「問題行為」、「固定模式」、「壓力」。但是不論你如何形容那些籠子裡的狀況，都有一成母雞因熬不過這樣的生活而死亡，而這也已經算入成本了。倖存的母雞一旦生產力衰退，就會進行「強制換羽」（force-molted）[2]：好幾天沒水、沒食物、沒光線，好刺激牠產下最後一顆蛋，這樣牠一生的工作才算了結。

上面的敘述大部分都引用自家禽貿易雜誌，我知道重述這些事，讓我聽起來像是動物權保護者，對吧！但我並無此意（記得吧，我決定吃素時是以為自己可以繼續吃蛋的）。但是當你看到時，你也會這樣想。而在你看的時候，你會了解為了製造一打七十九美分的雞蛋，代價就是這種酷行，以及對這種酷行的漠視。

資本主義者汲汲於把成本效益提到最高，這與文化所追求的道德性相違背，兩者總是相互拉扯。在歷史上，文化的道德性總是能夠平衡市場的道德泯沒。這是資本主義文化矛盾的另一例：長期下來，推動經濟會侵蝕作為社會基礎的道德。人類對動物的慈悲心就在這種狀況下陣亡了。

一旦缺乏道德或規則的約束，資本主義會如何為所欲為的噩夢，我們在飼育場中已可見一斑。而毫不意外，在工廠中不受工會保護的工人所得到的照料，也只比他們所照料的動物稍好些。在這些環境惡劣的場所，生命被重新定義成「蛋白質製造機」，而且飽嘗「痛苦」。「痛苦」這個應受到重視的字在這裡變成了「壓力」，即一個尋求成本效益的經濟問題，解決方案包括剪掉雞喙、切斷豬尾巴，而產業界最新的倡議是，乾脆以遺傳工程移除豬和雞的「壓力基因」。這些聽起來都非常像監禁虐待中最恐怖的噩夢，那的確是，但在痛苦基因找出來之前，很不幸在殘酷鐵皮屋頂下出生的數十億隻豬和雞便真的過著這樣的生活，以「生產單位」的身分度過短暫而悲慘的一生。

②譯注 換羽原是鳥類自然的生物現象，以保持羽毛良好狀態。但在養雞場中，業者會以停止餵食等人為方式為母雞強制換羽，待重新餵食後，家禽的激素週期會發生改變，從而提高產卵的數量和品質。

四、動物的幸福

對於這種邪惡事物，素食主義似乎是合理的回應。誰願意助紂為虐去吃下這些悲慘的動物？你可能會想拿東西砸這些煉獄雞棚的牆壁，那或許是呼籲我們要以慈悲心對待牲畜的《聖經》，或許是一部新憲法，或者你可能想帶一隊動物保護人士打扮成雞，衝入雞舍解放雞隻。在這些飼育場的陰影下，柯慈所說的「驚人犯罪」，似乎一點都不離譜。

然而這世上還是有完全不同於那些噩夢農場的地方。我想到波里菲斯農場，那裡的雞過著完全不同的生活。在一個六月清晨，我看到母雞充分發揮自然天性，拍著翅膀穿過牛的牧場，在牛糞和草地中啄食。或是某個三月我在牛棚見到的快樂豬隻，牠們有著粉紅色的四肢和捲曲的尾巴，還把鼻子插入堆肥中找尋發酵的玉米粒。在現代畜牧業中，這樣的農場當然是鳳毛麟角，不過這種農場的存在及其所展現的可能性，給了動物權保護的爭議一個不同的論點。

對許多動物保護人士而言，即使是波里菲斯農場也無異於「死亡集中營」，那些命運早已注定的動物在這裡等著上死刑台。不過看著生活在那裡的動物，就知道以大屠殺來比擬真是太過濫情的空想。正如我們看著動物，就能看出牠遭受的痛苦，動物的快樂也是一眼即知，而我在波里菲斯農場的那一週，就看到許多快樂。

對任何動物而言，所謂幸福，就是有機會展現自己的動物天性：豬過得像豬、狼過得像狼、雞過得像雞。亞里斯多德曾說，每種生物都有「自己獨特的生活方式」，而至少對牲畜而言，一旦離開了人類，離開了農場，不再成為人類的肉食，那麼，所謂的「美好的生活」，基本上便無法存在，也無法達成（野生動物則是另一回事）。我覺得，這點洩漏了動物權保護者對大自然運行的無知，他們認為畜牧是一種奴役甚至剝削，由此誤解了這之中的整體關係：他們將人類的權力概念投射到這個例子上，而這個例子事實上是物種間的合作共生關係。

畜牧是演化出來的，而不是政治的進展，當然也不是人類在一萬多年前對動物的強制統御。當一些特別投機的物種在達爾文式的演化過程中，經由失敗學習到比起單打獨鬥，和人類結盟還更容易生存繁衍，畜牧就誕生了。人類提供食物與保護，以交換動物提供的乳汁、蛋，以及，是的，自己的血肉。這種新關係改變了兩者。動物越來越溫馴，失去在野外餵飽自己的能力（天擇傾向摒棄沒有需要的特徵）；而人類則放棄狩獵與採集，定居下來過著農業生活。（人類的身體也發生變化，演化出成年後依然能消化乳糖的新能力。）

就動物的觀點來看，和人類的這筆交易至今仍非常成功。牛、豬、狗、貓和雞都大量繁衍，而牠們的野生祖先卻已凋零（北美洲有五千萬隻狗，卻只有一萬頭狼）。失去自主對這些動物而言似乎也不成問題。動物權保護人士說，把動物當成工具而不是為了餵養而餵養是錯的，但是像狗這樣的役用動物，生活目的就是滿足人類的需求，獲得解放並不會讓牠們感到快樂。（許多動物保護人士都輕視馴養的物種，原因或許就在此。）說薩拉丁所養的雞中，有一隻「比較喜歡自由生活」，就洩漏了對雞的喜好有多無知。雞活在薩拉丁的土地上，至少腦袋就不會被黃鼠狼咬掉。

不過，雞的喜好並不包括終其一生都和五、六隻雞擠在通電的室內籠子裡，這樣說可能比較沒有爭議。好農場和集中型動物飼育場有根本上的道德差異：集中型飼育場有系統地剝奪了動物的「獨特生存方式」。

不過，薩拉丁的雞是不是才出狼口又入虎口，掠食者只是從黃鼠狼換成了人類？沒錯，但是對雞而言，這或許也不是糟糕的交易。這正是雞在一開始和人類締結關係的演化緣由。在農場中，動物的預期壽命雖不長，但住在草原圍欄外或是雞籠外卻只會更短命（豬可能例外，牠們往往能在野外生存）。外面的世界非常殘酷，熊可能會吃一頭哺乳中的母羊，而且就從乳頭吃起。野外的法則是，動物不會在愛的陪伴中善終。

這讓我們想起動物在野外的情況。自然界少不了弱肉強食，這讓動物權利宣言在起草時大為苦惱。辛格寫道：「我們必須承認，在解放動物的倫理性中，肉食動物的存在確實是一大問題，而這一點會讓我們不知道是否應該介入。」（談談是否需要維和部隊吧）有些動物保護人士把自己的貓犬訓練成素食動物（注意：這樣的貓需要營養補充劑才能活下去）。史考利在《統治權》（*Dominion*）這本基督教的動物權保守論述中，把掠食稱為「大自然所設計的邪惡本性……最難理解的事物之一。」是嗎？他在書中指出有些掠食者（例如貓）會毫無理由地殘害獵物，並譴責說：「這些動物有辦法做出道德淪喪的事。」道德淪喪？

這股清教徒主義暗流已經流入動物哲學家的文章中。他們不僅對人類的動物性感到不安，對動物的動物性也是如此。他們最樂意做的事，就是把人類從「邪惡本性」中昇華出來，接著還要感化其他動物。你開始懷疑他們所反對的，是否就是大自然本身。

不過，不論我們這些已遠離自然生活的人類是如何看待掠食，掠食都不是道德問題，也不是政治問題，而是共生問題。對個別的鹿而言，狼是殘酷的，但是鹿群的安定卻要靠狼來達成。如果沒有狼在鹿群中進行汰弱，鹿的數量會多過棲地所能維持，最後所有鹿都會餓死，連帶受害的還有鹿吃的植物以及依靠這些植物維生的其他動物。由此角度而言，鹿的「好日子」甚至還有鹿的天性都是掠食者以嚴苛考驗打造出來的，而這一切都有賴狼的存在。同樣的，雞的安定也有賴牠們的人類掠食者。不是個別的雞，而是雞這個物種。要讓雞這個物種滅絕，最妥當的方法就是讓雞擁有生活權。

早在人類從掠食者轉變成定居者（也連帶馴養了一批挑中的動物）之前，這類馴化行為就已經發生在另一批野外物種身上。事實上，就棲地中的許多動物而言，人類只是自然的一部分。在牠們眼中，人類就是狼。鹿在狼的獵食下演化出一些特徵，奔跑快速、感官敏銳、保護色等，同樣地，人類的獵食也改變了美洲野牛。美洲野牛的化石紀錄顯示，在印第安人抵達美洲之後，美洲野牛的生理與行為都出現變化。在此之前，野牛並不成群活動，角也比較大而且更朝外伸展。這些野牛生活在西部大平原這樣的開放環境，面對拿著矛的老練獵人，聚成一大群是最好的防禦，因為這樣就有許多眼睛一起警戒。不過，在彼此靠這麼近的生活中，朝外伸展的大角會有問題。就是人類的狩獵行為，篩選出群體生活的牛以及朝上伸展的角，而以化石紀錄來推斷，這種角在人類狩獵者抵達後不久就出現了。提姆．弗蘭諾瑞（Tim Flannery）在北美洲生態史著作《永恆的開拓者》（*The Eternal Frontier*）中寫道：「野牛雖然是『西部荒野』的象徵，但卻是由印第安人所捏塑的人工製品。」

在來福槍以及全球對野牛皮革、野牛角和野牛舌的需求出現之前，印第安獵人和野牛一直處於共生關係。野牛為獵人供應食物與衣物，而獵人則汰除野牛群中的老弱，並且經常驅逐牛群移動，這有助於維持草地生機。掠食行為與自然有緊密的關係，一旦掠食行為結束，或是人類開始想要「改變掠食行為」，這種緊密關係便會迅速崩潰。對個別遭受獵食的動物而言，掠食當然非常恐怖，但若從群體（以及基因庫）的角度來看，掠食是不可或缺的。所以我們應該站在哪個角度？一頭野牛還是野牛這個物種？一頭豬還是豬這個物種？這主要取決於你想如何回答這個問題。

古代人類面對動物的態度不像動物哲學家，而比較像現代的生態學家，也就是把動物視為一個物種，而不是許多個體的集合。伯格在〈注視動物〉中寫道：「動物不免一死，但也是不朽的。動物的血液如人類血液般流動，但此一物種不會滅亡，每一頭獅子都代表獅子這個物種；每一頭牛都代表牛這個物種。」當你這樣想的時候，或許自然界的其他物種也是這樣看待彼此。

到目前為止，動物權保護人士都只關切動物個體，《動物權探究》（*The Case for Animal Rights*）的作者雷根直言道，因為「物種並非個體……以權利的觀點出發，並不意味著承認物種擁有所有的道德權利，包括生存權。」辛格也有相同見解，並且堅持有知覺能力的個體才能擁有權利。但是一個物種就像一個國家、社群或公司，當然有其權利，包括生存與健康的棲地。動物權的主張是根基於個人自由主義的文化，因此只關心個體的權利，想想這也是理所當然，但是大自然是這樣運作的嗎？當我們在挽救瀕危物種或重建一塊棲地時，將道德考量集中在個別的動物身上是適當的嗎？

在我寫這本書的時候，國家公園管理處與自然保育協會所僱用的一群神槍手，正在加州南岸廿八公里外的聖克魯茲島上獵殺數千頭野豬。此獵殺行動隸屬於一項雄心勃勃的計畫：重建該島的棲地，並拯救島上瀕臨滅絕的島嶼灰狐。這種動物只棲息在加州南岸附近的一些島嶼上，為了拯救牠們，國家公園管理處與自然保育協會必須解開一百多年前人類造成的一連串複雜生態改變。

最初是牧場將豬引入聖克魯茲島，到了一九八〇年代，島上的養豬農場結束了，從那時起就有許多豬逃了出去，並在野外大量繁洐，嚴重破壞島上的生態系統。豬會刨根找食物，破壞了土壤，創造有利於外來物種的環境，包括在島上大肆蔓延的茴香。這些豬也會吃掉許多橡實，讓島上原生的橡樹難以繁衍。不過最糟糕的災害是金鷹因為有小豬可吃而數量大增，島嶼灰狐的災難就是從這裡開始的。

金鷹並非島上的原生動物，只是接收了禿鷹原本的生態區位。一九五〇至六〇年代，島上一家化學製造廠在附近水域傾倒大量DDT（該工廠的賠償金就用來支付這個棲地復原計畫），侵害了禿鷹的生存環境。DDT讓禿鷹的蛋殼變得脆弱，禿鷹的數量從此大減，而讓更凶猛的外來金鷹有機可乘。禿鷹主要的食物是海洋生物，而金鷹則以小型陸生哺乳動物為主食。金鷹也吃豬，不過小豬比小島嶼灰狐難抓，因此島嶼灰狐被逼得瀕臨絕種。為了拯救灰狐，這個計畫將會殺盡島上所有的豬，捕捉金鷹，將之移到別處，然後重新引入禿鷹。基本上，就是重建島上的食物鏈。

宰殺數千頭豬，想當然耳會引起動物福利與權利保護團體群起抗議。海峽群島動物保護協會在小飛機後面掛上布條，呼籲民眾「保護豬隻」，動物之友也提告要阻止獵殺行動，美國人道協會的發言人在一篇反對的文章中宣稱：「受傷的豬隻和失去雙親的小豬將受獵犬追趕，死於利刃與亂棒之下。」請注意其中的修辭已將焦點轉移到個別的豬隻身上（而公園管理處生態學家則希望我們關注豬這個物種），讓大眾想像個別受傷或無依的小豬受到獵犬與揮舞棍棒的人類獵殺。同一件事，但是可以由兩種完全不同的角度來看待。

為聖克魯茲島上豬隻挺身而出，此一行為至少終究指出了，以個體權利為基礎的人類道德，應用到自然界中是非常彆扭的。這當然不意外，因為道德是人類文化的產物，設計目的是幫助人類處理社會關係。以此點而言，道德的確表現出色，但是我們也都知道，大自然並未提供非常有效的指引供人類社會遵循。自認為人類的道德系統足以指引自然界的發展，是不是一種人類本位主義？在人類社會中，我們決定了個人應該是最重要的道德實體，但在自然界也應如此嗎？在處理自然界的事物時，我們或許得有另一組倫理來作為基準。這一組倫理應該能夠符合植物、動物與棲地（一個幾乎沒有知覺的地方）的特殊需求，一如人類的權利似乎能夠符合人類與人類今日的需求。

五、純素食主義烏托邦

若我們從農場或菜園的角度來思考這個問題，就會了解動物權是非常狹隘與都市觀點的意識型態，只能盛行於人類與自然界失去連繫的地方。在這些地方，動物不再對人類造成危害（這是近代的發展），人類對於自然的主宰也未遭受挑戰。辛格寫道：「在我們的日常生活中，人類與非人類動物之間的利益並無重大衝突。」這種說法就假定了一種全然都市化的「日常生活」版本，而農夫與園藝人士當然不會認同。

農夫會對素食主義者指出，素食主義者和其他動物之間也有「重大利益衝突」。素食者食用的穀物由收割機收割，收割時也會切碎田鼠；曳引機的巨輪會壓扁地穴中的土撥鼠；農藥會讓百靈鳥從空中跌落；收成之後，所有以作物為食的動物也等於被我們屠滅了。不論我們選擇要吃什麼食物，可能都免不了殺死動物。如果所有人突然都變成了嚴格的素食者，每年被殺的動物是否一定會減少？這也還難以論斷，因為若要餵飽每個人，就得把放牧的草原和牧場變成密集耕種的田地。如果我們的目的是盡可能少殺些動物，那麼就應該去食用能以最小耕地養活的最大動物。如此一來，每個人吃的肉，都是青草餵養出來的。

純素食主義烏托邦也譴責許多從遠方輸入所有食物的人。例如在新英格蘭地區，丘陵起伏、土壤中多碎石，因此從清教徒時代起，當地便以草地與動物為基礎建立農業。事實上，新英格蘭地區這種連綿起伏的破碎森林與石籬圍出的牧地，就某些方面來看，是由當地所馴養的動物（與吃這些動物的人）所一手創造的。對這世上的無數地方而言，從土地上取得食物的最佳方式，雖然可能不是唯一方式，就是在土地上放牧及狩獵動物，特別是可以把草轉換成蛋白質的反芻動物。

如果不吃肉，人類就得放棄在這些地方定居，除非我們願意完全依賴高度工業化的全國性食物鏈。而這樣的食物鏈其實會比現在更依賴石化燃料和化學肥料，因為食物必須運得更遠，而糞肥將會短缺。事實上，如果沒有動物來循環利用營養物質，並支持當地的食物生產，那麼，真正的永續農業是否能夠建立，也令人存疑。如果我們關切的是大自然的健康，而不是人類道德準則本質上的一致性，或人類靈魂的狀況這一類的事，那麼吃動物有時還可能最合乎道德。

這些理由是否好到足以讓我放棄素食主義？我能毫無愧疚吃下在永續環境中快樂生長的雞嗎？我將富蘭克林對理性動物所下的定義牢記在心：能為自己想做任何事找到理由。所以我決定要找到辛格，並問問他的想法。我的計畫是載著他去看看薩拉丁和他的動物，但是辛格不在美國，我只能以電子郵件和他交換意見。我問他，一座讓動物依照天性過活且不受任何痛苦的「好農場」，以他的立場而言有什麼意涵。

辛格回信寫道：「我同意你的看法。這些動物來這世上一遭，總比從來沒有活過好。」因為效益主義者只關心快樂與痛苦的總和，屠宰無法領會死亡的動物，對牠們而言並不算是受苦。只要能夠用新的動物取代被屠宰的動物，「好農場」會讓動物快樂的總和增加。但是這樣的思考邏輯中，「在時光流逝中知道自己的存在，並對未來有所期待」的動物也會被殺，這樣的錯誤是無法排除的。換句話說，吃雞或牛沒問題，但是吃比較聰明的豬就不行了。他繼續說：「我對自己的主張很有信心，但這信心還不足以讓我去譴責那些買這一類農場肉的人。」

接下來，辛格懷疑這些農場是否大規模運作，因為市場壓力會迫使這些農場的主人削減成本、壟斷交易，終究還是會犧牲動物。另外，以人道方式飼養的肉品比較貴，只有富人負擔得起這種堅守道德立場的動物蛋白質。這些都是重要的思考，但是這些都無法改變我認為最基本的概念：食肉一事，錯在作法，而非原則。

這樣的概念讓我認為，關心動物的人，該做的事情是確保自己吃下的動物並未受苦，且能快速而無痛地死去，也就是說，要保障動物的福利而非權利。事實上，邊沁對自己吃肉的辯解就是這些動物能「快樂地生活，人道地死去」。沒錯，這位動物權之父也是肉食者，而他為肉食提出的辯護是：「肉食對人類較好，而動物也不會過得更糟。而且比起自然界的弱肉強食，在人類手中死亡的動物，通常且可能一直都死得更快，也就是比較不痛苦。」不過，動物權利哲學家很少引用這些話。

我猜想，邊沁可能從未就近觀察屠宰場中的實際情況，但是他的論點指出，效益主義者至少可以在理論上主張人道養育宰殺動物來吃是合理的，食用一槍斃命的野生動物也因此享有相同豁免。辛格自己在《動物解放》中也認為：「為什麼為了鹿肉而殺鹿的獵人，要比在超級市場中買火腿的人受到更多批評？那隻以密集方式飼養的豬，所受的苦可能還更多。」

這些論點都讓我對吃肉和打獵感到相當安心，直到我想起這樣的效益主義論點也能合理化屠殺弱智孤兒。屠殺對我和其他人而言都很嚴重，但是對於會做這種事情的人，一點都不構成問題。

六、一刀斃命

我在棕櫚市用過牛排「搭配」辛格的晚餐後，隔天就從亞特蘭大飛往丹佛市。飛行了數小時後，一路上都不出聲的機長突然在廣播中宣布我們正飛過堪薩斯州自由市上空。在這條航線上，這是機長第一個、最後一個也是唯一一個願意開啟尊口介紹的地標。這顯得很突兀，因為根本沒人用心聽這段廣播，除了我以外——我的小牛碰巧就是在自由市宰殺（極有可能就是在同一天）。我並不迷信，但是這種最詭異的巧合還是嚇到了我。我只能想像在十公里下方所發生的事：在國家牛肉工廠的屠宰場中，五三四號小牛在被擊昏後喪命。

這只是我的想像，因為這家公司拒絕讓我入內觀看。今年春天，我參觀了這家工廠的一切，除了屠宰場。我看到牛從卡車上卸下來，進入圍欄，然後被引導經由斜坡走入藍色的門中。而在藍門後方所發生的事情，我只能向曾獲允許入內的人打聽，然後重建整個場景。我的運氣很好，找到了天普．葛蘭丁這位動物處理專家，她曾為國家牛肉工廠設計斜坡道和屠宰機，而現在則為麥當勞稽查屠宰過程。動物權保護團體曾經記錄到，牛在遭受電擊後又被「喚醒」，只為了生剝牛皮。這樣的報導迫使麥當勞僱用葛蘭丁來稽查肉品供應商。葛蘭丁告訴我：「前麥當勞時期與後麥當勞時期差別之大，就如黑夜與白天。」而黑夜景況如何，我們也只能憑想像了。

下面就是葛蘭丁所敘述五四三號小牛通過藍色之門後所發生的事情。

牛排成一行，走上斜坡道。左右兩邊很高，牛只能看到前一頭的臀部。在通過斜坡道時，牛會走過一根金屬棒，腳就此左右分開，此時斜坡開始轉為往下傾斜二十度，牛在未察覺的情況下四肢離地，整隻掛在輸送帶上。我們會放一塊假地板，讓牠看不到下方，不知道自己已經凌空，否則牠會很驚慌。

我一直都很想知道五三四號小牛在臨死時的感覺。牠會留意到任何跡象嗎？例如血腥味、前方傳來恐怖的聲音等，讓牠注意到今天很不尋常，會嗎？換句話說，牠會感到痛苦嗎？葛蘭丁早就預料到我的疑問。

牛知道自己要被宰殺了嗎？我以前也想過這個問題。所以我觀察牠們，看牠們在飼育場擠入輸送道，遭受敲擊，然後進入屠宰場的通道。整個過程都沒有異狀。如果牛隻知道自己要死了，你會看到更激烈的行為。

好了，輸送帶以電扶梯的速度前進。在狹窄的通道上方有個敲擊器。敲擊器是一具氣壓式的「槍」，會發射出一根約二十公分長、蠟筆粗的金屬棒。當牛靠近時，金屬棒會直擊牠的額頭正中央。如果沒有出錯，那麼第一擊就能殺死動物。

動物受到敲擊後，工人會綁起牠的一隻腿，倒吊在高架台車上，送往放血區，放血的工作人員會在牠的喉嚨割一刀。動物權保護人士會說這是在活切，但那是出於反射性的踢腿。我注意的是牠的腦死了嗎？如果已經腦死，牠應該會像地毯般鬆軟，並伸出舌頭。牛最好是沒有想要收起舌頭，否則我們在軌道上就有一頭活生生的動物了。屠宰場在放血區也有一個敲擊器，以備不時之需。

葛蘭丁的說詞讓我既安心又焦慮。安心的是這套系統聽起來合乎人道，我當然也了解這只是設計者的說法而已。焦慮的是，我一直會想到「你在軌道上就有一頭活生生的動物了」。這條屠宰線每小時可以處理四百頭牛，錯誤在所難免（麥當勞允許的「錯誤率」為五％）。以工業規模屠宰動物，怎麼可能不讓任何動物受苦？因此，我們每個人終究都得自己決定，吃下以這種方式死去的動物，究竟有沒有問題。我自己無法確定，因為我沒能親眼目睹過程。也因為如此，我了解薩拉丁的露天屠宰場為何會是種充滿道德力量的主張。任何消費者只要想看到自己購買的雞是如何死亡，都可以看過以後再下決定。很少有人會接受這樣的機會，大部分的人都寧可讓政府官僚或記者來執行這個觀看的工作。但是觀看的選擇權（透明度），可能是確保動物以我們能夠容忍的方式來屠宰的最佳方法。毫無疑問，有些人會決定我們不能同意任何屠殺，那麼，他們可能就不該吃肉了。

我在農場的時候，曾經問薩拉丁為什麼有辦法自己動手殺雞，他說：「很簡單。人類有靈魂，而雞沒有，這是我的信仰基礎。動物不是以上帝的形象創造出來的，所以動物的死亡就只是死亡。」

若有人認為人們是到了當代才開始漸漸對宰殺動物感到不安，那當然是一廂情願的迷思。奪取生命是極其嚴重之事，數千年來，人們就不斷努力想合理化屠宰一事。即使宰殺動物是為了生存所需，人類依然盡力想和愧疚感和解。在這個過程中，宗教與儀式扮演重要角色。美國原住民和其他以採集狩獵維生的族群，都會感謝動物犧牲生命讓他們存活下來。這個行為聽起來有點像餐前禱告這道現代人已經不太進行的儀式。《聖經》記載的時代有項規定：大家必須輪流負責屠宰儀式，如此一來，就不會有人天天宰殺動物，也才不會對屠宰感到麻木。許多文化會向神祇獻上牲禮，可能是為了要說服自己，屠宰是為了滿足神祇的食欲，而非為了自己。在古希臘，屠宰是祭司的責任（祭司！現在我們找的卻是領最低薪資的外勞）。祭司會把聖水灑到獻祭動物的頭上，這時動物會甩甩頭，這被視為神接受獻祭的必要徵兆。

對所有人而言，是屠宰的儀式，即文化規則與規範，讓人們能夠目睹動物被殺，然後吃下被殺的動物。而宰殺與肉食在今日都已經沒有任何儀式來規範了，這或許可以用來解釋我們為何會身陷兩難，在這個兩難中，我們覺得只能選擇轉頭不看，或放棄吃肉。國家牛肉公司會很高興為第一種消費者服務，而辛格則屬於第二種。

我自己賭的是或許還有其他選擇，在這個選擇中，我們要再次注視，注視著我們所吃的動物，以及牠們的死亡。當人們看著一頭豬、一隻雞或一頭牛的眼睛時，看到的會是非常不同的東西，有人看到沒有靈魂的生物，有人看到應當擁有權利的生命體，有人看到快樂與痛苦的容器，有人則看到一頓顯然非常美味的午餐。

我們當然不會用哲學的方式來得到單一答案。我記得薩拉丁對我說過，有個人在某個週六早上來到農場參觀，薩拉丁注意到那人的車子保險桿上貼了張「善待動物組織」的標籤，覺得來者不善。但是那個人卻另有所想。他解釋道，自己吃素已有十六年，而他覺得唯一能讓自己重拾肉食的方式，就是看看自己能否親手屠宰。所以薩拉丁抓了一隻雞，把他帶到屠宰棚下。

薩拉丁回憶說：「他切開雞脖子，看著雞死去。他看到雞並未以目光譴責他，也不像迪士尼卡通那樣對自己的命運恍然大悟。他看到這隻雞在活的時候受到尊重，在死亡時也受到尊重，而不是被當成一團肉。」我明白自己也見過這個過程，可能就是因為如此，我現在已能宰殺一隻雞，然後在隔天吃掉。然而，這個故事確實讓我希望自己當時能和那個人一樣，在宰殺與吃下動物時都是如此自覺與專注。或許打獵能給我第二次機會。

我有時會想，只要通過法律，強迫集中型動物飼育場的鋼板及屠宰場的水泥壁都改成透明玻璃，我們就能釐清自己對吃肉的感受，並開始彌補畜牧業之罪。如果我們真的需要建立什麼新權利，我想應該是看的權利。毫無疑問，許多人看了這些地方一眼，就會成為素食者，有些人則會轉而光顧那些願意公開飼育與屠宰過程的農場。有些小型屠宰場就願意開放顧客參觀，例如明尼蘇達州卡農瀑布鎮的勞倫茲肉品。該公司對自己對待動物的方式很有信心，因此屠宰區的牆壁是以玻璃製成。

以工業化及殘酷手段對待動物是近年來的產物，非常美國化，而且是可以避免的。其他國家都不會如此殘酷且密集地飼養與宰殺牲畜。在歷史上，也沒有誰的日常生活會離牲畜那麼遠。如果肉品工業的高牆能變得透明（不論是實際上或象徵上），我們就不會再以這樣的方式來飼育、宰殺與食用動物，切尾巴、關豬籠、剪雞喙等事情，都會在一夜之間消失，一小時內宰殺四百頭牛的日子也會很快終結，因為誰能夠忍受這些事情？我們可能會少吃很多肉，但是當我們吃肉的時候，卻能以清楚的覺知，給這些動物牠們應得的莊嚴與敬意。

Chapter 18
HUNTING：The Meat

第十八章
狩獵　肉類

一、走在林間

拿著上膛的來福槍，在充滿獵物蹤跡的陌生森林中走著，真是非常刺激。要寫下這些有點尷尬，但實情就是如此。我天生就注意力散漫，但此時此地，我卻全神貫注在周遭的事物上，對其他事情完全充耳不聞。我的注意力從不曾如此集中，小酌之後可能除外。我注意到今天第一陣微風拂過松樹的針葉，發出微微低語，樹幹與地面上的斑斑光影也隨之搖曳。我也注意到空氣的密度。不過這種注意力並非被動產生或來自美學，而是出自飢餓，希望能如同手指和神經般攫取周遭一切。我的雙眼看著身體絕不可能穿過的密林，視線在糾結的樹枝間探路，在石頭和樹樁上掃過，搜索所有細微動作。太陰暗的地方，眼睛發揮不了作用，我就豎起耳朵，傾聽溪谷中樹枝斷裂的聲音，或是呼吸的氣息……等一下，那是什麼？原來只是一隻鳥。所有感覺都被放大，甚至皮膚都警覺了起來，所以當一隻紅頭美洲鷲突然從我頭上飛過，投下一道影子時，我敢說一時間我真的感覺到溫度瞬間下降。我已經渾身警戒了起來。

狩獵會強烈改變一個地方，讓平凡樸實的大地散文變成靈動而層次分明的詩篇。加羅是我在這個世界的維吉爾，他曾教我如何辨識地上的野豬蹤跡：注意到那棵橡樹下剛翻過的泥土嗎？在中午陽光的照射下，這些土壤為何未乾透？這意味著昨天下午之後，野豬曾在這裡挖土，可能是昨晚，也可能是今晨。看到那片平靜的水窪了嗎？那其實是泥坑，但要注意的是水非常澄淨，這意味著豬今天還沒在那裡打過滾，我們可以在這裡等豬過來。加羅說，野豬通常都是好幾頭成群活動，每天的移動、吃、睡和消暑，多少都依照固定的行程與時間。這一小片橡樹林是牠們挖掘橡實、塊莖和昆蟲幼蟲的地方。午後炎熱時刻，牠們會在石南叢下的泥地上挖出橢圓形的窩，小睡片刻。牠們會在泥坑打滾，涼快一下，因此泥坑邊會留下精巧如雕版的蹄印。牠們會靠在松樹幹上，磨去背上的泥，所以這些樹幹下方的樹皮都已被磨得光滑，變成了棕色。牠們會經由窄窄的小徑往來這些地方，這些路只會暫時劃開覆滿山丘的濃密響尾蛇草，在陽光的照耀下，這些草只要幾個小時就會回復原狀，湮沒獸徑，所以你可以清楚知道豬在多久之前經過這裡。在每天的例行巡迴中，牠們踏過的範圍廣達一百平方公里。

加羅在這裡打獵多年，得到的結論是：這裡有三群野豬共享這片橡樹林和長滿綠草的山脊，就像三個國土交疊的國家，各國的最佳地點稍有不同。狩獵者也在心中畫出此區的地圖，標明了有利地點、之前曾經遇到豬的地點，以及自己的巡邏路徑，當然這些地方遠比豬的活動地點還少。獵人不同於豬，地圖中還包括地產界線和路權等法律標記。

狩獵者的目的，是要讓自己的地圖與豬的活動地圖重合，不過就算重合了，也總是出現在出乎意料的時刻。因此雖然狩獵者很能掌握豬與豬的地盤，終究無法得知當天在這裡會發生什麼。期待已久的恐怖相遇最後真會出現嗎？如果出現了，又會如何收場？

狩獵者對於遇上野豬這件事情無力可施，因此把全副精力用在做好準備上，並以無比的專注力，將獵物召喚到眼前。狩獵者和獵物這兩方演員早在相遇之前就已藉由狩獵這齣戲聯繫起來。獵人為了接近獵物，在本能上變得越來越像動物，會盡力隱蔽身軀、輕手輕腳，並提高警覺。在同一塊土地上，狩獵者和獵物的移動，所遵循的都是自己的地圖、自己的警覺狀態，以及自己的本能系統，而這種本能系統很明顯是為了加速（與避開）這種相遇而演化出來的。

等等，上面那一段真是我寫的嗎？沒帶半點嘲諷？這真是不好意思！實際上，我寫的是狩獵者的「本能」，並指出狩獵代表了兩種動物之間某些原始連結，而我是哪一方？這似乎太過火了。我知道這種文體：狩獵煽情文，我以前讀過這類文章，作者是加塞特（Ortega y Gasset）、海明威等美國荒野作家，這些大鬍子硬漢依然渴望著更新世時代的生活方式。每次讀到這些文章，我都免不了翻白眼。我從來都沒能讀下這種一本正經的原始主義狂歡，這種赤裸裸的殺戮，這種虛榮的男子氣概，認為與大自然最真實的接觸，就是透過獵槍看著大型哺乳動物，然後開槍放倒牠。我們被灌輸了這樣的殺戮是在舉手致敬。西班牙哲學家加塞特在《狩獵沉思錄》（*Meditations on Hunting*）中寫道：「在某些情況下，我們對某些動物所能奉上最高最虔誠的敬意，就是殺了牠們。」拜託！

不過此時我發現，自己正慢慢進入加塞特所描述的狂喜境界。可能是我們沒有更好的語言來描述狩獵經驗，因此我們遲早都會淪陷，落入這種熱血澎湃的意境，而忽略了這有多諷刺。另一種可能是狩獵是種特殊經驗，置身事外和參與其中的人，感受有天壤之別。我跟著加羅第二次去狩獵時，這種感受更是分外深刻。當時我們在森林中度過漫長的一天，心滿意足地在便利商店中停下來買瓶水喝。兩人筋疲力盡、渾身髒污，褲子前方還有烏黑的血漬。我們都聞不出自己身上的恐怖氣味。在便利商店的明亮燈光下，我從櫃檯後方香菸架上的鏡子中瞥見兩個蓬頭垢面、洋洋自得的動物殺手，也注意到排在後面的顧客巴不得讓出最大的空間給我們。店員沒有舉手投降，然後把收銀機中的東西全掏給我們，還真是奇蹟。

從旁觀的角度看，這的確很諷刺，而且輕易就把狩獵的一切降格成男孩遊戲或重返原始。不過同時我也發現狩獵的部分經驗的確可以擊退諷刺。一般而言，能夠消除諷刺的經驗比較適合真實生活，而非寫作。但事實上，我比之前所想的更能享受射殺野豬的樂趣。

二、大麻時刻

其實有一部分的我並不想去。前一夜我做了一些令人焦躁的夢，和打獵有關。夢中我坐在搖晃的小船上，用來福槍瞄準一艘朝我發炮的驅逐艦。在另一個夢中，我在森林中和加羅的西西里島親戚一起匍匐，而我無法保護自己，我不記得怎麼用槍，不知道扳機左邊或右邊的小小按鈕彈起時，保險是開著還是關著。

在我帶著來福槍進入森林之前，我只在奧克蘭山的靶場上試射過一次，一個早上下來，靶紙的損傷還不如我那痛了一星期的左肩。我還沒準備好買一把槍，所以加羅借給我一把相當基本的壓動式來福槍，溫徹斯特點二七〇口徑，舊式瞄準器，相當難用。我本來最擔心的是，無論如何我都無法對著動物開槍，在靶場練習之後，第二擔心的事情取而代之：即使我能扣下扳機，面前的動物依然毫髮無傷。

我們打算去索諾馬郡北方有野豬零星散布的地區打獵，加羅的朋友理察在那邊有一塊千畝大的土地。加羅也獵鹿、火雞和野鴨，不過有幾個理由讓我覺得獵野豬比較自在。首先，野豬在加州許多地區都被視為有害動物，對我而言，獵殺有害動物比獵殺野生的原生物種正當多了，因為目前有許多原生物種都飽受棲息地消失或濫殺之害，包括許多水鳥。野豬住在加州很久了，但卻不是原生物種，甚至算不上野生動物，以野蠻動物來形容還比較恰當。野豬也以凶殘聞名，加州野豬因此有個綽號：「獵犬殺手」。

一四九三年，哥倫布第二次造訪美洲時帶來了豬。十六世紀末，西班牙人將家豬帶到美國南方與加州。他們把豬放入森林中，讓豬吃橡實和青草，等豬變得肥美了，要吃時再獵殺。一八四〇年代，俄羅斯移民把家豬一起帶到加州北部，幾年後，地主引進數量不明的歐亞種野豬，可能是拿來當狩獵對象。這些野豬與野放的豬在加州經過長期混血，產下強悍又聰明的後代，在加州的橡樹林和叢林中大量繁衍。（雖然人們常把這些動物當成野豬，不過以外表而論，牠們的基因主要來自家豬。也就是說，這些野豬和牠們馴化的祖先相比，吻部較長、尾巴較直，毛也比較粗。）由於缺乏真正掠食者，這些野豬的數量在許多地方都暴增，侵害了農地、葡萄園和森林。牠們挖掘食物時會翻動大片土地，土壤因此飽受流失與雜草入侵之害。

因此，我可以說服自己，在加州獵野豬是對環境有利的，同時我對野豬的口腹之欲也勝過加羅也想獵的鹿、鴨和其他小型鳥類。我喜歡豬肉，而且到了加州後，我便耳聞這裡的野豬遠比家豬甚至南方的純種野豬還美味。（我嘗過燉野豬，但是覺得麝香味重了些。）當我問加羅為何要獵野豬時，他毫不猶豫（也絕口不提環境）地吻了一下指尖，說：「因為那是最美味的肉，用野豬肉做成的義大利煙燻火腿是人間第一美味，吃了就知道。你來射頭大野豬，我們來做一些。」

在某一層面上，加羅真正要獵到手的，不是野豬，而是義大利煙燻火腿。在一次開車前往索諾馬郡的路上，他談到一些打獵釣魚的哲學。「對我來說，這一切都是為了吃，而不是『運動』。我不是你口中那種追求戰利品的獵人。我只拿我需要的，能做一些義式香腸和一條義大利煙燻火腿，讓我和朋友有一頓美味的晚餐就可以了。我和朋友塞維爾每次去打獵或釣魚都會爭論這一點，我覺得夠了，回家吧。但他會不斷捕下去，即使數量已經超過限額，他還是會把魚放回水中，繼續捕。你知道，就這樣『捉了又放』。我跟他說，他只是重複捕捉相同的魚，這是在玩弄食物，人們不該玩弄食物。」

這趟初次狩獵之行，同伴還包括地主理察（他的獵豬也是由加羅帶領入門），以及加羅的朋友尚皮耶，他是柏克萊法國餐廳「潘尼塞」的主廚。尚皮耶在不列塔尼長大，從小就跟著親人獵野豬，不過那已經是多年前的事了。他帶著一頂阿爾卑斯風格的軟呢帽，上面還插了一根羽毛（他這樣戴，是希望自己看起來不那麼可笑），穿著一雙高筒黑馬靴。加羅穿著歐風黑色闊管長褲。一行人怎麼看都不太像美國的打獵團體，雖然理察穿著一整套國際橘色獵裝，我也穿上最亮的橘色毛衣。我們分成兩組，走不同路線，然後約定中午時回到停車處吃午餐。我和加羅一組，尚皮耶和理察沿著伐木路往地勢較低的森林走去，而我和加羅則計畫開著四輪驅動的全地形車（ＡＴＶ）前往長滿野草的山脊勘查。加羅稱這輛車為「機車」，開動時當然會發出噪音，但是加羅宣稱這並不會驚擾野豬，而且和走路相比，搜尋的地區可以更廣大。所以我們把來福槍上膛，放在車蓋上，接著我費力地把屁股擠入駕駛座後方的窄小夾板座位上，然後在泥路上轟隆隆地顛簸前進，出發找野豬去。

加羅以蓋過引擎噪音的音量大吼：「你今天會獵到生平第一頭野豬。」打獵原本就靠運氣，更別提獵人還是我，因此我了解這句話並非預測，而是盼望。差不多每拐過一個彎，我們就會遇上一個「絕佳地點」或「頻繁出沒地點」，每個地點都有一個狩獵故事。事實上，這整個地區很快就變成一部壯烈史詩，四處都有豬隻陣亡與豬隻千鈞一髮逃出生天。其中有個故事是加羅發現一頭母豬，但因為後面跟著一群小豬，所以他下不了手。（「但是後來我知道會有其他豬收養這些小豬，既然如此，下一次……」）在另一個地點，他朝著一小群豬射擊，結果一顆子彈放倒兩頭豬。而在另一個地點，他從遠方開槍射擊一頭少說有近一百公斤的豬，但失手了。大野豬的故事非常重要，想想這也是理所當然，因為這使得獵場充滿神祕的可能性，那頭大野豬還在，就在某個地方！

一段時間後，我們停下「機車」，徒步前進。加羅跟我指出一條路徑與目的地：溪谷底開闊草地上的一處泥坑，然後要我找出一棵視野良好的樹木，在那裡守候，動也不動地等上二十分鐘，直到我聽到他的哨音。他則會從另一個方向前往同一個地點，希望能把一些野豬趕到我的視野中。

加羅的腳步聲消失之後，我的耳朵和眼睛開始啟動，搜索周遭一切。那就像是我動用了所有感官，或讓自己安靜下來，安靜到這個世界的聲音和影像都自行放大了。我很快就知道該如何過濾掉清晨不絕於耳的鳥鳴，專注聆聽特殊的聲音頻率：樹枝斷裂聲或動物呼吸聲。我發現我現在比以往更能看到森林深處，注意到視野中極遠處的最細微變化，只要這些變化包含了移動或黑影。我是近視眼，這種銳利的聚焦與遠距視野對我來說簡直是不可思議，就像是以全新驗光法戴上一副剛配好的眼鏡。後來我跟加羅說明這樣的經驗，他說那是「獵人之眼」，他再清楚也不過。

我發現一道黑影蜷伏在樹葉間，俯望著谷地。我靠緊樹幹，穩住身體，把槍橫放在大腿上，保持安靜。現在我鼻孔發出的嗖嗖聲突然大到可能會引發不測，所以我開始用嘴吸氣呼氣，以免發出呼吸聲。太多感官資訊湧入腦中，似乎把所有正常嗡嗡作響的思緒都擠了出去。這個狀態近似冥想，只是這種腦袋放空的狀態並不需要任何心智鍛鍊便可達到。只是單純地注視與聆聽，就能把我的感官調整到森林野豬的頻率上，全副心思被野豬占滿，釘在當下。我一定是失去了時間感，因為這二十分鐘倏忽即逝。平常我的身體如果縮這麼久，一定會感到不適，但是此時我並不覺得需要移動位置，甚至也無需調整重心。

我非常喜歡這種感覺，而後來我發現這在很多方面都很類似吸食大麻後的反應：讓你的感覺變得非常敏銳，除了當下全神貫注的事物，一切都拋開，包括身體上的不適以及時間的流逝。目前神經科學中有個引人入勝的領域，即腦中的「大麻素網路」，神經系統中有一群受體能夠由一群名為大麻素的特殊分子所活化，其中一種特殊分子四氫大麻酚（ＴＨＣ）即為大麻中的活性成分；另一種是極樂醯胺（anandamide），這是新近發現的神經傳遞物質（發現者以梵文「極樂」為之命名），由大腦自行產生。不論來自植物或大腦，大麻素都有讓感覺經驗加強之效，且會阻礙短期記憶、刺激食欲。科學家還無法確定這個系統在演化上的效用。一些科學家假設，大麻素在大腦的舒緩疼痛及報償系統中擔當要角，作用有如鴉片類藥物；也有些人認為大麻素有助於調節食欲或情緒。

狩獵經驗提供了另一個理論。以獵食維生的生物是否因為天擇偏好，而演化出大麻素網路此一適應結果？這種腦中化學物質能夠使感官變得敏銳、心思更集中，同時讓你忘卻眼前任務之外的所有事情（包括身體的不適與時間的流逝），同時讓你覺得飢餓，這對獵人來說似乎是最佳良藥。此化學藥物同時為狩獵行為提供了動機、報償以及絕佳的心理狀態。若說那天早上我在森林中靠在樹幹上貪婪望著森林深處時的感受，是我腦中極樂醯胺浪潮肆虐的結果，我可是一點都不驚訝。

不論我當時腦中是否充滿大麻素，在加羅的口哨聲打斷我的監視之前，我已從一道新大門進入自然。我一度覺得自己不是森林中的觀察者，而是完全融入森林生活。後來我重讀了加塞特對這種經驗的描述，覺得他或許也並不是那麼瘋狂，即使他主張狩獵讓我們有最後的好機會從歷史中脫離，回歸自然狀態，雖然那也只是暫時的，套句他的說法，是「遠離人類狀態的假期」。

在狩獵時，空氣拂過皮膚、進入肺臟，引發另一種更細緻的感受，石塊也呈現更豐富的面貌，綠色植物變得充滿意義。這是因為獵人在前進或潛伏時，感受到自己經由土地與他所追蹤的動物緊密相連，不論這頭動物是現身、隱匿，或無影無蹤。

在大自然中的遊客無法如此融入或建立這種關係，他們看到的只有風景，那是歷史雕出的成果，而不是在近期形成。遊客的眼光會受限於藝術與期待，因此始終是個觀察者，無法從自己或歷史中跳脫出來，因為他們看到的風景不但是自然的產物，也是文明的產物。

遊客看到的範圍非常大，但只是瀏覽，無法捕捉到任何事物，無法在鄉間的動態架構中察覺到各別個體所扮演的角色。只有獵人會模擬野生動物，持續警戒。野生動物認為萬物都有危險，並看清每件事物的運作究竟是靈巧或滯礙，是會造成危險或用來保護自己？

加塞特認為在狩獵時，人類會重回大自然，因為「狩獵讓人類成為人類」，因為我們所追蹤的動物會喚起人類仍保有的動物本性。這是種單純而簡單的返祖現象，也就是回復到人類早期的狀態。而對加塞特而言，這就是狩獵活動至高無上的獨到價值。他最激烈的主張或許是，只有狩獵能讓我們回到先祖時代；他也指出，我們不可能再成為聖奧古斯丁那樣的基督徒，因為歷史一旦展開，便無法逆轉。那麼，我們為何能夠藉由狩獵回到石器時代？因為人類在史前時代是不折不扣的獵人，這項特質在人類演化的時候就烙入人類的身體與腦。（當然同樣的說法可能也適用於採集行為，但是加塞特並未提到這一點。我想，是因為採集活動既不刺激也不陽剛，不合這位西班牙人的胃口。）加塞特當然也坦承，今日和狩獵有關的事情大多已經完全人工化，不過，狩獵者與獵物的交手經驗卻不是憑空捏造（問問動物就知道了）。雖然狩獵是出現在遠離現代生活的短暫「假期」中，但是套用加塞特從來不吝使用的詞，在這個令人激動的插曲中所發生的一切，都將一直且永遠是「真實不虛」的。

三、準備好了沒？

就如同之前所說，那是我頭一次帶著槍在早晨進入森林，之後，狩獵一事對我而言已經沒那麼瘋狂了，不過這離我有機會開槍還早得很。我有些懊惱，因為在首次狩獵行動中，開槍的時機並未出現，或是說，它的確出現了，只是我還沒準備好要開槍。比起加塞特等人所說的體驗，我所描述的簡直就像是一場大型動物獵捕，但是那天我離開森林的時候卻兩手空空，這在打獵中完全情有可原，但不可原諒的是，我是因為還未準備好而無法成為獵人。

我把問題歸咎於午餐，至少是一部分問題。

早上結束後，我們只打到一頭獵物，那是尚皮耶獵得的小野豬。他和理察在森林低處看到一大一小兩頭野豬，但在他們討論由誰開槍之際，大豬逃了（理察禮讓客人，而尚皮耶則請主人先）。我們走回山脊上全地形車的停放處，加羅和我拿了尚皮耶的獵物，這隻小野豬最多只有獅子狗那麼大，頭上布滿黑色鬃毛，有一側鮮血猛冒。加羅綁住牠四肢的腳踝，吊在車子附近的樹上，打算午餐後再來處理。

加羅和尚皮耶都是歐洲人，而且善於烹飪，因此很重視午餐，即使在遠離文明的森林中也不例外。尚皮耶低聲說：「我帶來了一些可以塞牙縫的小東西。」加羅附和說：「我也是。」然後他們從袋中拿出一道道驚人的野餐食物，擺放在加羅的休旅車車頂上，包括：一鍋龍蝦與比目魚凍；手工製作的義式臘腸、煙燻生火腿及摩特台拉香腸（mortadella），還有加羅以自家醃製的橄欖與野豬肉製成的義大利麵、法式酸黃瓜、雞肉沙拉、一堆乳酪和麵包、新鮮草莓和酥餅、銀製餐具和餐巾紙，當然還有紅酒與白酒各一瓶。

這頓午餐非常美味，但無疑也降低了我身為獵人的敏銳度。我的狩獵課測驗曾問過一道簡單問題：「喝醉時可以狩獵，對或錯？」我沒有喝醉，但我覺得很放鬆，話也多了起來。飯後，加羅動手處理射到的小野豬，尚皮耶已經打到一頭，因此在草地上小睡片刻，而我和理察則去找其他野豬。我們把來福槍扛在肩上，順著一條陰暗小徑前往理察曾打到獵物的地點。一路上我們越來越熟，聊了開來，很快就發現我們待過同一家報社，於是開始交換八卦、聊是非祕辛。我們只顧著交談，注意力逐漸從森林漂往曼哈頓市中心的那棟建築。突然間，我瞄到就在我們前方三十公尺外有三、四面巨大黑影在樹蔭下移動著。陡峭土坡和一株高大橡樹在小徑前方投下濃濃陰影，但那是野豬沒錯，我一眼就看出。牠們突然現身，把我的注意力猛地拉回森林中的當下。就在這裡，這四頭豬就在橡樹下繞來繞去，只顧著吃散落在小徑上的橡樹子。真是難以置信，牠們竟然沒注意到我們的身影或談話聲。

我抓住理察的肩膀，把手指放在嘴唇上，朝前指了指。他停下來低聲道：「你先射，上吧，把握機會。」結伴狩獵時，第一槍要由發現獵物的人來開，這是狩獵的規矩，這個規矩可能是認為在狩獵中，發現獵物和射殺獵物同等重要。事實上，在許多狩獵採集的社會中，第一塊肉不是給殺死獵物的人，而是給發現獵物的人。這些野豬是我的。

不過有個小問題：我在出發前忘記把來福槍上膛。槍膛中沒有子彈，如果我現在拉槍機，幾乎就是告訴這些豬我們出現了。我可以試試看，但如此一來，在我準備好要射擊的時候，這些豬或許就跑掉了。我低聲向理察解釋。他的槍是芬蘭製的新機型，有著栓式槍機，子彈上膛時只會發出非常小的聲音。我把第一槍讓給了他。

理察單膝著地，跪下來，慢慢用肩膀抵住槍。我準備在他擊發時把槍上膛，說不定還是可以射到另一頭豬。理察不慌不忙地仔細瞄準，等著其中一頭野豬轉身露出側腹。這頭豬正低頭吃著橡實，完全沒有注意到我們的存在。接著森林中傳出槍聲，我看到一頭豬搖搖晃晃地倒在土坡上，四肢仍奮力掙扎。我把來福槍上膛，但為時已晚，其他豬都跑走了。理察對著受傷的豬再開一槍，豬不動了。

其他豬沿著小徑逃開，我們追了幾分鐘，但是牠們轉過一道彎就失去蹤影。我們回到理察打死野豬的地方，這頭豬比尚皮耶打到的那頭要大得多了，有一顆子彈擊中牠的臀部。我覺得腎上腺素湧了上來，可能之前就已經大量分泌，不過直到此刻我才感到頭暈眼花、渾身顫抖。我沒有射中這頭野豬，但是我覺得參與了這件盛事，一件似乎足以撼動世界的事。豬隻的陰暗領域衝入人類的光明世界，這頭來自野生世界的特使跨出國度，變成了「肉品」。

這頭豬可能有一百磅，重到搬不動，所以我們兩人輪流拉著牠的後腿，沿著小徑回到車那邊。我以前都無法了解「死亡的重量」一詞，現在我知道了。我握住細小豬蹄上方的踝部，仍然能感覺到粗糙皮毛下的溫熱，牠還殘留著一些巨大能量。拖著屍體走在崎嶇地面的感覺很糟，而且我得提醒自己，這頭豬雖然還有體溫，但是已經沒有感覺。等我把豬隻屍體拖回到車那邊時，手掌下的豬皮已經涼了。

加羅快步走來看這頭豬，既興奮又感動，等不及要聽我們的故事。狩獵故事在射擊後幾分鐘內就成形了，這過程很妙，因為你會把在這個電光火石、難以捉摸的混亂瞬間發生的數起事件，從腎上腺素濃霧中爬梳出來，理出前後順序，好讓人聽懂。雖然我和理察一起目睹了整個過程，但我們兩人仍在這趟長征的回途中輪流向對方解釋，演練整個故事：我們如何缺乏準備、理察為何要代替我射擊，試著一起確認當時我們和野豬間的確實距離及野豬的數量，小心解析那一刻，並把模糊的回憶轉變成對事實的共識：一則狩獵故事。加羅聆聽我們的故事，我看到他臉上浮現了失望的神情。那應該是我的野豬，我的射擊，但是我沒有把握機會。

加羅平靜地說：「你還沒準備好。打獵的時候一定要做好準備，所以，好，今天你上了一課，下回你就會做好準備開火。」他很努力讓自己聽起來不像失望的父親，但我依然覺得自己像是讓父親失望的兒子。

究竟發生了什麼事？是我還沒準備好射擊，但為什麼？實際原因似乎非常明顯，與其冒險錯失獵物，不如讓理察射擊還比較明智。由於我無私的決定，我們才有這頭野豬。不過我之所以還未準備好，可能有更深的理由。我沒有讓子彈上膛，這反映了我在潛意識裡並不情願做這件我要求自己做的事。事實是我搞砸了，而我不確定要多麼深入地剖析才能找出解釋。我之前就決定要打一頭野豬，現在也是。原因之一是我要煮這一餐，而我也極度渴望這種經驗，希望能從中學到一些事情。因此那個下午的其他時間，我都專注於獨自狩獵，在山脊上走動，在樹蔭下找尋野豬蹤跡，竭盡所能地注視聆聽，希望森林中會有另一頭動物出現。當加羅說要回去時，我覺得十分洩氣。

尚皮耶慷慨地分了一些肉給我，我很感謝，因為我需要用這些肉來做晚餐。不過我也了解一旦我接受了，我在我們的小型獵人社會中便會低人一等。打到獵物的獵人有特權將肉分給其他人，這種特權非常重要，我在許多人類學著作中讀到這一點。肉類非常營養，因此在採獵者的社會中，肉類是非常珍貴的貨幣。成功的獵人常能打到很多肉，多到自己與家人吃不完，所以對這種獵人而言，與其任由這些肉腐壞，不如把多出來的肉儲存到其他人身上，用肉來換得感恩或未來的幫助。黑猩猩就會這麼做。這並不是說尚皮耶是藉此展現他比我優越或要求任何回報，他並無此意，但是這並不會改變我現在的處境：接受上級狩獵者餽贈的可憐蟲。（我有那麼一刻想要告知理察，傳統上找到獵物的人是有權分享獵物的，但這種事想想就可以了。）我感謝尚皮耶的贈禮。

在接下來幾天，我不確定是否還需要去打獵。我已經有了肉，也去打過獵，對打獵這件事已有清楚的概念，也幾乎很了解獵人和這些野豬在大自然中的存在方式。我曾發現獵物，目睹了獵殺，也有了一個非常精采的故事。但是聽到這個故事的人，都試著提醒我，他們不滿意結局。所以你說你沒有開槍？我違背了契訶夫的戲劇定律：第一幕出現了一把上膛的槍，就要等到這把槍擊發了才可以落幕。我或許沒能擊中，但這把槍一定得擊發，至少戲劇的敘事規則是如此。

當然還有加塞特先生，你可以預料在我真正獵殺一頭動物之前，他絕不會接納我成為獵人的一份子。對他而言，僅僅只是「觀察」或「柏拉圖式」的狩獵，就如同拍照或賞鳥，絕對不是狩獵活動。（他寫道：柏拉圖主義代表假虔誠傳統的極限。）

他同意：「你可以拒絕狩獵，但假如你要狩獵，就必須接受某些最基本的要求。若未達成，那麼『狩獵』的真實性便不復存在。」宰殺即為最基本的要求之一。雖然加塞特說狩獵不是為了宰殺，但是他也說，要有狩獵就得有宰殺，如此才算貨真價實的狩獵。對我而言，若我想藉由這項冒險，對所吃下的動物及其死亡負起最終責任，那麼我就算功虧一簣，不是嗎？

我寫電子郵件給加羅，請他讓我知道下次狩獵的時間。他回了信，說他會在四十八小時前通知我，以讓我做好準備。

四、我的野豬

大約在一個月後，五月的某個週五，我收到了回音。下週一早上六點在索諾馬的一個加油站碰頭。這次只有我們兩人。

最後幾公里的路程，我們坐上加羅的四輪驅動休旅車，在希爾茲堡（Healdsburg）北方沿著荒涼的道路前進。道路彎曲綿延，我們一路爬上陡峭的丘陵，景物從冬天的深綠轉變為夏日的金黃。我覺得今天早上所有的丘陵看起來就像巨獸的背部和肩膀，濃密的綠草就如同覆在巨獸身上的皮毛。

在抵達理察土地大門前，我們轉上最後一道彎，我看到路邊有一大群野豬，大豬小豬在一起，就在路邊斜斜的山坡上。加羅把車停在路肩，他說這些豬是在理察的土地上。我記得獵人守則中載明，不可以在公共道路上開槍射擊，所以我們決定要嚇嚇這些野豬，讓牠們翻過山丘到另一邊，進入理察的森林。我們按喇叭、大聲喊叫、離開車子瘋狂揮動雙手，最後這些豬開始往丘頂移動。

我們回到車上時，加羅說：「這給我一種很好的感覺。」之後他發出預言或祈禱說：「你今天會打到一頭野豬，一頭大野豬。」雖然我懷疑，但是我們看到這些野豬爬上了山頭，在那裡走動覓食，確實很像是吉兆。

早上一開始，我們先到加羅常去的幾個地點巡視一番，先是搭越野車到山脊上偵查，然後徒步走到森林低處。今天一整天我都讓槍保持上膛。天氣比上一回還要熱，所以加羅認為豬會躲在這片地產中比較遮蔭的地方。我們監視森林中的一個水坑，然後踩平山坡這一面擋住視線的蕨類植物，但是沒有看到那群我們努力趕來這邊的野豬。

早上九點多，我們沿著伐木道路走下一道傾斜的山坡，就在這時候聽到了一陣深沉巨大的呼嚕聲，彷彿發自地底深處。我們停了下來，有頭巨大的野豬就在附近，但是在哪兒？哪個方向？聽不出來在哪裡，因為這是從地面傳來的呼嚕聲，無所不在，我身體聽到的比耳朵聽到的還要多。我們蹲低，盡量躲起來，盡全力去聽，就像在夜晚豎耳聆聽奇怪的聲音。

我其實不用這麼緊張，因為下一個聲音也很響亮，幾乎不輸第一聲。我們右前方傳來樹枝清亮尖銳的斷裂聲，那一邊的陡坡上密密長滿橡樹，有一隊東西從山坡上往下跑，穿過我們前方約三十公尺外的步道。我循聲尾隨著這道銀線穿過森林，爬上山脊，然後我看到了，一團黑色身影如同黑色晨曦般越過了山頂，接著是另一個黑色太陽，又一個，我不是很確定，大概是五六個吧，它們出現在山脊上，像是一串黑珍珠。

我拍拍加羅的肩膀，指著這些野豬。我該怎麼做？這一回我的槍當然已經上膛，而現在是我第一次打開保險，我該現在射擊嗎？加羅說，不，等一下，看，牠們現在要下山了。我的槍管跟著這些野豬移動，試著盯著其中一頭豬。我的手指輕觸扳機，用上全副自制力才能阻止自己扣下。不過我和豬中間有太多樹，視野不清晰。加羅低聲說再等等，這些豬會過來，而牠們就真的一頭接一頭下山，走到我們正前方的道路上，以奇慢無比的速度朝我們移動。我不清楚這些豬花了多久時間走下山，幾分鐘還是幾秒？最後，一頭黑色大豬率先在視野開闊的泥土路上現身，後面接著一頭體積毫不遜色的灰色野豬，第二頭的側面露出來了。加羅低聲說，就是現在，開槍吧。

我可以感覺到加羅就在我身後一兩步遠之處，準備在我開槍之後射第二槍。我們都單膝跪下，我把來福槍抵在肩膀上，與視線平行。我發現自己比預想中還要鎮靜清明，至少當我看著槍管時，槍管並未失控亂晃。我瞄準灰色野豬的肩膀，把準星的U型缺口對準野豬的前腿上方，然後往下移動幾吋，因為我射擊時總是會擊中瞄準點上方幾吋處，希望這樣做可以校正過來。我屏住呼吸，抵抗突然想閉緊眼睛的衝動，慢慢扣下扳機。

景象如水晶般凝結了，然後突然破裂成數千個畫面！這群野豬驚惶地四散逃開，有如黑色碰碰車。接下來是另一道槍聲！加羅在我身後開槍，嚇了我一大跳。有一頭豬倒下了，另一頭也無法站穩。我填上子彈想再補一槍，但由於抖得太激烈，在把槍身壓低之前手指就不小心扣下了扳機，子彈射偏了，高高飛過這群騷動野豬的頭頂。某種戰爭般的氣息開始落下，我不確定接下來究竟發生了什麼事，但我相信加羅又開了一次槍。我穩住心神，以毫髮之差在野豬四散之前上膛，補了一槍，不過這次瞄得更不準，大多數野豬都從我們左邊的陡坡滾了下去。

我們跑向前去，看看倒下的動物。那是一頭巨大的灰色母豬，就側躺在泥土路上，散發光澤的血液不斷從牠的耳朵下汩汩湧出。豬扭動了一下，想要抬起頭來，但終究不成。死亡很快就降臨，不用開第二槍，我鬆了口氣。我們從牠身邊跑過，去找其他野豬。加羅認為自己的子彈擦到另一頭野豬，我爬下土坡去找，不過土坡一下子就變得很陡，於是加羅要我回到路上看看我的戰果。

加羅拍拍我的背，極力道賀：「你的第一頭豬，你看有多大啊！剛才那一槍真是完美，正中頭部！你辦到了！」我辦到了？那真是我開的槍？我認為我的第一發的確打到了這頭豬，但是當時一片混亂，我已經記不清。當我看到傷口有多漂亮俐落時，突然大為懷疑。不過加羅堅持他射的是另一頭黑色的豬：「不！這是你的豬。波倫，你射中了，我一點也不懷疑。」我們的狩獵故事開始成形，流動的迷惑很快就凝成固體，成為某種比實際情況更結實更清晰的東西。加羅繼續說：「這一槍射得漂亮！你打到一頭大野豬，可以做一些上好的義大利煙燻火腿了。」

我還沒準備好要看到什麼肉，我看到的是一頭死去的野生動物，頭倒在泥地上，周圍的血跡不斷擴大。我跪下，把手掌壓在牠乳頭上方的腹部，透過沾滿污泥、長滿棕毛的皮膚感受牠的體溫，但是牠已經沒有心跳。我的情緒突然湧現，慌亂一如剛才那群野豬。一開始湧出的是一股強烈的自豪：我真的達成目標了，我成功射死一條野豬。我同時也覺得如釋重負：終於完成了，感謝老天，不需要再來一次。接著出現的是完全出乎意料的感激之情，但究竟要感激什麼，或感激誰？是感激我的好運吧，我猜，當然還有加羅，以及這頭動物，感謝牠自動爬過山脊，從荒野中進入我的視線，成為加羅口中的「你的野豬」。這一切都不是我努力就可以達成的（不過我樂於接受）。這頭動物是個禮物，我不知道是由誰贈送，但感恩之情似乎就是會浮現，我此時便是如此。

有一種情緒我以為會出現卻沒有出現，那就是良心不安，甚至是矛盾。這我無法解釋，或許之後會出現，但此刻我有點汗顏地承認，我感受到的是極度的、不折不扣的快樂。加羅想要拍張照，他要我站在野豬後面，一手把槍持在胸前，一手放在野豬上。我不知道該微笑或做出比較肅穆的表情。我選擇了後者，但卻又忍不住露出微笑。我在加塞特的《狩獵沉思錄》中讀到一段話：「自己一手獵殺的動物即將死亡之際，任何好獵人的內心深處都會感到不安。」但是在那命運的一擊之前或之後，我都無法有這種感覺。不管怎麼說，地上蔓延的血跡都沒能讓我有一絲噁心感。我記得加塞特稱這樣的血跡為「墮落」。我依然過於興奮，極度沉溺在這齣荒謬絕倫的戲劇中，發現自己正在這齣戲裡扮演英雄一角。

五、處理肉品

我並未興奮太久，不到一小時，我就覺得自己的角色沒那麼英雄。我站在野豬背後，抱著野豬，把屍體穩住，好讓加羅能夠開膛破肚，取出內臟。我現在扮演的角色是護士，負責穩住病人，把工具遞給加羅。我們利用擋板、滑輪和一具有兩只掛勾的不銹鋼架（很明顯加羅是為了這個時刻而打造的），拉著野豬的後腳踝，將之拉起，掛在一根粗大的橡樹枝上。架上的秤顯示這頭野豬重達八十六公斤。這頭野豬和我一樣重！

屍體是所有東西中最難處理的，而處理這麼龐大的屍體，就變成了艱難、笨拙又古怪的親密行為。我們費了一番工夫才將野豬抬到四輪驅動越野車的車頂上，然後開上山坡，中途不能讓野豬掉落，之後再將豬掛到橡樹上。我不斷以可笑的姿勢抱住我獵到的野豬：當野豬要滑下車頂時，我得用全部體重壓住；加羅要切開野豬時，我得用兩手抱住野豬，好讓牠不搖晃。我們的計畫是製作義大利煙燻火腿，腿部的皮必須保持完整，這使得野豬屍體的處理變得更複雜。我們不能從臀部開始剝皮，而得煞費苦心用刀片刮除豬腿上的所有鬃毛，而牠的後腿沾滿了污泥。

接下來，加羅在野豬肚子中間如劃赤道般開了一圈淺淺的切口，開始輕輕剝皮。他沿著豬皮下的脂肪切割時，我得捧著這條窄窄下垂的皮，好盡量讓那層乳白色的脂肪留在屍體上。加羅解釋說：「這是真正的好脂肪，可以拿來做義式香腸。」我們往下切，切下來的皮越來越大，然後慢慢把皮拉到野豬的肩部，往外翻開的皮看起來像是罩在豬頭上的破毛衣。獵人所說的處理（dressing）皮毛，其實是剝除（undressing）皮毛。

當我們把豬胸皮也剝下來後，子彈或子彈的殘餘物露了出來，就在皮下，埋在最後一根肋骨中的一個洞裡。加羅像牙醫般把這塊沾滿鮮血的扭曲金屬塊從骨頭中拔下來，遞給我說：「來，給你留作紀念。」子彈壓損得太厲害，很難看出口徑，不過我想到鑑識專家或許能夠鑑定出這顆子彈是否射自我的來福槍，徹底解開這個疑問。然後我馬上想到甘迺迪遇刺事件特別調查委員會：是否有第二位槍手？

加羅叼著雪茄工作，雪茄煙驅走了受死亡動物吸引而來的蒼蠅和黃蜂。有兩隻兀鷹在高空中盤旋，耐心等待我們工作結束。不論我們留下這頭豬的什麼部位，當地的動物都已經準備好要大快朵頤，讓這塊豐盛的脂肪和蛋白質重回大地之網。加羅用短刀在豬腹縱切出一道開口，他慢慢移動刀子，避免刺到內臟。他解釋說，刺穿膀胱會讓肉沾上無法消除的惡臭，如果切到結腸，豬肉就有受腸內細菌污染之虞。

加羅邊聊邊工作，而他最常聊的話題就是食物，真是難以置信。內臟膜是透明袋狀物，在體腔中包住所有內臟，而他在切開這道膜時，就一邊告訴我義大利中部奧布魯齊（Abruzzi）的地方菜凡特里奇納腸（ventricina）是怎麼做的：把一些上好豬肉塊塞到內臟膜中，醃漬後掛起來，跟製作義式香腸一樣。他說：「麻煩的是不能弄破袋子，但最近我會找一天做一些凡特里奇納腸。」

我不敢相信加羅還在談論食物。現在這頭野豬已經開膛破肚，所有內臟各自在定位上閃閃發光，活像是生物課的解剖假人。結實的心肌下方是盤繞的腸子，上面布滿了網狀靜脈，帶著藍色。一對海綿般的粉紅色肺臟像是翅膀般在後面展開，下方則是巧克力色的光滑肝臟。在薩拉丁的農場中，我處理過很多雞隻的內臟，但豬的內臟完全不同，讓我更不安，可能是因為豬隻體內的器官，不論是大小、排列和顏色，幾乎都和人類一樣。外科醫生都會拿豬來練手術技藝，原因就在此吧，我想。

我把豬肚的切口拉開，好讓加羅伸手掏出內臟。他希望能保留肝臟，不過上面已經有一道小裂傷。子彈很明顯從胸腔的左上方斜穿到右下方，傷到一片肝葉。但是加羅認為這個肝臟可以搶救下來（「做一份美味的豬肝醬」），所以他切下肝臟，放到保鮮袋中。接著他把手伸進豬肚，輕輕拉出其他內臟，滾落的內臟在地上堆成一座小山，發出陣陣惡臭，令人反胃。這不只是糞便與尿液的味道，還有相較之下沒那麼難聞的氣味，這股氣味是如此悲慘、古老，惟有死亡才能散發。我的肚子一陣翻騰。我本來想在清理野豬的過程中保持客觀、無動於衷，但現在已完全失守——實在太噁心了。

我依然從背後環抱著野豬，讓牠穩定不動且胸肚大開，但我真的太需要休息一下去呼吸些未受臭味污染的空氣，所以我告訴加羅，我想拍張他處理野豬的照片。我並不特別想要這張照片（事實上剛好相反），但是拍這張照片讓我能有時間遠離野豬，在這一刻，這顯得無比珍貴。我走開，吸了一大口新鮮空氣，吐出來——好機會，去找加羅的照相機吧。

雖然我的計畫是把這隻動物烹煮之後端上桌吃掉，但是眼前噁心的景象與氣味讓我——至少可以這麼說，洩了氣。這個計畫也不再只是紙上談兵，在我殺了這頭野豬的那一刻，我就感受到這頭豬加諸在我身上的道德責任有多沉重。我現在已無法想像坐下來吃這一頓野豬大餐的景象。豬肝醬？煙燻火腿？凡特里奇納腸？光是想像自己叉起這頭豬身上的肉來吃，就足以讓我反胃。我能克服這一關嗎？這股強烈的嫌惡感又究竟代表什麼呢？

我了解噁心是人類為了應付雜食者的兩難而演化出來的工具，這種情緒會警告我們哪些東西不能吃，例如腐肉及糞便。這種保護性的反射，當然便顯現在我看到這堆內臟時的感受上，內臟無疑含有幾種致病的特定物質。我鼻腔中的臭味可能來自野豬腸內的東西，這些散落一地的東西分別處於不同的消化分解階段。我想，這種「直覺微生物學」的噁心感正在此時此刻發揮作用。

但事實一定不止如此。後來我回家複習羅辛對噁心的描述，才比較清楚還有哪些東西可能也引發了我的噁心感。羅辛寫道，人類普遍會感到噁心的事物，大部分都來自動物，例如動物的體液、分泌物、腐肉、屍體等。這使得吃肉變得特別棘手，可能就是因為這樣，人類文化對肉食定下許多規矩和禁忌，其他食物相較之下卻少上許多。這些規矩不止限定哪些動物可吃、哪些不可吃，也限定了動物必須如何宰殺、只能吃哪些部位。

羅辛認為，避開動物的某些部位或製品，除了衛生考量外，還有別的原因。這些部位讓人類必須面對自己的動物天性，所以才噁心。我們煞費苦心告訴自己人類有別於禽獸，盡力避開那些讓我們想起自己也是野獸的事物——人類也是動物，也會撒尿、排便、交配、流血、死亡、發臭與腐爛。羅辛說了一則關於柯頓．馬瑟（Cotton Mather）的故事：他在自己的雜誌上透露，當他發現自己正在一條狗旁邊小便時，感到極度噁心。馬瑟的解決之道是將這種自我厭惡轉換成自我昇華，他說：「然而，我會成為更高貴的生物。在我的自然需求讓我陷入野獸之境的非常時刻，我的靈魂將會（在這個非常時刻）昇華。」

人類究竟為何要如此努力遠離自己的動物本性，仍是個大哉問，但一定和人類對死亡的恐懼有關。我們看到的動物死亡多到恐怖，而且經常是死在人類手上。動物沒有死亡的觀念，也不像人類花那麼多心力思考死亡，但是依然抗拒死亡。而人類對死亡的思考中，很重要的一項是：我自己會如同眼前的動物般死去嗎？「人類之死與動物之死有些不同」，這種信念或希望對人類而言很珍貴，但是無法證明。不論答案是肯定或否定，我認為每當我們看著動物的眼睛時，都會試著回答這個問題。

從我開始看著這頭動物起，直到加羅鋸下牠的頭為止，牠的眼睛始終緊閉，睫毛讓人不安。與這段經歷有關的一切，都迫使我面對這類問題。「清理動物」的過程讓我感到噁心，是因為整個過程是不折不扣的混亂，是我被迫注視、嗅聞、觸摸甚至品嘗手上的死亡。這頭生物的大小與我相仿，與我有相同的組成，至少在身體內部是如此，或許外表看起來也相似得可怕。對於像我這樣缺乏宗教信仰、認為人類有靈魂而動物沒有靈魂的人而言，這樣的遭遇更令人不安。這一刻，我所能在動物與人類之間劃出的界線，一點都不鮮明。我們都對吃人肉深感厭惡。當然，我沒有合理的原因把在屠宰場的經驗比作吃人肉，但是你或許可以了解為何我會有這種錯覺而感到噁心。

我認為這種狀況是狩獵的優點之一：引出重大問題，包括人類是什麼？動物又是什麼？人類與動物各自的死亡本質又是什麼？獵人就直接面對這些問題，而我相信，有許多獵人想要設法避免注視，而這並非易事。加塞特在《狩獵沉思錄》中寫道，狩獵行為讓我們陷入死亡與動物的糾結謎團中，這個謎團並不容易回答或解開。對他而言，這就是獵人內心不安的原因。「他最後也無法堅定地確信自己的所作所為是正確的。但是我們也必須了解，他也不一定是錯的。」

矛盾和曖昧難決是獵人的命運，而且根據加塞特所言，或許會一直如此。約翰・伯格認為，動物的神祕之處在於動物有時像人類，有時又不像，而這永遠都是人類生命的重大謎題。「人類認為自己出身於動物界，但又不確定是否已經完全超脫動物之境。動物和人類依然太過相近，人們因此覺得和動物間有股神祕的聯繫。」那些對動物有最清楚的概念，也因此對於宰殺動物只有最輕微不安的現代人士，都是笛卡兒主義者，他們認為動物事實上都是無機物，是沒有感覺的機器。很不幸對我們而言，他們是錯的。

所以，我們就這樣被留在森林中，懷著我們的不安與噁心感，以及隨之而來的羞愧。我之前提到，我在剛射到野豬時並沒有任何這類情緒，但最後這些情緒還是浮現了，或者說，就像一件巨大而意外的重物落在我身上。那時已經是晚上，我回到家打開電子信箱，發現加羅寄給我一些數位相片，信件主旨是「看看這個厲害的獵人」。我迫不及待打開這些相片，興奮地想要對家人炫耀我的獵物，因為那頭野豬掛在加羅的冷藏庫中，沒有和我一起回家。

電腦螢幕上的影像讓我大受衝擊，像有人出其不意揍了我一拳。野豬頭冒出鮮血，血泊像三角洲一樣往照片下方漫流，而野豬後方蹲著一名穿橘色毛衣的獵人，手上的來福槍斜放在胸前，另一隻手則放在死亡動物寬大的側腹上，顯然這個獵人知道獵人與戰利品合照的老套。這個人以無比驕傲的表情看著鏡頭，咧開嘴笑得像白痴。假如這個人腳下的流血屍體被裁掉，這幅勝利者的畫面可能會變得難以理解。不過流血的屍體就在畫面的前方與正中央，因此，除了下流之外，沒有其他字眼可以用來形容那副微笑。我連忙把游標移到影像一角，按下滑鼠，盡快關閉照片。絕不能讓其他人看到這張照片。

我究竟在想些什麼？照片中的這個人有何感覺？我窮此一生都無法解釋是什麼讓我露出這樣瘋狂的微笑，在此刻看來，那顯得如此遙遠又怪異。我若不是知情，可能會認為照片中的人喝醉了。他的確可能陷入戴奧尼索斯的狂喜中。加塞特說，嗜血的欲望有時會讓成功的獵人沖昏頭。我當時是在驕傲些什麼！我槍殺了一頭野豬！老天！

就如同下午稍早在便利商店鏡中所見的景象，加羅寄來的數位相片顯示出外人眼中的狩獵與獵人的眼神有多麼無情，讓人難以忍受，至少在廿一世紀是如此。不過，我並不認為這樣的眼神顯示出狩獵更真實的一面。狩獵經驗不容易跨越現代生活的界線，而這些照片卻是從狩獵經驗深處發出的撼人訊息。加羅寄來幾張照片，我最後全都看完了。在某種層面上，這些照片就像士兵寄回家的紀念照：跨在敵人屍首上微笑，這類影像嚇壞了他們的妻子與母親。這些士兵的任務就是殺敵，他們有資格驕傲。但是，我們真的需要看這些照片嗎？

我又看了加羅寄來的照片，想要知道這些照片為何讓我如此羞愧。我發現讓我羞愧的不是照片所記錄的獵殺事件，而是我為自己的殺戮而洋洋得意。對許多人而言，這是狩獵最讓人反感之處，有些人甚至覺得噁心：狩獵不僅鼓勵殺戮或允許人們殺戮，更讓人以殺戮為樂。然而，這並不代表其他人就會因此反對每年屠宰數千萬頭動物，基於某些理由，工業化農業中不帶感情也看不到的機械化宰殺過程，讓我們安心多了。

或許這世上有更寬容的觀點去看待狩獵者的快樂。這種快樂可能是種得意：一個生物發現自己的天性能讓他完全勝任某件事，去做這件事與其說是扭曲了他的天性，不如說是實現了他的「生物特性」。但是這張照片中的動物呢？嗯，這頭動物也有機會展露其野性，活著，毫無疑問也會死亡，這也符合生物特性。就動物的下場而言，這樣走完一生還不差。但是我真的能夠這樣說嗎？如果我終究無法吃下這些肉，又該怎麼辦？我知道在這頭動物端上餐桌之前，這齣戲不會落幕。

李奧帕德寫道：「一個生物哀悼另一個生物的死亡，還真是太陽底下的新鮮事。」他本人是充滿矛盾的狩獵者。他認為哀悼確實是好事，但我們應該要看清這件事有多新鮮，這種哀悼所呈現的一切，和大自然的秩序相去甚遠。狩獵至少讓某些人感到羞愧，原因與其他讓人類羞愧的事物相同：讓我們記起了人類的起源，我們依然未能完全從動物的本性中昇華出來。

所以，對於我這名狩獵者，哪一個觀點才是對的？對照片中人感到羞愧，或是如照片中人那般快樂？是要從外面看還是身處其中？道德學家迫切希望能一勞永逸解決這個問題，以加入馬瑟追尋更完整昇華的高貴探索。獵人，至少成熟且心中不安的獵人都應該要認清這兩種觀點所揭露的真相，所以他的羞愧沖淡了他的快樂，噁心淹沒了他的食欲。

對於狩獵，你無法產生全然美好的感受，基於此一事實，我們或許應該頌揚狩獵活動。你在極力辯稱自己無辜時，當然不會有這種感受。如果我在狩獵和肉食上學到了什麼，那就是見到這事情比道德學者所想的還要複雜。我殺了那頭野豬，看著照片中的自己，而且期待（如果我沒用錯字）吃掉這頭野豬，因此我得承認自己有點忌妒那些素食者的清白無罪、那些豆腐愛好者的道德無瑕。然而，我同時也同情他們。夢想要做到清白無辜就是如此，通常得否定現實，這可能成為一種傲慢。加塞特認為，無法認清現實，或是相信人定勝天都是不道德的。「惟有當你對某件事物的尊敬完全耗盡時，全然投入這件事才值得敬重。」

「某件事物。」我想可能也是其他任何事，例如野豬或餐點，那是我狩獵的真正目的，也是我狩獵歸來之後更稍微清楚感受到的事。「某件事物」並不是什麼答案，也不會告訴你該做什麼，甚至該思考什麼。然而對這件事物的尊敬，確實為我們指出了方向，而人類正好是從這個方向走來。我的意思是，我們從這個方向走到我們看著動物被獵殺的時間和地點，向牠們表示敬意，並滿懷感激之情吃下牠們。

加羅寄來的照片中，有一張我後來才看清楚，因為比起那些戰利品的照片，這張並不那麼令我嫌惡。我在逃開喘口氣時拍下這張照片，當時加羅正在清理我的豬。我只是隨手拍下，因為站得夠遠，因此除了可以看到野豬掛在樹上之外，也可以看到屠夫、橡樹、橡樹上方的明亮天空、豬群踩過的土地斜斜伸向河邊。你看不到嗡嗡飛的黃蜂、在我們頭上緩緩盤旋的禿鷹，以及散落一地的橡樹子，但是我知道你確實可以在這張照片中看到一道完整的食物鏈，以及創造這頭野豬的完整能量循環、物質循環，而我們正要把這頭豬做成餐點中的肉食。這些橡樹站立在陽光下，把陽光的能量儲存在橡樹子中，野豬會吃地上散落的橡樹子，而照片中的人類則把這頭野豬當成食物。人類對建立這條食物鏈毫無貢獻，只不過扮演了遠古時代便已設定好的掠食者一角。不論人類留下這頭獵物的哪些部分，當地其他動物都會扮演清除者，讓這些部分回歸大地、滋養橡樹，然後橡樹再滋養其他野豬。這條太陽－土壤－橡樹－野豬－人類所組成的食物鏈，是數百萬年來支撐地球上生命的食物鏈之一，而在這張照片就清楚呈現了這條食物鏈，成為「某件事物」最俐落美好的範例。

Chapter 19
GATHERING：The Fungi

第十九章
採集　真菌

我們所做的這麼多消遣和嗜好，是如何滿足一項又一項人類基本的生物需求，例如食物、居所與衣物呢？這真令人好奇。有些人打毛線、有些人蓋房子、有些人作木工，而許多人的「工作」只是為了餵飽自己，包括種菜、打獵、捕魚和採集。比起所有事情都由一人獨自完成，在分工複雜的經濟體中，每人都只需要花一點時間或金錢就能做好這些工作。不過我們內心深處卻顯然想要證明自己依然有供給自己食物的技能。你很清楚，這只是以防萬一。雖然這些維持生命的基本方式，在今日都已被全球性的複雜經濟體簾幕所掩蓋，但很明顯我們仍想提醒自己這些技術依然有用。這一點可能只比狂妄好一點，不過我們喜歡以為自己能夠自給自足，即使只是幾小時或週末兩天也好，就算所花費的錢要比直接從店裡面買要多上一倍也無妨。

自食其力的方式因人而異，而你或許可以從某人選擇了哪些老祖先的活動來看出許多端倪。他沉醉在需要耐心、心無旁騖的釣魚活動上？或是著迷於建築的嚴謹數學規則、狩獵時情緒的大起大落、在園圃中和其他物種的俏皮對話？如果有時光機把我們載回更新世或新石器時代，大部分的人都很清楚自己會想嘗試什麼工作。

至少我在從事狩獵與採集的冒險之前，我一直認為自己是新石器時代的人。我十歲時選擇的古老活動是栽植，當時我在父母親郊區住宅的後院建了一座「農場」，種了一些幾乎只有我母親會賞臉的食物。我從小就對植物萌芽、開花與結果的奧妙深深著迷。在一小片平凡的土壤上種植、工作幾個月之後，就能採收美味且有價值的作物，對我而言，這是大自然最歷久不衰的神奇之處，至今仍是。

園藝讓我們能置身於自然寄情於天地，對此，園藝人士常比誰都清楚。最好是吧，園藝工作者接觸的都是馴化的物種，這勢必會美化他們眼中的自然界，讓自然成為非常溫和的場所，能夠滿足人類對於美麗與美味的欲望。同時，你會認為庭園中長出的一切都是屬於你的，由於那些植物多多少少是你在自己土地上勞動的成果，因此這種想法也可以理解。然後你也會認為你園子中那些較野性難馴、不請自來的住民是「有害的」，是異族。園藝工作者是堅定的二元論者，把世界清楚劃分為兩部分：栽種的土地與荒野、馴化物種與野生物種、自己的與他們的、家園和遠方。園藝人士就和農夫一樣，生活在界定清楚、井然有序的世界中。

我開始真正以這樣的角度思考園藝人士的世界觀，是在我花了些時間尋找菇蕈之後，採集菇蕈提供了另一種全然不同的方式讓我進入自然。雖然採集菇蕈在表面上很像採收作物：在大自然中找尋可食之物，但是你很快就會發現這兩種活動其實截然不同。初學者通常是在陌生的地方採集菇蕈，迷路的風險很大，特別是整個過程中你的眼睛都只緊盯著地面。但在花園裡可不會迷路（所以園藝愛好者才會在花園中布置植物迷宮）。而且，花園中的番茄如果可以吃了，就會變成鮮紅色，從一整片綠色中跳出來召喚你，菇蕈則絕對會躲起來。一旦挑到錯誤的菇蕈吃下肚，還可能會致命，而在花園中不太可能出這種錯。菇蕈並不是生下來滿足人類的需求和欲望的。你很快就會發現，菇蕈是十足的野性之物，生長的時序和人類大不相同。因此，菇蕈迷是用「採集」而非「收成」來形容這門藝術。

一、五朵雞油菌

一月底的週日早晨，加羅打電話來。

他宣布：「雞油菌已經長出來了。」

「你怎麼知道？你去找過了嗎？」

「還沒，不過大雨過後已經三週了。」從耶誕到新年間，大雨整整下了一週。「它們應該都長出來了，這我非常確定。我們明天就該出發了。」

那是在我們一起去獵野豬之前，我跟他還不太熟，因此他邀我一起去找菇蕈，其實是再大方也不過。菇蕈獵手非常保護自己的「採集地」，這一點很出名，雞油菌採集地是珍貴的私人資產（雖然不像牛肝菌採集地那麼珍貴）。在加羅同意帶我去之前，我問了許多採集菇蕈的熟人，看我能否同行。灣區有許多這類菇蕈獵手，可能是因為採集菇蕈符合當地的兩大熱潮：美食與戶外活動。我總是鄭重發誓絕對不會洩漏他們的採集地。但是你會發現，有些人的反應就像是聽到了全然無禮的要求，似乎我是在問能不能借用他的信用卡一個下午。有些人的反應比較平靜，但也總是小心翼翼。據說加羅的朋友尚皮耶手上握有柏克萊市內幾個雞油菌採集地。雖然我多次請求，但他總是有辦法彬彬有禮地拒我於千里之外。幾位菇蕈獵手對我的要求回以同樣的笑話：「你當然可以和我一起去採菇蕈，不過我得告訴你，採完之後我必須立刻殺你滅口。」這個玩笑當然有警告意味，我通常會提議：「去程和回程我都可以蒙上眼睛。」接著我就抱著滿腹期待，以為他們會向我發出有條件的邀請，但期待總是落空。菇蕈獵手不會直接拒絕，而是技巧地求饒或轉移話題。我想問題可能出在我是作家，而作家可能會像瘋子般把最好的地點公諸於世。所以我總是強調，記者在揭露機密之前會先被關進牢裡，但是這沒有辦法說服任何人。我開始覺得希望渺茫，正打算看書來學習如何才能採到菇蕈時（這個方式既不可靠又危險），加羅打電話來了。

不過也許我不該過度強調加羅的大方，他帶我去的地方在一片他老朋友的私人土地上，土地有柵欄圍起，因此稱不上是洩漏了傳家寶。那片地產是格藍艾倫村（Glen Ellen）旁的葡萄園，裡面有上百頃未開發的橡樹林，一路往北延伸到聖海倫娜（St. Helena）。一走出精心修剪的葡萄園，就是一片緩緩起伏的稀疏林地，寬廣的斜坡上長滿綠草，在冬季的大雨之後更顯青翠，濃密的橡樹叢和月桂冠樹零星散布在草地上。

雞油菌屬於根菌類真菌，這意味著它們必須和植物的根共生。雞油菌的共生對象是橡樹，通常是高齡橡樹。雖然這塊土地上有機會長出雞油菌的老橡樹有數百株，不過加羅每年都在這裡採集，似乎對每一株樹瞭若指掌。他告訴我：「這一棵會長。」然後用前端分叉的手杖指著草地另一邊沒有任何特色的橡樹說：「但是旁邊那一棵，我從來沒有找到過。」

我砍了一截橡樹枝當手杖，穿過草地，在加羅所說那棵產量可期的樹下搜尋。他曾教我用手杖撥開任何看似隆起的落葉堆。加羅解釋，手杖也有可能把孢子從這株樹帶到另一株樹，他認為自己做了類似蜜蜂的工作，在樹與樹之間傳送雞油菌的基因。（菇蕈獵手認為自己在大自然中的角色是正面的）我在樹周圍觀察了幾分鐘，在樹冠下繞圈，用手杖到處撥開落葉，但是什麼都沒有看到。最後加羅走過來，指著我面前不到一公尺的地方，我緊緊盯著，但是只看到一堆混亂的落葉和掉落的樹枝。加羅跪下，撥開樹葉和土壤，一朵色彩明亮、拳頭大小的雞油菌就出現了。他用小刀從基部把這朵雞油菌切下來遞給我，雞油菌出乎意料地沉重，冰冰涼涼的。

他為什麼能夠看到這朵雞油菌呢？它甚至還未從落葉堆冒出頭來。很明顯的，我得學習從落葉上讀出蘑菇快速生長對落葉造成的細微跡象，而且要從側邊觀察，因為這肥厚金黃的菇蕈柄在整朵雞油菌冒出落葉之前，就洩漏了自己的位置。隨後加羅又指著同一棵樹下另一個位置，對他而言，他很清楚看到那兒有另一朵雞油菌，但我依然看不到，於是他用手杖尖端把葉子撥開，此時我才看到耀眼的金黃色雞油菌出現在我眼前。我開始相信加羅除了視覺之外，還用上了其他感官，應該是在看到雞油菌之前就先聞到氣味。

但顯然這就是獵菇蕈時該有的樣子，就如同獵手有時所說，你得「眼睛放亮」。跟著加羅走一陣子之後，我的眼睛開始放亮了，剛開始只有一點點，但是很奇怪，只有加羅陪著我在同一棵樹下找的時候才有用。其他新手也談過這個現象，我認為這有點類似馬兒數數的把戲，馬當然不會算數，但牠能從訓練者的細微身體語言中找到線索。不論加羅在哪裡徘徊、視線落在哪一處地面時特別熱烈，我就會跟著找，然後發現菇蕈。我就像是那頭能數數的馬，利用別人的目力來找到雞油菌。

不過在早上結束之前，我已經靠自己發現一些雞油菌。我開始了解眼睛放亮的意思，而雞油菌也一個個從地上冒出來，幾乎是在朝我招手。是我糊裡糊塗踏入一個產量豐富的地方？還是我終於學會如何找菇蕈？是自然天性還是後天學習？這些問題都沒有答案，不過我確實曾有奇特的經驗，就是回頭搜尋同一片找過的土地，卻看到一對雞油菌，亮眼有如雙黃蛋。我發誓之前除了厚厚一層落葉毯外我什麼都看不到。是這些雞油菌才剛冒出頭來，還是視覺比我們所以為的更多變、更受心靈指揮？預期心理當然發揮了影響，因為每當我認為找對地方時，雞油菌就更容易現身。在搜尋蘑菇時，「眼見為憑」這句話應該反過來說，是「相信才看得到」。我看到蘑菇的能力並不是像窗子那樣一打開就出現，而是如同工具，需要建造與操作。

在找到幾朵雞油菌後，我開始有了一些信心，後來證明這些信心只是空中樓閣。我只有一點點成績，便發展出一套「盛產地」的理論：土壤的濕度適當，離樹幹有一定的距離。但這個理論沒有用。在短暫的好運之後，我很快又什麼都看不到了，一整天半朵雞油菌都沒找到。我本來可以說這裡已經沒有雞油菌可採，但是加羅卻仍能在我認為已經採光的樹蔭下找到雞油菌。他認為我們早來了幾天，所以雞油菌不多，但採到的數量已經足夠裝滿一個購物袋。我最終找到五朵雞油菌，聽起來不多，但其中有幾個都將近半公斤。這五朵雞油菌碩大又漂亮，我等不及要嘗一嘗了。

當天晚上我便大快朵頤。我洗去雞油菌上的泥土，拍乾水分，然後切成奶油般的厚片。這些雞油菌帶著淡淡的杏仁味，我馬上就知道這就是我在住家附近找到的菇蕈，不過當時我沒敢拿來吃。兩者有相同的柔和顏色，也都有淺淺菌褶延伸到菌柄，菌柄像矮胖的金色花瓶，上接著縐褶輕柔的菌傘。我聽從加羅的建議，用嫩煎的方式處理雞油菌。首先把雞油菌放到熱炒鍋中，收掉雞油菌所含的大量水分，然後放入奶油和青蔥。這些雞油菌有種微妙的美味，而這種味道很容易就被掩蓋或受到忽視。其風味細緻，圓潤且帶著一點胡椒味，質地結實而柔滑。

你可能會想當然耳地問，我吃了野生菇蕈，是否有那麼一點點擔心看不到明天早上的太陽。對於這些菇蕈是否真是雞油菌，我是否還有一絲絲懷疑？這些是可以吃的美味菇蕈，而非加羅誤認為雞油菌的致死毒菇？這個問題非常合理，此時卻絲毫不成問題，以我對菇蕈無可救藥的恐懼，這實在很怪。嗯，我在吃第一口時可能還有少許的懷疑，但很快就完全釋懷了。我相信加羅的判斷，而且這些菇蕈聞起來與吃起來都沒有問題。

晚餐時我們開著菇蕈中毒的玩笑，而且回想到有一次朱蒂絲在康乃狄克州和朋友克理斯多夫騎腳踏車，途中發現一大片羊肚菇，她回家時帶回裝滿半個垃圾袋的羊肚菇，數量驚人。但是有鑑於採集指南上對「假羊肚菇」的警告，我們無法確認這是否真是羊肚菇，所以我沒有馬上料理這些菇。但如何才能確定呢？我不太相信書，或至少我不信任我的解讀。解決這個兩難的方法似乎很明顯（但是有點冷血）：我建議朱蒂絲把這些菇放到冰箱，然後第二天早上打電話給克理斯多夫。我假設他如果能夠活蹦亂跳地接這通電話，必定會提到前一天晚上是否吃了羊肚菇，這樣我們就知道這些菇能不能吃。我覺得沒有必要向他提到我們拿他做了人體實驗。

嗯，這是解決雜食者兩難的方式之一，野生菇蕈通常會加深此一兩難，因為人類得同時面對食物界最優厚的獎賞與最險惡的冒險。吃菇蕈無疑是最嚴峻的雜食者兩難，這也說明了人類對野生菇蕈為何總是愛恨交織。真菌學家特別喜歡指出，大部分的人，甚至所有的文化，都可分成「喜愛蘑菇」和「畏懼蘑菇」。菇蕈迷會說，英裔美國人是出了名的怕菇蕈，而歐洲人和俄羅斯人則熱愛菇蕈。但是我認為大部分的人都有這兩種情緒，只是占比不同。接觸到野生菇蕈會加深雜食者內心深處的不安，因為此時我們對吃的冒險精神和戒慎本能正在交戰以達到平衡，喜新症對上了恐新症。

菇蕈的例子指出，雜食者的兩難通常會衍生出辨識的問題：確切知道你準備來吃的東西是什麼。當加羅把第一朵雞油菌遞給我的時候，雞油菌是什麼或不是什麼，我都一目了然了。我當時就知道，下次不論我在什麼地方發現雞油菌，都可以認出且毫不猶豫地吃下。這是很難得的事，只要想想我在住家附近找到雞油菌的狀況，數本由權威真菌學家撰寫的權威田野指南都無法讓我拋下合理的懷疑，但是現在我卻願意賭命去相信一個西西里人的話，而這個人根本沒受過什麼真菌學訓練。怎麼會這樣呢？

雜食者在決定要不要嘗試新食物時，通常都會樂意聽從吃過同樣食物而且還能活著談論該食物的夥伴。這是人類勝過老鼠之處，老鼠無法和其他老鼠分享自己吃下新奇食物的實驗結果。對各別人類而言，他的社群與文化成功地調解了雜食者的兩難，告訴他過去有人吃過哪些東西，以及怎麼吃。想想看，如果我們每次得自己決定「能不能吃」的問題，那麼就只有最勇敢或最愚笨的人才會去吃一朵菇蕈。對雜食者而言，社會聯繫是一項優勢，對吃菇蕈的人更是如此。

田野手冊中包含了人類文化所累積的菇蕈知識，但很奇怪，在傳授與吸收這種生死攸關的資訊時，口耳相傳的效果卻比印在紙張上的文字甚至是照片還要好。安卓・威爾（Andrew Weil）以一系列精采文章討論此一現象，收錄在《日月婚姻》（*The Marriage of the Sun and Moon*）一書中。

他說：「一個人只能用一種方法認識大多數菇蕈：向熟知菇蕈的人拜師。透過書本、圖片或文字敘述學習這類知識，將會無比艱鉅。」

我認為書籍派不上用場的原因是，傳授這種東西可以吃、那種東西不能吃，是非常基本又原始的行為，我們出於本能地不願相信其他溝通媒介，除了最古老的方式：面對面的個人見證，說穿了，就是倖存者的證詞。畢竟，「這個」是太簡化的代名詞，包含了太多意義，遠超過圖片與文字所能完整表達。明白辨認植物與真菌種類的能力，畢竟是人類最基本的生存工具之一，所牽涉的感官資訊遠超過紙張印刷所能承載，那是名副其實的「身體知識」，是難以簡化或傳給遠方的。我手上既然已有一朵剛摘下的雞油菌，我可以聞到它的杏仁香，仔細記下它特定的重量感以及不容錯認的濕涼感（誰知道我還吸收了多少連意識都沒注意到的特質）。下次我能夠毫不遲疑地認出雞油菌。至少在雞油菌此一物種上，我對菇蕈的恐懼本能一直都很安靜，這讓我能好好品嘗菇蕈，這可不是每天都能獲得的穩當的知識。

二、神祕的菇蕈

我在接下來的一週好好運用了這個知識。我再次來到住家附近的橡樹下，找到一大片雞油菌。我沒想到該帶袋子，但雞油菌多到我兩手拿不下，只好用衣服下襬兜起這些還沾著泥土的碩大雞油菌。路過行人紛紛望向我，我想他們是在嫉妒，雖然當時我實在太過興奮，可能根本就認錯了菇蕈。現在我和尚皮耶一樣，也有個菇蕈採集地了，而且就在城中。（請不要問我在哪兒，我不想殺你滅口。）

一過四月雨季，雞油菌便不會再出現，要直到五月才能開始採集另一種重要菇蕈：羊肚菇。我利用這段空檔閱讀菇蕈的資料，並且請教真菌學家，希望能得到一些真菌問題的答案——我開始認為真菌是一種非常神祕的生命形式。是什麼讓菇蕈長出來呢？在何時何處生長？為什麼雞油菌和橡樹共生、而羊肚菇則和松樹共生？為何是和這棵樹而不是那一棵？菇蕈的壽命有多長？為何有些菇蕈會產生致命毒素，而有些菇蕈會製造強效迷幻劑或許多迷人風味？我以園藝人士的觀點來看這些類似植物的東西，不過事實上菇蕈並不是植物，植物學的知識無法讓你了解真菌。事實上，真菌和動物的關係要比植物親近多了。

我對菇蕈的許多問題，即使是最淺白的問題，都很難解開。事實上，我們對真菌此一第三界生物的了解非常淺薄。我參考的書籍中處處可見坦承無知的句子：「現在還不知道為何會這樣」……「真菌有多少種性別，目前還無法判定」……「對於發生這種現象的詳細機制，至今仍無法全盤了解」……「造成這種強烈幻覺的基本化學作用，從以前就是個謎，而現在也還是個謎」……「羊肚菇是腐生菌還是菌根菌？或可能兩者皆是，視狀況而定？」……凡此種種，分布在數千頁的真菌學文章中。《菇蕈入門》（*Mushrooms Demystified*）這本磚頭書般的採集指南是美國西岸採菇人的《聖經》，作者是著名的真菌學家大衛・阿羅拉（David Arora）。我去拜訪他，請教他這個領域中最重大的未解問題有哪些，他毫不猶豫地提出了兩個：「為何在這裡生長而不是那裡？為何現在生長而不是其他時間？」

換句話說，我們對菇蕈的基本知識少得可憐。

問題的原因之一只出在真菌很不容易觀察。我們看到的菇蕈只是冰山的一角，其他看不到的重要部位幾乎都生活在地底下。「菇蕈」只是「子實體」，而要用顯微鏡才看得到的地下菌絲是由非常長的根狀細胞組成，這些細胞有如神經般穿過泥土，也跟電纜一樣聚成一束，形成網狀的菌絲體（還是得用顯微鏡才看得到）。菌絲體細小纖弱，真菌學家無法像挖植物一樣把菌絲體毫髮無傷地從土中清理出來，研究它們的構造。菇蕈已是真菌最明顯且有形的部位，但要看到菇蕈已是談何容易，要觀察整個生物體更是不可能的事。植物有明顯的結構，一生的過程井然有序且容易觀察：種子萌芽、長出綠葉、開花結果，然後又回到種子，但真菌可不是這樣，真菌有自己的規則，但是我們對這些規則所知有限，特別是那些控制菇蕈生長的規則。有些真菌要花三年或三十年才會長出菇蕈，是什麼原因造成的？我們並不知道。這些謎團使得菇蕈像是憑空冒出的東西，似乎沒有出處也沒有根由。

真菌缺乏葉綠素，因此無法像植物那樣利用陽光的能量製造食物。真菌和動物一樣，是以植物或植物食用者產生的有機物質維生。大多數我們食用的菇蕈取得能量的方式分為兩種：腐生，就是分解已經死亡的植物物質；菌根共生，與活植物的根部共生。在腐生菌中，有許多種類可以把孢子植入適當的死亡有機物質（木頭、糞便、穀物）中，加以培育。一般食用的白色小洋菇、香菇、小褐菇、波托貝洛菇、油菇就是這樣種出來的。但是大部分上好的野生菇蕈都不能這樣栽培，幾乎也無法栽培，因為這類菇蕈需要和樹木（通常是很老的樹木）在一起才能生長，而且可能要幾十年後才能長出菇蕈。菌絲體幾乎可以無限生長，有些甚至可以活上數百年而無需長出子實體。最近密西根發現了一株菌絲體，盤據的面積高達〇・一六平方公里，估算應該有數百歲了。所以在老橡樹或松樹上植入孢子，並不保證在未來就能有菇蕈可以採收，至少以人類壽命的時間尺度不太可能。這些真菌的生與死，想必是依照樹木的時間尺度。

菌根類真菌和樹木共同演化，一起建立互利關係，彼此交換各自代謝機制的產物。如果植物的特殊本事在於光合作用，能以葉綠素將陽光、水和土壤中的礦物質，轉換成碳水化合物，那麼真菌的天賦就是以其強大酵素將有機分子和礦物質分解成簡單分子和原子。菌絲會纏繞或伸入植物的根部，穩定地提供各種元素，所得的回報是植物在葉子合成的一點點簡單醣類。菌絲可以伸展得非常廣，使植物根系的接觸面積更大、吸收的效率更高。沒有真菌共生的樹木雖然也能存活，但很少能高大繁茂，有人認為真菌可能也會保護植物，使宿主免於受細菌與真菌疾病之害。

真菌有能力分解與回收有機物質，因此不僅是樹木，地球上所有生物也都少不了真菌。如果土壤是地球的胃，那麼提供消化酵素的就是真菌。如果沒有真菌把這些東西分解掉，地球早就被植物產生的厚厚一層有機物質給悶死了。生物屍體會不斷堆積，碳循環無法運作，活著的生物最終會吃完所有食物，地球上的生命就此終止。人類總是訓練自己把心力與科學研究放在生命與成長上，但是對於自然的運作而言，死亡的重要性不下於分解，而在這個領域中，真菌無疑才是主宰。

真菌如此貼近死亡，這或許可以解釋真菌的許多奧祕與人類對真菌的恐懼。真菌位於生與死的交界，把屍體分解成生者的食物，這是個沒有人願意深思的過程。在墓地很容易找到菇蕈（墨西哥人稱菇蕈為「死者之肉」），而菇蕈身為死亡的直接代理人，確實也無法博得好名聲。至於菇蕈為何要製造毒素，我們也還不了解，許多真菌學家認為這些毒素是為了自衛，但是其他真菌學家則指出，如果把吃掉自己的動物毒死是絕佳生存策略，那麼為何有些現存的菇蕈是無毒的？有些菇蕈的毒素可能就只是菇蕈的工具，用以分解複雜的有機化合物而已。毒膏菌對人類有毒，只是因為它是從肝臟內部開始消化肝臟。

許多菇蕈製造強力迷幻成分的演化理由，就更神祕了，不過理由可能不是為了要讓人類的腦產生幻覺。英文的「中毒」一詞也有迷亂之意，這代表對身體有毒的物質有時也會改變人類意識。所以菇蕈愛好者認為一般人總是誇大了菇蕈的危險性，他們認為菇蕈只是一種連續體，涵蓋了從致死到引人入勝的範圍。他們主張劑量才是重點，同樣的菇蕈毒素，劑量多了會致死，但是劑量少的時候則會造成驚人的精神效果，從狂喜到驚懼都有。毫無疑問，許多常見的菇蕈會影響精神狀態（人類數千年前就知道了），菇蕈王國的奧祕因此被拱上神壇，加深了人類對菇蕈的喜好與畏懼。

威爾指出菇蕈的有趣矛盾：科學家用來計算熱量的單位是卡，而菇蕈含有的卡路里非常少，但是卻具有很高的能量，這種矛盾很難解開。也因為如此，營養學家並不認為菇蕈是重要的營養來源（菇蕈能夠提供某些礦物質和維生素，以及一些必要胺基酸，因此某些菇蕈帶有肉類風味）。但是卡不過是綠色植物吸收與儲存太陽能量的單位。威爾認為，「菇蕈和太陽沒有多少關係」，它們在夜晚冒出，在日光中凋萎，其能量和植物的能量截然不同，巨大而奇異。

試想：

毛頭鬼傘（*Coprinus comatus*）柔軟的組織能夠穿破柏油。墨汁鬼傘（*Coprinus atramentarius*）幾個小時之內長出菌傘，然後一天之後就化成一攤黑色墨水。平菇（*Pleurotus ostreatus*）花兩週就能消化一堆石化污泥，將有毒廢物轉換成可食的蛋白質。（如果你還記得腐生的菇蕈本來就是演化來分解複雜的有機分子，那這種鍊金術就很有道理了，因為這些化石工業的化合物本來就是複雜的分子。）發光臍菇（*Omphalotus olivascens*）在黑暗中能發出怪異的藍色螢光，原因不明。光蓋傘菇（*psilocybe*）能夠改變人類意識，並刺激想像。鵝膏菌（*Amanita muscaria*）會造成精神錯亂。當然，有許多真菌能毒死人。

我們沒有科學工具能夠測量或甚至解釋這些菇蕈的特殊力量。威爾猜測菇蕈的能量是來自月亮而非太陽，菇蕈含有的能量不是太陽的卡路里，而是龐大的月亮能量。

好吧！我同意，有些描述菇蕈的作者，曾經享用過（或許是放肆地享用）改變精神的菇蕈，要他們避開這樣的結論確實很難。他們太崇拜菇蕈，對菇蕈矢志相隨，即使這意味著有時他們會跨越目前科學解釋所立起的那道牆。而對菇蕈而言，這道牆既不高又不穩固。巨大而強烈的神祕主義就如同菌絲，在整個真菌學的文章中四處蔓延。在這些文章中，我接連遇到一些難以置信的推測：保羅．史塔曼茲（Paul Stamets）認為，真菌的菌絲其實就是神經細胞，組成具有土地智慧且能溝通的器官。泰倫斯．麥肯納（Terence McKenna）認為，高等靈長類是因為吃了有迷幻效果的菇蕈，才快速演化出人類的腦。高登．瓦森（Gordon Wasson）認為，早期的人類吃了有迷幻效果的菇蕈後產生巫術幻覺，宗教由此而生。瓦森還指出，埃留西斯的希臘思想家（包括柏拉圖）在儀式中服用致幻的蘑菇麥角（ergot），結果完成了希臘文化的一些重大成就，包括柏拉圖哲學。威爾指出：食用野生菇蕈，能讓人類的潛意識受到月亮能量的滋養，「刺激想像力和直覺」。

這些推測都沒有科學根據，但我沒有打算就全然不信。菇蕈充滿神祕，誰敢說哪天科學家不會真的能夠測量菇蕈奇特的能量，甚至計算出我們每天所需月亮卡路里的最低攝取量。

三、大火後的工作

結束首次野豬狩獵之後，尚皮耶載我回家，我利用同車的機會再次刺探菇蕈一事。他沒有鬆口，但提到了一位名叫安東尼．塔西納羅（Anthony Tassinello）的菇蕈獵手，他在這週稍早帶著幾磅羊肚菇到他的餐廳。尚皮耶答應幫我聯絡塔西納羅。（為了讓別人忘掉自己的菇蕈採集地，這些人兜圈子的本領真令人歎為觀止。）

尚皮耶沒有食言，他寄了一封電子郵件給塔西納羅，後者很願意帶我去採羊肚菇。他願意帶陌生人同行，這讓我很驚訝，不過在數次電子郵件往來之後，我了解箇中理由了。現在正是羊肚菇盛產的季節，塔西納羅需要幫手，特別是不要求回報的幫手。我可能會洩漏他的地點（我依然用那一套發誓），不過我們要採的是「大火羊肚菇」，保密這件事情並不需要太在意。春天松樹林大火一結束，羊肚菇就會如雨後春筍般冒出。縱使我洩漏了機密，在春天過後也就沒什麼價值了。事實上幾週之後就毫無價值了，因為他早預料到事情一傳出去，整個加州愛好磨菇的人都會湧入這片大火區。

塔西納羅用電子郵件通知我在週五早上六點準時到他家門前集合，並警告我要做好準備面對嚴酷而變化莫測的環境。「可能會下雨、下雪或出大太陽。不要笑，今年春天已經下過一場雪，我們可能要在積雪中尋找探出頭來的羊肚菇。這並不有趣，但是值得回憶。」

「我們去找菇蕈的地方，氣候和這裡大不相同，也和山谷不同。我們可能要在海拔一千六百公尺高的地方步行幾個鐘頭，天氣可能炎熱、寒冷或下雨。為了預防萬一，準備好輕便的外套和雨具。另外一定要穿能夠保護腳踝的堅固登山鞋。地勢非常險峻，岩石遍布，到處都有燒毀倒地的巨大樹木，地下也是一片潮濕。高海拔地區的陽光比平地強烈，所以得戴帽子。帽子可以擋住松針和蜘蛛網，而且等你的籃子滿了之後，還可以拿來裝菇蕈。」塔西納羅還建議我帶上太陽眼鏡和防蚊噴劑，以及至少四公升的水、護唇膏，如果我有無線電對講機，最好也帶上。

搜尋羊肚菇聽起來一點都不有趣，不像是森林散步，而比較像野外求生訓練。我祈禱塔西納羅只是在嚇唬我。我把鬧鐘調到凌晨四點半，納悶著這些採集與狩獵活動為什麼都在一大早開始。在獵野豬的時候，我知道要及早做準備，因為這些豬在清晨就開始活動，但是就算過了午餐時間，那些羊肚菇也不會跑掉啊！可能是因為在採集活動中，人們得盡量把握日光，或者是為了趕在其他採集者之前先找到好地點。

我在將近六點時把車子停在塔西納羅家門前，看到兩個三十多歲的男人穿著防水雨衣，正在將糧食搬上休旅車，那足夠我們在野外惡劣環境中吃上一週。塔西納羅約有一八〇公分高，骨瘦嶙峋，留著山羊鬍。他的朋友貝利比較渾圓，帶著親切的笑容。在前往中央谷地的遙遠路途上，我得知兩人從小就認識，一起在紐澤西州的皮斯卡塔韋（Piscataway）長大。兩人大學畢業後都到加州灣區朝聖，成為大廚。塔西納羅曾在帕尼絲之家擔任糕點主廚。一天下午，一個穿著迷彩裝的粗豪男子帶著幾箱野生菇蕈出現在廚房門口，之後他的生活就改變了。

「我喜歡吃菇蕈，所以我在他耳邊小聲說我想和他一起去採菇蕈，結果真的成行了。他帶我去索諾馬，我們找到了一些牛肝菌和雞油菌。我們只是走到外面，就發現了食物。這是一種獲得授權的感覺：只要解開大自然的謎團，就能餵飽自己。」塔西納羅現在仍是大廚，但是大多數時候都只為私人料理餐點，這樣才有許多空下來的日子採菇蕈。貝利也是大廚，兩人常同行。塔西納羅說今天還有另一人加入，他們上週在火災現場相遇。他們只知道此人精通菇蕈，是個「牛肝菌通」。

我猜想「牛肝菌通」隸屬於菇蕈獵手的次文化，這些人在西部海岸南北來回追著菇蕈季節跑：秋天採牛肝菌、冬天採雞油菌、春天採羊肚菇。貝利說：「這些人住在廂型車中，是不會看晨間新聞的那種人。」他們把菇蕈賣給中盤商，以此維生，而這些商人在靠近森林的汽車旅館裡設點，貼出招牌，用現金買菇蕈。塔西納羅和貝利還有工作，住在房子裡，而且直接把菇蕈賣給餐廳，並不真的屬於那個世界。塔西納羅說：「我們認為自己還算不上專業。」

我們花了幾個小時開過山谷，慢慢爬升上山，進入埃爾多拉多國家森林公園（Eldorado

National Forest），這座狹長的公園位於塔荷湖（Lake Tahoe）和優勝美地之間，廣達三千平方公里，長滿了松樹和雪松。我們爬上山之後，溫度降到只有攝氏幾度，冰冷的雨水劈里啪啦打在擋風玻璃上。車窗外的景物也跟著變化：髒兮兮的舊雪越堆越大，漸漸覆上新雪，到後來掩蓋了所有景物。現在是五月初，但我們已經開回冬天。

當積雪消退，土壤開始變得溫暖時，松林火災區的羊肚菇就開始冒出來，所以我們在進入火災區大約一．五公里之後，便沿著伐木道路往下開，尋找白色積雪和黑色土壤的交界處。走了一．四公里左右，我們找到了，嚴峻如月球地貌的黑白交界。塔西納羅和貝利就如同現今的許多菇蕈獵手，都帶著全球定位系統，可以很明確知道我們所處的高度，同時也便於標定優良的採集地、計算採集地的高度，並且避免迷路。

我們把休旅車停好，開始在四周察看，不久「牛肝菌通」就出現了，他是充滿自信的傢伙，留著鬍子，大約二十多歲，帶著手杖，頭纏色彩鮮豔的頭巾，話很少，感覺在森林中非常自在。

這片森林很美，也很陰森。之所以陰森，是眼前的一切有如墳場，布滿了高聳直立的樹幹，所有橫向伸展的樹枝都燒光了。去年十月從發電場附近開始的大火燒了五天，蔓延到數座山，在風向改變而使消防人員能夠控制火勢之前，近六十八平方公里的松樹和雪松森林付之一炬。當時火勢非常劇烈，吞噬了所有樹木，我們會知道這一點，是因為看出貪婪的火焰一路沿著樹幹往下，連地下的樹根都不放過，而結果是地面出現許多大洞，這些燻黑的洞穴如同模子，如果把石膏灌進去，會得到整個松樹根系的恐怖模型，所有細節都忠實重現。這片不毛地帶上的生物不多，有一些掠食鳥類（我們聽到貓頭鷹的聲音），迷糊的松鼠偶爾出現，還有從黑色地面冒出一片片新綠的春美草。

如果你能用帶點美學的眼光來看這片風景，同一片地貌會呈現出幾近現代抽象畫的寧靜美感。筆直的死亡樹幹在山坡上排排站，有如刷子上的毛，但這樣井然有序的節奏常會被斜斜插入的深黑色線條破壞，造成詭異的感覺。融雪鑿出數條險峻的溪流，大地的形狀清晰有如線畫，視野中的每件事物都簡化成形式要素。

不過，這是這一整天我最後一次凝視著這片景象，當貝利宣稱找到第一朵羊肚菇時，我開始全神貫注、一心一意向下看，看到了堆成厚厚一層的松針，以及燒黑的松樹殘骸。羊肚菇的模樣像是一根戴著暗色蜂巢狀笨拙高帽的棕色手指，樣子非常好笑，看起來像是小妖精或小陰莖。羊肚菇的顏色是暗褐色到黑色，完全混入焦黑的地貌中，若非如此，以其獨特造型應該很容易就能發現。在一段距離之外，很容易把燒毀的小樹苗誤認為羊肚菇，黑色松果也是，這些松果像是短短胖胖的拇指插在地上，規律的外型類似羊肚菇，很容易讓人上當。在前一個鐘頭，我每次滿懷希望的發現在走近一瞧之後都變成這類羊肚菇冒牌貨。

在我們這群人中，貝利的眼力是公認最好的。他為了讓我的眼睛放亮，便在他發現羊肚菇之處留了幾朵給我，讓我能從不同角度接近，好好做實地研究，直到我找出最適當的焦距和角度。三角觀測法是重點，我發現如果我貼近地面（地面就在松針組成的泥濘毯子下方），就能看到四周冒出的小帽子，而在之前我根本看不到任何羊肚菇。貝利看到我趴在地上找菇蕈，讚許道：「我們都說『停下、趴下、翻動』。因為在地面高度，你可以看到俯視所見不到的東西。」

貝利和塔西納羅有一大堆關於搜尋菇蕈的俗諺，而我一整天都在記錄這些：「眼見為蕈」是指當別人找到菇蕈並拿給你看之後，你才找得到菇蕈。「菇蕈沮喪」是指你周圍的人都找到菇蕈，而你卻沒發現半朵。直到你找到了第一朵，才算「菇蕈破處」。然後就是「群聚之咒」，當你發現了許多菇蕈，其他人就會湊到你身邊，希望能分到好運。他們讓我了解到「群聚之咒」是不禮貌的。之後有「螢幕保護程式」，當你全神貫注在地上找棕色小蠢帽幾個小時後，它們的影像會烙印在你的視網膜上。貝利說：「晚上睡覺前你就會知道，你一閉上眼睛它們就會出現，滿眼的羊肚菇。」

關於菇蕈，塔西納羅和貝利有數十個理論，但也對這些理論抱持著健康的心態：它們有極限，就和菇蕈本身一樣神祕。他們為我整理出找尋羊肚菇的「指標物種」，這些比較顯眼的植物和真菌是羊肚菇可能出現的訊號。盛放的山茱萸花是不錯的指標，代表該處的土壤已經升到適當的溫度；據說松葉菊（一種長得很像陽具的花，在了無生氣的林地上舉起鮮紅色的花朵）也是尋找羊肚菇的指標，不過我在山茱萸附近沒有找到羊肚菇。另一種比較可靠的羊肚菇指標是一種有小型菌傘的真菌。塔西納羅和貝利相信不論在哪一週，羊肚菇出現的海拔高度都一樣，因此不論我們走到何處，都會根據全球衛星定位系統確認自己所在的高度，並力求待在一千五百公尺高之處。

我能了解人們為何需要這些理論來組織搜尋行動，我在和加羅一起找雞油菌時，也發展出一套自己的理論。要找的地方那麼大，羊肚菇又是那麼要命地無聲無息，要和它們玩捉迷藏，我們得有些理論去把這片土地分成溫暖地帶和寒冷地帶。這些理論告訴你何時要緊盯著森林地面，而何時可以喘口氣。對於採獵者而言，高度的專注力是非常重要但有限的資源。這些理論濃縮了過往的經驗，有助於你更有效地運用注意力。

在早上的練習時間結束之前，貝利警告我：「但是你不可以忘記最終理論，這是所有理論的理論，我們稱之為『結果才是一切』。」換句話說，在尋找菇蕈的時候，得準備好放棄之前所有的理論，而追隨任何似乎能在此一特殊地點與特殊時間發揮作用的事物。我們無法預測菇蕈的行為，這些理論最多只能清除一些菇蕈的神祕迷霧。貝利說：「你在尋找大量菇蕈，尋找母礦，各種條件或許都非常完美，但是你無法知道轉個彎之後會發現什麼，說不定是一片菇蕈海，也可能一無所獲。」

整個早上我們都在方圓二．五平方公里內走著，四個人都低著頭，在傾斜的山坡上亂晃，找尋時隱時現的羊肚菇蹤跡。我的視線鎖定在前方大約六步外，渾然不覺自己身在何時何地。就此而言，找尋菇蕈就像是一種冥想，羊菇菌彷彿是一種視覺咒語，將其他心緒一概關閉。（這樣確實很好，因為我的襪子已經又濕又冰。）

為了找回方向，有時我得停下來回想四周景物，但是那天大霧瀰漫，林地又非常崎嶇，我經常無法辨別道路的方向和其他人的去向。靜電的嘶嘶聲不時打破令人耽於冥想的寂靜，這是無線電對講機的聲音：「我在溪邊找到一大片菇蕈。」或是「你們到底在哪兒？」（找尋菇蕈時的另一種樂趣：帶著無線電對講機的男人在森林中尋寶。）

當羊肚菇出現時，會讓人有種深深的滿足感，你可以斷言，菇蕈控制這種現象的能力不下於你自己。因此不可避免地，我開始學習「彈出效應」（pop-out effect）。我從一個採菇人口中頭一次聽到這個名詞，可是後來我發現這一詞是用在心理學的視覺研究上。在一片混亂或單色的視野中，要準確挑出某個物體，是很艱難的知覺任務，其複雜的過程，正是人工智慧研究者窮盡心力想要教會電腦的事。我們把希望能夠認出的物體的視覺特質牢牢記下，不論是顏色、模樣或形狀，然後景象就會從視野中跳出來，幾乎就像是聽命行事。要進入眼睛放亮的狀態，就必須設定並啟動嚴密的視覺過濾器。所以貝利把他發現的羊肚菇讓給我做練習，這樣羊肚菇的模樣才會烙印在我的心靈之眼中，然後在森林的落葉層中跳出來。找尋菇蕈會讓你了解「彈出效應」這種演化出來的適應能力有多重要，特別是在食物不容易找到的時候。

如果沒有「彈出效應」，那麼找晚餐只能碰運氣，看看能遇到哪些可以吃的物種。而在大自然的重要食物來源中，當然只有果實是真的會努力「彈出」。因為結果植物的演化策略就是要吸引動物來傳播種子，所以它們演化出來的果實會以明亮的顏色來吸引我們。在果實和花的例子中，「彈出效應」事實上是合作的成果，而其他你在森林中會想要找來吃的東西，都躲得好好的。

我無目標地在焦黑的森林中晃蕩，感覺自己越來越黑，也明白自己已經進入了一個完全不同於花園的地方。在花園中，你遇到的物種幾乎都和自己有關。沒有東西會躲起來，沒有東西會想要傷害你，你在這個地區食物鏈裡的地位確立而穩固。你在花園中感受到的任何東西，不論顏色、模樣、風味或香氣為何，不但容易掌握，也投合你的需求。事實上，這些植物已經把你的需求融入基因中，並加以巧妙利用，好增加自己的數量與棲息地。就是這種互利共生，讓花園成為最令人心曠神怡的風景，在某種意義上，花園中的一切都是人類的延伸，就像是鏡子一般。（而在另一種意義上，人類也是花園植物的延伸，在不知不覺中成為植物達到目的的工具。）花園或農園培育的物種，都是人類世界的花樣，和我們一起生活。你可以在花園中採集食物，亞當和夏娃大概就是這麼做，但那不是真正的採集，既無兩難，也沒有狩獵的故事。

而森林則以截然不同的方式讓我們進入自然。羊肚菇應該會寧願我沒注意到它們，而野莓還要很久才會重回這片焦土，用明亮的顏色宣告自己的存在。待在這裡有點像置身國外：沒人認識我！在森林中，你不用扛起農夫的公民義務。你會有旅客般的微妙輕鬆感，因為到了一個沒人會注意你的地方，而且對於第一眼看到的景象、第一次聞到的氣味、第一次嘗到的味道，都會有超真實的感受，而這一切全是不勞而獲，你只要四處走走、運用感官就可以了。當然，新事物一直出現也常會讓人憂慮：我迷路了嗎？那朵菇蕈也應該要採嗎？

不過，即使這片焚燬的森林並未如花園般歡迎我們，裡面的物種也都未經人類馴化，你依然可以感覺到自己和所尋找的野生物種之間有某種聯繫：搜尋的密切關係。當此關係運作時，似乎便展現在「彈出效應」這種人類為了突破偽裝術而發展出來的驚人知覺工具上。我獨自待在森林中，位於菇蕈搜尋夥伴的聽力範圍之外，一旦發現菇蕈突然彈出，便像笨蛋一般嘲笑道：「逮到你了！」我會大叫，彷彿我和菇蕈之間有場比賽，而我又贏了一回合！我在花園裡摘蘋果時不會有這樣的感覺。花園中沒有新奇的事物。

我完全忘了身在何時何處，直到無線電對講機突然響起：「吃午餐了，在車子那裡碰頭。」我之前一直往下走，現在離車子已經有一里半，所以得往上爬才能回到馬路上。等我費勁攀上崎嶇濕滑的山坡時，其他人已經站在路邊邊嚼綜合堅果邊讚歎今天的豐富收穫。我提著滿袋羊肚菇蹣過去，貝利正滔滔不絕地說：「不會有比今天更豐收的日子了。我從沒見過這麼多菇蕈，我們得大開殺戒！」

我們坐在焦黑的樹幹上（現在我們自己也搞得渾身黑），吃著自己帶來的午餐，談論菇蕈、「菇蕈蹤跡」以及今年夏天的菇蕈盛事。育空河谷深處有廣大的森林火災區，很明顯有數千名菇蕈獵手已預計要下到谷地去迎接這片預計是史上最大的羊肚菇潮，有些人會搭直升機。「牛肝菌通」正在考慮要不要去，他說：「在那裡，你一天可以採上廿二小時的菇蕈。」彷彿這是無庸置疑的大自然恩賜。

自古以來，人們都是在大火過後的森林中找尋羊肚菇，貝利說德國巴伐利亞人會為了採羊肚菇而放火燒森林。我問說，真菌學家是否已找出羊肚菇在森林火災之後出現的原因。這些羊肚菇是從突然大量出現的死亡松樹根取得養分的腐生菌嗎？或這些菇蕈是突然失去寄主的菌根菌？沒人能確定，而塔西納羅的理論之一就是：「生物的壞年頭，就是我們的好年頭。」

後來我和真菌學家聊天，確定了塔西納羅的直覺。目前的想法是，在松林中發現的羊肚菇屬於菌根真菌，對這些真菌而言，松樹死亡代表重大危機，因為突然之間就不再有樹根供應食物。

因此這些真菌長出羊肚菇傘，好在餓死前用蕈傘釋出無數孢子，讓孢子隨風遠離這片焚燬的森林，把基因移植到新的松林中。雖然有些動物也像人類一樣吃羊肚菇，而且在把羊肚菇吃入肚子之前也像我們一樣四處移動，幫助傳播孢子，但人類並不在羊肚菇的計畫中。人類採集羊肚菇會傷害這種生物嗎？或許不會大過採蘋果對樹木的傷害吧，因為羊肚菇其實躲得很好，總是有很多能逃過我們的耳目，而每一株都能釋放幾十億個孢子。

羊肚菇在試著逃離死亡森林的同時，也扮演了讓森林新生的角色。羊肚菇輕微的硫化物與肉類氣味吸來了蒼蠅，而蒼蠅會在安全的中空蕈柄中產卵，孵出的幼蟲則以羊肚菇為食，然後鳥類就會回森林吃這些幼蟲，這個過程中，鳥糞中的種子會在林地上萌芽。菇蕈是大自然的樞紐，讓一端走向死亡，另一端走向新生。

午餐之後我們分頭行動，繼續採數小時。我往下走，沿著陡峭土坡滑入泥坑中，土坡沿著一彎流水伸展，直到流水沒入溪中。我不知道自己身在何方，也不知該往哪兒去，只一心跟著有如思緒般斷斷續續的菇蕈蹤跡前進，心無旁騖的結果是連土地界線都沒看到，直到撞見一名林務員，他說我已經進入他們公司的土地。他覺得沒關係，只要我答應告訴人們伐木公司不全是邪惡的就好。「伐木公司不全是邪惡的。」這位林務員顯然很高興有人能夠談談天，他告訴我，沿著溪（名為水獺溪）走的時候要睜大眼睛，因為溪邊有以卵石鋪成的坑洞，像碗一樣凹陷。那可能是華浩印第安人（Washoe Indians）當年為了清洗與研磨橡樹子時留下的。磨碎的橡樹子能夠烘烤成一種大餅。

我沒有發現印第安人留下的坑洞，不過這個故事讓我明白這座森林在數百年前或數千年前，已是人類食物鏈的一部分。印第安人了解並不需要把野生物種帶到自己的屋簷下，就可以和它們建立關係。人類費盡無數心力想要馴化橡樹，但橡樹總是拒絕馴化的好處，只結出苦味果實。

但印第安人卻找到去除橡樹子毒素的方式，而能以橡樹維生。（我們現在也對羊肚菇做類似的事情，因為沒有煮過的羊肚菇會讓人不舒服。）這片土地如今已是滄海桑土，松樹取代了橡樹。以往水瀨溪畔支撐著華浩印第安人的食物鏈，現在已經式微，但卻清楚伸向海岸，將森林與帕尼絲之家今晚的昂貴餐點連接起來。

一如貝利所言，水瀨溪邊的羊肚菇長得非常茂盛，幾乎到處都能看到蜂巢狀的笨拙帽子，不到一小時我的袋子就滿了。此時我的雙手已被炭灰染黑，發出刺鼻煙味，但我仍然能夠聞到羊肚菇的肉香味，這些充滿蛋白質的肉質釦子從死亡大地中冒出，就像是自動出現的食物盛宴。我對這些羊肚菇說話，一次次為它們的出現而欣喜，而羊肚菇似乎也在對我說話。羊肚菇突然間滿地都是，這讓我欣喜若狂，而怪的是，我將這種現象當成我們之間有了新的聯繫。這聽起來瘋狂，但在這筆交易中有種互惠關係，一方尋找，另一方現身，彷彿我們各司其職，在荒野的隔閡中畫出一條連接彼此的線。我完全不知道我有多深入森林，但在我的記憶中，我不曾待過這片區域。我嚴重失去方向，但沒有失去羊肚菇，它們已經不再躲著我。或許我的眼睛已經大開，而精於採菇了。也可能是因為我已經走出我的世界，而進入羊肚菇的世界，因此它們最後決定現身。

無論如何，溫暖的幸運之神終於向我微笑，這一大群突然出現的羊肚菇讓我再次生出感激之情，在其他森林中，在我看到野豬出現在山脊上的那一刻，同樣的情緒也曾湧現。狩獵和採集都是艱辛的工作，但辛苦的勞力未必能帶給你所要的食物，在採獵生活中沒有所謂的一分耕耘一分收穫，勞力與成果不一定有關聯。我感覺不到自己在季節尾聲的果園中所獲得的成就感，沒有辛勞獲得豐收的欣慰感。不，這種感覺像是不勞而獲，是神奇而莫名其妙的禮物。

日落前，我們幾個人都來到水瀨溪畔，而在四點左右啟程走回車邊。我們坐在擋板上換下濕

襪子，然後在塔西納羅休旅車的後車廂中裝滿羊肚菇，並盡量藏好。真的沒什麼理由，但你就是不想宣揚自己有一大堆菇蕈。（下午稍早有些開著舊型休旅車的菇蕈獵手停下車，問我手氣如何。雖然沒有充分的理由，我還是昧著良心撒了謊。）我們找到將近三十公斤的羊肚菇，這是塔西納羅和貝利的個人最佳紀錄。在我們爬進車中準備回家之前，「牛肝菌通」幫我們拍了張照，照片中的三人拿著滿滿一箱羊肚菇，最上面那朵高聳又巨大。我們全身污穢、筋疲力盡，但是感覺如同國王般富有。這天是週五，我們開車駛離森林時和數十輛車子、休旅車和卡車擦身而過，埃爾多拉多羊肚菇潮的消息已經在網路上傳開，羊肚菇獵手會在週末大批湧入，也就是說到了週一，價格會從此時的一公斤四十四美元暴跌。塔西納羅毫不浪費時間，開始打手機給柏克萊與舊金山的主廚，拿到當晚送貨的訂單。而當我們的車子塞在史塔克頓城外時，所有野生羊肚菇都已銷售一空。

Chapter 20
THE PERFECT MEAL

第二十章
完美的一餐

完美?!你一定認為我真是敢吹牛。事實上，這一餐中有許多食材是我自己打來、採來、種來的，結果卻近於可笑，而非絕妙。法式櫻桃派的皮有點烤焦，羊肚菇的沙未去淨。鹽是我自己從舊金山灣區採來的，這很符合我這一餐要躬耕自給的自負，但嘗起來卻像有毒物質，因此我沒敢放上餐桌。我真的很懷疑有哪個客人會背著我發出「這一頓真棒」的評語，但我認為這是完美的一餐，只是意義有些不同。

我打到獵物之後，就馬上決定這一餐要訂在六月十八日週六晚上。這頭加州野豬將會是主菜。豬就先掛在加羅的冰櫃中，我還有幾週可以去準備其他能夠搭配主菜的食物。在擬定菜單時，我給自己訂下幾個規則（而例外會在之後說明）：

一、所有食材都是我狩獵、採集或是種植而來的。

二、餐點必須各有一種以上的食材去凸顯三大可食生物界的特色，包括動物界、植物界、真菌界，此外還有可食礦物（鹽）。

三、必須使用當季的新鮮食材。這一餐不但要反映這些食材生長的地點，也要反映出特定的時節。

四、在必要時可以使用儲藏室裡現成的食材，除此之外，不再另外花錢採買。

五、賓客限於曾經幫助我採集食物的人與其伴侶，這些人包括加羅夫婦、塔西納羅夫婦、理察夫婦、蘇（這位朋友曾經帶我到塔馬佩斯山找尋雞油菌，但是沒有成功。）。當然還有朱蒂絲和以撒。可惜尚皮耶人在法國，所以共十人。

六、我自己下廚。

這一餐就如同上述規則所顯示，相當自負，野心勃勃，可能也有勇無謀，而我希望這股自負能化為可食的一餐。非常明顯，我的意圖並不是要透過親自狩獵、採集與種植自己的食物，來回答任何比我所預想還要深遠的問題，我最初提出的問題小多了：我能準備這麼一餐嗎？而這樣做，我能夠了解到人類飲食文化與飲食天性中的任何價值嗎？我當然不是主張別人也應該在家裡試著這樣做，當然也不認為走回自己找尋與製造食物的那條路，就能解決我們文化中的飲食與農業困境。沒有，這一餐中幾乎沒有任何一件事可以稱得上是「實事求是」，但是我烹調的餐點中，也沒有哪一餐比這次更真實。

一、計畫菜單

我最好從一些讓我擺脫上述規則的例外著手，這些是考量現實、個人極限與愚昧之後妥協的結果。這頓餐點的故事比熱量還多，而有些故事並沒有美好的結局，例如鹽的故事。

在剛開始計畫菜單的時候，我就知道舊金山灣區南部還留有一些鹽池。如果你搭飛機前往舊金山，可以看到地面有一串很搶眼的色塊，有銹紅色、黃色、橙色、血紅色等，看起來就像蒙德里安的抽象畫。我知道這些相異顏色來自各種耐鹽的藻類和古細菌（*archaea*）。當池塘的水分蒸發後，鹽度就會提高，形成各種適合不同微生物生長的環境。

在這道晚餐的前一個週六，我和一位傑出獵友開車駛過聖馬特奧大橋（San Mateo Bridge），抵達荒涼的海岸線，然後長途跋涉，穿過充滿臭味與垃圾的濕地，找到這些鹽池。這些鹽池都是方形，水很淺，周圍有綠色堤防。池水的顏色像濃茶，而堤防上布滿了垃圾：汽水瓶罐、汽車零件和輪胎、狗叼來的幾百個網球。我知道這就是美國西岸人民對澤西草原（Jersey Meadowlands）的印象：一片無人地帶，難怪觀光客會擔心在這裡撞上犯罪活動，或看到水中漂著謀殺案棄屍。在這裡你毫無疑問會看到太多東西，就是沒有鹽。今年，冬雨沒完沒了地下到春天，六月池水因此比往年深，鹽的濃度也降低了。我原本以為可以在岩石上刮下雪白的海鹽結晶，實際上卻只能撿幾個保特瓶，把濃濁的茶色鹽鹵帶回家。當天晚上我把這些鹽鹵放到煎鍋中，用小火加熱，結果讓廚房中瀰漫了令人不安的化學藥味。不過幾個小時，鍋底便出現一層類似黃糖的結晶，看來頗有希望。鍋子一冷卻，我就用湯匙刮下一些，但是很不幸，這些鹽摸起來有點油膩，嘗起來有金屬味，像是化學藥品，而且真的讓我吐了出來，之後我還得用漱口水去除舌頭上的怪味。我認為這個例子說明了人類消化系統的反射動作可能真能救命。毫無疑問，專業採鹽者有精密的純化過程，但是我完全不知道該怎麼做。所以我放棄了，不用自製的鹽來烹調，也慶幸自己沒有得到肝炎。

上述規則中最難遵守的，可能就是食材要新鮮、當令。根據我的經驗，我敢大膽斷言真正的採獵者每天吃的，通常都只有當天剛好豐收的食物，很少能吃到其他東西。我心中的菜單更富於變化且充滿野心，但是要在一天之中把剛獵到的野味、新採收的菇蕈、成熟的當地水果、剛從菜園摘下的蔬菜，統統搬上餐桌，即使在加州也是不可能的壯舉。最後我只好在菇蕈這一點上讓步，因為加州的六月沒有美味菇蕈可採。所幸上個月我在山區採的羊肚菇我已先行風乾一磅，而既然乾燥羊肚菇的風味比新鮮的更強烈，我便決定羊肚菇可以不遵守新鮮的規則。

我也必須放棄我更具野心的計畫：以烤鮑魚為海鮮開胃菜。鮑魚是大型軟體動物，生活在太平洋沿岸海底岩石的下方。由於加州鮑魚的數量逐漸減少，商業化的撈捕與販售活動已受到禁止，不過各別夠瘋狂的人還是可以去找，每天限採三頭。我獵到野豬後幾天，一位住在雷斯岬（Point Reyes）的朋友邀我下週去採鮑魚，時間定在一個月中潮水最低的時候，我想你已經猜到，就是清晨五點半，當時我還以為開胃菜已經手到擒來，所以設好鬧鐘，在清晨時分慢慢爬下指定的海灘，不太能夠相信自己竟然得下海。

啊！在採鮑魚之旅歷劫歸來後，我發現鮑魚還是要趁鮮享用，因為冷凍會全然破壞鮑魚的口感。這有點諷刺，因為至少在加州北岸，要採鮑魚就得徹底把自己凍僵。

鮑魚必須在潮水非常低的時候採，先涉水，然後潛入水中，在海底的巨石下方盲目用手摸索那足球般大、上下顛倒的鮑魚殼。手都凍麻了，除了海膽的倒鉤棘刺之外，什麼都感覺不到，而這些海膽恰好跟鮑魚一樣，都棲息在海底隙縫中。如果你的運氣夠好，手指在摸索時能夠避開海膽的棘刺，也很有可能會遇上滑溜搖晃的海葵，那種噁心與恐怖的感覺會讓你馬上縮手。而這一切都在海獅迷惑的眼皮底下發生。有人告訴我看到海獅是好事，因為這意味著食人鯊沒有出現。如果我穿的是合身潛水裝，就不會凍成這樣了。但是我只能借到朋友祖父的潛水裝，比我的身材小了兩號，穿上去的結果就是在身體末稍比平常更需要血液的時刻，血液的供應卻受到阻礙。我離開海水一個小時後，手指才恢復靈活到可以拉起褲子拉鍊。

採鮑魚是我這一餐中最艱難的採集活動，可能也是最愚蠢的。後來我知道死於採鮑魚的加州人逐年遞增（撞到岩石、遭受鯊魚攻擊，或是失溫），比死於狩獵的人數還多。縱使你的技術比我好（我花了兩個小時才找到一個鮑魚），但毫無疑問，你在捉鮑魚時燃燒的熱量也遠大於你從鮑魚中所獲得的，這使得捉鮑魚成為荒謬絕倫的事業。不過只要吃一口新鮮鮑魚，你就能確信這種愚昧的活動將會持續下去。

我們在海邊當場吃下自己捉到的鮑魚。在岩石上清理、敲打巨大的肌肉，然後切開，再敲打。我們用漂流木生火，在鍋子中煮鮑魚片，同時還加了奶油、洋蔥和雞蛋。我們坐在漂流木上邊吃早餐，邊看著潮水隨著天光漲起。鮑魚帶有烏賊的嚼勁，味道比扇貝更甜更濃郁，再搭配上眼前的景致，使這一餐成為我一生中最值得紀念的早餐，幾乎抵得過我所遭遇的那些麻煩（老實說可能也沒有啦）。我回家以後用另一種方式處理鮑魚：在拍打過的鮑魚片上抹橄欖油，然後在木炭上快速炙烤。這也非常可口，但是我的晚宴賓客就沒這麼好運了，因為這是在他們抵達前數週就得上桌的開胃菜，只能成為菜單上供人想像的一品。

為了做出真正的開胃菜，我得回到花園，那裡的蠶豆已經可以摘了。我在去年十一月種了一些蠶豆當綠肥，到了今年五月已經結滿飽滿平滑的豆莢，為了這頓大餐，我特意延後採收。蠶豆是舊世界的豆類，長在扁平寬大的亮綠色豆莢中，趁嫩摘下迅速汆燙，吃起來會有種澱粉的甜味，讓我想起春天的新鮮豌豆或蘆筍。但是到了六月，我的蠶豆嘗起來就有點老了，所以我決定做蠶豆麵包。先把蠶豆、烤過的大蒜、鼠尾草一起壓碎，塗在剛烤過的自製發酵麵包切片上，比較甜嫩的蠶豆則拿去煮義大利麵。第二道開胃菜，我請加羅帶一塊用我的野豬豬肝做成的豬肝醬。

是的，這又是另一個例外：豬肝醬是由加羅製作。我還請加羅煮第一道菜：奶油百里香清炒羊肚菇搭配新鮮雞蛋製成的義大利寬麵，以小蠶豆增色。

主菜是加州野豬，但是要用哪個部位？怎麼調理？加羅建議我用文火燉腿肉，他認為腿肉最具風味。我對里脊肉躍躍欲試，因為對我而言，在戶外烤肉比較符合這個季節以及採獵的主題。我拿不定主意，最後決定兩者都試。我用（加羅的）紅酒和自製高湯燉腿肉，裝盤時淋上濃縮燉湯。里脊肉我則先醃一個晚上，瘦肉要這樣烤才不容易乾。烤之前先灑上壓碎的胡椒，然後用橄欖木快速炙烤。高湯我可以提前做，而橄欖木由於有尚皮耶幫忙，我不用到橄欖園中去找，而是直接到帕尼絲之家的木棚中拿一些。

我想要自己做麵包，而且決定用野生酵母菌來做應該很切題，這樣我的菜單中就會有第二種真菌了。我在《自己烤麵包》（*Bread Alone*）這本傑出的烘焙書中找到採野生酵母菌的方法，這得花好幾天，但是看起來並不困難。至於佐餐酒，我有幾瓶加羅送的二〇〇三年西拉紅酒（Syrah），他還說當天會再多帶幾瓶過來。

主菜有了，接下來就是沙拉。我本來希望能用野生植物來做。今年初春，我在柏克萊山丘上發現一片茂密的春美草和野生油菜花，但是到了六月，這些植物已經變老發黃，所以我決定用花園中的萵苣製作簡單的沙拉。

最後是甜點，這讓我頭痛了好一陣子。柏克萊的路旁種有許多果樹，我原本計畫採一種水果來做水果派，我看不出有什麼理由禁止人們在鄉間摘取食物，因此在晚餐前的幾週到城中走了幾趟，找尋適合做成甜點的水果。事實上我只是拿個袋子在家附近逛逛。我在柏克萊住了兩年，已經知道哪裡有絕佳的水果樹，洋李、蘋果、杏桃和無花果，就掛在樹枝上任君採摘，但是這些常見的水果都還未成熟。唯一的例外是帕克街上的一棵聖塔羅沙洋李（Santa Rosa plum），但是也已經過了成熟期。

所以我開始向身邊的人求助，希望有人能夠指點我找出附近的果樹。我的姨子戴娜解決了我的甜點問題。她說她鄰居的紅櫻桃樹結滿了果實，而有些樹枝已垂入她的後院。我不太確定從鄰居的樹上摘櫻桃是否合法或合乎良心，有沒有什麼古老律法能賦予我們權利，讓我們能合法從伸到自己土地上的樹枝上摘取果實？我做了一些小研究，發現的確有，羅馬人稱之為「使用權」（usufruct），字典的解釋是「在對他人的財產不造成損害或浪費其本質的前提下，使用或從中獲利的權利。」就是這個！這則可貴的法理真是道出採集的精髓[①]。

①這個網站可說明何謂「使用權」，並提供了一幅地圖，指出洛杉磯一帶可供大眾採摘果樹的幾處地點：fallenfruit.org

我以香草茶搭配點心，這是我今年早春從柏克萊山丘上摘來的甘菊，混合了花園中的薄荷與檸檬香蜂草。城中的朋友給我了一罐蜂蜜，同樣出自採集，只不過是由他飼養的蜜蜂從柏克萊山丘上採來的。

我把準備好的菜單寫到卡片上。因為我們身在柏克萊，所以我覺得該加點餐廳的花俏詞藻：

蠶豆土司與索諾馬野豬肝醬
大火羊肚菇佐義大利寬蛋麵
索諾馬野豬燉腿肉與烤里脊肉
灣區東部野生酵母菌麵包
純本地田園沙拉
法爾頓街法式紅櫻桃派
克萊爾蒙特峽谷甘菊茶
加羅二〇〇三年份西拉紅酒

沒錯，這還只是一份菜單，而且無可否認，這份菜單不但打破了幾條我定下的規則，也極度仰賴加羅的慷慨與天分。不過這份菜單也保證了這一餐會很有趣，並符合我大多數的打算。

我看著這份菜單，發現有幾個野生物種橫跨了三大生物界，更別提兼顧都市與鄉村。此外，這些材料大部分都是來自森林，所以這一餐是位於森林食物鏈的末端，正是這一點使得這一餐有點與眾不同。很明顯，野豬和羊肚菇直接來自森林，不過櫻桃也是，櫻桃樹原本是森林物種，後來才走入果園，最後來到城市。櫻桃樹原生於黑海與裡海之間的高加索地區。我用的櫻桃品種名為平氏紅櫻桃，此名來自一名中國籍農場工人阿平。一八七五年有人在威拉梅特谷地（Willamette Valley）的果園中意外了發現此櫻桃品種的幼苗，而阿平就是負責照顧這株櫻桃樹。這意味著，我們在這一餐中吃下的熱量大部分都是來自樹木，而不是一年生作物或牧場的草，後者才是時下典型的熱量來源。甜點中的甜味是由櫻桃樹葉所製造的；滋養羊肚菇的醣類最初是由松針生產，羊肚菇再以菌根從松樹根那兒吸收過來。吃橡樹子長大的野豬是會走會叫的橡樹。這份晚餐逆轉了人類飲食的歷史軌跡，讓森林再度餵養人類。

二、在廚房中

我從週二早上開始準備週六的晚餐，一開始做的是高湯，同時也著手培養做麵包用的野生酵母菌。我用豬骨頭做高湯，因為我沒聽過純豬肉高湯，因此加了一些草飼牛的骨頭。我的鄰居最近買了四分之一頭牛，附贈一大袋骨頭，她不知道該怎麼用，我問她能不能到她的冰櫃中「採集」一些骨頭。同樣的，我從自己冰櫃蔬菜區的深處「採集」了一些過時蔬菜。我將骨頭放在烤箱中烤一個小時，然後和蔬菜、香草一起燉上一天。

採集野生酵母菌並沒有那麼困難，所有地方的空氣都有各種酵母菌的孢子飄浮著，只要能提供休息的地方與食物給這些孢子，就能收集到酵母菌。不過酵母菌的味道有優劣之別，這個時候就要看地理條件和運氣了。灣區的酵母菌發酵麵包素負盛名，所以我認為我家屋外的空氣應該就是絕佳的野生酵母菌採集地。我用有機麵粉和礦泉水做了一碗濃湯（用礦泉水是為了避免自來水中的化學物質傷害了酵母菌），放在窗台通風一下，然後裝入密封容器中，放在廚房的流理檯上，第二天早上，這道「主廚」濃湯，表面就像熱鍋中的鬆餅漿一般出現泡泡，這是好現象。之後你每天都要加入新鮮的水和麵粉，讓微生物的年輕菌落生長，然後聞一下。濃湯聞起來應該有點酒精味、酸味和酵母菌味，就像是啤酒。如果沒有出現泡泡就糟了。濃湯中若有別的味道或出現浮渣，就表示你收集到的可能是更野性、更古怪的微生物。我很幸運，第二天早上從濃湯中聞到了啤酒味和麵包味。

週三早上我開車到舊金山加羅的鐵工廠拿豬肉。他的工廠新奇又凌亂，幾乎就像狄更斯筆下的世界，到處都堆滿了金屬廢料、成堆的鐵條、冶金工具和機械零件、生火用的小風箱，而一棵高大的無花果樹就長在工廠正中央類似天井的地方。工廠後方就是廚房。廚房中陽光明亮，裡面放著商業用濃縮咖啡機、絞肉機、義大利製麵機，然後是幾大瓶新摘的野花，這舒緩了工廠的混亂與吵雜。這地方就像加羅這個人，混合了工業與家居、強悍與柔和、金屬與肉。

在冷藏室中，我的那條野豬和其他幾條掛在一起，旁邊的架上還有製作到不同階段的義大利燻火腿、義大利培根、義式香腸。冷藏室外還有更多架子，上面有許多橡木桶，裡面裝著葡萄酒和葡萄醋。架子上還有幾百瓶沒有標籤的葡萄酒、一包包二十三公斤重的杜蘭小麥粉與粗麵粉。加羅把凍僵的豬肉拿到廚房的桌子上，拿著刀，開始熟練地切分。我們把腿部切乾淨，用鹽醃成義大利燻火腿，然後加羅俐落地砍了幾刀，把肋骨從脊椎上解下來，然後切下里脊肉，那是在脊椎兩側有如馬鞍袋的肉。加羅看著一堆切下來的暗紅肉片和雪白色肥肉，有了個點子。

「嗨，你知道我們可以用這些碎肉做一些很棒的蔬菜燉肉當午餐。」我們就做了起來，先把碎肉放進絞肉機，然後和一整罐蕃茄一起燉煮。當蔬菜燉肉在爐子上咕嚕咕嚕冒泡時，我們動手做新鮮義大利麵配燉肉吃。麵皮從製麵機的細縫中擠出來之後，加羅示範如何把麵皮切成黃色緞帶般的義大利寬麵。

不論是否有心理準備，我都將首次品嘗我獵到的豬，之前才掛著的豬隻現在已經成為午餐的絞肉，速度快得讓我有點害怕。蔬菜燉肉嘗起來非常可口，雖然我是在加羅的廚房中吃這道菜，而流理檯上還擺著切好的肉塊。我突然覺得吃這頭豬沒有任何問題了，我和這頭兩週前獵殺的動物之間的交流也沒有任何問題。我了解，吃下牠是這齣戲劇必備的最後一幕，如此才能稍微彌補這齣戲。現在最重要的就是好好處理這頭動物。這意味著我必須善用這些肉，悉心料理，並招待給懂得珍惜的人。後來我查出蔬菜燉肉（ragout）這個字的發音，發現它的字源是法文的ragouter，意思是「恢復食欲」，確實如此。清理這頭野豬讓我大感噁心，但吃過這道蔬菜燉肉之後，我又重拾食欲。我想起羅辛的文字：傳統料理的威力在於能以熟悉的味道掩蓋異國材料，藉此消除雜食者的兩難。我離開加羅的廚房時，拿著兩包用肉類專用紙包好的漂亮豬肉。

本週結束之前，餐點的所有材料都已經備齊。我摘下大約四公升的櫻桃，採收了蠶豆，備妥里脊肉的醃料，做好高湯和酵母，然後把乾羊肚菇泡在溫水中發開，泡出的黑色湯汁放在燉肉的湯汁應該會很不錯。週五晚上，我列出週六的計畫表及時間表，該做的事太多了，我嚇一跳，而更讓人害怕的是其中有許多事我從未做過，例如用野生酵母菌製作麵包、把四公升櫻桃的核挑出來做成法式派，以及用兩種方式烹調野豬肉。我也還不清楚料理這一餐會用上幾個小時的烤箱。以攝氏一百二十度燉煮豬腿可能要花上半天，但我不確定烤麵包和法式派究竟會耗時多久。不知為何，我沒有早日發現這種非常可能發生的災難，也沒有想到我招待的是一群多麼挑嘴的饕客，其中有幾個人還是貨真價實的主廚。現在我想到了，這簡直有如芒刺在背。

為了讓讀者更了解我讓自己陷入怎樣的處境，我在下方列出我週五晚上寫在卡片上的工作計畫表：

上午八點：醃里脊肉，剝蠶豆的豆莢和豆膜。（蠶豆是自然界中最耗工的豆類之一，要剝兩次，中間還要汆燙一次。）

上午九點：製作麵團，第一次發酵。

上午十點：把腿肉煎黃，準備燉汁。

上午十點半：挑掉櫻桃核，製作派皮，冰起來。把烤箱預熱到攝氏一百二十度。

上午十一點：把豬肉送進烤箱，剝蠶豆膜，烤大蒜，把蠶豆磨碎。

中午十二點：揉麵團，第二次發酵。

中午十二點半：清洗羊肚菇，採香草，切碎。清炒羊肚菇。

下午一點：採萵苣，清洗。製作油醋醬。

下午二點：揉麵團，做成長條狀。準備烤架和茶壺，剪花，在餐桌上擺好餐具。

下午三點：　派皮，製作法式派，從烤箱中拿出豬肉，準備烤麵包（攝氏二百三十度），調好溫度後烤麵包。

下午三點四十：把麵包移出來，準備烤法式派（攝氏二百度）。

下午四點：把法式派從烤箱中拿出來，再把豬腿放回去（攝氏一百二十度）。

下午五點：生火，壓碎胡椒粒。

下午六點十五：把豬腿移出來放涼，準備烤里脊肉（沾上大蒜與香草，表面滾上碎胡椒粒），把里脊肉放到烤架上。

晚上七點：賓客抵達，移走里脊肉備用。

這就是我週六在廚房要做的工作，當然在那一天，事情不是這樣按部就班、慎重其事地展開。事實上，那一天我忙得昏頭轉向，忘了準備幾種材料，不時灑出湯汁、打翻茶壺，臨時去了幾趟商店，不時冒出疑問，捧著頭懊悔。這個非常時刻我很希望能有幫手，但是朱蒂絲和以撒整天都不在家。我在下午四點休息十分鐘吃午餐並問自己，為什麼要獨力準備這麼複雜的一餐？

我的簡便午餐是一盤外帶壽司，你知道的，這是一種日式速食，而且還很美味。所以，我能預期這頓花了一整天（事實上是一個月）來準備的華麗、超級慢食晚餐，會比這份壽司好吃嗎？我真的需要用兩種方式來烹調豬肉嗎？不能裝一碗櫻桃當甜點嗎？燉肉時不能開一罐牛肉高湯嗎？或是用一包速效的酵母菌來做麵包？我究竟為何要如此自找麻煩？

我在大口吞下壽司時想到了幾個答案，每個答案都提供一些碎片去拼成更大且難以捉摸的事實。這一餐是為了感謝我那些耐心且慷慨的維吉爾，他們是我採集課程的導師。我在這一餐所投入的心力，確實地反映出我深深的感激。一碗新鮮的平氏紅櫻桃很不錯，但是把櫻桃變成派當然更能深切致意，至少證明我有設法不破壞派皮的縐褶，那就像手寫卡片和印刷卡片的差別。尖酸的人會說，野心勃勃地烹調這麼一餐，只是另一種炫耀，想藉此引起別人注意，宣告自己有資源、手藝和悠閒的時間料理這一餐來令人讚歎。毫無疑問，這一點的確是事實，但是烹調也代表了許多事情，其中一項就是對一些人表達敬意，這些人就是你所選的客人。

另一方面，烹調也是（或可能是）對食物表示敬意的方式，這些動物、植物和真菌犧牲自己，滿足了人類的需求與欲望。同時需要致意的還有生產這些食物的土地與眾人。廚師也有他們表達感謝的獨特方式。這或許可以解釋我為何要用兩種烹調方式來處理豬肉，並端出加羅做的野豬肝醬。對我來說，盡量不浪費野豬的任何部位，才是正確的待豬之道。細心烹調食物，是頌揚這些物種以及我們與這些物種之間關係的方式。我採用兩種基本的烹調技術，藉由這兩種技術，人們把生肉變得更容易消化，也更人性化。我把一塊豬肉直接放在火上烤，另一塊放在鍋中用水煮，這兩種技術都能讓動物的血肉變成美味與激發思考之物，但是又反映出對待動物的不同態度，兩者有一些差別。相較於烤，煮比較「文明」，因為如此一來，動物會有更完整的超脫或昇華（你自己選一個），或說人類內在的動物性也能更完整地超脫或昇華。燉肉不會留下血絲，對有些人來說比較能接受。但是對我來說，兩種烹調方式才能顧及不同人士。

這樣的轉換花了我漫長的一天，這些大自然的原始食材，肉塊、一大堆野生菇蕈、植物的葉子與豆莢、研磨過的穀物，一一轉變成新的形式，其中有許多還非常驚人。麵團如魔術般變得膨大而香脆，乾燥菇蕈變回原本新鮮的樣子，肉類變得焦黃並散發焦糖香味，難以消化的豆子變軟變甜，香草的葉子為菜餚增添風味。這些其貌不揚的材料結合起來，成為一個更棒更可口的整體。

料理食物的反覆動作讓我的大腦有空間可以深思。我在切菜剁菜的時候，想到了烹飪的節奏，我們把東西從大自然帶入廚房，而烹飪的節奏破壞了這些東西的秩序，只為了創造出新的秩序。我們宰殺、切剁、研磨、絞碎和溶解這些原料，分解原本活生生的生物，如此我們才能把這些生物重新組合成更文明的新形式。你想想，就是這樣一度失落的節奏，統合了自然界的所有進食行為，而進食是在不斷破壞某些生物，然後經由咀嚼和消化，去維繫其他生物的生命。凱斯在《飢餓的靈魂》（*The Hungry Soul*）一書中將此事形容為進食的最大矛盾：「為了維持自己的生命與形體，生物必須摧毀生命與形體。」似乎也只有人類才會為這種毀滅感到遺憾，而且也僅限於偶爾。然而烹調不但讓我們遠離我們的破壞性，還把一堆血和內臟化為美味的義式香腸，這是充滿象徵意味的救贖，減輕我們種下的業：看看這些食物所帶來的美好！在咬下毀滅性的第一口之前，把一道珍饈放上餐桌，藉此，我們歌頌了人類從大量犧牲者中創造的奇蹟。

三、餐桌邊

接下來，就是要看看我的手藝能否補償這些食材了。當約定的時刻到來，一切都已差不多就緒，除了我之外。我趕忙上樓換裝，在綁好鞋帶之前，門鈴響了，客人陸續抵達，並送上一些搭配宴會的禮物。加羅帶來葡萄酒和野豬肝醬，蘇帶來自家花園的檸檬馬鞭草，塔西納羅帶來一小瓶自釀胡桃利口酒，一種從綠色胡桃蒸餾出來的黑色義大利開胃酒，我們盛宴中另一項來自森林的禮物。

我太忙著擔心食物，沒有時間理會客人，不知道這些偶然組合起來的人能否融洽相處。其中有幾個人顯然是舊識，但是大部分客人都是初次見面，而把他們聯繫起來的，就是採集，還有我。但是當我們端著葡萄酒坐在客廳時，原本三三兩兩的僵硬對談就放鬆了下來，大家相談甚歡。在加羅那一流西拉葡萄酒的助興下，談興越來越高。蠶豆土司和野豬肝醬獲得低聲的讚賞和好評，把話題引到狩獵野豬這件事。塔西納羅想要找時間一起去，但是事先對加羅聲明他自己可能沒有辦法射殺獵物，「但是我可以在旁邊跑腿」。客廳中的氣氛似乎可以就這麼熱烈下去，所以我溜到廚房去準備義大利麵。

幾分鐘後加羅走到我身邊，他可能有點擔心我會應付不來。在煮麵水沸騰之前，我趁機請他嘗嘗羊肚菇。「味道不錯，但是可能要多加一點奶油。」我遞給他一塊奶油，他把整塊都丟到鍋子裡。（原來專業人士是這樣做的！）

我們把義大利麵盛到盤子上，然後我招呼所有人入座用餐。蠟燭已點亮，葡萄酒也已斟好，房間中充滿百里香和羊肚菇的香氣，然後我舉杯敬酒。今天稍早我原本想寫些東西，因為我想好好整理這一餐的意義，以及每個人對這一餐的貢獻，但是白天早已從我身邊溜走，所以我就長話短說，依照座位順序說明每位客人傳授給我的採集教育，以及對這一餐的貢獻。這一餐雖然幾乎由我自己掌廚，但是在更深層的意義上，卻是由大家合力完成。我提到蘇的無比慷慨，願意和我分享三個她最得意的雞油菌採集地，其中一個就位於西馬林區（West Marin）某戶人家的前院，但屋主毫不知情。也提及有天下午我們在傾盆大雨中找菇蕈卻無功而返。我提到塔西納羅很有勇氣，居然答應帶一個完全陌生的新手去塞拉山區採羊肚菇。我提到在索諾馬和理察一起打獵的故事，第一次我失敗了，而從中我學到打獵的事前準備和自我節制有多重要。最後我說明從加羅那裡學到了非常多，包括菇蕈與野豬，包括大自然以及飲食與烹飪的藝術，還有許多事。最後，我擔心自己會沉溺在這種濫情中，所以再次舉起酒杯，敦促大家開始用餐。

事實上我還有一些話想說，想對我們所吃的這一餐表達更廣的感謝之意，但我怕感謝野豬、菇蕈、森林和花園之類的話聽起來會很俗氣，更擔心會讓大家食不知味。當然，我想說的都是一些謝辭，但是餐桌上的對話非常熱烈愉快，從狩獵的故事聊到菇蕈的盛產地，再轉移到採鮑魚的冒險，我體會到，這些感激之語無需說出口。為什麼？因為這一餐本身已代表我的謝意，而我猜想對一些其他人而言也是如此，都是以一種無言的方式致謝。

看看這個場合與這群人，你可能已經預料到話題都繞著食物轉，不過這可不是尋常的食物話題，話題中沒有食譜或餐廳，而是圍繞著特殊的植物、動物和真菌，以及這些生物生長的地區。這一小群食物採集者訴說的故事，帶領大家遠離餐桌。這些話（和食物的滋味）讓我們回憶起索諾馬的一座橡樹林、內華達山脈的一棵燒焦松樹、舊金山海灣的惡臭鹽池、太平洋海岸邊滑溜的岩石，還有柏克萊的後院。他們說的故事以及吃的食物，把這些地區以及生活、死亡在其中的生物都連結起來，最後匯集到這張餐桌的餐盤中，這讓我開始覺得這頓晚餐有點像是個儀式。在某種意義上，這一餐變成了感恩節晚餐或逾越節晚餐，餐盤中的每道食物都有其他意涵，有如聖餐一般，訴說了一則則關於自然、社群或甚至是神聖事物的小故事，因為主題通常是神秘。這些充滿故事的食物能夠滋養我們的身體與心靈，這些對話讓我們彼此相連，變成一個團體，也讓這個團體與更廣大的世界相連。

我不想再借題發揮了，這終究不過是一頓餐點。而我也不諱言這是非常美味的一餐。不過，我也不懷疑與這頓餐點有關的談話、回憶和故事會使食物更添風味，而一個不會說英語的客人或許只能享受到一半樂趣。兩種方式料理出的野豬肉都很美味，帶著堅果的甜味，完全不同於店裡買來的豬肉。不過我也發現，當盤子傳第二回時，柔軟的燉豬腿片比粉紅色烤肉片更受歡迎。燉肉湯汁濃縮而成的醬汁濃郁得令人震驚，帶有大地氣息，讓人直接聯想到森林。奶油炒羊肚菇也是如此（或者那應該是羊肚菇炒奶油），帶有深厚、煙燻般的肉類香氣。我對自己的批評是羊肚菇的泥沙還可以去得更乾淨些，法式派有點烤過頭，櫻桃帶了點焦味，但是每個人都一下子就把盤子掃得乾乾淨淨。

加羅對我的麵包讚不絕口，而我也承認這些麵包雖然並未發酵完全，但是外表酥脆，內裡鬆軟，有著極為出色的風味。我想這種特殊風味是出自附近的酵母菌。我突然發現，為了準備這一餐，我認識了這些特別的人、土地，以及物種，並成功和北加州的自然與文化相連，我以前從未這麼做過。飲食是認識一個地方的好法子。

如果運氣夠好，晚餐到了某一時刻，你會知道一切都會很順利，食物和賓客都已遠離尷尬和災難的淺灘，而主人也終於能夠默默投入夜晚溫暖的氣氛中，真正開始享受起來。當野豬肉傳第二輪時，許多人都熱切伸手，我發現我的這種時刻降臨了。我開始自在地享受食物與話題，然後我發現至少對我而言，這是完美的一餐，但還要再過一段日子，我才開始了解這完美一餐的意義。

完美的餐點是指完全由你獨力料理嗎？不盡然，我的這一餐就不是如此。雖然我在廚房中待了一整天（還有一週中的許多時間），幾乎所有材料都是從零開始，而且幾乎沒有花一毛錢，但是在我把這一餐搬上餐桌的過程中，我獲得許多幫助，而這些伸出援手的人此時就坐在餐桌邊，是最難能可貴且重要的事。每道菜背後的故事，都能由相關的當事人親自說出來，同樣意義非凡。

我也很珍惜這一餐的近乎全然透明，以又短又簡單的食物鏈與野外世界相連，幾乎沒有一種食材曾貼上標籤、條碼或價格，但我幾乎知道每一項食材的來源和價值。我知道，並且能夠描述出那些培育出野豬的橡樹、滋養羊肚菇的松樹，而這些食物又滋養了我們。我知道這些食物真正的成本，以及成就這些食物所需犧牲的時間、能量與生命。在情感上，有些犧牲對我而言是非常昂貴的，但是我很高興能夠了解到在工業時代之前以及幾乎在農業時代之前，吃一餐對於自然的破壞是如此之少。我那頭野豬的地盤很快就會被別的野豬占去，而我們的出現與採獵，並未對那些森林造成多大改變。不只平氏紅櫻桃是透過「使用權」取得，其他食材幾乎也都是，而「使用權」在成為法律原則之前，早已是自然界中的事實了。

也許所謂完美的一餐，是指已經完全償還、未留下任何虧欠的一餐。不過這幾乎無法達成，所以我說這一餐既不實際，也不適用於生活。不過我們可以不時用上這麼一餐，就如同一種儀式。不論是現在或未來，都值得準備這麼一餐，藉此去了解所有食材的來源，這樣我們才能提醒自己，我們視為理所當然的事物所包含的真正成本。所以，我沒有用罐頭高湯，因為高湯不是產自罐頭，而是出自動物的骨頭。讓麵包膨脹的酵母菌不是來自包裝袋，而是來自我們所呼吸的空氣。這一餐的儀式意義重於現實意義，因為它不厭其詳地訴說許多事，提醒我們大自然供給雜食者的食物是如此之多，森林和田野一樣慷慨，海洋與草原一樣大方。如果我要為這一餐命名，那一定是「雜食者的感恩節」。

在準備與吃下如此耗費體力、心神與情感的一餐時，我們不可能不去想到自己的工業化飲食對於大自然的虧欠有多麼深。也就是，在工業化時代，我們只是吃，而不會去想自己在做什麼。和我這頓超慢食相較，我在馬林區麥當勞「端給」一家三口的速食餐，只花了十四美元，而且在時速九十公里的車子中只花十分鐘就解決掉。這個世界的多樣性真是神奇，我的意思是，能夠以這樣天差地別的兩種方式來完成同一件事：餵飽自己。

這兩餐位於人類進食光譜上的兩個終端，讓我們以不同方式去接觸這個我們賴以維生的世界。其中一餐的樂趣來自幾近全然知情，而另一餐的樂趣則來自程度相當的全然忽略。前者的多樣性反映出自然的多樣性，特別是森林。而後者的各種選擇則更確實反映出工業界的創造力，尤其工業界那在同樣土地上種出玉米，再以玉米這單一物種去仿造出多樣性的能力。前者的代價是高昂的，但值得感激與付出。相較之下，後者似乎廉價，但卻無法涵蓋真正成本，因為這些成本已經轉嫁到自然、大眾的健康與荷包，以及人類的未來上。

且讓我們認定這兩種餐點是同樣的不實際、不永續。因此，我們或許就該效法任何可靠的社會學家在這種情況下的做法，把這兩種餐點同樣視為真實生活中的異常與例外。或者，更好的方法是讓兩者都成為純儀式，因為這兩者都能告訴我們，人類能以不同的方式使用這個世界。一年說不定可以去一回麥當勞，這是一種反面的感恩節大餐。而我的這一餐，則像是緩慢而充滿故事的逾越節大餐。

沒有速食，就不需要慢食，而我們在這一餐中所訴說的故事也就不那麼吸引人了。食物將無快慢之別，而恢復自古以來的原本樣貌，即單純的食物，是一株特殊植物或一頭特殊動物，在不同的地方生長，以不同方式處理。對於無數世代的人而言，飲食這件事是根植於穩定的家庭與文化內涵中，這裡頭已納入對飲食的全套看法，不需在每一餐重來一次，因為那就像一組上好銀器，已被妥善保存在儀式、習慣、禮儀與食譜中。我懷疑這些內涵是否已遺失太多，以致我覺得這一次有必要從頭開始。

我不會每天都以這種方式進食，我喜歡有牛肉高湯可以打開，在餐桌上我喜歡談論政治或電影，而不是食物。但是想像一下，如果我們能夠再度嚴謹掌握一些平凡的事情：我們吃的東西是什麼？這些東西來自何方？又是如何走上我們的餐桌？這些食物的真實成本是多少？那麼，我們就可以在晚餐談論其他話題。因為只有這樣，我們才不需要提醒自己：不論我們選擇以什麼東西餵飽自己，這些東西都是自然的恩惠，而非來自工業。我們所吃的東西，或多或少就是這個世界的一部分。

雜食者的兩難：速食、有機和野生食物的自然史 / 麥可.波倫(Michael Pollan)著；鄧子衿譯. -- 二版. -- 新北市：大家出版：遠足文化發行, 2019.09
面； 公分
譯自：The omnivore's dilemma : a natural history of four meals
ISBN 978-957-9542-79-1(平裝)
1.飲食風俗 2.食物

538.71 108014096

The Omnivore's Dilemma: A Natural History of Four Meals
雜食者的兩難：速食、有機和野生食物的自然史

作者・麥可・波倫｜譯者・鄧子衿｜行銷企畫・陳詩韻｜文字校訂・魏秋綢｜總編輯・賴淑玲｜出版者・大家出版／遠足文化事業股份有限公司｜發行・遠足文化事業股份有限公司（讀書共和國出版集團）231 新北市新店區民權路108-2號9樓
電話・(02)2218-1417 傳真・(02)8667-1065｜劃撥帳號・19504465 戶名・遠足文化事業有限公司｜法律顧問・華洋法律事務所 蘇文生律師｜定價・450元｜初版一刷・2012 年 2 月｜二版三刷・2023年9月｜有著作權・侵犯必究｜本書如有缺頁、破損、裝訂錯誤，請寄回更換｜本書僅代表作者言論，不代表本公司／出版集團之立場